中国最美旅游线路

最美秦晋

——从山西到陕西

《旅游圣经》编辑部

李霜天　韩天雪　著

北京航空航天大学出版社
BEIHANG UNIVERSITY PRESS

《最美旅游线路》系列 内容简介

“中国最美旅游线路丛书”追求有个性有特色的旅行，淡化走马观花的传统方式，追求历史文化民俗的深度感悟、风景美食住宿的独特体验，倡导“大景点”概念，提倡在一个地方要做几件事。除了游览出售门票的传统景点之外，更推崇在当地探索不为人熟知的特色风景，寻找巷陌深处的地道美食，住一家温馨浪漫的小客栈，听一段地方戏，寻一件民间工艺品等等。这套丛书还打破了传统旅游书以省划分的模式，每本书都不限定某一个行政区域，而是在全国范围内精选多条特色经典路线，设计出最合理的行程安排，每条路线又可以根据读者不同的时间兴趣分化为数条小路线，全书景点行程可相对独立又紧密相连贯通一体。本套丛书由资深背包客实地考察后撰写，文字和照片均为原创。《最美秦晋——从山西到陕西》介绍了从山西到陕西这条旅游线路上的4处世界文化遗产、4处建筑奇迹、6处千年古迹、6处庄严宝刹、6处民居大院，从大同、五台山、太原、晋中、平遥、临汾、延安、榆林直至西安，一路走来，定能带给你全新的启示，使你的旅行充满趣味，更加丰富多彩。

图书在版编目（CIP）数据

中国最美旅游线路：最美秦晋——从山西到陕西 /《旅游圣经》编辑部编著．
-- 北京：北京航空航天大学出版社，2011.10
ISBN 978-7-5124-0583-7

Ⅰ.①最… Ⅱ.①旅… Ⅲ.①旅游指南－山西省 ②旅游指南－陕西省
Ⅳ.①K928.925 ②K928.941

中国版本图书馆CIP数据核字（2011）第174129号

中国最美旅游线路：最美秦晋——从山西到陕西

《旅游圣经》编辑部编著
策划编辑：谭　莉
责任编辑：周文慧
*
北京航空航天大学出版社出版发行
北京市海淀区学院路37号（100191）http://www.buaapress.com.cn
发行部电话：（010）82317024 传真：（010）82328026
读者信箱：bhpress@263.net 邮购电话：（010）82316936
北京尚唐印刷包装有限公司印装 各地书店经销
开本：880×1230　1/32 印张：12.875　字数：709千字
2011年10月第1版　2011年10月第1次印刷
ISBN 978-7-5124-0583-7　定价：39.80元

前言

特色新旅行

这是一个新旅行时代，经典的旅游指南一代一代地推陈出新，我们的驴友读者已不满足于大而全的指南手册，而是需要有个性有特色的旅行，淡化走马观花的传统方式，追求历史文化民俗的深度感悟、风景美食住宿的独特体验。于是，我们推出了这套《最美旅游线路》系列。

大部分旅游指南书都是罗列景点的模式，而《最美旅游线路》系列在这方面开创了先河，倡导“大景点”概念，提倡在一个地方要做几件事。除了游览出售门票的传统景点之外，我们更推崇在当地探索不为人熟知的特色风景，寻找巷陌深处的地道美食，住一家温馨浪漫的小客栈，听一段地方戏，寻一件民间工艺品等等。我们希望将这样一种更鲜活更独特的旅行方式推荐给读者，使读者能够全面感受每个地方的独特魅力。

传统的景点介绍可以在网上搜索到很详尽的版本，我们不会将这样的景点说明书搬到书中，《最美旅游线路》系列的所有描述都是作者的原创文字，以优美的文笔将相关历史人文、风土人情娓娓道来，让你了解到风景背后的故事。即使你没有去旅行的欲望，这本身也是一篇篇让你阅读上瘾的好文章。

《最美旅游线路》系列还打破了传统旅游书以省划分的模式，每本书都不限定某一个行政区域，而是在全国范围内精选十余条特色经典路线，设计出最合理的行程安排，每条路线又可以根据读者不同的时间兴趣分化为数条小路线，全书景点行程可相对独立又紧密相连贯通一体。每本书均由资深背包客实地考察后撰写，文字和照片均为原创。

旅行应该是一件有主题有个性的事情，希望我们这套书能带给你全新的启示，使你的旅行充满趣味，更加丰富多彩。

从山西到陕西
——秦晋之路的千年绝唱

最美推荐
闪耀在秦晋之路上的瑰宝

云冈石窟

五台山

4处世界文化遗产

云冈石窟（50页）

时间的洪流淹没了斧凿击石的四溅火花，洗却了世事更替的万千浮华，只留下龛窟纵横的武周山，让后人得以回望那个众生向佛的虔诚年代，追思鲜卑人远逝的背影。

五台山（82页）

中国四大佛教名山之首，无数佛教徒心目中的圣地，融汇了印度佛教、藏传佛教、汉传佛教、民间宗教、儒教、道教和三晋文化的精髓，形成显密并行、诸宗竞秀、青庙与黄庙并列、子孙庙和十方庙共存的模式，被誉为“中国佛教的缩影”。

平遥古城（196页）

中国汉民族城市在明清时期的杰出范例，保存了其所有特征，而且在中国历史的发展中为人们展示了一幅非同寻常的文化、社会、经济及宗教发展的完整画卷。

兵马俑（351页）

真正的秦皇陵还没有正式开掘，陪葬坑已经让世界为之震撼。兵马俑不仅成为西安的符号、陕西的标志，更已成为中国考古文物出土的惊世之作，成为举世瞩目的属于中国古老文明的骄傲。

平遥古城

兵马俑

恒山悬空寺

应县木塔

4 处建筑奇迹

恒山悬空寺（70 页）

悬空寺之险，只有身临其境才能体会得到，远远望去，似乎只有几根单薄的木棍支撑着悬崖峭壁上的重檐高楼。怪不得游历四方的大诗人李白会为此写下“壮观”二字，见多识广的大旅行家徐霞客则称之为“天下巨观”。

应县木塔（75 页）

世界上现存最古老、最高大的纯木结构建筑。九百多年的风风雨雨等闲视之，七次大大小小的地震未能伤其筋骨，无数次的电闪雷鸣中安然无恙，这不能不说是建筑史上的奇迹。

佛光寺（113 页）

“除殿本身为唐代木构外，殿内尚有唐塑佛菩萨像数十尊，梁下有唐代题名墨迹，拱眼壁有唐代壁画。此四有一已称绝，而四艺集于一殿，诚我国第一国宝也。”

南禅寺（116 页）

山西的古建筑以五台山地区最为集中，而五台山的古建筑又以南禅寺最为古老，其主体建筑大佛殿是我国现存年代最久的木结构建筑。

佛光寺

南禅寺

黄帝陵

统万城

吴堡古城

6 处千年古迹

晋祠（136 页）

站在她们面前，仿佛置身于900年前的北宋宫廷，空气中飘过脂粉的馨香，传来她们矜持的笑、窃窃的私语，也许还有一声庭院深深深几许的轻轻叹息。

碛口古镇（142 页）

此地西接陕、甘、宁、蒙，东连京、津、晋、冀，差不多吸引了大半个中国的商人，尤其是近在咫尺而又富甲天下的晋商。“九曲黄河第一镇”的美誉，绝不是浪得虚名。

大槐树（243 页）

问我老家在何处，山西洪洞大槐树。祖先故居叫什么，大槐树下老鹳窝。

黄帝陵（287 页）

神话造就了三皇五帝，他们代表的并不是简单的一个人，缭绕在他们头上的光辉寄托着人们美好的愿望，是中华文明开端的基调。

吴堡古城（334 页）

吴堡古城俨然具有与流经这里的黄河一般的气质，安详、宁静、与世无争。

统万城（337 页）

《晋书》中关于它的描绘充斥着优美动人的字眼：“崇台霄峙，秀阙云亭，千榭连隅，万阁接屏……温室嵯峨，层城参差，楹凋雕兽，节镂龙螭。莹以宝璞，饰以珍奇……”而赫连勃勃曾豪言道：“朕方统一天下，君临万邦，可以统万为名”。统万城之名便由此而来。

碛口古镇

大槐树

晋祠

华严寺

善化寺

菩萨顶

6处庄严宝刹

华严寺（58页）

这是来自辽代的经典微笑，真的难以想像这样温柔而羞涩的微笑，竟然出自剽悍勇猛、拿惯了长矛硬弓的契丹人之手。多少民族盛衰，多少王朝更替，多少岁月沧桑，在菩萨的浅浅一笑间，都如烟云般飘散了。

善化寺（62页）

东侧的六臂日宫天尊和西侧的月宫天尊艺术价值最高，衣纹流畅，眉目清秀，表情慈祥，宛如温婉淑静的邻家大嫂，亲和力极强，哪里有天神高高在上、不食人间烟火的架子？

菩萨顶（93页）

五台山保存最完整的 藏传佛教寺庙，号称黄庙之冠，黄琉璃瓦的屋顶昭示了其尊贵地位，用红墙黄瓦这种帝王规制装饰的寺庙，不仅在五台山，即便在佛教四大名山中，也是独一份。

显通寺（96页）

继洛阳白马寺之后的中国第二座佛教寺院。显通寺的特色是：三无、二奇、一宝。三无是有殿无佛，有碑无字，有殿无梁；二奇是钟楼在门口，大门斜着开；一宝就是铜殿。

双林寺（218页）

以精湛绝伦的彩塑艺术著称于世，殿内保存有宋、元、明、清历代彩塑2052尊，大者高4米左右，小者只有几十厘米，个个栩栩如生，形态各异，极富生活气息，其“东方彩塑艺术宝库”的美誉当之无愧。

法门寺（366页）

正是因为佛骨舍利的出现，世界认识了法门寺。在这里一共发现了4枚佛骨，经鉴定第三枚是真正的真身指骨。

显通寺

双林寺

法门寺

乔家大院

王家大院

常家庄园

6 处民居大院

乔家大院（158 页）

没有常家庄园的崇楼高阁，也没有王家大院的山势巍峨，然而从这个院子里走出去的几代人，创造了塞外名城——包头的繁荣，导演了中国晋商最持久的辉煌。

王家大院（165 页）

无论规模、等级，以及其中蕴含的文化和建筑装饰艺术，王家大院都可称得上是北方民居建筑之集大成者，显示出“贵精而不贵丽，贵新奇大雅，不贵纤巧烂熳”的民居特色。

常家庄园（172 页）

令人难以置信的是这片规模庞大的建筑竟然并非一座城池，它仅仅属于一个家族，一个在中国外贸史上赫赫有名的家族——榆次常家。

曹家大院（177 页）

与其他知名的晋商大院相比，曹家大院的砖、石、木雕算不上出色，甚至可以用朴素来形容，但简练中自有一种威严。

渠家大院（182 页）

渠氏家族是晋中巨贾之一，曾在祁县县城内占有十几个大院，千余间房屋，有“渠半城”之称，现在对外开放的部分不过是其中的一个大院而已。

姜氏庄园（327 页）

这座窑洞庄园已经不仅仅是一处简单奢华的私宅，它是一座雄踞山头的城堡，在这片荒凉的黄土地上俨然有一丝占山为王的霸主气质。

曹家大院

渠家大院

姜氏庄园

CONTENTS 目录

第一章 1

秦晋之路总攻略

第二章 2

大同——行走于石窟与古建之间

第三章 3

五台山——佛门清凉界

第四章 4

太原——尽享龙城人文风光与美食

第五章 5

晋中——大院沧桑看晋商

第六章 6

平遥——让时间凝固

CONTENTS 目录

第七章 7

临汾——
大槐树与黄河的双重奏

第八章 8

延安——
平凡而神圣的世界

第九章 9

榆林——
黄土高原之旅

第十章 10

西安——王者之都

史载，春秋时期，秦、晋两国世代互为婚姻，“秦晋之匹”、“秦晋之偶”、“秦晋之盟”、“秦晋之约”，终成“秦晋之好”。

一条流淌了160万年的母亲河黄河从雪峰高原呼啸而来，到达沃野千里的中原地带时，突然一个九十度大转弯，在这片黄土高原上划开了一道深邃的峡谷。于是茫茫黄土高原被一分为二，古时西为秦国，东为晋国，于是有了河东、河西，一河隔秦晋。这是秦、晋两地的分隔线，也是秦晋之好密不可分的文明纽带。

这是一片被马蹄反复践踏过的土地，被戍卒征夫的血和泪浸润过的土地。大自然的造物之手没有给它江南一样的婉约精致之美，取而代之是一望无际黄土高原式的粗犷豪放。历史的浓墨大笔一挥，这里便是金戈铁马、征战不休，如今晋北的朔风之中似乎仍带着些“万里赴戎机，关山度若飞”的慷慨激昂。万里长城今犹在，不见当年秦始皇。

这里有大碗喝酒、大块吃肉的汉子，豪气干云之下揭竿而起，李自成、张献忠、刘志丹，英雄辈出。今天，看一场惊天动地的安塞腰鼓，威武雄浑之下是他们仍然朴素乐观的精神气节。这里有古来俊俏的女子，相传便是有闭月之貌的貂蝉故里，她们热情温婉，心灵手巧，一把剪刀也能剪出山河日月、春华秋实；她们又敢爱敢恨、真情痴绝，一曲热烈缠绵的《走西口》，唱出了陕北女子的心声。

这是一片被商队车轮反复辗轧过的土地，是被一代代走西口的人用脚和心丈量过的土地。对富裕生活的追求，让他们前赴后继地奔走于内地与塞上之间，以敏锐果敢的商业智慧、诚信守义的商业道德，以及执著坚定的商业传统，成就了晋商的空前辉煌。考究气派却已人去楼空的晋商大院，用砖雕、用灯笼，用掩于门后、萦绕其中的人和事，用逝去的岁月和语焉不详的历史，为后人留下了一道关于商海沉浮、兴衰变幻的永恒谜题。

这也是一条展现大自然伟岸雄姿的自然风景线，有壶口瀑布之飞流直下，有西岳华山之壁立千仞，也更是一条浓缩了历史、民族、建筑、宗教各种艺术的文化之旅。五千年文明在这里被轻轻捧入怀中，每一分每一秒，你都可能与历史翻页中的某个经典片断狭路相逢。而我们走过的路线俨然画出了一把胡琴的形状，它拉奏出的音符沧桑内敛，跨越了1500多年的悲悯情怀，穿透了浴血战场的腾腾杀气，传出的声音如醍醐灌顶，这是度人度己的博大胸怀，亦是辗转红尘的从容淡定。

今日我们站在历史的尽头回望，拂去边塞的薄霜，透过古城的苍凉，战火硝烟已然散尽，幻化成五台山的香烟袅袅、暮鼓晨钟，演变为云冈石窟伎乐天的御风而行，十三朝古都的城墙依旧巍巍屹立，一曲高亢奔放的信天游，响彻天地之间，是这片黄土地神秘沧桑的永世绝唱。

让我们的目光穿越历史的沧桑，凝望今日的山西、陕西，让我们用双脚丈量土地，用心灵探寻文明，走自己的路，寻自己的“秦晋之好”。

第一章
秦晋之路总攻略

内蒙古自治区
大同市
云冈石窟
浑源
悬空寺
应县
恒山
应县木塔
五台山
台怀镇寺庙群
佛光寺
南禅寺
忻州市
太原市
阳泉市
榆次市
榆次老城
常家庄园
祁县
乔家大院
镇国寺
双林寺
平遥
介休市
王家大院
绵山
灵石
霍州
广胜寺
洪洞
临汾市
长治市
晋城
侯马市
乡宁
壶口瀑布
吉县
宜川
运城市
芮城
渭南市
华山
兵马俑
华清池
乾陵
西安市
黄帝陵
洛川
延安市
宝塔山
枣园
安塞
子长
钟山石窟
延川
小程村
统万城
靖边
绥德
吴堡
吴堡古城
离石市
碛口
米脂
李自成行宫
佳县
白云山
香炉寺
榆林市
姜氏庄园
镇北台
红石峡
河
南
省
最美秦晋

旅游指南

秦晋路线基本来说受季节的影响不是很大，夏秋两季游客比较集中，金秋时节自不必说，夏季的晋北是避暑胜地，夏天的壶口瀑布也最壮观。如果做足防寒、防风沙的措施，这条路线的春季和冬季也很适合旅游，并且能避开汹涌的人潮。冬季飘雪的日子里，黄土高原银装素裹也别有一番风味，加之这一地区保存了较多的传统元素，在春节期间一些县城乡村多有丰富多彩的民俗庆祝活动，扭秧歌、剪窗花、蒸花馍，去乡下过大年已经成为越来越多城里人过年的新选择。但是节假日期间建议尽量避免选择西安、华山、晋商大院、五台山这样的旅游热点。

秦、晋地理跨度并不大，不同地区特色鲜明，均有王牌景点，时间上长短都很适宜，十五天左右基本能把这一区域的经典景区逛遍。而两三天、四五天、一周或者十天也能有不同的精彩主题。秦始皇陵和兵马俑、云冈石窟、平遥古城三处世界文化遗产并驾齐驱；中国四大佛教名山之首的五台山、十里五千仞的西岳华山、建筑奇观恒山悬空寺，名山耸立；一条黄河连接秦晋两地，两处壶口瀑布激流拍岸；更有古城西安的深厚文化底蕴，晋商大院的商业传奇，这是一场更偏重历史文化内涵的人文之旅。

晋北的大同，晋中的太原，陕西的西安，分别是这一区域的三大交通中心，起始地和终结点也多选择这三个城市，乘坐飞机则西安最为便利。陕西和山西内部的公路交通都很发达，各县城之间都有班车来往，主要景点距离高速、国道都很近，方便游客游览。

在住宿方面，本书主要推荐性价比优良的中档宾馆，一般大城市的标准间价格在100—150元为主，一些县城如佳县、绥德等地住宿价格更低廉一些，最好的宾馆价格也就在80—120元左右。家庭旅馆在平遥、五台山是最主要的住宿业态，比较成熟。

秦、晋两地的餐饮都有着很强的地方特色，共同的一点就是各种材质、各种形状的面食独步天下，堪称面食的盛宴，每天品尝不同的面食品种让你的旅行充满着新鲜感。老陈醋则是山西饭菜的绝配，浓郁的香气令人胃口大开，如果能再来上几口汾酒、竹叶青或自酿的黄酒，那更是完美的味觉体验。除了专吃旅游饭的平遥、五台山、华山等地，其他地方的餐饮价格合理，量还特别大。

秦、晋特产以农产品和手工艺品为主打，陕北是黄土地民俗艺术集大成之地，来自民间的各种手工艺品带着浓厚的乡土气息扑面而来，剪纸、农民画、刺绣、彩塑、布老虎等等让人眼花缭乱，绝对都是最吸引眼球的旅行纪念品，所以一定要给你的背囊留下足够的空间哦。山西的老陈醋、红枣、平遥牛肉、台蘑等等也都是馈赠亲友不错的选择。

秦、晋市级以上城市里，工行、建行、中行、农行等均设有支行和ATM机，一些县级城市里仅有农行。可以凭卡和身份证进行异地存取，但要收取相应的手续费。在秦晋旅行，因为日常的开销不大，携带足够的现金会更加方便。

秦晋地区的治安状况令人满意，尤其陕北的民风纯朴，仍然保持着老区人民热情好客的优良传统。不少地区虽然贫困落后，但是治安并不混乱，遇到困难可向当地人求助，在乡村可以找有关领导，他们都能给你提供所需要的帮助。有些地区的土话口音很重，听不懂也没有关系，微笑就是最好的沟通，诚意待人，也会得到真诚的回报。

○ 壶口：十里龙槽

缤纷四季

春 Spring

吴堡古城

春天的晋南已经绿意盈盈了，温暖的阳光洒遍田野，让旅行者的脚步都带着睡不醒的慵懒。黄河壶口被束缚了一个漫长的冬季，此刻终于爆发，咆哮的河水裹挟着冰凌，以雷霆之势一跃而下，用荡涤一切的力量迎接春天的到来。春天的太原生机勃勃，双塔寺的牡丹，龙山石窟的丁香，一个雍容一个，一个馥郁，艳丽一个淡雅，各有各的风采。初春到晋北旅行，请做好防风防沙准备，这里的风沙威力无穷，沙尘暴的力度和风中沙土的密度，都令人印象深刻，一场风沙过后，从你身体的每一处裸露褶皱中掏出的沙土积攒在一起，可以用来养一盆花！当然短短几天的旅行，赶上沙尘暴的概率不会太大，陪伴你的可能仅仅是浮尘天气而已。春末夏初的五台山美不胜收，高山草甸繁花似锦，金莲花摇曳多姿。

春季陕北地区普遍多风沙天气，尤其经常在下午起风，如果此时你正站在黄土高坡之上，在欣赏那壮观美景的同时，不得不忍受风沙无情的侵袭。当然，近些年来随着防风护林的治理政策的实施，也不必对沙尘地区怀着太大的恐惧。春天来也有春天的美。在壶口可以看到“三月桃花汛”，漫山遍野的山桃花怒放，黄河冰岸消融，主瀑云雾迷蒙，副瀑万壑千流。这时也是登华山的好季节，山上野花烂漫，淡淡的雾霭飘浮，犹如仙境。

夏 Summer

晋中绵山

晋南的夏天有点难熬，地处盆地使热气聚集，再加上骄阳当头，怎一个热字了得！6、7、8三个月都要谨防中暑，此时的壶口瀑布水量减少，水位下降，落差虽然大了，但那种力拔千钧的气势仿佛也被太阳晒蔫了。夏季游晋中大院正合适，即便正午时分，院子里也能找到阴凉的地方，进了屋就更是凉爽宜人，完全用不着空调，不身临其境，很难体会到老祖宗们因地制宜盖房子的智慧。晋祠的夏天一片翠绿，阳光的碎片洒满林荫小道，鸟与蝉在繁茂的树叶间一唱一和，鱼沼中的游鱼倏忽往来，最好再开上那么几丛花，世外桃源也不过如此了。夏季去五台山正是时候，气温适宜，凉风习习，避暑胜地绝非浪得虚名。不过，每年的7月下旬至8月下旬，这里都会举行“五台山国际旅游月”等活动，可以看到很多平时不太常见的佛事活动，但也失去佛门清静之处的静谧安详。

夏季陕北地区气温高，紫外线很强，易有雷雨天气。需要注意的是去有些县城的路还仍然是土路，比如榆林到佳县，在下过雨后就会变得非常泥泞难走，2小时的路有可能6小时也到不了，所以最好有心理准备或者安排其他应变措施。夏季的延安城是避暑的好地方，早晚很凉爽，住在冬暖夏凉的窑洞里，更是把炎炎暑热隔绝室外。

秋 Autumn

秋季是山西旅游的黄金季节，天气不冷不热，晴朗湛蓝的天空让人有想飞的冲动。红枣、柿子等特产已熟，红的、黄的挂在树梢，煞是好看。恒山、太原龙山的秋叶次第红了，层林尽染，色彩斑斓。云冈石窟的佛像沐浴在晚秋的阳光里，被镀上一层温润的光泽。五台山已经下过头一场雪了，却也不冷，雪很快化去，金黄色的高山草甸绽放着最后的辉煌。壶口瀑布正是一年中最壮观的时候，吼声如雷，水雾冲天。在平遥古城的某个古民居客栈里摆上一桌酒菜，邀中秋明月共度良宵，那该有多么浪漫。

五台山南山寺远眺

陕北秋季的蓝天白云让人心醉。这也是收获的季节，金黄的麦田承载着人们收割的喜悦，更有临潼的柿子、洛川的苹果、壶口的酥梨，一路上到处能看到果实累累的盛况，也可以放肆地一饱口福。榆林向北，秋日里的沙漠风光也很美，站在古长城上拍一曲日落的秋歌，让人心神俱醉。秋天去壶口，运气好的话能看到彩虹挂现天边，人称“壶口秋风”。总的来说，要欣赏美丽的自然风光，秋季是来陕北旅行的最佳季节。此外，秋天的重阳节，也是民间祭拜黄帝的日子，这一天去黄帝陵，能看到盛大的祭祀典礼，可以亲身体验一下这份祭拜祖先的庄严肃穆。

冬 Winter

冬季已经进入旅游淡季，昼短夜长，景点关门早，公交车收车早，长途车的班次也少。虽然低温并不会影响你欣赏名胜古迹，也许在一片萧瑟之中品味山西厚重的历史更有感觉，但作为费用低廉、最为方便的取暖方式，烧煤产生的污染是山西冬季挥之不去的阴霾，大同、临汾等更是在中国煤烟型污染严重的城市中名列前茅。尽管五台山近年来大力推广冬季旅游，但对于大多数旅游者，尤其是老年朋友来说，冬天上五台山恐怕不是个明智的选择。当然冬天去山西也有其可取之处，不仅能避开拥挤的人潮，有机会细细欣赏晋商大院的木雕，静静揣摩双林寺的塑像，而且在住宿时能够得到最优惠的折扣。

壶口瀑布

冬天来了，陕北仍然有它值得期待的理由，因为这里有节日，而且是中国人最为重视的春节。这个季节也是陕北农民的农闲时期，婆姨们有时间制作一些手工艺品，你会有机会亲眼看到剪纸的制作、布老虎的缝制等。当然最热闹的还是正月初一到十五期间，特别是在延安、榆林等地的县城里，传统的闹秧歌、打腰鼓等热烈的民俗活动应有尽有，还可以看到民间传统的迎亲嫁娶。所以，要想了解最真实迷人的黄土地民俗风情，就到陕北来过大年吧，多姿多彩的民间艺术和热闹欢快的喜庆活动绝不会让你失望。

行程推荐

可以选择从山西出发。可从太原至佳县进入米脂、绥德地区，也可以走临汾至韩城、壶口然后进入延安地区。这两条线路都比较曲折，路况不是很好，但也能欣赏到黄河九曲十八弯的壮美景致。

十五天时间

方案一：秦晋全景之旅

十五天时间游览秦晋全景还是需要有些取舍的，以下路线三次穿越秦晋边界线，选取最精华景点，让你充分领略秦晋大地的迷人风采。

第一天：大同市内，包括华严寺、善化寺、九龙壁、云冈石窟，大同特色菜和刀削面分别作为午饭和晚餐，宿大同；

第二天：早上去应县看木塔，然后到浑源观悬空寺、登恒山，尝尝浑源凉粉，宿浑源；

第三天：全天游览五台山景区，宿台怀镇；

第四天：上午继续游览景区，下午动身前往太原，晚上逛逛柳巷商业街，品尝特色小吃，宿太原；

第五天：上午去晋祠游览，吃过午饭后乘班车前往碛口，宿碛口镇；

第六天：上午游览西湾和李家山，下午乘车进入陕西地界，前往佳县，观香炉寺日落，宿佳县；

第七天：上午登白云山，然后乘车前往榆林，游红石峡和镇北台，晚上逛逛榆林老城，品尝塞上美食小吃，宿榆林；

第八天：前往吴堡，游吴堡古城，过黄河至山西柳林，经离石、汾阳到达平遥，宿平遥古城；

第九天：游览平遥古城，品尝风味小吃，宿古城；

第十天：上午前往灵石参观王家大院，下午乘车路过洪洞，参观广胜寺，晚上到达临汾，宿临汾；

第十一天：一早出发直奔壶口瀑布，再次穿越黄河大桥来到陕西地界，乘坐下午返回延安的旅游专线车前往延安，晚上观宝塔山夜景，品延安面食小吃，宿延安；

晋陕黄河峡谷

第十二天：一早游览枣园、杨家岭革命旧址，乘车前往黄帝陵，晚上到达西安，宿西安；

第十三天：上午游览东线经典的兵马俑和华清池景区，下午返回市区，参观大雁塔，在西安的古城下步行一段，感受古城人民的真实生活，傍晚来到钟鼓楼广场，接着逛西安最热闹的回民街夜市，品尝丰富的西安小吃，宿西安；

第十四天：参加旅行社组织的西线一日游，包括法门寺、乾陵、茂陵、懿德太子墓（永泰公主墓），晚上返回西安，可去德福巷的酒吧街逛一逛，消遣夜晚时光，宿西安；

第十五天：参加旅行社组织的华山一日游，乘坐缆车上下山。晚上返回西安，结束行程。

方案二：山西之旅

如果计划用十五天时间在三晋大地游览，你一定是对中国古建筑和传统文化非常痴迷的游客，那么下列每一个景点你都不应该错过。

第一天：大同市内，包括华严寺、善化寺、九龙壁、云冈石窟，大同特色菜和刀削面分别作为午饭和晚餐，宿大同；

第二天：早上去应县看木塔，然后到浑源观悬空寺、登恒山，尝尝浑源凉粉，宿浑源；

第三、四天：五台山两日游，宿台怀镇；

第五天：中午到达太原，下午去双塔寺和山西博物院，宿太原；

第六天：晋祠、龙山、天龙山可以度过大半天的时间，傍晚时分逛逛柳巷商业街，在太原的两天正好品尝山西菜、面食和众多小吃，宿太原；

第七天：游览榆次老城和常家庄园，下午四点左右到达太谷，参观孔祥熙宅院，领略无边寺夕照，吃太谷饼，宿太谷；

第八天：游曹家大院（三多堂）、乔家大院、渠家大院以及祁县老城，一天游三个大院正好可以体会其不同境遇，宿祁县；

第九、十天：平遥两日，碗秃则和牛肉吃个够，宿平遥；

第十一天：介休后土庙、袄神楼，游览绵山，宿绵山；

第十二天：上午继续游绵山，中午回到介休，下午参观王家大院和资寿寺，宿灵石；

第十三天：乘车到广胜寺路口下，参观广胜寺后前往洪洞，苏三监狱和大槐树安排在下午，喝一碗洪洞醪糟，宿洪洞；

第十四、十五天：两天的壶口雄风之旅作为游程的结尾，带着黄河涛声返家。

方案三：陕北之旅

第一天：早上到达西安，游览东线经典的兵马俑和华清池景区，下午返回市区，参观大雁塔，在西安的古城下步行一段，感受古城人民的真实生活。傍晚来到钟鼓楼广场，可登楼参观，还可以去鼓楼附近的化觉巷逛一逛那里琳琅满目的工艺品摊位，满足购物的需求。接着逛西安最热闹的北院门夜市，品尝丰富的西安小吃；

第二天：上午参观陕西博物馆，最好跟随导游认真听讲解，三分看，七分听，陕西的历史博大精深。然后前往碑林博物馆参观，可以购买喜爱的碑石拓片，顺便逛一逛书院门古香古色的文玩字画一条街。下午漫步大唐芙蓉园，赏湖光水色园林之美，观舞狮、秦腔、唐歌舞表演，宿西安；

第三天：参加旅行社组织的西线一日游，路线安排合理，只出往返车费，途中景点自己有选择地参观。主要游览法门寺、乾陵、永泰公主墓、茂陵。傍晚返回西安，宿西安；

第四天：从西安乘车前往华山，乘缆车上北峰（有兴趣的话也可以从西门徒步上山，爬山大约4小时），过苍龙岭、五云峰、金锁关、中峰到达东峰，宿东峰；

第五天：一早在东峰看日出，然后步行游览南峰、西峰，返回金锁关，回到北峰，坐缆车下山（也可以走缆车下面的智取华山路下山，行程2小时内），返回西安，宿西安；

第六天：从西安乘车前往黄陵，车程3小时，游览黄帝陵景区，时间为2小时，然后坐车前往洛川，游览洛川民俗博物馆和洛川会议旧址，宿洛川；

第七天：从洛川坐车前往延安，车程2小时。游览枣园、杨家岭革命旧址、王家坪革命纪念馆、清凉山，宿延安；

第八天：壶口一日游，晚上观宝塔山夜景，宿延安；

第九天：早上乘坐班车前往延川，然后转车到土岗乡，包车前往小程村，中途可游览黄河乾坤湾和黄河蛇曲地质博物馆，在小程村探访窑洞人家和剪花娘子，宿村中；

第十天：早上返回延安，坐车前往榆林，在南大街漫步，寻找四合院特色民居，品榆林风味小吃，宿榆林。

第十一天：上午游览红石峡、镇北台，下午前往佳县，游白云山道观，观黄河香炉寺日落，宿佳县；

第十二天：从佳县前往米脂，车程1个半小时，游览李自成行宫、杨家沟革命旧址和姜氏庄园。前往绥德，车程1小时，宿绥德；

第十三天：游览扶苏墓、汉画像馆、蒙恬墓、千狮大桥，前往吴堡，车程2小时，观吴堡古城，傍晚在黄河边散步，宿吴堡；

第十四天：早上返回绥德，乘车前往子长，车程2小时，游览钟山石窟、瓦窑堡会议旧址等，品尝子长特色煎饼，返回延安。宿延安；

第十五天：从延安坐车去安塞，参观安塞文化馆，感受浓烈的黄土民俗风情，购买剪纸等手工艺品，返回延安，乘车回西安，结束行程。

十天时间

方案一：秦晋精华之晋北、太原、榆林

偏重秦晋北部景区，人文景观占据主导地位。

第一天：大同市内，包括华严寺、善化寺、九龙壁、云冈石窟，大同特色菜和刀削面分别作为午饭和晚餐，宿大同；

第二天：早上去应县看木塔，然后到浑源观悬空寺、登恒山，尝尝浑源凉粉，宿浑源；

第三、四天：五台山两日游，宿台怀镇；

第五天：中午到达太原，下午去晋祠和双塔寺，傍晚时分逛逛柳巷商业街，品尝山西菜，宿太原；

第六天：一早乘班车前往碛口，游览西湾和李家山，宿碛口古镇；

第七天：早上乘车进入陕西地界，前往佳县，登白云山，观香炉寺日落，宿佳县；

第八天：乘车前往榆林，游红石峡和镇北台，晚上逛逛榆林老城，品尝塞上美食小吃，宿榆林；

第九天：早上乘车到米脂，游览李自成行宫和姜氏庄园，下午到绥德，游览扶苏墓、汉画像馆、蒙恬墓、千狮大桥，宿绥德；

第十天：前往吴堡，游吴堡古城，然后过黄河至山西柳林，经太原返程。

方案二：秦晋精华之西安、华山、延安、壶口、晋中、太原

自然与人文景观相结合，囊括秦、晋两地最经典的大众旅游景区，不过最好避开人流较多的节假日期间。

第一天：到达西安，上午游览东线经典的兵马俑和华清池景区，下午返回市区，参观大雁塔，在西安的古城下步行一段，感受古城人民的真实生活。傍晚来到钟鼓楼广场，接着逛西安最热闹的回民街夜市，品尝丰富的西安小吃。宿西安；

第二天：参加旅行社组织的西线一日游，包括法门寺、乾陵、茂陵、懿德太子墓（永泰公主墓），晚上返回西安，可去德福巷的酒吧街逛一逛，消遣夜晚时光，宿西安；

第三天：参加旅行社组织的华山一日游，乘坐缆车上下山。晚上返回西安，宿西安；

第四天：从西安乘车前往黄陵，游览黄帝陵景区，下午到达延安，观宝塔山夜景，宿延安；

第五天：游览枣园、杨家岭旧址、王家坪革命博物馆、清凉山，品尝延安小吃面食，宿延安；

第六天：乘坐旅游专线车前往壶口瀑布，下午过黄河大桥到达山西地界，前往临汾，晚上品临汾牛肉丸子面，宿临汾；

第七天：乘车过洪洞，游览广胜寺，然后到王家大院，晚上到介休，宿介休；

第八天：上午游览介休后土庙，然后赴

平遥古城，宿古城；

第九天：继续游览平遥古城、双林寺，下午至祁县乔家大院，晚上到太原，宿太原；

第十天：参观晋祠、山西博物院、双林寺，结束行程。

方案三：晋北、晋中全景游加晋南精华

前六天：参照一周游程的方案一；

第七天：绵山一日游，宿介休；

第八天：经王家大院抵达临汾，宿临汾；

第九天、十天：安排一次壶口雄风之旅，然后从临汾返程。

方案四：晋中、晋南全景游加晋北精华

从大同出发。

第一天：包车游大同云冈石窟、应县木塔和悬空寺，抵五台山住宿；

第二天：游览五台山主要寺庙，仍宿台怀镇；

第三天：早晨出发，游览佛光寺，下午抵太原参观晋祠，宿太原；

第四天：游览乔家大院，赴平遥的路上顺道游览镇国寺，宿平遥；

第五天：在平遥城内好好逛逛，仍宿平遥；

第六天：早起游览双林寺，取道介休，下午就置身于绵山的秀丽风光中了，晚上感受悬崖旅馆的独特风情；

第七天：上午可以从容地在绵山继续游览，中午返回介休，乘公交车到王家大院盘桓一个下午，晚上宿洪洞；

第八天：游览洪洞苏三监狱、大槐树、广胜寺等，下午抵临汾，宿临汾；

剩下两天正好安排壶口、吉县两日游。

方案五：西安、华山全景加延安、榆林精华

前五天：参照十五天陕北之旅计划；

第六天：从西安乘车前往黄陵，游览黄帝陵景区，下午到达延安，观宝塔山夜景，宿延安；

第七天：壶口瀑布一日游，下午返回延安后参观枣园旧址，宿延安；

第八天：从延安坐车前往榆林，游览红石峡、镇北台，在南大街漫步，寻找四合院特色民居，品榆林小吃，宿榆林；

第九天：前往佳县，游白云山道观，观黄河香炉寺，宿佳县；

第十天：过米脂，游李自成行宫和姜氏庄园，返回榆林，结束行程。

一周之旅

方案一：西安、华山、韩城、壶口、晋中、太原

该条路线自然与人文景观相结合，名山、大河、古城、寺庙、民居古建筑，景点呈现多元化，避免产生审美疲劳。

第一天：到达西安，游览兵马俑、华清池、大雁塔、钟鼓楼广场，品回民街小吃，宿西安；

第二天：华山一日游，宿西安；

第三天：前往韩城，游韩城古城和党家村，宿党家村家庭旅馆；

第四天：乘车往宜川，到达壶口瀑布，过黄河大桥进入山西吉县，宿临汾；

第五天：过洪洞，观广胜寺、灵石王家大院，到达平遥，宿平遥古城；

第六天：游览平遥古城、双林寺，宿平遥古城；

第七天：游乔家大院，中午到达太原，下午参观晋祠，结束行程。

方案二：太原、碛口、陕北节庆民俗之旅

此条路线可以选择在春节期间出游，可以观赏冬日苍茫的黄土高原，领略浓郁的民风民俗，感受乡下过大年的喜庆气氛。

第一天：到达太原，游览晋祠，下午乘车前往碛口古镇，宿古镇；

第二天：游览西湾和李家山，下午前往佳县，观香炉寺日落，宿佳县；

第三天：登白云山，参与当地一些民俗活动，下午前往米脂，参观李自成行宫，宿米脂；

第四天：游览姜氏庄园，观赏附近村落的民俗活动，下午到达绥德，宿绥德；

第五天：前往延川小程村，观乾坤湾，访剪花娘子，体验当地过年气氛，宿村中家庭旅馆；

第六天：上午继续游览小程村及附近村落，下午返回绥德，宿绥德；

第七天：前往吴堡，观古城，然后返回太原，结束行程。

方案三：晋北加晋中

第一天：上午游大同市内景点，如华严寺、善化寺、九龙壁，下午去云冈石窟，宿大同；

第二天：一早出发，游恒山、悬空寺、应县木塔，晚上到达五台山，在台怀镇住宿；

第三天：到台怀镇各主要寺庙拜佛上香，仍宿台怀镇；

第四天：经佛光寺到达太原，游览晋祠，宿太原；

第五天：经乔家大院，中午即可到达平遥古城，宿平遥；

第六天：接着游览前一天没有看完的平遥景点，下午经双林寺到达介休，宿介休；

第七天：上午游览号称民宅第一的王家大院，下午继续南下从临汾返程，或者掉头北上，取道太原踏上归家之路。

此线路自大同出发，一路南下，将晋北和晋中的精华景点一网打尽，游程紧凑，缺点是大部分景点以古建筑、寺庙为主，有审美疲劳之虞。

方案四：晋中加晋南

从太原出发。

第一天：上午游晋祠，下午去乔家大院，晚上就在乔家大院旁边找家宾馆，或者到祁县古城住宿；

第二天：上午经镇国寺，中午到达平遥，下午去文庙、清虚观等没有表演的景点，宿平遥；

第三天：上午去县衙等有表演的景点，下午经双林寺到达介休，宿介休，或者直接赶到绵山住宿；

第四天：全天在绵山体会幽远的道教文化，缅怀介子推的高风亮节，返回介休；

第五天：上午游“院套院、门叠门”的王家大院，下午抵洪洞，正好可以参观苏三监狱，傍晚到大槐树观倦鸟归林，对寻根情结会有更深刻的认识，宿洪洞；

第六天：上午游广胜寺，中午到达临汾，傍晚时分就可在吉县的街道上徘徊了，宿吉县；

第七天：上午到黄河壶口一览母亲河风采，下午返回临汾，准备返家。

此线路路程略短于方案一，囊括了晋中和晋南的主要景点，景区的风格差异相对比较大，缺点是沿线景点很多是近代重建或恢复的，商业气息略嫌浓厚。

方案五：西安、华山、延安、壶口、榆林精华游

这条路线虽然在每个地区停留时间不长，但基本囊括了陕北的各项精华景点，综合性价比比较高，适合喜欢求全的游客。

第一天：西安兵马俑、华清池、大雁塔一日游；

五台山：殊像寺的悬塑堪称精品

第二天：华山一日游；

第三天：从西安乘车前往黄陵，游览黄帝陵景区，下午乘车到达延安，观宝塔山夜景，宿延安；

第四天：壶口一日游，下午返回延安，参观枣园旧址，宿延安；

第五天：前往榆林，游览红石峡、镇北台，宿榆林；

第六天：上午逛一逛榆林南大街，然后前往佳县，观佳县的黄河，登白云山，游览陕北最大的道教建筑，赏香炉寺日落，宿佳县；

第七天：乘车前往米脂，参观李自成行宫和姜氏庄园，返回榆林，结束行程。

周末之旅

适合周边游客进行点对点的旅游。

方案一：大同文物之旅

第一天：游大同市内景点，早上去华严寺、善化寺领略辽、金风情，下午到云冈石窟倾听久远的佛教清音，大名鼎鼎的刀削面当然不能错过啦；

第二天：包车或赶早班长途车去悬空寺、恒山和应县木塔，中午尝一尝浑源凉粉，晚上就吃大同特产土豆和酸菜吧。

方案二：五台朝圣之旅

第一天：游台怀镇内的著名寺庙，如塔院寺、显通寺、菩萨顶、黛螺顶、殊像寺等，中午在寺院进斋饭，晚上品五台素斋；

第二天：根据个人兴趣，安排去龙泉寺、南山寺等地欣赏石刻，或者登台顶纵览自然风光。

方案三：平遥古城之旅

第一天：参观平遥城内的景点，在日升昌票号追忆中国近代金融史的风风雨雨，到县衙听县太爷审案，进文庙瞻仰国内唯一幸存的状元考卷，登城墙俯瞰古城烟云，别忘了吃平遥碗秃则；

第二天：早上去双林寺拜访中国最神气的韦陀雕像，然后抓紧时间到祁县乔家大院体会晋商百年风流，傍晚回到平遥后正好有时间逛一逛明清街，为亲朋带回几件有平遥特色的礼物，晚饭时灯笼轻摇，牛肉飘香，黄酒微温，恍惚间就成了古城的一分子了。

方案四：壶口雄风之旅

从临汾出发，往返壶口，两天时间最合适。

第一天：早晨乘坐长途车，中午即可到达黄河大桥桥头，步行前往，领略壶口的磅礴气概，感受中华民族母亲河的澎湃激情，下午返回吉县住宿；

第二天：一早返回临汾，中午到达，正好看看汽车站对面的尧庙和华门，品尝临汾丰富多样的小吃就是晚上的主要任务了。

如果有多余的预算，还能在这个方案里把洪洞加上：第一天包车往返游壶口，返回临汾住宿；第二天早上出发赴洪洞，上午到明代监狱为苏三喊喊冤，在大槐树为祖先上炷香，下午登广胜寺琉璃塔，赏水神庙壁画，晚上回到临汾。

方案五：西安华山之旅

第一天：早上到达西安，游览东线经典的兵马俑和华清池景区，下午 2 点左右返回市区，参观大雁塔，在西安的古城下步行一段，感受古城人民的真实生活。傍晚来到钟鼓楼广场，可登楼参观，还可以去鼓楼附近的化觉巷逛一逛那里琳琅满目的工艺品摊位，满足购物的需求。然后接着逛西安最热闹的北院门夜市，品尝丰富的西安小吃；

第二天：可以参加旅行社组织的华山一日游，比较方便快捷，费用也比较合理。一般早8点出发，车程2小时，乘缆车直上北峰，只需要10分钟，然后花5小时可以遍游东、南、西峰，返回北峰，坐缆车下山。如果不想太累，可以只游览最秀丽的西峰，也算是领略了华山之巅的风采。一般晚上7点前可以返回市区。

方案六：延安红色寻根之旅

第一天：上午参观枣园、杨家岭、王家坪革命纪念馆，下午前往黄帝陵参观，晚上返回延安，品尝风味面食，宿延安；

第二天：壶口瀑布一日游，下午四点左右返回，登宝塔山，品尝延安黄米饭、酸菜、小炒肉，结束行程。

党家村：民居建筑的砖雕

区内预算

按照十五天秦晋精华全景游的行程方案，以舒适档消费为标准，列出大概预算，仅供参考。

门票：

华山、黄帝陵、五台山、平遥古城、王家大院、壶口瀑布、云冈石窟、悬空寺等几处大景区门票相对较高，全程总计约为 1600 元。

交通：

主要以乘坐长途班车为主，少量包车，按照多人分摊，大约为 1400 元。

住宿：

住宿普通宾馆标准间，平均价格为 120 元左右，按照同行两人分摊，十五天人均共计约 900 元。

餐饮：

主要以当地特色小吃为主，少量餐馆点菜用餐，平均每天每人按 40 元计算，共计 600 元。

总计约 4500 元

○ 晋陕两地民风纯朴，若有来客总是热情相待

交通指南

往返交通

山西“表里山河”的地理特点使得进出山西的路线比较简单，晋北的大同、晋中的太原，以及晋南的运城、临汾是主要的交通枢纽，它们都集中在纵贯南北的大运路沿线。而进出陕西的路线多以西安作为中转站，延安和榆林的对外交通相对要薄弱一些。

航空

秦晋之路上共有七个机场开展民用航空客运业务，分别是太原机场、大同机场、怀仁机场、运城机场、西安机场、延安机场和榆林机场。

太原武宿机场是唯一一个航班较多的机场，与北京、上海、重庆、广州、杭州、成都、昆明、哈尔滨、沈阳等国内主要城市间有定期航班；怀仁机场是军用机场，现在开通有去往北京、上海等地的航线；新建的大同民航机场目前只有广州、上海、北京三条航线；运城关公机场的航班可到达北京、上海、广州、深圳、成都等几个城市，是晋南地区的航空门户；延安、榆林都是小型飞机场，只能满足极少的省内航线需求；西安咸阳国际机场本身的地理位置就拥有承东启西、连接南北的独特区位优势，国内绝大多数大城市都有直飞西安的航班，一些边远地区也开通有中转联航，乘坐飞机往来西安是非常便利的选择。

晋陕两地的路况总体还是不错的，即使是乡村公路也大多是硬化路面

铁路

山西境内主要的铁路线有同蒲线、京原线和石太线等，大秦线、京包线穿过晋北，除了同蒲线外，其余线路车次比较少。太原是直达车次最多的城市，而且位于山西省中部，外省游客可以考虑在太原中转，然后去往其他城市。西安同样也是中国华北、华东、中南、中原沟通西南、西北地区的铁路交通枢纽，管辖区内有陇海、宝成、宝中、侯西 4 条铁路干线和 4 条支线，是全国铁路十大特等客运站之一。

目前西安、太原与外界的铁路交通非常便利，与北京等地开通有 Z 字头直达特快列车。

公路

山西的公路与周边省份连接紧密，四通八达。拥有太旧高速、青银高速、大运高速、长太高速、侯风高速等多条高速公路，以及 108、208、109、209 等多条国道，路面质量普遍不错。不过山西作为产煤大省，重载运煤车的大量存在使得路面维护需要常年进行，施工、事故、查超载等经常造成拥堵，绵延数公里的大货车长蛇阵常常形成一大壮观景象。

西安作为西北交通枢纽，在公路交通上西接甘肃，东连山西、河南，北至宁夏、内蒙古，而向南有通往广东、浙江、湖南等地的长途班车。公路也为来往陕北其他地区提供了很大的便利。其中，延安有发往北京、太原、银川、兰州、洛阳、石家庄等地的长途卧铺班车；榆林有发往北京、太原、包头、乌海、临河、兰州、银川、郑州等地的长途卧铺班车，这些班车路线弥补了陕北某些地区铁路航空交通的不足之处，为附近地区前往陕北旅行提供了更加便利的条件。

区内交通

秦晋之路的公路交通远比铁路交通发达，汽车是最主要的区内交通方式。

从山西到陕西，可从太原向西走碛口进入陕西佳县，然后到达米脂、绥德地区，也可以走临汾至吉县壶口瀑布，然后过黄河大桥进入延安地区，或者走宜川到韩城，然后前往西安，反之亦然，这是秦晋之路上几处相互贯穿路线的主要接口。

班车情况

各城市之间的长途班车及同城各县间的班车班次通常都很多。在大运线上的长途客车大多为大巴或依维柯，车况较好，一般走高速；运行中短途或较偏僻地点的车一般是中巴，卫生状况略差，走国道、省道，中途上、下车人较多，速度慢，有时超载。中途上车的游客偶尔会遇到比当地人多交2、3元钱的情形，但绝不到漫天要价的程度，可以试着跟售票员砍砍价。

包车情况

秦晋之路的景点大多分布在主要公路沿线，长途客运班车基本能够满足要求，不过由于景点分散，可能一个县城就一个游览点，如果赶时间的话，包车是个不错的选择，特别是同行者多于 3 人，包车费用均摊后也不算贵。乘坐客运班车完成较长途的旅程，然后包车去往各景点，是经济实惠又方便快捷的方式。

汽车站附近、重要路口是包车司机聚集的地方，车型主要有夏利（可乘 4 人）、面的（可乘5－7人）等。由于耗油较少，三缸夏利通常比面的便宜10%-20%。租车价格受到很多因素影响，如游客数量、班车密集程度、单程或往返、是否是司机回家的方向等，根据距离确定一个心理价位，然后分别与多位司机商谈，事先谈清楚条件，能大大降低风险。

铁路

同蒲线旅客列车车次并不密集，不过如果时间合适，乘坐火车去往下一个县城，比坐汽车要便宜得多，而且更安全、更舒适。尽管没有座号，但在短途车上找到个座位并不困难。当然对偶尔出现的火车晚点现象要有心理准备。

铁路交通在陕北地区由于受到地域环境的影响，不算是很发达，目前铁路网络正在不断地扩充完善中。但总的来说目前仍然没有汽车方便。如果选择铁路交通，要看好正确的时刻表，因为车次较少，没有太多可选择性。

自驾车

车辆准备

汽油、机油、水；刹车、喇叭、灯。凡是出远门之前都必须检查如上几项以及电瓶，带上备用机油、防冻液、灯泡、保险等，玻璃水往往容易被忽略。千斤顶、备胎、随车工具、警示牌等一定要带齐全，有条件的最好带上拖车绳、电瓶大线，万一抛锚会省很多事。行驶证、驾驶证、保险单正本、养路费收据也不能拉下。南方的游客如果冬天自驾来山西，别忘了换防冻液和防冻玻璃水。

行车

只要在车上，不管前排后排，一律系上安全带，以防万一，在高速路上更要严格遵守。

别超速，保持适当车距，即使发生状况也有时间和空间来处理，在路况不熟悉的地方更要小心，同时多留意路旁的交通标志，如果看着挺好的路限速很低，有可能是事故多发地段；国道路口多，横穿的多，多种车辆与行人并行，宁慢勿快；超越大货车时，提前鸣笛闪灯，让前方司机注意到，在路况允许的前提下快速超越，最好提前减档提高转速。在山区高速，既不要跟大车，也不要被大车跟，免得被刹车失灵的大车给困住。遇到隧道指示，提前减速并打开大灯。

尽管122是统一的交通事故报警电话，但直接拨打高速公路的报警电话，得到救援的速度更快，由于此电话不统一，最好看到后能随时记住，以备不测。

冬季行车，尤其是在下过雪后，遇到涵洞、桥梁等地方，都要提前减速，因为这些地方接不到地气，常有残冰，山区公路的背阴面也要小心，照不到太阳的地方冰化得很慢。

停车

高速路上别在服务区以外的地方停车，这样停车的危险性比开车时大得多，万一有故障不得不停车，一定要第一时间离开车辆，在车后100米放置警告牌，最好在护栏外侧行走或停留。山区公路要把车停在视线良好的位置，让来往的车辆尽早看到你，千万别停在弯道上。到旅游地点或住宿地点停车时，最好停在有专人看管的停车场，索要凭据，多花几元钱就能买来踏实。

问路

问路也有技巧。在车辆聚集的饭馆询问来往司机是比较保险的办法，问路线的同时，捎带着问问路况，拉煤货车能走的路，小车不一定能行；汽修铺、加油站、收费站，包括交警，都是问路的好选择。自己要带上地图，当被问者不知道你的目的地时，可以改问所在地与目的地之间的某个县城或乡镇，有的当地人只熟悉离自己家不太远的地方。

开车时要留意路旁不太起眼的路碑，它们每隔一公里就有一座，写明了公路编号和具体的公里数，国道是 G 打头，省道是 S 打头，县道是 X 打头，既保证你不会南辕北辙，万一出了状况，还能让警察或救援人员尽快找到你所在的位置。

榆林老城：在残破的城墙上玩耍的少年

旅行装备

出门之前最好自己开列一张所需物品清单，备齐的物品一个个打上对勾，准备就绪之余，也让你充分感受到将要出发的期望和喜悦。

现金、证件

重要性无须多言，注意乘坐公交车之前要备好1元至3元零钞，大部分公交车为无人售票。旅馆会仔细登记旅客的身份证件。老人证、学生证、军人证、残疾人证、记者证、导游证在购买景区门票时能得到不同程度的优惠。

信用卡

只靠信用卡完成秦晋之路旅程是不可想象的。绝大多数的旅馆、饭店、餐馆、超市都不能使用信用卡，因此请抓紧一切机会，到银行或自动提款机提取现金。

户外装备

在本书里提到的所有景点，除非为了扮酷的需要，没有任何一种户外装备是必需的。帐篷、防潮垫、睡袋、炉头完全没有必要，冲锋衣、登山鞋、登山杖只是在徒步五台时能令旅程轻松一点，一双合脚的旅游鞋足以应付书中所列之所有旅程。

华山：俯视苍龙岭

药品

感冒药、黄连素、创口贴属于必备药品，带上一盒薄荷膏可以消除蚊虫叮咬的瘙痒，还能提神醒脑，有时候也能起到适当的消炎作用。体力不济的朋友还可以带上一盒洋参片，登山还有疲劳的时候含上一片也能起到关键作用。眼睛敏感的朋友不要忘了带上眼药水。

防晒品

黄土高原紫外线非常厉害，常看到当地人晒伤的脸颊和皮肤，所以这趟旅途一定要非常注意防晒。帽子、墨镜、防晒霜尤其必备，还可以防止风沙侵袭。

洗漱及日常用品

牙刷牙膏，带上几个纸杯，以备住得简陋的时候没有刷牙的杯子，同时也比较卫生。带2块小肥皂，条件差的地方至少还可以洗手。洗发水、沐浴露、常用的护肤品、毛巾、梳子也是必不可少的。有时候早上用毛巾洗脸后不容易干，不妨带个洗脸海绵更加方便实用。男士记得携带剃须用品，出门时间长的话可以带上指甲刀。湿纸巾方便卫生，也可以沿途购买。带几个空的塑料袋，可以用来装脏衣服或者包裹当地特产，也可以随时用来装垃圾。其他例如雨伞、一次性雨衣、手电筒、电蚊香、旅行吹风机、针线包、指南针、瑞士军刀、电池、打火机等看个人情况有选择性地携带。比较担心旅馆卫生状况的游客也可以带上一个薄睡袋，或者带一个小床单，这样也许会睡得更安心些。

水杯

山西的长途车站、火车站大多没有饮水桶，找旅游景点售票处或管理处的人讨碗水喝，他们也会热情地接待。最实用的水杯是带把的敞口不锈钢杯子，好处多多：不怕烫，不怕磕碰，倒水方便，晚上当漱口缸，急了用它烧开水，平时用快挂拴在背包带上，当啷作响，还能防盗！

插线板

携带电子设备多的游客，带个插线板就不会在充电时发愁了，电源插头最好用双眼扁平式的，这种形式的插座在所有旅馆墙上都能找到。

摄影装备

带个大的存储卡，至少现在卖卡的地方还不很普及；数码伴侣带不带皆可，县城里一般都能找到读卡刻光盘的小店。如果你的相机电池型号特殊，不防多备几节，除了太原、大同、平遥，别处出售的电池型号都不多。山西人挺厚道，很多室内文物允许摄影，但不能用闪光灯，如果你喜欢拍文物，请带上三脚架。防尘性能好的相机包更适合山西的环境，包里再装个气吹就有备无患了。

被套

绝大多数住宿点的卫生条件令人满意，对于卫生要求很高，又不愿支付太多住宿费的游客，推荐携带顶端开口的纯棉被套，自己钻进去，把店家提供的被子搭在外面就行了。相对于睡袋，它体积小、重量轻、易折叠、易清洗，而且不像睡袋裹得太紧。

地图、书籍、笔、本

带一本地图册非常有必要，可以查询各区县的具体地图以及整个行程的宏观路线。还有人喜欢携带一本全国地图，玩得兴起，兴许就打破归程计划，天南地北神游去了。带上纸笔，记录下自己心情的片断，再读的时候似乎重温了旅行，此外路上也可以用来记录一些重要的旅行相关信息。

住宿无忧

本书提到的各城市都有着较好的住宿条件，太原、大同、平遥、五台山、临汾、榆林、延安、西安等重点旅游区能找到三星级以上的高档宾馆。即使是小县城，也有相当于二星级标准的舒适档宾馆，低档宾馆、家庭旅馆更是选择很多。在一些县城里，基本上最好的宾馆就是县政府的招待所或者以县名字命名的宾馆，例如佳县宾馆、绥德宾馆等，标准间价格也就在100元左右。普通的小旅社10–15元就可以住一晚，只是卫生条件一般。

春、夏、秋三季，住宿的淡旺季差价并不明显，冬季往往能够谈到最实惠的价格，十一节假日刚开始的几天，五台山、平遥的住宿比较紧张，价格飞涨。华山山上的住宿价格比较高，而且节假期间也要提前预订。

在碛口古镇、韩城党家村、延川小程村可以入住当地的民居家庭旅馆，价格不高，还能体验当地民俗风情，这样的住宿也是旅行中难忘的经历。

○ 碛口：黄河岸边的窑洞客栈

美 食

山西菜分为南、北、中三派。南路以运城、临汾地区为主，口味偏清淡；北路以大同、五台山为代表，菜肴讲究重油重色；中路菜以太原为主，选料精细，切配讲究，以咸味为主，酸、甜为辅，菜肴具有酥烂、香嫩、重色、重味的特点。

过油肉是山西最著名的特色菜，每一家山西风味餐馆都有，而且派生出多种系列，其实正宗过油肉里除了肉片和葱、姜、蒜外，只放玉兰片、木耳、菠菜三种配菜，色泽金黄，酥嫩鲜香。

而陕西菜又称秦菜，其历史可以上溯至仰韶文化时期，可算是中国最古老的菜系之一。但今天的陕西菜并没有自成一派，而是融合了陕西、甘肃、宁夏、青海、新疆等地方风味，是大西北风味的综合体现。烹饪技法以烧、蒸、煨、炒、汆、炝为主，常选用干辣椒、陈醋和花椒等配料，突出香味。其中西安更是这条旅游线路上的美食天堂，各色小吃名闻遐迩，数不胜数。

秦晋两地的一个共同点，就是面食名满天下，特点之一是原料丰富，小麦、荞麦、高粱、黄米、小米、玉米皆可成面；特点之二是手法多样，造型不同，削、拨、剔、拉、搓、揪、压、抿、擦、擀，巧手与工具相配合，做出的面食有圆、有扁、有三棱，两头尖的，似柳叶的，有的如戒指，有的像猫耳朵，各具特色；特点之三是口感、口味各异，或筋韧、或柔软，配以羊肉、小炒肉等各种浇头，不一而足。刀削面、刀拨面、剔尖、拉面被称为“山西四大名面”。而从西安到延安、榆林，一路上有扯面、岐山面、罐罐面、香菇面、剁荞面、圪坨、抿节等等，保证天天都不重样。在整个旅途中，你可以粒米不进，却仍然吃得有滋有味。

山西人爱醋是人尽皆知，可以说无醋不欢，据传，一个典型的山西人，一生中能吃掉 150 ~ 200 公斤醋，难怪外地人戏称山西人为“老醯儿”。爱吃醋与当地饮食习惯有关，山西“水硬”，碱性大，而且大量杂粮，如高粱、莜面等，不大好消化，醋起到了中和、助消化的作用。米、高粱、玉米、红薯、柿子、沙棘等等，在山西都可以作为酿醋的原料。

而陕西八大怪中有一句话：“辣子是道菜”，陕西人种辣椒、吃辣椒，也是有其历史地理缘由的。因地处黄土高原地带，常年有西北风侵扰，为驱寒防冷，辣椒就成为一种极好的食品，它有杀菌、御寒、健胃等功能，一碗地道的“油泼辣子”，看着红、闻着香、吃着辣，既能用来调面，又能夹馍吃，吃起来更是满口流香，痛快淋漓。

秦晋地区的餐饮价格都比较实惠，一些大门脸、装修不错的餐馆也绝不会存在店大欺客，太原的双来山庄、三晋饭庄，大同的永和红旗美食城，西安的五一饭店、西安饭庄，榆林的古城风味楼、塞上饭庄等都很具有代表性，且食品卫生都值得信赖。

不过，最有特色、最具活力的美食，尤其是小吃，永远存在于街头巷尾那些不大起眼的小店中，每个地区都有每个地区特色的小吃代表作。太原的头脑、羊杂割，大同的黄糕、油糕，浑源凉粉；平遥的碗秃、栲栳栳，临汾的牛肉丸子，西安的泡馍、腊汁肉夹馍、水盆羊肉，延安的洋芋擦擦，榆林的拼三鲜、炸豆奶、马蹄酥，子长的煎饼等等，只要你用心寻找，一定能将当地流行的民间美食一网打尽，而寻访这些美食的过程也是旅行中难忘的一份经历。

当然，这些小吃店和路边小吃摊的卫生状况可能会让你有些担忧，但入乡随俗，不能用大城市星级饭店的标准来苛求他们，毕竟你所享受到的美食应该能够弥补你对就餐环境、服务质量的不满。就在等车的空隙，或者夜市的灯火下，随意地坐在面皮小摊的板凳上，混迹于当地人中间，于惬意的品尝之中也品味着这份平淡自如的秦晋生活心境。

五台山：特色面食炒拨烂

带特产回家

陕北民间手工艺品：布老虎

秦晋之地的特色商品大多乡土气息浓厚，例如丰富的农产品资源，剪纸、布老虎之类的民间手工艺品，当然还有推光漆器、五台山砚等享有盛誉的传统产品。很多特产如今已经推向全国，建议出游前到家门口的超市看看，平遥牛肉、太谷饼等包装食品就不用千里迢迢地带回家了，超市都已经为你预备好了，买点自己所在城市找不到的特产送人，才更显出诚意。

五台山、平遥和各晋商大院门口的旅游品商店是锻炼砍价技术的好地方，货比三家并且欲擒故纵才能达成所愿，绝大多数商品在任何一个摊位上都能买到。买农产品最好去当地的批发市场或农贸市场，购物环境当然较差，但商品肯定又便宜又新鲜，有的大型批发市场还能够提供很不错的外包装。太原和大同的时尚商场不比任何大城市逊色，不过里面的商品恐怕找不到什么山西特色。

陕北的特色民间手工艺品很丰富，在西安的书院门、化觉巷、大唐芙蓉园、兵马俑等地都能够买到，当然都需要砍价。而更原汁原味的剪纸、刺绣等工艺品可以到安塞、小程村这些民俗旅游地购买，会令你有更加惊喜的收获。

安全记心中

秦晋之路的社会治安状况总体让人放心，民风比较淳朴。但是在车站周边要看好自己的财物，上下公交车时要捂好钱包，这是在任何城市旅游时都要遵循的原则。不要理会过分热情的人，例如拉客住店的、无缘无故攀老乡的、让你买家传宝物的、说你有缘要赠与礼物的、刚出站就扑上来帮你拿行李的，无利不起早，虽然他们不至于对你的人身安全造成伤害，但损失财物会让你烦恼。遇到纠纷，迅速拨打110报警，还可以拨打旅游投诉电话。

景区内的安全完全取决于你自己，不要随意翻越栏杆，不要哪里“游客止步”就专去哪里，切记“走路不看景，看景不走路”。五台山徒步游览最好请向导，晋中大院游人过多时谨防踩踏受伤，攀登绵山的铁索岭等景区如果超出自己的能力，要学会放弃，冬季去壶口别随便踏上冰封的河面，在一个陌生的地方，能够安全地回家比疯狂地尽兴更为重要。

五台山：南山寺的快乐僧人

经验杂谈

心情

在所有的旅行装备中，没有什么比随遇而安的心情和豁达大度的心态最加重要，想拥有快乐的旅程，首先要有迎接快乐的心情。在家千般好，出门万事难，没有哪一次旅游能够百分之百地达到自己的期待，总会有遗憾，总会有不如意，泰然处之，找到解决问题的方法，比勃然大怒、歇斯底里要理智得多，出门是为了增长见识、放松心情，不值得为了一点小事争个你死我活。学会把旅游中的困难当成有趣的小插曲，该坚持时坚持，能让步则让步，并且事后一笑置之，旅程会变得越来越顺利，越来越轻松惬意。

住宿选择

火车站、汽车站附近都是旅馆扎堆的地方，但最靠近车站，或者招牌最醒目的那一些往往性价比最差，还最嘈杂。在车站周边 500 米至 1000 米范围内，基本能够找到交通方便、干净安静的住宿点。在不熟悉情况的时候，当地政府招待所或政府宾馆是比较保险的选择，而一些垄断企业，如电力、金融、邮政、电信、供销社等，或者是当地大企业的招待所，往往是性价比最高的选择。不到迫不得已，不要让出租司机、三轮车夫或专职拉客人员为自己介绍住处，他们的好处费必然被转嫁到住宿费中。

房间选择

尽量不要选择朝向马路的房间，否则深夜和凌晨的喧闹声会影响睡眠。朝向长途汽车站的房间同样应敬而远之，长途司机往往起得很早，习惯性地热热车。尽量不要选择靠近楼梯、公共卫生间、水房的房间，卡拉 OK 厅、舞厅楼上的房间也别去。入住时要事先留意逃生通道，检查门锁，门后倒放的啤酒瓶，或者是架在火柴盒、烟灰缸上的不锈钢杯子，都是简单有效的防盗装备。如果只是对卧具卫生不满意，在交住宿费之前要求店家更换即可。

黄土高原缺水，村民们要赶上牛车去很远的地方拉水

餐饮选择

预先做功课会让你找到最负盛名的餐馆，但有时候也会发现盛名之下，其实难副，如果多向当地人询问，往往能得到惊喜。当几家餐馆挨在一块儿，人气会暴露它们的水平高低，人满为患的那家一般不错，如果过了饭点还是热度不减，那必然是行业带头人，而有的店家连服务员都站得百无聊赖，建议趁早远离。点菜时选择菜谱上列的特色菜一般不会后悔，店家往往把自己的拿手菜列在菜单第一页，也可以留意别人点的菜，如果几张桌子不约而同点了同一道菜，你也照方抓药吧。饮料，特别是冷饮，要检查包装、封装质量，封口正规、包装精美的品牌，质量更有保障，当地人可能对一些小品牌产生了免疫力，你如果吃了，消化道可能会提抗议。

交通选择

如果时间合适或者气候恶劣，选火车不选汽车，毕竟火车更安全、便宜，能随便活动、方便。乘长途车时，如果时间充裕就进站上车，一般有座位，如果要赶时间，到长途车出城的必经之路拦车，不会耽误你的时间，代价是可能要坐小马扎。包车前要留意车况，包车后要注意司机的驾驶习惯，如果感觉到很不安全，果断要求中止行程。

路线选择

自助游的最大优势就是可以随时变更计划，当由于交通、自然灾害等原因导致原定路线不能完成，或者你对某一类型的景点产生了严重的审美疲劳时，试着让路线拐个弯，去探访一些不出名的小景点，或者干脆到一个陌生的地方漫游，往往比按部就班地完成计划更妙趣横生。

仍在吴堡古城内居住的王氏老夫妇向我们讲起古城从前的故事

第二章

大同——行走于石窟与古建之间

大同市
N
泰佳宾馆
大同火车站
长途客运北站
红宝石糕馆
操场城西街
操场城东街
长途客运南站
砖雕五龙壁
云冈国际酒店
帅府羊杂馆
往应县木塔
九龙壁
华严寺
鑫苑招待所
东方削面
老孙家涮羊肉总店
善化寺
二板小南街削面
老爷庙大饭店
锦江之星旅馆大同振华街店
往云冈石窟
永和美食城
如家快捷酒店大同迎宾路店
往悬空寺
御
河

大同素以地下煤海著称，殊不知其地上的宝藏也是光耀中华。雕琢精美的云冈石窟、巧夺天工的悬空寺、雄险奇丽的北岳恒山、巍峨屹立的应县木塔，还有庄严古朴的善化寺、华严寺。北魏、辽和金三个少数民族政权，以石刻、木构和砖瓦为笔，共同写下了大同最辉煌的篇章。

大同的名字来源于《礼记·礼运》的“大同”篇。天下大同，这是一个多么崇高而令人向往的理想社会，可惜自古以来，大同所在地区就一直笼罩在腥风血雨、金戈铁马之中。战国时期，赵国大将李牧曾在雁北大败匈奴，但赵长城和其后的秦长城都没能隔绝北方游牧民族的不断骚扰；两汉时期，朝廷在大同地区设平城县，平城没有带来和平，踌躇满志的汉高祖刘邦在白登山被匈奴围困了七天七夜，侥幸逃脱后送来了和亲的队伍；王昭君在平城抱着琵琶弹奏了几天东风破，却终究只能将自己的命运托付给凛冽的北风。

公元 398 年，北魏迁都平城，直至 494 年迁都至洛阳的这一段时间，鲜卑民族为今天的大同带来了第一次幸福时光，云冈大佛宽容的微笑记录了当时社会的财富与信仰；此后的几个世纪中，大同成为各族军事力量猛烈角逐的场所，突厥、沙陀、吐谷浑……逐渐都消失在历史的漫漫黄沙中。刀光剑影里走出的契丹人，开辟了大同的另一个黄金时代。辽、金时期，大同作了 200 余年的陪都，1044 年，辽兴宗设立西京大同府，大同这个名字从此登上历史舞台；之后的大同渐趋平淡，没有留住元朝贵族远遁漠北的马蹄，无法挽回明代戍边重镇坍颓的命运，更有慈禧、光绪仓皇逃窜的脚步不堪回首。沉默之后就是爆发，终于平型关激烈的枪炮声响起，仿佛为中华民族不屈的民族魂慷慨激昂地歌唱。

大同：云冈石窟

行程推荐

Xingchengtuijian

大同及周边地区冬季十分寒冷，春季风大，因此最好在5-10月间前往，不过恒山的深秋相对景色宜人，而冬季去云冈石窟则能够躲过汹涌的人潮。

大同最标准的游程为两天，一天游市内景点，一天游大同周边。云冈石窟绝对不容错过，它是世界级的佛教艺术宝库，付出半天的时间，你收获的一定是惊叹和震撼。如果时间紧迫，华严寺与善化寺可选其一，两座寺院皆以建筑和塑像闻名，前者拥有辽塑典范，地处闹市，有大隐隐于市的韵味，后者有明塑精品，环境更加清幽。九龙壁名声在外，但看点不多，去不去皆可。恒山五岳之一的名头比实地景色更漂亮，不登也罢，但浑源悬空寺和应县木塔则是中国同类型古建筑的代表作，在悬空寺可体验下临深渊的惊险，在木塔则可仰视高耸入云的壮丽，不过上述三个景点间的交通不很方便，要好好计划行程才能在一天之内游遍。

无论应县还是浑源，旅游接待条件都远逊于大同，中档住宿选择较少，价格与大同的同档次酒店基本持平，因此推荐住在大同。大同火车站前街的旅馆、宾馆比较集中，档次丰富，而且交通方便，公交车多，离长途车站近，同时也是旅游包车的聚集地；喜欢热闹的则可以住在四牌楼附近，这里是大同老城区中心，参观华严寺、善化寺、九龙壁、老街巷皆可步行前往，以中高档住宿为主。

大同饮食有北地特色，而且价廉物美，菜的分量较足。个人认为大同的刀削面堪称山西第一，有名气的面馆遍地开花，酸菜和土豆是此地特产，口感极佳。

恒山：古刹群

悬空寺

一日游：九龙壁——华严寺——善化寺——云冈石窟——三龙壁

游遍大同市内的景点，一天的时间正合适。上午先参观九龙壁，再步行向西到达上、下华严寺，欣赏辽代建筑及精美的雕塑。随后去往善化寺，看看国内保存最完好的辽、金寺庙是什么样子，院内的五龙壁与九龙壁相比哪个更精致。出了善化寺正好是中午时分，午餐可以去寺东侧的永和食府解决，或向南 200 米试试二板小南街削面。永和食府门口就是公交车，坐到终点站新开里，再换乘公交车，不到一小时即可到达云冈石窟，下午游客稀少，可以静静地与历尽沧桑的石雕佛像进行一番目光交流。回城时时间还早的话，可以在观音堂下车，看看双面琉璃三龙壁的风采。晚餐选老爷庙大饭店吧，坐公交车在三二二医院或泰福楼站下即到，好吃又实惠。

二日游

如果能有两天时间，那么大同周边的景点你也可以游遍。

第一天：同一日游
第二天：悬空寺——恒山——应县木塔

包辆出租车，轻松完成悬空寺——恒山——应县木塔的游程，别忘了中午到浑源县城喝碗小媳妇凉粉；不包车的话就要早起，在新南站乘长途车先到悬空寺和恒山，下午转车赴应县看木塔，之后返回大同。跑了那么多路，晚上在迎宾东路的老孙家涮羊肉犒劳一下自己，将大同的印象永远定格在酒足饭饱的那一刻。如果你的下一站是五台山，不必走回头路，在浑源或应县包车或者拦过路车，晚上就能置身于佛国净地了。

浑源县、应县与大同市区构成一个三角形，从大同去往浑源县或应县都很容易，但各景点间的连接却很不方便，笔者建议以下四种选择：

1、3-4 人同行包车。在大同包车，一天游览云冈石窟、悬空寺、恒山和木塔四处，再返回大同，不过日程非常紧张，想登顶恒山基本没有时间，建议只去悬空寺、云冈石窟和木塔三处。此选择的要点在于一定要与司机讲明上述价格已包含所有过路费、停车费及司机门票，从事包车旅游的司机一般在大同火车站附近揽客。

2、先乘班车到浑源，在浑源包车，游完悬空寺、恒山后负责送回县城。然后在浑源汽车站乘坐班车前往应县游览木塔，从应县回大同的车就很多了。此选择经济与便捷相结合，要点在于千万不能错过下午从浑源开往应县的最后一班车。

3、参加大同国旅总部组织的悬空寺、恒山一日游，中间留给悬空寺的游览时间为 1-1.5 小时，在恒山等候时间约 3 小时，早上 8:00 左右出发，17:00 左右即可返回大同。大同国旅总部的位置在云冈宾馆，红旗美食城对面，乘坐 15 路公交车在市政府下车，向东 200 米即到。此选择适合 1-2 人同行、不愿费事的游客，但不得不舍弃应县木塔。

4、旅游旺季在位于雁同西路的大同长途客运南站有开往悬空寺、恒山的一日游专车。此选择经济实惠，但在出行时间和旅游季节上受到较大限制。

预 算

Yusuan

以二日游为基础计算

门票：约 475 元。
交通：乘坐公交车、长途车约 80 元。
住宿：按照普通宾馆标准间每天 120 元计算，同行两人分摊，每人每天 60 元，两天共计 120 元。
餐饮：特色菜和小吃相结合，每天 50 元，两天共计 100 元。

总计约 775 元

云冈石窟露天大佛

在大同要做的9件事

Zaidatongyaozuodejiujianshi

01 在云冈石窟 回望那个众生向佛的时代

公元453年，一位名叫昙曜的和尚来到首都平城以北的武周山下，从此直至北魏太和十八年（公元494年）孝文帝迁都洛阳，数十年间，武周山叮叮当当的凿石声一直没有停止过，信仰的力量加上皇室的支持，终于成就了云冈石窟这一绵延长达一公里的艺术巨作。云冈石窟现存主要洞窟45个，石雕造像51000余尊，其气魄之雄伟、题材之丰富在我国石窟艺术中堪称第一。2001年12月，云冈石窟被列入世界文化遗产名录，世界遗产委员会的评价是：（云冈石窟）代表了公元5世纪至6世纪时中国杰出的佛教石窟艺术，其中的昙曜五窟，布局设计严谨统一，是中国佛教艺术第一个巅峰时期的经典杰作。

鲜卑在历史上是一个值得回味的民族。骁勇善战的鲜卑人曾经冲入汉族的领域，统一了北方中国。他们对先进文明的渴望最终确定了历史的走向，粗犷

豪放的个性被纤美细腻的文明所征服，一个从蛮荒走向文明的民族，却在通往文明的路途上逐渐消亡，直至完全融入中华民族的大家庭。

北魏王朝是一个值得尊敬的朝代。短短的一百四十九年（公元 386 年—534 年），在历史长河中不过如白驹过隙的北魏王朝，却为后世留下了无比璀璨的艺术遗产。书法艺术上产生了古拙大方、刚健有力的魏碑体，成为历代书家临摹的范本，到了计算机时代依然是各字库的保留项目；在石窟艺术方面的成就更是空前绝后，敦煌莫高窟、大同云冈石窟和洛阳龙门石窟并称“中国三大石窟”，后二者都是从北魏时期开始雕凿的。北魏太和年间，孝文帝实行汉化改革，反映到石窟艺术上，无论何种形象，都采取了汉族形制的衣饰，这一变化以云冈、龙门为中心向外辐射，影响远及秦陇、河西、巴蜀等地，莫高窟、麦积山、炳灵寺等著名石窟中北朝中期以后的造像，都深受云冈、龙门的影响，削肩长颈的秀骨清像，从此风靡大半个中国。云冈石窟，无疑是这一变化最好的亲历者和见证者。

拜访云冈石窟是在夜雨后的某个清晨，晋北少有的蓝天裸露着，古建筑顶上宝石般光润的蓝色琉璃瓦、武周山沉郁的褐色肌肤和广场上放肆地绿着的植物，将原本枯黄单调的晋北风物点缀得如同水粉画一般明艳清爽。游人还没有到来，广场是半大孩子们奔跑嬉戏的乐园，也有老人一招一式认真地打着太极。1500 余年前，北魏皇帝倾全国之力修造石窟时，这里该是一派怎样的盛况呢？棚架相连、工匠云集、挥汗如雨？时间的洪流淹没了斧凿击石的四溅火花，洗却了世事更替的万千浮华，只留下龛窟纵

云冈石窟外景

云冈石窟

横的武周山，让后人得以回望那个众生向佛的虔诚年代，追思鲜卑人远逝的背影。

云冈石窟入口的设计没有给游人留下任何缓冲的余地，从平淡无奇的大门进去，走过短短的甬道，正对着的就是云冈石窟的精华——第五、第六窟。第五窟后室北壁中央坐像高达17米，是云冈石窟最大的佛像，于窟内狭窄的空间中抬头仰望，益发感受到佛之高大威严，人之卑微渺小。第六窟更是将石刻艺术发挥到了极致，四面八方的每一寸墙壁上，没有留下一处空白，密密麻麻地刻满了各种形象，题材极其丰富：佛与菩萨面带微笑、开示众生，供养天人低眉顺目、手捧果盘，金刚密迹力士侍立于侧、威武雄健……四壁和中心柱上如连环画般展现的佛传故事，让其他雕刻都黯然失色。在一个个电视屏幕大小的地方，安排下诸多的人物景观，纷繁而不杂乱。借助精湛的雕凿技艺，石头似乎也开口说话了，生动地叙述着一个个佛本行故事，或脍炙人口，或闻所未闻：肋下出生、九龙浴太子、骑象入城、宫中嬉戏、出游四门、逾城出家、入山问道、林中修炼、讲经说法……无数个精美的细节组合出一幅宏伟的叙事画卷，形象地描绘了释迦牟尼从诞生、出家、降魔、问道，直至成佛的一连串故事，佛祖跌宕起伏的一生如同分镜头一般定格在这里，而每一幅画面背后的寓意又似乎有着无限遐远的想像空间。

旁边的第八窟中最吸引视线的是造型奇特的魔王与天神。佛祖降魔造像位于东壁，石窟的管

云冈石窟

理者精通摄影用光，为了烘托气氛，特意在魔王侧下方设置光源，让本来就面目狰狞的魔王显得更加穷凶极恶，与佛龛中淡然处之的佛祖造像形成鲜明对比。与电影艺术一样，塑造反面人物，似乎总比塑造正面人物要容易得多，千篇一律的佛像没能给我留下深刻印象，倒是那位赤裸上身、带领着一众麾下向佛祖挑战的魔王，颇有些神勇的风范。魔王长得比较狰狞，天神模样也好不到哪里去。拱门东侧是三头八臂骑牛的摩醯首罗天，西侧刻有五头六臂的鸠摩罗天，容颜如童子，它骑着的那只长了个鹅脑袋的孔雀叫那罗延天，他们都是佛教八部护法中的人物，长的绝对说不上亲切，但健硕的身躯充满着力量。护法永远要以凶恶面目面对妖魔鬼怪，不过现在招他们生气的肯定是窟内那功率颇大的电灯泡，当别的石窟都禁止拍照以保护文物时，云冈石窟却还在用大功率电灯照明，天龙八部空有一身神力，对此也只能徒呼奈何。

第九窟到第十三窟，由于清代时上了颜色，俗称“五华洞”，一派色泽艳丽、五彩斑斓的佛国景象，仿佛从黑白电影进化到了彩色电影，让人眼前一亮。个人最喜欢的莫过于第十二窟，这里仿佛正在举行一场歌舞晚会，巧夺天工的雕凿技艺，将晚会永远凝固在最高潮的一瞬。窟顶上飞翔的是由十几位伎乐天组成的乐队，衣袂飘飘，身姿曼妙，美目流转，手持排箫、琵琶、箜篌、笛、鼓等各色乐器，连龛里的菩萨都陶醉于音乐中，露出了浅浅的笑容。侧耳倾听，风中似乎传来了悠扬的乐音；凝神注目，伎乐天长长的衣袖依然在飘扬舞动；怎么舍得转身离开？这一转身，就失却了永远的西天幻境，这一转身，就辜负了鲜活生动的声色天堂。

旁边就是晚会现场，但第十三窟的力士不仅不能去看热闹，还要上千年如一日地支撑头顶上佛祖的右手，恐怕是整个云冈最辛苦、最郁闷的工作了。好在他的身边不乏艺术精品，南壁窟门上方的七身立

○ 云冈石窟

佛像纤秾适宜，身着褒衣博带，已经是北魏孝文帝改革服制后的汉人衣着，他们与东壁下层呈胡跪状的九身供养菩萨像，都是云冈精美雕刻的代表作之一。

第十六窟至第二十窟，就是高僧昙曜主持开凿的最早期的五个洞窟，通称“昙曜五窟”，气势磅礴，具有浑厚、纯朴的西域情调。其中四个窟的主佛都身着通肩袈裟、袒露右臂，这样的装束至今依然能够在印度、泰国看到，比较适合热带、亚热带气候，恐怕无法抵挡滴水成冰的北国严寒；而第十六窟正面的大佛像则是云冈第二期雕凿的，外着褒衣博带，胸前双带作结下垂，与现今的领带没有什么分别，据说这是当时汉民族的标准衣着，看来西服领带的发源地需要重新考证才对。上述两种衣着的变迁清晰地说明了其雕凿年代的先

云冈石窟

云冈石窟

后。第十八窟位于佛两侧的是十大声闻弟子，他们有的双手合十，有的单掌当胸，眼帘半开半合，面部表情虔诚肃穆，工匠的雕刻技法十分精湛，使弟子群像看起来特别有立体感，半浮空中，仿佛从石壁中长出来的那么自然，堪称杰作。

终于来到云冈大佛面前，几乎没有人会对这尊第二十窟的主佛像感到陌生。佛像高 13.7 米，体态丰满，两耳垂肩，深目高鼻，嘴角微微上翘，似笑非笑，于庄重威严之中又带有宽厚慈祥。佛像背后遍雕千佛像、飞天和火焰纹，繁缛而热烈，富有阴柔之美的伎乐天盘旋在周围，更衬托出大佛的雍容华贵、刚健雄浑。最摄人心魄的是大佛炯炯的目光，那黑亮的眼眸充满亲切与睿智，似乎能看穿一切红尘凡俗，斩断所有烦恼牵挂。很多游人只看大佛一眼，就在亲朋的催促中匆匆转过身去，对着镜头摆出各种姿势，绽放出或奔放或含蓄的笑容，我则更喜欢伏在栏杆上，与大佛面对面，读他的目光，听他的呢喃，我听到了苦海无涯、回头是岸，读出了人生无常，佛法无边。

佛像前侧有一株小树，一树蓬勃的绿色为线条硬朗的石窟带来些许柔软，稍远处，槐树已蔚然成荫。在大佛深邃的目光中，生命按照自己的规律繁衍轮回。时光抹去了几乎所有的印迹，昙曜只留下一个名字，工匠们甚至连名字也没有留下，但他们创造的艺术杰作必将永恒。

* 部分观点引自阎文儒先生之《云冈石窟研究》

小帖士TIPS

到达：
从火车站乘坐云冈石窟专线车即可到达景区。也可乘坐公交车到终点站新开里，然后换乘以新开里为起点站的公交车至晋华宫站下车，单程约 25 分钟，下车后换乘电瓶车至景区。从市内乘坐出租车到云冈石窟约 25-30 元，回程可砍价至 15-20 元。

游览时间：
约 1-2 小时

下一站：
观音堂三龙壁：乘坐开往城区的公交车，在观音堂下车。参观完毕后继续乘坐公交车回新开里。
九龙壁：乘坐公交车回新开里，换乘其他路公交车在四牌楼下车，或在九龙壁下车。
善化寺：乘坐公交车回新开里，换乘其他路公交车在华林商厦下车。
华严寺：乘坐公交车回新开里，换乘其他路公交车在华严寺下车。

Zuozheshouji 作者手记

1. 云冈石窟的精华集中在第五窟至第二十窟。东区的第一至第四窟大部分风化比较严重，第三窟内保存完好的一佛二菩萨显示出盛唐开元之后的造像风格，可以与其他时代的造像对比着看；第二十窟以西的晚期石窟则规模较小，“秀骨清像”的特征比较明显。
2. 建议 7:30 之前从市内出发，在石窟开门前到达，早餐可以在云冈石窟前的早点摊解决，有豆腐脑、油条、鸡蛋、刀削面等，味道一般，不过能一边吃饭一边眺望武周山晨曦，心中充满期待；进门后建议不要按顺序参观，而是向左直奔“昙曜五窟”，趁着人流尚未集中到此，痛痛快快地将云冈石窟最著名的大佛拍个够。
3. 上午是旅游团参观的高峰，如果不能赶早来，干脆下午晚一点再来，夕阳西下时的云冈石窟自有一种沧桑之美。

云冈石窟

在大同要做的 9 件事

Zaidatongyaozuodejiujianshi

02 领略

华严寺里的辽代经典微笑

华严寺位于大同市中心的大西街，名字来源于佛经《华严经》，分为上、下两寺。循着袅袅的青烟，很顺利地就可以找到上华严寺。前院跟我设想中青灯古佛般寂寥的样子相去甚远，香火旺盛，游客众多，很多老人认真地手捧经书，戴着老花镜，在念佛堂中大声诵经，窗台上的饭盒与杯子让我对他们的决心非常钦佩。他们念的似乎并不是同一部经，虽不整齐划一，倒也抑扬顿挫。我在门外饶有兴致地听了一会儿，大概是中场休息，老人们纷纷走出来，三三两两地坐在台基上晒太阳，说的话也从我听不懂的佛经迅速地转到了家长里短。一位面目慈祥的老太太见我在院子里逡巡，很热情地指点我去殿旁的一处偏院："那里拜佛最灵的！"我从善如流地进院一观，不大的院子里挂满还愿的牌匾，有人跪在蒲团上念念有词，有人举着香在后面排队等候，我对这一场景的印象是如此深刻，以至于干脆把供奉着的伽蓝菩萨长什么模样忘了个一干二净。上华严寺是大同市佛教协会所在地，是信众们念经拜佛的地方，我喜欢这种"活着的"寺院，它寄托着人们的信仰，承继了自诞生以来一成不变的使命；不过华严寺又是特殊的，它同时也是古建筑界的圣地，因为它有着一座堪称国宝的大雄宝殿。

向上寺深处走，大雄宝殿的魅力让我不由自主地加快了脚步。这座大雄宝殿始建于辽清宁八年（1062 年），其后保大二年（1122 年）毁于兵燹，金代天眷三年（1140 年）又在旧址上重建，以后历代修葺不辍。面阔九间，进深五间，是我国现存辽、金时期最大的佛殿，同时也是我国最大的佛殿之一

华严寺：外景

（另一座堪与之媲美的是辽宁省义县奉国寺大殿），只有它才当得起“恢宏巨构”的称呼。硕大的体积，高大的台基，沉稳的线条，让大殿拥有着从容不迫、卓尔不群的气度与风范。

与殿外赤赭的单色调不同，殿内竟然是个五彩斑斓的世界。佛坛上塑有五方佛，佛像线条简洁明快，突出在雕琢精致的背光之中，更显现出佛的尊崇地位，佛坛两侧各塑十尊诸天护法神像，面朝佛像，身躯前倾，似乎马上就要扑倒在地，完全顾不得身上色泽艳丽的僧袍铠甲。相传他们曾经是异教的首领，或是恶迹昭彰的魔王，受了佛祖的感召与点化，才皈依佛门，修成正果，个个神情谦恭肃穆。清代绘制的 21 幅巨型壁画布满四壁，金碧辉煌，不过在殿内昏暗的环境下，只能看个花花绿绿的热闹罢了。

走出大殿，站在高台上举目四望，周边林立的商厦肆意展现着更加丰富的色彩。那些新建筑物我已不能一一记得名字。叫什么名字其实并不重要，因为它们看上去没有任何分别，都播放着铿锵的音乐，悬挂着醒目的条幅，吞吐着时尚的商品和追求时尚的人们，欲望在这里被激发、被扩大、被满足。当然与之一墙之隔的华严寺跟其他寺庙也没有区别，它们都试图将所有现实的欲望导向虚幻的彼岸，但我欣赏华严寺的坚定，潮流总在变化中，信仰却从未偏离过，就像前院那些诵经的老人，信仰已经成为日常生活的一部分，自守佛前香三炷，任尔东南西北风。

大殿处在现代建筑的包围之下，显现出英雄迟暮的落寞，但绝不凄凉。他挺直伟岸的身躯，顽强地维持着自己的尊严，昂扬的鸱吻、质朴的斗拱，以及古拙的匾额，让他的尊严带有历史的厚重感，那种舍我其谁的气势，使大雄宝殿成为城市挺立的脊梁。下寺的薄伽教藏殿与之遥相呼应，共同撑起一片属于辽代的天空，我固执地认定，夜深人静的时候，两位相伴走过幽远旅途的巨人之间应该是会说些什么的，可能是昨日的风华正茂，可能是今日的身不由己，也可能是明日的何去何从。

下华严寺坐落于上寺东南，现在是大同市博物馆，与上寺相比，这里显然冷清许多，以至于我差点错过它的入口。仿古的建筑修得多了，反倒埋没了真正的古董。前院殿宇中置放着一些与大同相关的文物，介绍了大同的历史，游客往往一带而过，毕竟探访下华严寺的目的，大半是为了那座著名的辽代建筑——薄伽教藏殿。

薄伽教藏殿在下华严寺的最深处，巍峨地立于高台之上，建于辽重熙七年（1038），一直作为华严寺的藏经殿，即相当于现在的图书馆。殿内沿左右山墙及后墙整整齐齐地排列着存放经书用的木雕重楼式壁藏和天宫楼阁，玲珑精致，须弥座、腰檐，以及上层的楼阁形佛龛，活脱脱一副木构建筑的缩微模型。工匠们注意到了所有的细节，二层雕花栏板，一圈几十块，纹样竟然没有一块是重复的。这组天宫楼阁壁藏是研究当时建筑形制的重要依据，被著名建筑学家梁思成称为“海内孤品”，据说后壁正中还有一座极其精美的木构桥梁模型，可惜有铁栏杆阻隔，无缘一饱眼福，只能在华严寺的门票图片上领略其风采了。

殿内另一组宝贝是 31 尊辽代塑像，纵然身染尘埃，斑驳剥落，仍难掩其浓烈的色彩，塑像身上脸上残留的贴金在昏暗的大殿中熠熠闪亮。其中最为人熟知的是合掌露齿菩萨，她双手合十，却俏皮地歪着脑袋，以一种极其放松的姿势站着，展现出婀娜的体态，胖嘟嘟的脸上绽放出一丝微笑，温婉可人，与身边其他塑像严肃庄重的面容形成鲜明对比。这是来自辽代的经典微笑，真的难以想象这样温柔而羞涩的微笑，竟然出自剽悍勇猛、拿惯了长矛硬弓的契丹人之手。多少民族盛衰，多少王朝更替，多少岁月沧桑，在菩萨的浅浅一笑间，都如烟云般飘散了。

华严寺：辽塑

小帖士 TIPS

到达：
乘坐公交车在青年宫站下车向西 30-50 米，从两栋二层仿古建筑间的仿古街道向南走 30 米即为上华严寺，出上寺门向南 200 米即为下寺。

游览时间：
两寺都需要 1 小时左右。

下一站：
继续游览：乘坐公交车在九龙壁下车可参观九龙壁。乘坐公交车在新开里下车，换乘公交车，可到达云冈石窟。
美食：乘坐公交车在三二二医院站下车，可以到老爷庙大饭店吃大同菜或到东方削面吃刀削面。

Zuozheshouji 作者手记

1. 最好上午前往参观。契丹人有“朝日”的习俗，因而其建筑都坐西面东，上午光线好，有利于顺光拍摄大殿外景及欣赏殿内雕塑、壁画等。
2. 上寺念佛堂北侧有一朝南的小门，上悬“有求必应”匾额，即公认拜佛许愿最灵验处。在上寺门口长约 100 米的仿古商业街上可以买到香烛。
3. 进下华严寺大门后，未进薄迦教藏殿前，北边铁栅栏门上写着洗手间的院子，在此院内可拍摄到薄迦教藏殿全景。
4. 佛殿内禁止拍照，不过如果你不使用闪光灯，而是将相机放在栅栏上，长时间曝光的话，既于文物无损，又能拍到满意的照片。
5. 如果想领略大同老城区的风采，可以乘坐公交车在鼓楼下车，沿鼓楼西街一路向西走到尽头，正对下华严寺大门。鼓楼西街基本上是原生态的大同老城区，但对街道的卫生状况不可要求过高。

在大同要做的 9 件事

Zaidatongyaozuodejiujianshi

03 看看

国内保存最完好的辽、金寺庙

善化寺创建于唐代开元年间，俗称南寺，在辽代末年遭受战争破坏，金天会六年（1128年）重建，明正统十年（1445年）改名善化寺。善化寺建筑宏伟，院落疏朗，主次分明，左右对称，是全国现存辽、金时期寺院中布局最完整的一座，现为全国重点文物保护单位。

寺庙前面有一座琉璃五龙壁，原为兴国寺门前照壁，建于明万历年间，后移迁至此。五龙壁色彩绚丽，富丽堂皇，五条金龙盘旋于山海之间，姿态各异，正中一条龇牙咧嘴，显得异常凶猛。估计是曾被拆迁的原因，琉璃砖之间的缝隙比较明显，破坏了其整体感。

刚看到善化寺的山门就吃了一惊，面阔竟达五间，简洁的斗拱包裹在岁月浸染的赤铁色中，古朴粗犷，悠远的庑殿顶气势磅礴，与身后两重大殿的庑殿顶相互呼应，这样的集合显得无比盛大隆重，让我的心顿时远离了喧嚣的红尘，全神面对这些辽金巨构。

第二进殿是三圣殿，硕大的补间斜拱是其正面最醒目的视觉焦点，斜拱煌煌然低垂着，占去了近三分之一的柱高，让我想起了成熟的香蕉树，这种金代特有的斜拱暗示了三圣殿的建筑年代，木构件干裂的缝隙中写满了历史的沧桑。再向后是大雄宝殿，面阔七间，进深五间，它是唯一未被战火完全毁损的辽代建筑，金代重修，但辽风尚存，出檐深远的屋顶显得庄严肃穆；红墙灰瓦绿树蓝天，全都沐浴在夕阳下，美丽中似乎带着点忧郁，游人都已散去，偶尔几声鸟鸣，很快又恢复了原有的宁静。这个时候步入大雄宝殿，还真有些朝圣的意味。殿内供奉明代所塑的密宗五方佛，两侧的金塑二十四诸天非常精彩，或英武、或慈祥、或含蓄、或狂放，尤以东侧的六臂日宫天尊和西侧的月宫天尊艺术价值最高，衣纹流畅，眉目清秀，表情慈祥，宛如温婉淑静的邻家大嫂，亲和力极强，哪里有天神高高在上、不食人间烟火的架子？此外殿内还有精美的八角藻井和清康熙年间壁画可供一观。

小帖士 TIPS

到达：
乘坐公交车在华林商厦下车，沿华林商厦南门正对的小胡同向南即到，或者下车后一直往南走100米，过永和食府右转向西50米即可到达。

游览时间：
0.5-1小时

下一站：
继续游览：乘坐公交车在终点站新开里下车，换乘公交车可到达云冈石窟。

美食：
出寺门向东50米即为永和食府，除了特色面食，还有便宜实惠的炒菜。

Zuozheshouji 作者手记

1. 五龙壁面东，早上来能更好地领略其风采。
2. 寺外南面有城墙，登城回望，善化寺的建筑、布局等尽收眼底。

◎ 善化寺：琉璃五龙壁

在大同要做的9件事

Zaidatongyaozuodejiujianshi

04 尝尝会飞翔的面条

大同东关削面

尽管刀削面在山西各地都可以吃到，但笔者坚持认为，大同的刀削面独占鳌头。刀削面在大同被叫做刀砍面，平添一份豪迈。刀削面既可以饱口福，也可以饱眼福，看削面的过程就如同欣赏杂技，刀锋起处，白色的面片如离弦之箭般直扑沸腾的汤锅，几个削面师傅围着一口锅，面片飞落如雪片的场景，令人眼花缭乱。有一句顺口溜说得好："一叶落锅一叶飘，一叶离面又出刀，银鱼落水翻白浪，柳叶乘风下树梢。"

估计在所有的大同人心目中都有自己最喜欢的削面馆，有的也许只是深藏在小巷中不起眼的门脸而已。能够受到普遍好评、名声在外的有如下几家：

东方削面为连锁经营，有多家分店，就餐环境很好，看起来更干净，更符合对卫生环境有较高要求的顾客们的需要，而且削面口味与时俱进，除了最传统的猪肉臊子外，还开发了牛肉、羊肉、蘑菇海带肉丝等臊子。高峰时期需要等位。可乘坐公交车在三二二医院站下车，在唐都大酒店前向东拐入迎泽街，步行20米就到了。

东关削面王曾经是大同刀削面的代表，可惜辉煌时期已经过去。原来的老店在高峰时期人满为患，据说一天能卖掉数千碗刀削面，摞在操作台上的瓷碗如小山一般，颇为壮观。削面属于最传统的加肉臊子、卤豆腐干、肉丸子的那种，特点是面条匀称筋道，肉臊子肥瘦合适，卤豆腐入味，丸子火候正好，撒上香菜，倒上醋，再拌点辣椒，谈笑间，一大碗消灭殆尽。可惜老店已迁到新城的沙岭，需要打车前往，颇为费时费钱。

二板小南街削面的臊子肉块比较大，不是炒的肉末，倒有点像炖肘子的风格，吃起来很过瘾，面条略薄、口感滑爽。地址在福康里。

大同小南街二板削面

○刀削面：捞面瞬间

○刀削面：削面过程

在大同要做的9件事

Zaidatongyaozuodejiujianshi

05不可错过 大同菜

“大同菜”是本人自创的名字，其实就是晋北菜肴，个人以为，以土豆、酸菜和羊肉为主要食材的菜肴是其杰出代表，在大同各餐馆内点与这三样相关的菜肴，大体不会让你失望。

这里的土豆口感超好，绵软香甜，入口即化，各种做法的土豆泥将土豆的特点发挥到了极致；酸菜土豆条则融合了两大特色菜，口感搭配得恰到好处，酸菜的味道浸润到土豆里，酸味不像醋溜土豆丝来得那么直接，而是回味绵长；各种做法的羊肉更是体现了内蒙古口外羊的特色，不腥不膻，鲜嫩可口，无论是烤还是涮，似乎都带上了北地的豪侠之气。个人更偏好涮，用大同特产铜火锅涮大同特色羊肉，配上大同本地所产云冈啤酒，绝了！

此外还有一种特色蔬菜——苦菜，是生长在大同地区的一种野菜，清热解毒，利胆降压，色泽油绿，略带苦味，一般凉拌着吃。

大同的餐馆一般分三块：火锅、中餐（即炒菜）、面食（可以理解为当地快餐）。名气比较大的餐馆有：

老爷庙大饭店挂着很多牌匾，如先进、红旗、饮食名店、名菜名点等。地址在新开南路155号，位于三二二医院站和泰福楼站之间路西，乘坐公交车三二二医院站下车向南200米。

永和美食城是全国先进单位，也有很多牌匾，古色古香的绿琉璃瓦房子，看着挺气派，菜价却不贵。地址在迎宾东路8号，云冈宾馆对面。可乘坐11路公交车到云冈宾馆站下车，或者乘坐15、17路公交车到市政府下车，向东走，过了红绿灯即到。火车站坐出租车到此约10元。

老孙家涮羊肉总店在五中附近，仍使用铜火锅，羊肉好吃还便宜。

○ 大同小吃：臊子土豆

○ 永和美食城夜景

在大同要做的9件事

Zaidatongyaozuodejiujianshi

06 去街边 寻几样美味小吃

大同小吃：羊杂

黄糕、油糕是大同特色小吃，黄糕乃是以黍子碾成黄米，然后磨成黄米面，上笼蒸熟，吃法是用筷子夹下一小块，蘸着肉菜的菜汤吃，俗话说："黄糕泡肉，吃个没够"；油糕则是在黄糕内加入馅料后炸制而成，皮薄馅大，外脆内软，有豆沙馅、糖馅、菜馅三大种类，菜馅内容丰富，有地皮菜、土豆、粉条、韭菜、豆腐干丁等。

红太阳糕馆、红宝石糕馆是做黄糕、油糕最出名的店，两家店紧挨着，正宗黄糕、油糕、莜面等是其特色小吃。红太阳糕馆规模大些，路南为老店，路北的分店二楼设有包间。地址在操场城西街东口向西约500米处，距离古夯土城墙遗址约200米，乘坐公交车云龙苑站下车即到。

米面摊黄儿的做法很像著名的天津煎饼，不过只烙一面，比煎饼厚。以发酵过的小米面或玉米面为主要原料，加入白面和鸡蛋，调成面浆，文火烙熟后，折叠成半圆形吃，里面还可以卷东西，外焦里嫩。在红太阳糕馆和红宝石糕馆都能吃到正宗的米面摊黄儿。

羊杂粉汤原料很简单，就是羊下水加土豆粉条，汤极其鲜美。与太原羊杂割的风格有所不同，大同羊杂粉汤更油，口味更重，里面的粉条更筋道，略带羊膻味，不喜欢羊肉的游客建议选择气味较小的羊拐棒。个人喜欢在喝羊杂粉汤时加入醋和白胡椒或辣椒，偏咸的汤带上酸辣味，是对味蕾的强烈冲击，一碗下肚，胃里暖烘烘的，再吃几个玻璃饺子，手抓一根羊拐棒，在外面走一天都不饿。推荐去"帅府街羊杂馆"，就在云冈国际酒店对面。

在大同地区旅行，不可错过浑源凉粉。浑源凉粉当然要到浑源去吃，最著名的是浑源县城里的小媳妇凉粉店，掌柜的是位四十来岁的中年妇女，大概是从小媳妇成长起来的吧。凉粉原料为土豆淀粉，成品呈现半透明的灰白色，为了保持水分和爽口的凉意，上案板前一直泡在水里。掌柜的将凉粉捞出来以后切成条，然后从操作台上放着的瓶瓶罐罐中舀些调料水浇上，食客企图打听其成分，掌柜的只笑而不答，应该是出于保护自身商业秘密的考虑吧。配料还有香菜和一种当地产的豆腐干，凉粉口感爽滑，豆腐干很有嚼劲，香菜段脆嫩，三者相辅相成；调料味道独特，五味中除了苦味，酸甜辣咸都齐了，再加上香菜和香油的香，大夏天的来上一碗，令人食欲大增，暑意顿消。凉粉每碗4元，加莲花豆5元。这里的家常菜也不错。凉粉店在石桥街上，对面是一座粉色外墙、绿琉璃瓦屋顶的四层小楼，非常醒目，可以作为地标。

大同小吃：油糕

来一碗小媳妇凉粉

在大同要做的 9 件事

Zaidatongyaozuodejiujianshi

07 登临峭壁上的悬空寺

悬空寺之险，只有身临其境才能体会得到，远远望去，似乎只有几根单薄的木棍支撑着悬崖峭壁上的重檐高楼，怪不得游历四方的大诗人李白会为此写下“壮观”二字，见多识广的大旅行家徐霞客则称之为“天下巨观”，当地民谣则更夸张：“悬空寺，半天高，三根马尾空中吊”。其实单就“险”字而言，西岳华山上去往长空栈道尽头贺祖洞的路无疑更加奇险，脚踏三块木板，下临万丈深渊，命悬一条铁链，但能在一片陡直的岩壁上悬挂数十间飞檐翘角的楼宇，这样的奇观，却只有悬空寺才做得到。

在河对岸仰望悬空寺，只觉它紧贴崖壁，内部似乎没多大空间，走到里面才发现，麻雀虽小，五脏俱全。如果说大多数寺庙喜欢建平面铺展的四合院，那么悬空寺盖的就是“更上一层楼”的复式结构了，一般寺庙平面建筑的布局、形制，被巧妙地建造在立体的空间中，山门、钟鼓楼、大雄宝殿、关帝殿等等，应有尽有。

悬空寺的精华在于其栈道和北楼，从南楼的最高层走上栈道，往下看，河谷幽深，怪石嶙峋；向上望，壁立万仞，巍然欲倾；左观殿宇楼阁高低错落；右睹朱廊丹户飘然欲仙；此时若有雾气奔来脚下，绝对有腾云驾雾、置身天上宫阙之感。这时脑海中不禁浮现出电视剧《笑傲江湖》里令狐冲和任盈盈在此与魔教高手大打出手的画面，武林高手们在狭窄的空间里闪转腾挪，拳来似电，腿去如风，金庸先生把这场恶战安排在悬空寺，无疑令凶险之势倍增。走过栈道，北楼的最上层是三教殿，供奉着儒、释、道三位教主，佛祖释迦牟尼居中，左为老子，右为孔子，三位大宗师共居一室，同受香火，齐受跪拜，呈现出独特的“三教合一”宗教文化，表明了中国宗教融合的历史渊源。

小知识：悬空寺千年悬空之谜

悬空寺始建于北魏后期，距今已有近 1500 年历史，曾历经多次地震，尤其是最近 40 年中，发生过两次六级以上的地震，其中一次甚至让浑源县城内三分之一的建筑倒塌，悬空寺却安然无恙。

悬空寺的坚固首先应归功于应用了巧妙的力学原理，虽然看起来它是由十几根碗口粗的立木支撑起来的，其实栈道下方的立木可以轻易地被晃动，根本没有起到支撑作用，真正承托重量的是 27 根悬臂梁。这些悬臂梁都是以当地的特产铁杉木制成的，质地坚硬，而且事先用桐油浸泡过，能起到防腐、防虫的作用。最厉害的是这些悬臂梁在钉进崖壁上的石孔时，顶端被打上了楔子，打入洞内，楔子会撑开悬臂梁，牢牢卡在石壁上，原理类似于今天的膨胀螺栓，打得越深，固定得越牢密。楼阁下方的立木与栈道下方的不同，完全不能晃动，其上端支撑着悬臂梁，下端牢牢地压在岩石上，立木和悬臂梁共同构成了一个有力的支撑体系，保证了楼阁的悬空。

悬空寺的设计与选址是其得以保存完好的另一个重要原因。它背倚翠屏峰的崖壁，所处位置正好是石崖向内凹进的地方，石崖的突出部分好像一把伞，使悬空寺免受雨水冲刷和落石袭击；较高的地理位置规避了洪水泛滥的危险；金龙口的山风吹走了河谷的水汽，保持了干燥的自然环境；四周的山峦减少了阳光的照射时间，避免暴晒引起木材风化。不知道当年的工匠是否考虑到了这么多复杂的因素，不过其位置的确得天独厚。

悬空寺

小帖士 TIPS

到达：

在大同汽车站乘坐开往浑源的班车，每15分钟一趟，单程约1小时，在大同东关的环岛处也有开往浑源的班车。如果买到悬空寺的票，班车司机到达浑源县城外的环岛后，会联系在此揽客的夏利车送到悬空寺，夏利车找班车司机结账，乘客不必另外付钱。浑源汽车站外有夏利、小面，等待包车去往悬空寺、恒山等地。

游览时间：

约1小时

下一站：

恒山：在悬空寺停车场可以包车开往恒山停旨岭停车场，或者在公路上等候中巴，不过班次较少，而且只能到恒山山门。

应县木塔：在浑源汽车站乘坐开往怀仁方向的班车，52公里路程，单程约1小时。

Zuozheshouji 作者手记

1. 楼阁高悬于半空之上，通道狭窄，有的地方栏杆高仅及膝，强烈建议有恐高症者只在山下仰观，切勿身临其境，以免自己寸步难行又堵住游览通道。

2. 夏天日照时间仅3小时，从8:00到11:00，追求光影效果者请在早晨游览悬空寺。

3. 为减轻建筑物的负重，管理方限制同时登楼参观的人数，每次仅放行80人，因此高峰期需要排队等候，建议早去。

4. 从停车场可拍摄悬空寺正面全景，如果不准备攀登悬空寺，建议在检票口外遥望，既能领略其奇险气势，又省去了昂贵的门票钱。

5. 站在悬空寺山门侧下方拍摄，最能体现悬空寺上倚危崖、下临深渊的险峻和壮观。

6. 悬空寺南边紧挨着恒山水库，去往水库要先通过恒山隧道，包车司机都知道这条路。可从水库大坝顶上走到悬空寺门口，这里是从侧面拍摄悬空寺的好位置。

在大同要做的9件事

Zaidatongyaozuodejiujianshi

08 去恒山 海誓山盟

恒山又名常山、紫岳，主峰天峰岭，海拔2016米。北岳恒山的封号最初来源于舜帝，秦始皇又封之为天下第二山，西汉神爵元年（公元前61年）汉宣帝刘询钦定为五岳之一，以后历朝历代均有加封，也是传说中八仙之一的张果老得道成仙之地。虽然曾有显赫的历史，但无论自然风光还是历史遗迹，如今的恒山都乏善可陈。在五岳之中，论雄奇险峻，华山当仁不让；论历史地位，泰山五岳独尊；论风景秀丽，衡山得天独厚；论地貌多样，嵩山睥睨群峰。恒山不乏北地山峦那种磅礴雄浑的气势，却没有什么令人眼前一亮的风景，曾经宫观林立的道教圣地，古代建筑早已破坏殆尽，仙风道骨荡然无存，只剩下字迹漫漶不清的石碑回首当年的盛况，声若呜咽的松涛诉说过去的辉煌。

几乎所有历史名山都遍布前人题字，恒山也不例外，最著名的要数大字湾的“恒宗”，总高四丈有余，字体雄浑古拙；此外就是散布于会仙崖等处的“壁立万仞”、“天地大观”等等，这些题字刻在所有的北方山峦上都很贴切，完全没有恒山特色。直到我在路边石壁上发现如下字迹：“人最幸福的是能有一个人可以让你在登上恒山之顶仍能想起她。愿我们能像恒山一样——恒”，语言虽不精练，却无拘无束、直抒胸臆，看着这则落款于2005年3月的今人题字，我仿佛能与写下心声的有情人心灵相通。恒山，单凭这名字，就是海誓山盟的好地方。民间传说似乎最能表现出山的不同性格，华山沉香劈山救母的孝感动天，嵩山达摩一苇渡江的敏捷身手，到了恒山这里，就变成了爱情故事的忠贞凄美：传说有姑嫂二人，为了追求真正的爱情和幸福，反抗仗势欺人的官宦子弟和见钱眼开的母亲，双双跳下舍身崖，留下了烈女的光辉形象和“姑嫂崖”的地名。

站在恒山之巅，看着古松肃立、奇石峥嵘的姑嫂崖渐渐被夕阳染上耀眼的金色，如同为两位烈女竖起的无字丰碑，一个疑问浮上心头：如今人们有了更多追逐爱情的自由，有了更广的选择范围，为什么“执子之手，与子偕老”反而变成了奢望，为什么能“恒”久得成为传说的爱情反而日渐稀少？

恒山：古刹

恒山：恒宗题字

恒山：舍身崖

小帖士 TIPS

到达：
如果从五台山方向来，可以在公路边的恒山山门处下车，这里到停旨岭停车场有约 5 公里山路，可包租在山门牌坊处等活的车。

游览时间：
一般体力，全程徒步，登顶恒山，往返约需 3–4 小时。

最佳旅游季节：
初夏和深秋，5、6 月份山顶一带的草甸繁花似锦，10 月底则可以看到漫山秋叶五彩斑斓，冬季若能赶上雪景也别有一番风致，没有雪的时候景观略显单调。

下一站：
五台山：恒山距离忻州市五台县台怀镇约 140 公里，车程约 3 小时。
应县木塔：在浑源汽车站乘坐开往怀仁方向的班车。
大同：浑源汽车站有车，每 15 分钟一趟，车程 1 小时，停靠雁同西路的大同长途客运南站。
太原：浑源汽车站每天上、下午两班发往太原，单程 3.5–4 小时。

Zuozheshouji 作者手记

1. 恒山的道观建筑大部分是现代复建的，值得驻足的只有明弘治年间的朝殿一处。
2. 索道上升的海拔并不高，只到半山腰，且山路都是平坦的石阶路，徒步 30—40 分钟足矣，非时间紧迫或四体不勤者，建议步行上山。
3. 农历“四月初八”是佛诞日，乃佛教节日，作为“道教第五洞天”的恒山却偏偏选择这一天作为庙会日，很有兼容并蓄的雅量。庙会从四月初六到初九，初八这天达到高峰，人头攒动，摩肩接踵。
4. 恒山虽然有很多松树，但山路两旁树阴稀少，酷暑季节登山要做好防晒措施。
5. 停旨岭停车场面积很大，据工作人员介绍，即使节假日期间也不愁找不到车位。
6. 可以将大包寄存在停车场周边的饭馆或商店。

在大同要做的9件事

Zaidatongyaozuodejiujianshi

09 探访 屹立千年的应县木塔

依然记得20世纪90年代初的一个夏日，我初次探访应县木塔时的情形。从县城坑坑洼洼的街道走过，两旁是香油坊、农资经销部、武侠小说出租店之类简陋的门脸，灼热的阳光照射着大片低矮的平房，土黄色的基调使得整个画面犹如一张泛黄的老照片，木塔被平房包围着，鹤立鸡群般醒目，高大雄伟与低矮简陋的对比是如此突兀，以至于第一眼望见木塔的瞬间，心中有一种震撼和惊愕，充满了时空交错的不真实感。

再次来到这里，应县县城已旧貌换新颜，再也找不到那种时光倒流的感觉，尤其是木塔前的街道，被改造成了整齐划一的二层仿古建筑，风格、色调与木塔和谐统一。在狭长的街道尽头，木塔巍然屹立，直插苍穹。

应县木塔学名佛宫寺释迦塔，是世界上现存最古老、最高大的纯木结构建筑，后晋天福年间开始动工，工程历时百余年，建成于辽清宁二年（公元1056年）。九百多年的风风雨雨等闲视之，七次大大小小的地震未能伤其筋骨，无数次的电闪雷鸣中安然无恙，这不能不说是建筑史上的奇迹。

木塔高67.31米，外观为八角形，五层六檐，加四层暗层，共九层。外观古朴端庄，暗红色的塔身粗犷而富有木材的质感，没有彩绘，塔身却被历朝历代、各种各样的牌匾装饰得如同一座立体的书法博物馆，据统计塔内外共有51面牌匾。皇帝的题字当然要挂在正面，最高层是明成祖朱棣手书的“峻极神工”，这恐怕是对应县木塔最贴切、最简练，同时也是流传最广的赞美了。第四层是明武宗朱厚照题写的“天下奇观”，这位以恣意淫乐闻名的皇帝曾经亲率明军在今天的应县附近击退了蒙古小王子的军队，取得著名的“应州大捷”，成为他一生政绩的亮点。两位尚武的明朝皇帝居然还有这么一手漂亮的书法，堪称文武双全。

木塔能屹立近千年，与其独特的设计有很大关系。塔身内外两槽立柱，用大梁、斗拱等相互连接，形成一个稳固、完整的双层套筒结构，塔身没有用一颗钉子，都是靠榫卯结构相连，正是由于这种非刚性的连接给整个框架留下了一定的变形空间，木塔才能在历次地震中幸存下来。塔内有阶梯可以登至顶层，二层以上设平座栏杆，当年在顶层平座仰观“峻极神工”牌匾，俯瞰应县县城，远眺恒山山脉的情形仍历历在目，如今木塔年久失修，只允许登到第二层了，楼梯嘎吱作响，让人不忍下脚。走出塔身，站在平座之上，风从身边掠过，燕子上下翻飞，木塔门前的草坪几乎是唯一的绿色，目光所及，光鲜靓丽的新建筑身后，依旧是一片低矮的瓦顶，这才明白房子还是那些老房子，只是做了个“美容拉皮”。木塔是文物，塔内的塑像是文物，那些老房子也快成为文物了，我轻叹一声，檐角铜铃叮咚作响，是在安慰我么？

顺西边的商铺往回走，一间特殊的门面让我停下了脚步。屋子里没有柜台，却摆了数张书桌，桌上的垫布墨迹斑斑，几个小孩正在专心致志地描红、练毛笔字，满墙都是书法作品，孔圣人的画像在黑白世界中非常醒目。与一位头发花白的老者攀谈中得知，他姓米，是应县一中的教师，山西书法家协会会员，创办了以弘扬书法艺术为宗旨的米一轩。他自豪地告诉我，一放学，孩子们总是争着第一个跑到他的店里来练字，周末和寒暑假店里更是座无虚席，家长们也乐意把孩子送过来接受传统文化的熏陶，他还教过很多外国游客写字呢。看着孩子们手把毛笔、一丝不苟的神情，想起古塔上那些或飘逸俊秀、或苍劲凝重的牌匾，我默默地祝愿米老师的小店能够走得更远。同样是祖先留下来的东西，有的应当永恒、应当发扬光大，如具有浓郁中国文化特色的书法；有的还是顺其自然被淘汰的好，如已不能遮风避雨的老屋。

应县木塔与大红灯笼

小帖士 TIPS

到达：

大同到应县 76 公里，大同汽车站有车，每 20 分钟一趟，单程需要 1.5 小时左右。从应县汽车站到木塔可乘坐三轮摩托。

浑源县城到应县 52 公里，1 小时车程。班车从上午 7 点至下午 6 点，每小时一班。

离开：

应县汽车站当地人称西站，有应县始发开往大同、太原、朔州的车。大同方向全天有车，每 20 分钟一趟；太原一天两班；朔州方向每 40 分钟一趟；如果想去往浑源，只能乘坐三轮摩托到城东三岔口拦过路车，需要极大的耐心和一点点运气，或者包车，可以要求司机不进浑源县城，直接送到悬空寺。如果去往五台山，请到城东三岔口等候从大同开往五台山或砂河的车，终点为砂河的班车每天有九班，下车后再换乘砂河到台怀镇的车，但班次很少；建议等候终点为台怀镇的班车，每天五班，大同发车约 1.5 小时后经过应县，但 17:00 以后就很难再等到过路车了。约 5 个小时可达五台山。

游览时间：

约 45 分钟

美食：

应县电影院东侧有一家“常有金凉粉店”，晋北风味凉粉远近闻名，可步行前往。

Zuozheshouji 作者手记

1. 塔内采光很差，要看清壁画及塑像，请戴头灯或带手电。
2. 木塔虽然看上去很鲜亮，实际早已百病缠身，估计不让登塔的日子很快就会到来。
3. 木塔门前的草地边有停车场，正对木塔的仿古街道是步行街，需要从步行街的西侧绕行方可开到停车场。
4. 步行街上的多家店铺可以寄存大件行李。

资讯补给站

Zixunbujizhan

交通

作为山西省的北大门和交通要冲，选择从大同开始自北向南的秦晋之旅是最合适的。

航空

大同机场位于大同县，目前已开通了飞往北京、上海、广州等地的航线。机场距离市中心约15公里，乘坐民航大巴需要15分钟左右，民航大巴约10元／人。大巴市内乘车点在迎宾西路88号的五洲大酒店，开车时间为每个航班起飞前2小时。

铁路

京包线（北京－包头）、同蒲线（大同－风陵渡）、大秦线（大同－秦皇岛）等线路以及通往二连浩特、莫斯科等地的国际铁路线均在大同交汇，使得大同的铁路交通十分便利。

大同火车站位于市内站前街，市区内乘坐多路公交车均可到达。每日有多趟列车开往太原、北京、杭州、包头、沈阳等城市，方便快捷。

公路

大同公路网络发达，有大运（运城）、大塘（塘沽）、大准（准格尔）、大张（张家口）等10多条公路干线通向全国各地。

大同市内有4个长途客运站，分别为长途客运南站、新南客运站、长途客运北站以及新平旺客运站，旅游者去得较多的是前两个。

长途客运南站位于雁同西路20号，主要是发往大同周边郊县，如繁峙、浑源等地的长途汽车，乘坐公交车可到达。

新南客运站位于大同市新建南路699号（大同二电厂北侧），主要是发往太原、朔州、北京、天津、应县等地的长途汽车，乘坐多路公交车均可到达。

从太原到大同，最舒适的是乘坐K7802次列车，用时5小时34分，行程355公里。从太原站东的长途站有长途车到大同，约20分钟一班。站东侧路边有私人经营的瑞风商务车，但座位狭小；也有红旗轿车，速度最快，但要凑够4名乘客才发车。

公交车

大同市内有多条公交线路，十分方便。需提前准备零钱。连接各旅游景点、游客乘坐比较频繁的多路公交车首班车均在6:30以前，末班车大约在18:30–19:30左右。

公交车有甩站现象，有的司机不使用电脑报站设备，尤其是早、晚人少的时候上述情况比较常见，因此等车时要眼望来车方向，判断出几路车，及时伸手拦停；下车则最好事先向司机讲明，或者熟记下车前一站站名，提前做好下车准备。

出租车

从市中心乘坐出租车至大同火车站的价格约为 8–10 元，从火车站到新南站约 12 元。

自行车

大同市区不算大，从火车站前往市内各主要游览点，骑车都不超过 30 分钟，租一辆自行车，既可以看看沿路风景，又免去了坐无人售票公交车准备零钱的麻烦，在气候条件较好的春夏秋三季是个不错的选择。

在火车站附近可以方便地租到自行车，其中一家租车摊位于火车站向西（向长途汽车北站方向）300 米的第一个十字路口东北角，紧挨着工商银行，有 10 余辆自行车，摊主纪大姐；另一家租车摊在同一个十字路口南面路东，过了云啤集团的大门向南约 100 米，摊主范大哥，同时经营着自行车配件商店，因此车辆维护得较好，10 余辆车，上述两处生意都很好，租车请趁早。

景点

大同又被称做龙壁之城，据记载远在北魏时期即开始修筑龙壁，明清时达到鼎盛，现在仍能看到九龙壁一座，五龙壁两座，三龙壁一座，各具特色。

九龙壁

位于东街闹市区，建于明洪武二十五年（公元 1392 年），原来是明太祖朱元璋第十三子、代王朱桂府前的单面五彩琉璃照壁。代王府早已荡然无存，代王朱桂在历史上也仅仅留下了骄奢淫逸、胡作非为的恶名，不过这尊照壁却声名远播。它坐南朝北，全长 45.5 米，高 8 米，厚 2.02 米，是我国现存历史最久远、体量最大的九龙壁。光照壁就有四十多米长，可以想见当年王府大门的气派，俗话说包子有肉不在褶上，代王偏偏要把一尊照壁建得如此美轮美奂。壁身以 426 块琉璃构件组成九条飞龙，翱翔在天地之间，灵活多变，姿态优美，琉璃闪亮的光泽和绚丽的色彩更是让龙的形象栩栩如生、呼之欲出。下方的须弥座上还有麒麟、狮子、鹿、马、羊、狗、兔等动物浮雕，它们由 75 块琉璃砖组成，小而精致，神态各异，将各种动物一一辨认出来也是件很有乐趣的事情。

到达：乘坐公交车在九龙壁下车。

砖雕五龙壁

位于现在的大同一医院门前，原来是文庙山门前的照壁，坐南朝北，由青砖砌成，砖色深浅不一，可能部分砖面曾经过修补或更换。龙壁顶端刻有仿木结构斗拱和垂花柱，从斗拱风格上看应为清代作品。壁身砖雕五条团龙，中间一条昂首挺胸，口吐火珠，龙身隐藏在惊涛骇浪之中，两侧的四条龙则上天入海，翻腾作浪；龙壁两侧八字墙中心分别刻有砖雕壁画，西侧的是鲤鱼跃龙门，东侧的是鱼龙变化。到底是文庙前的照壁，无时无刻不在鼓励莘莘学子寒窗苦读，科考求名，

资讯补给站

Zixunbujizhan

一旦金榜题名，必可遂凌云之志。这座五龙壁虽然没有琉璃那种华丽的色彩，但突出了砖雕的细腻和质朴，特别是两幅砖雕壁画，丰富了照壁建筑的题材和内容，独具特色。

到达：乘坐公交车在一医院站下车，向北30米，国美电器商城路口往西走10米即可看到。

三龙壁

位于距离云冈石窟5站地的观音堂前，是一座双面琉璃龙壁。蓝色琉璃瓦壁身，两面分别盘踞着三条黄色巨龙，遨游在蓝色天空和青绿色波浪之中，琉璃瓦本身即富有凹凸的质感，对比色的运用则让龙的形象更加突出。龙壁南面朝向公路，最东端的那条龙最传神，角、须、鳞、爪，纤毫毕现，张牙舞爪、怒目须张，像是要破壁而出；龙壁北面布局更规整，中央行龙居上，气宇轩昂，两侧行龙居下，俯首听命。龙壁下方的基座上雕有狮子、奔马、麒麟、花卉等图案。此外，三龙壁后面的观音堂内有辽代石雕，沿公路向云冈石窟方向前行500米，还有康熙手书“佛”字摩崖等可供参观。观音堂白天开放，三龙壁在寺外，不必购票。

到达：乘坐公交车在观音堂下车即到。

住宿

锦江之星旅馆大同振华街店

房间极为漂亮舒适，设施齐全，打扫得极为干净整齐，超过很多所谓的三星酒店。

地址：迎宾西路振华南街90号。

游览：1、善化寺：乘坐公交车可达。

2、云冈石窟：乘坐旅游专线公交车可到。

如家快捷酒店大同迎宾路店

秉承如家快捷连锁酒店一贯的风格，设施齐全，房间干净整洁。双人标准间及大床间均为约200元／晚，单人间约160元／晚，家庭房约200元／晚。

地址：宾西街51号。

游览：1、善化寺：乘坐公交车可达。

2、云冈石窟：乘坐公交车到新开里换乘旅游专线可达。

鑫苑招待所

闹中取静，但房间较旧。标准间仅有3间，约90元／晚，使用电热水器；普通双人间约50元／晚，不卖单床，公共浴室晚上供应热水，使用煤气热水器。院内可停车10辆左右，免停车费。

地址：鼓楼东北，四牌楼东南，银星金店南侧。从火车站或长途汽车北站乘坐公交车在四牌楼站下车。

游览：距离市内各主要景点都很近。

1、华严寺：乘坐公交车，或沿大西街向西步行10-15分钟可达。

2、善化寺：乘坐公交车，或沿小南街向南步行10-15分钟可达，路口向东100米即为九龙壁。

3、云冈石窟：乘坐公交车到新开里换乘旅游专线可达。

美食：乘坐公交车在小南门下车可到永和食府。

周边信息：农业银行、建设银行、工商银行的ATM机就在路口附近，鼓楼路口有邮政营业厅，可办理邮政储蓄及其它邮政业务。

云冈国际酒店

挂牌四星，大堂很豪华，有200套客房，普通标准间及单人间打折后约360元／晚，豪华标准间及单人间约390元／晚。接受信用卡付账，24小时供应热水，院内收取停车费。

地址：大西街38号

其他信息同鑫苑招待所

泰佳宾馆

有30余间标准间，房间干净，24小时锅炉热水供应。标准间约120元／晚。

地址：火车站出站口向北20米路东院内，过了云蕾旅馆就可看到。

游览：1、九龙壁、华严寺：乘坐公交车可直达。

2、善化寺：乘坐公交车在四牌楼下车换乘其他公交车可达。

3、云冈石窟：乘坐公交车到新开里换乘旅游专线公交车可达。

美食：乘坐公交车在小南门下车可到永和食府。

周边信息：农业银行、建设银行、工商银行的ATM机就在火车站向西的第一个路口附近。

五台山台怀镇

第三章

五台山——佛门清凉界

碧山寺
菩萨顶
广宗寺
圆照寺
台怀镇营坊街
显通寺
广仁寺
罗睺寺
日升达客运公司
塔院寺
黛螺顶
五爷庙
一盏明灯三部
殊像寺
明清街旅游服务区
金山宾馆
银馨宾馆
龙泉寺
山西新华书店集团五台山接待中心
鑫海宾馆
普化寺
银苑山庄
杨柏峪旅游服务区
省道
南山寺
镇海寺
205省道
N
五台山
白云寺
往佛光寺、南禅寺
佛母洞

五台山：大白塔

塔院寺的塔，
五爷庙的香；
佛光唐塑经风雨，
南禅大殿傲斜阳；
罗睺花开现佛容，
显通铜殿耀金光；
龙泉牌坊巧天工，
殊像文殊更辉煌；
菩萨顶法会鼓号响，
黛螺顶朝山台阶长；
五台巍峨入云端，
清凉胜境美名扬。
——原创打油诗

五台山以其悠久的历史和庞大的规模，当之无愧地成为中国四大佛教名山之首。五台山是传说中的文殊菩萨道场，无数佛教徒心目中的圣地，融汇了印度佛教、藏传佛教、汉传佛教、民间宗教、儒教、道教和三晋文化的精髓，形成显密并行、诸宗竞秀、青庙与黄庙并列、子孙庙和十方庙共存的模式，被誉为“中国佛教的缩影”。2009 年 6 月 26 日，在西班牙塞维利亚举行的第 33 届世界遗产大会上，五台山被正式列入《世界遗产名录》。

行程推荐

Xingchengtuijian

每年 5–9 月五台山气候宜人，适合旅游，尤其是 7、8 月，天气凉爽，无愧清凉胜地的美誉，而且佛事活动集中，是五台山旅游的黄金季节。

大多数旅游者来五台山的目的仅仅是烧香拜佛、朝山许愿，事实上，五台山风景区范围很大，旅游资源丰富，既包括以台怀镇为中心，香烟缭绕、佛寺众多的寺庙游览及宗教活动区，又有东西南北中五个台顶云蒸霞蔚、草长莺飞的高山草甸风光，还有以佛光寺、南禅寺及阎锡山故居为代表的台外景区，精美的古建筑和近现代历史遗迹是其主要特色。由于台外景点大都处于自太原、忻州方向上山的公路沿线，可根据个人兴趣、时间安排和所选择的交通工具在来五台山的路上顺道游览。

台怀镇寺庙最为集中也最有名气，五大禅处中，菩萨顶、显通寺、塔院寺和殊像寺规模盛大且看点多多，应列入必游之地，罗睺寺就没有非去不可的必要了，除非你打算捐不少香火钱欣赏一下开花献佛的奇观。上黛螺顶可一次遍拜五方文殊，实现小朝台，俯瞰台怀美景，建议登临。想许愿的最好去五爷庙，据说，在这里许愿最为灵验。五台山石雕的代表作是龙泉寺石牌坊，精妙的雕工令人瞠目结舌，堪称五台之宝，南山寺、镇海寺的石雕也各有特色。如果想领略台顶风光，上东台又方便又省力。台外寺院中，佛光寺、南禅寺是古建筑爱好者的圣地，但不适合拜佛之人。花一天的时间基本可以走遍台怀镇的重点寺庙，但两天的行程安排更为合理丰富。

建议在台怀镇营坊街住宿，那里以中低档家庭旅馆为主，交通方便；中档住宿可考虑明清街；高档住宿区在杨柏峪服务区。五台山餐饮价格较贵，农家饭、全素宴是其特色。特产以台蘑、木碗等为主，五爷庙旁和黛螺顶下分别有两个大市场，摊位众多，价格合理。

到五台山，无论住宿、购物，还是餐饮，都别忘了在消费前砍价。街巷、寺庙里主动与游客搭讪，说你有佛缘、免费送你小礼物、帮你烧香、带你买香的人很多，建议都不要理睬，防止上当受骗，毕竟真正的僧众是不会如此败坏佛门清规的。

五台山：街景

二日游

有两天时间游览五台山是最合适的。

第一天：黛螺顶－菩萨顶－显通寺－塔院寺－五爷庙－殊像寺

可以按照以上顺序，逛遍五台山五大禅林并且完成小朝台。

早上先步行到清水河东岸的黛螺顶山下，根据身体状况选择1080级台阶的“大智路”，或是骑马、坐索道上山。在山顶俯瞰台怀镇全貌，只见炊烟袅袅升起，寺庙高低错落，山坡郁郁葱葱，有世外桃源之感。入殿拜过五方文殊，完成小朝台后下山。回到镇中心，随后按照顺序游览菩萨顶、显通寺、塔院寺、五爷庙，到达显通寺或塔院寺时应当正好赶上斋饭时间，坐下来吃一次素斋，体验僧人的清苦生活，再踏上游览之路便会倍感幸福。

下午的游程并不紧张，可以在五爷庙里听一听免费又正宗的晋剧，到五爷庙旁边的旅游纪念品市场采购些纪念品。然后乘景区公交或步行，到台怀镇南边的殊像寺瞻仰五台山最金碧辉煌的文殊塑像。傍晚时分在般若泉边洗去一天的疲乏。最后到旁边的一盏明灯三部品尝用泉水制作的精品素斋，当然如果你是“肉食性动物”，回到镇中心吃晚饭，或是在夜市的烧烤摊前犒劳一下自己的胃也是不错的选择。

上述行程比较适合一般游客，如果你喜欢走马观花，或是脚力好、动作快，完全可以比别人多玩一两个景点。早起包车游览佛母洞，然后先爬黛螺顶，下山后在杨林街一带午餐，其余寺庙都放到下午也未尝不可。

第二天：个性化方案

第一种方案：第二天早八点左右从台怀镇出发，包车三台一日游，再到佛母洞感受大自然的鬼斧神工，体验一下重生的感觉。回到镇里大概是下午四、五点钟，让包车司机送到龙泉寺下车，欣赏五台山石雕艺术的代表作——龙泉寺石牌坊的精美雕工，相信你会情不自禁地在心中喝一声彩。最后乘景区公交回到台怀，在杨林街采购些旅游纪念品，与亲友们分享你的快乐。对于有实现大朝台愿望的游客来说，包车一天完成登五个台顶的任务也是完全可行的，不过在每一个台顶都不能盘桓太多的时间。

第二种方案适合于只想登一个台意思意思的游客。如果你是从大同方向过来的，要去往太原、忻州方向，那么第一天游览台怀镇中心区寺院日程不变，第二天一早包车去东台看日出，回到镇上大约在八、九点钟，乘景区公交去龙泉寺，参观完后在公路边上等待去往太原、忻州方向的车，途中在豆村下车，包车游佛光寺。拦过路车继续前行，到东冶下车，包车游南禅寺。最后回到公路上，乘车到达忻州、太原。这一安排将台内、台外精华景点一网打尽，并且把旅游与行路结合起来，不过如果你的行李比较多或者是动作不够麻利，建议不要考虑。

第三种方案适合于去往大同方向的游客。第一天游览寺院日程不变，晚上联系好回大同的出租车，第二天早上出发，先到东台领略台顶风光，然后坐车恒山、悬空寺、应县木塔一路行来，傍晚到达大同。

第四种方案适合于对于石雕和中国古代传说具有浓厚兴趣的游客。第一天游览台怀镇中心区寺院日程不变，第二天进行专门的石雕艺术之旅。五台山有四个寺院因石雕而名闻遐迩——龙泉寺、南山寺、佑国寺、普化寺，寺内到处是雕工细腻、寓意深远的石雕，而且很多作品都以民间传说、历史故事为题材。既欣赏了雕刻，又复习了掌故，可谓一举两得。这四个寺院都在景区公交的运营线上，交通方便，比较合理的安排是早上先去南山寺、佑国寺，然后在杨柏峪吃午饭，把龙泉寺、普化寺放到下午游览。

预 算

Yusuan

以两天时间为标准计算

门票：约 253 元。
交通：景区公交 50 元。
住宿：按照普通旅馆标准间每天 70 元计算，同行两人分摊，每人每天 35 元，两天共计 70 元。
餐饮：以特色餐馆为主，每天 40 元，两天共计 80 元。

总计约 453 元

五台山风景名胜区收取进山门票，实行淡旺季价格，所有收费寺庙对持皈依证的居士免票。学生、残疾人、老年人（60 周岁—70 周岁）凭证享受半价优惠。去往南台、北台、东台均需走出门票售票处，请在出去时到站内登记身份证，门卫会在身份证上盖个章，回来时出示身份证，就不用再次买票了。此章用力擦拭就会脱落，请小心保存。

五台山：红袈裟

在五台山要做的12件事

Zaiwutaishanyaozuodeshierjianshi

01 朝拜五方文殊

方案一　黛螺顶“小朝台”

黛螺顶位于一座小山峰的顶端，隔着清水河与台怀镇遥遥相望，从远处看，这座山峰形如一只大螺蛳，又因松柏遍山，满目青翠，故名黛螺顶。从前最虔诚的拜佛者来到五台山，要到五座台顶分别拜谒东台望海寺的聪明文殊、北台灵应寺的无垢文殊、中台演教寺的孺童文殊、西台法雷寺的狮子吼文殊，以及南台普济寺的智慧文殊，才算功德圆满，此为“大朝台”。当年山高路远，交通不便，再加上五台山气候多变，很多人无法完成大朝台，留下终生遗憾。据说乾隆皇帝来了多次也没能如愿，于是便召见黛螺顶的住持青云和尚，要他想出不登五台又能朝拜五方文殊的办法。庙中的小沙弥妙慧建议：在黛螺顶兴建五方文殊殿，把五座台顶的文殊集中到台怀镇地势最高的寺院，来黛螺顶就等同于朝拜了五台。皇帝就是霸道，为了皇帝方便朝拜，文殊菩萨也不得不搬家，从此以后，到黛螺顶朝拜五方文殊就成了“大朝台”的替代品，被叫做“小朝台”，黛螺顶的香火也更旺了。

虽然小朝台免去了跋山涉水之苦，爬台阶的滋味却也不那么好受。从山脚到山顶有一条高达1080级台阶的“大智路”，曲曲折折盘于山间。走大智路的过程漫长而乏味，只是机械地重复着爬台阶的动作。路上遇到形形色色的人，有一步一叩、等身长头的，有三步并作两步、如履平地的，有手拄拐杖、蹒跚而行的，有手捧高香、念念有词的……唯一的不和谐音就是那些身披袈裟拦路要钱的，一个个口中喃喃念着：给点路费回西藏吧。想起大智路下方台阶上用红油漆写着“假出家人骗钱，警惕”的字样，对伸过来的手置之不理，他们倒也不羞不恼，只是执著地向下一个游客又伸出了手，说着几乎一模一样的台词，在以智慧闻名的文殊菩萨道场，这样的手法未免太没有技术含量了。

气喘吁吁地爬到山顶，寺门前的平台正是观景绝佳处。俯瞰台怀镇，遥拜五台顶，五台山风光尽收眼底，但见殿宇鳞次栉比，白塔高雅圣洁，黄瓦金光耀眼，红墙层层叠叠，近林苍翠，远山含黛，蓝天高远，白云悠悠，一派佛国天界风光。面对这样的美景，登台阶之苦早已被抛于脑后，但觉气定神闲，心旷神怡。五方文殊殿前的香火非常旺盛，看来大家都喜欢走捷径，不用费太大力气又相当于走遍五个台顶，何乐而不为？寺内古松如盖，为看起来不够古旧的殿堂和塑像带来一抹历史的沧桑。

来自青海玉树的藏族同胞，登黛螺顶朝拜五方文殊

小朝台：黛螺顶夕照

小帖士 TIPS

到达：
从杨林广场到黛螺顶山脚下有两条路，一条先向北行，走金界山庄的大桥渡过清水河，自摊贩群中穿过，即见到三股小道，自左至右分别为马道、索道和土路，沿土路向南100米即到达大智路起点；另一条从五台山宾馆对面稍偏南的巷子里直行过小桥，至下善财洞向北，沿寺院红墙右转即到达大智路。

登山：
登大智路台阶，约需20-40分钟，只要身体条件允许，为了表示心诚，大多数人会选择步行上山；索道单程用时9.5分钟，上行约35元，下行约30元，含1元保险。

游览时间：
30分钟。

Zuozheshouji 作者手记

1. 清晨上黛螺顶，晨雾飘荡在山间，台怀镇处处炊烟袅袅，看着第一缕阳光温柔地抚摸对面菩萨顶的红墙黄瓦，感觉格外温馨。
2. 大智路中途有上善财洞，传说清顺治皇帝在五台山出家时曾在此写下《归山词》一首，现在这首诗还保存在该寺山门过道的山墙上，语句通俗浅白，个人认为从气度到语言都不像做过皇帝的人的手笔，应为伪托之作。
3. 黛螺顶山脚下的摊商市场商品服务比较齐全，从小吃、早点到五台特产、香烛等都有售。

在五台山要做的 12 件事

Zaiwutaishanyaozuodeshierjianshi

01 朝拜五方文殊

方案二 徒步大朝台

对于十分虔诚的拜佛者来说，徒步大朝台是必须完成的任务，非如此不能显示自己对文殊菩萨的尊敬和崇拜；对于“以自虐为己任”的“驴友”而言，在“华北屋脊”漫步似乎也够浪漫、够刺激。曾经以为五台山风景区的精华就是看庙、烧香、拜佛，而徒步大朝台的经历彻底改变了我的这一看法。五台山的自然风光大气磅礴，一扫北方山峦的冷峻伟岸、高不可攀，而是显得平易近人、温情脉脉，尤其是台顶的神秘莫测、烟云氤氲，更是令人神往。登东台时，路边是开得热热闹闹、五颜六色的野花，红色、紫色、白色……最喜欢金黄色形如灯盏的那种，在风中摇曳生姿，著名的郁金香也得甘拜下风。蘑菇们围成圆圈，从草缝中羞涩地探出头来，揪下一朵，还带着泥土芬芳。山坡草甸与山坳的松树林组成深浅不一的绿色地毯，云影缓缓地从地毯上流过，山的线条柔和而起伏不断，公路如飘带般曲曲折折……

徒步大朝台总行程长约 60 公里，经典路线为：鸿门岩→东台→鸿门岩→北台→澡浴池→中台→西台→吉祥寺→狮子窝→金阁寺→山门→南台→佛母洞→佛母洞停车场，体力较好者可以安排第一天早晨出发到东台看日出，晚上赶到西台住宿，第二天经南台、佛母洞回到台怀镇。体力一般者可将第二天的行程拆为两天，第二天在狮子窝住一晚。

鸿门岩——东台：

鸿门岩位于东、北台之间的公路上，从鸿门岩到东台顶有盘山公路，沿着草丛中清晰的小路爬山更有意思，徒步大约 40 分钟，放松一些的话 1 个小时也就到了。东台望海峰，海拔 2795 米，以看日出、观云海闻名。东台顶望海寺供奉聪明文殊。

东台——北台：

原路回到鸿门岩，有青石公路通往北台，建议沿公路走，虽然乏味但不会走冤枉路，抄近路则可能碰到铁丝网围起来的禁牧区，欲速则不达。轻装徒步需要 4-5 小时，路途较长，途中经过“华北屋脊”牌楼。北台叶斗峰，海拔 3061 米，是华北第一高度，北台几乎天天云雾缭绕，浓雾之中突然闪现一角飞檐，让人有置身于天上宫阙之感。北台顶灵应寺供奉无垢文殊，意思是菩萨大智无瑕，法力无边。

北台——澡浴池——中台：

从北台到中台首先是一段愉快的下坡路，不必走盘山路，沿着草坡上石块铺的香路走就可以了。下降之后是一段平路，1 小时左右可到达澡浴池，殿里供奉着留有文殊脚印

○ 北台：塔昭功德

的石板。正殿前一个两米见方的水池就是传说中文殊菩萨洗澡的地方。从澡浴池出来，沿公路下到山神庙，然后可以顺公路右侧的小路直接登顶，登上北台前有一段路较为陡峭。北台到中台全程大约 2-3 小时。中台翠岩峰，海拔 2894 米，苍茫无尽的草甸上，乱七八糟地堆积着大大小小的石头，与川西海子山风光有异曲同工之妙，此石人称“龙翻石”，据说是龙王生气时用尾巴扫的。中台顶演教寺供奉孺童文殊，意思是菩萨毫无杂念之心，如孩童般纯洁。

中台——西台：

一路向西，先是轻松的下坡路，到达西台脚下隘口，这里有一座小石碑，然后就是约 200 米的海拔上升，比较陡峭，盘山路可以直线上切。中台到西台全程约 1.5-2 小时。西台挂月峰，海拔 2773 米，挂月峰当然以赏月为特色，月圆之夜，万籁俱寂，山峦朦胧，月光如水，这样迷人的夜色，一生能得几回见？西台顶法雷寺供奉狮子吼文殊，意思是菩萨法力威猛无比。

西台——南台：

去南台基本都走盘山公路，但路上风景绝美。先走一段回头路，然后从右侧岔道下山，经过吉祥寺，到达狮子窝。狮子窝坐落在一个三面环山的垭口地带，视野开阔，花草繁茂，有一座明代琉璃塔傲然屹立其间。从狮子窝到南台约需 4-5 小时。过了狮子窝上公路继续南行到金阁寺，这段路比较长，但没有什么海拔上升。拜完金阁寺的千手观音，出收费站，从一个石亭子后面上到半山腰的简易公路，顺左手方向走，待看到南台顶后，就可以放弃走公路而直接上切。登顶南台，大朝台宣告圆满。西台至南台距离约 20 余公里，行程约 5-7 小时。南台锦绣峰，海拔 2485 米，以繁花似锦而得名，农历六、七月，这里会变成一片花海，红、黄、蓝、紫、白各色野花，争奇斗艳，美不胜收。南台顶普济寺供奉智慧文殊。

北台：向佛岂分僧俗

小帖士 TIPS

到达：

从台怀镇到鸿门岩，请在金界寺桥南边的广场乘坐开往五台山火车站的中巴，早7:30左右的那一班比较准时，此后每2–3小时一班，客满即开，车程约20分钟；或者在大同宾馆乘坐开往大同方向的客运班车，但只有当远途乘客不多时司机才愿意做短途游客的生意。返程时有两种选择，一是包车由南台顶直接返回台怀镇，二是继续徒步至佛母洞，行程约8公里，用时约2–3小时。经过两天艰辛徒步之后，再体验一下佛母洞的神奇，感受从体力到精神的重生。最后走下正觉路1500级台阶，在佛母洞停车场包车返回。

门票：

所有台顶寺院均不收门票。

Zuozheshouji 作者手记

1. 朝台之路虽然漫长，但海拔上升和下降不算明显，大部分山路坡度和缓，连上香的老太太都能走得下来，适合所有人群。不过因为休息条件有限，大多数人已到身体极限，第二天的行程略显痛苦。

2. 所有台顶均通公路，请事先打听记录几个司机电话，以备坚持不下来时随时包车撤离。须提前1-2小时打电话联系包车司机，谈妥价格，确认接应地点。或直接包车游五个台顶，回程顺道游佛母洞和龙泉寺。如果愿意以一段2-3小时的徒步来显示自己的诚心，则可以在游毕其余四台后，请司机送至佛母洞停车场，徒步登顶南台，这一路上风景秀丽，美不胜收，让司机开车到南台顶等候即可。

3. 台顶天气瞬息万变，刚刚还晴空万里，转眼就乌云四合，甚至大雪纷飞，要时刻注意保暖防寒，特别是北台顶，山风刺骨，防风也不可忽视。最好带上冲锋衣、抓绒衣或夹衣、羊毛衫，雨披为必备。

4. 登台中遇到能见度不足十米的浓雾是常有的事，为避免迷路，建议自备指南针、GPS等装备，如果能在镇上请到向导更保险。碧山寺有些僧人经常往来于各台顶，可到那里寻求帮助。

5. 台顶住宿条件较差，庙中被褥多潮湿阴冷，建议携带睡袋。台顶蔬菜匮乏，伙食较差，布施香火钱时请多给些运费补偿。西台法雷寺晚饭时间为18:00左右，最好在此之前赶到，当然即使晚了庙里师傅也会单为游客开火做饭。水靠人力挑上山，请节约用水。

6. 为保证不走夜路，第二天最好8:00以前从西台出发，午餐只能靠自带干粮。

7. 如果只想登一个台顶，建议登东台，那里交通方便，徒步时间短；如果时值夏初，建议登南台，可以从佛母洞沿古香道上去，距离适中，风景秀丽。

8. 去往南台、北台、东台均需走出门票检票处，请在出去时到站内登记身份证，回来不必再度买票。

北台顶悠闲吃草的牛

在五台山要做的12件事

Zaiwutaishanyaozuodeshierjianshi

02 登菩萨顶 追寻皇帝的足迹

菩萨顶位于灵鹫峰顶，是五台山保存最完整的藏传佛教寺庙，号称黄庙之冠，黄琉璃瓦的屋顶昭示了其尊贵地位，用红墙黄瓦这种帝王规制装饰的寺庙，不仅在五台山，即便在佛教四大名山中，也是独一份。此庙始建于北魏，初为文殊院，后来奉清顺治皇帝的圣旨改为藏传佛教寺庙，康熙、乾隆、嘉庆皇帝都曾多次在此驻跸，菩萨顶的大喇嘛也被赋予了很大的权利，统管着五台山汉、藏寺庙中的大小事务。

绕过很多人摸来摸去的佛字影壁，对面就是108级台阶，代表着108个法门，如果你能不回头地登上去，就意味着从此踏入法门，消除烦恼。台阶虽然陡峭，不过跟人生无穷无尽的烦恼相比，爬台阶的过程无疑轻松快捷多了，如果真的能一劳永逸，哪怕让人爬一百次只怕也乐意。台阶尽头是一座四柱三门七楼的彩绘木牌楼，形制为五台山牌楼之冠，匾额“灵峰圣境”为康熙御笔。牌坊下的狮子有一只没有舌头，传说是偷吃斋饭被割掉的，佛界的惩罚措施似乎比人间还严厉。

从山门进去，天王殿和东西配殿再加上大雄宝殿构成前院。院内古树参天，石碑如林，显示出菩萨顶的悠久历史。大雄宝殿的楹联颇为拗口，上联是“真容容真真容真”，下联是“灵鹫鹫灵灵鹫灵”，横着读最好听，真灵！西配殿里供奉着著名的“带箭文殊”，菩萨右肩上曾经被射过一箭。究竟谁这么大胆敢对菩萨不敬，居然又是康熙！传说康熙帝一次从北台上香回来，看见一个和尚在外裸浴，旁边有妇女洗衣裳，觉得太有伤风化了，遂一箭射中和尚右肩，不料这和尚竟然就是这尊文殊像的化身。看来文殊真的是法力无边，不是说“泥菩萨过河——自身难保”吗？文殊菩萨就要证明这话说错了，不过碰上了皇帝，菩萨也得受伤。

菩萨顶：五台圣境

菩萨顶108台阶

大雄宝殿内装饰华丽耀眼，喇嘛教韵味十足。清朝皇室给予菩萨顶崇高的地位，这里也包含着“怀柔蒙藏”的高超政治智慧，五台山的佛教成为皇家维系民族团结的特殊纽带和工具。乾隆皇帝还一个劲儿地跟文殊套近乎，在东禅院的御制诗石碑上，乾隆留下了：“曼殊师利寿无量，宝号贞符我国家”的诗句，意思是曼殊与满洲的发音类似，以文殊来比喻清朝统治者的发家地“满洲”。不管诗写得好不好，跟文殊拉上关系是否牵强，乾隆巧妙利用宗教力量，加强了对蒙古、西藏的控制倒是不争的事实。

绕过大殿来到中院，不算宽敞的院中立着一座石坊，上面有康熙御笔“五台圣境”四个大字。这是唯一出现五台山字样的地方，在这里留影的人络绎不绝，石坊旁边的垃圾桶想必也堂而皇之地留在了无数人的照片里。中院主体建筑是文殊殿，强龙压不过地头蛇，到了文殊道场，佛祖只能屈居于大雄宝殿的歇山顶，最高级别的庑殿顶留给文殊享用了。湛蓝的天空衬着黄色琉璃瓦顶，显得十分漂亮。文殊殿后檐的一处地方，几百年来无论晴雨，春夏秋三季滴水不止，滴水穿石，殿下的石阶上被砸出了许多蜂窝状的小坑。这种现象至今无法解释，滴水更是被无数人奉为圣水，争相收集饮用。可惜自然之谜已成绝响，1984年大殿重修后，滴水就再也没出现过，难道屋顶的翻修非要以葬送一处引人入胜的奇观作为代价吗？看着地下的点点痕迹，想像着那种奇妙的场景，只能叹息自己没能早生几年，无缘亲睹奇观。

从中院西角门出去，到菩萨顶的后院，来找寻远近闻名的大铜锅。一般人很少见过这么大的锅，最大的一口直径竟达两米。我严重怀疑这里的火头僧曾经练过武术，毕竟用这么大的锅熬粥煮饭，挑水担米就不说了，为了保证受热均匀，不停地搅拌就不是一般人能做到的。“菩萨铜锅”曾是五台山十景之一，最夸张的说法是每次使用完毕，厨房的小沙弥都要套上牛拉犁，像耕地一样来清除锅底的锅巴。如今大锅闲置在这里，太可惜了，其实完全可以用来生产最有特色的旅游纪念品：以五台特产无公害棒子面作为原料，刻一个写有“菩萨顶留念”字样的模子，在大锅底下架上柴，咱们贴饼子！饿了可以充饥，拿回家供着还能算是现代雕塑艺术品。我眼前仿佛出现了所有游客人手一块金灿灿的贴饼子，与黄色琉璃瓦顶相映成趣的画面……

小帖士 TIPS

到达：
乘景区公交车在“中心区寺庙群”下车后上山可到。

游览时间：
寺内 1 小时左右，步行从山脚到达寺门约需 30 分钟。

下一站：
广宗寺：走下 108 级台阶后，左转可达。

Zuozheshouji 作者手记

1. 108 级台阶比较陡峭且中间没有可供休息的平台，两侧栏杆也不好握持，带老人或小孩的游客建议从后门入寺。

2. 台阶顶部的牌坊下是游客聚集处，空间狭小，为保证安全，建议快速通过。

3. 广宗寺中的大雄宝殿又名铜瓦殿，明代建筑，殿顶曾经全部为铜瓦覆盖，现在仅正脊和垂脊仍保留铜瓦，其余部分改用琉璃瓦，铜瓦殿已名不副实。广宗寺无需门票，看不看皆可，但其门外东侧的平台是灵鹫峰上俯瞰台怀镇古寺庙群的不二之选，切勿错过。

4. 每年农历六月初四至六月十五，这里都要做道场、办法会，菩萨顶是活动中心。六月十四，全山的藏传佛教僧侣头戴各种面具，身穿各种服装，念着护法经，跳着金刚舞，在菩萨顶“镇魔”，是藏传佛教最具观赏性的法事活动。

在五台山要做的 12 件事

Zaiwutaishanyaozuodeshierjianshi

03 看看显通寺的“三无、二奇、一宝”

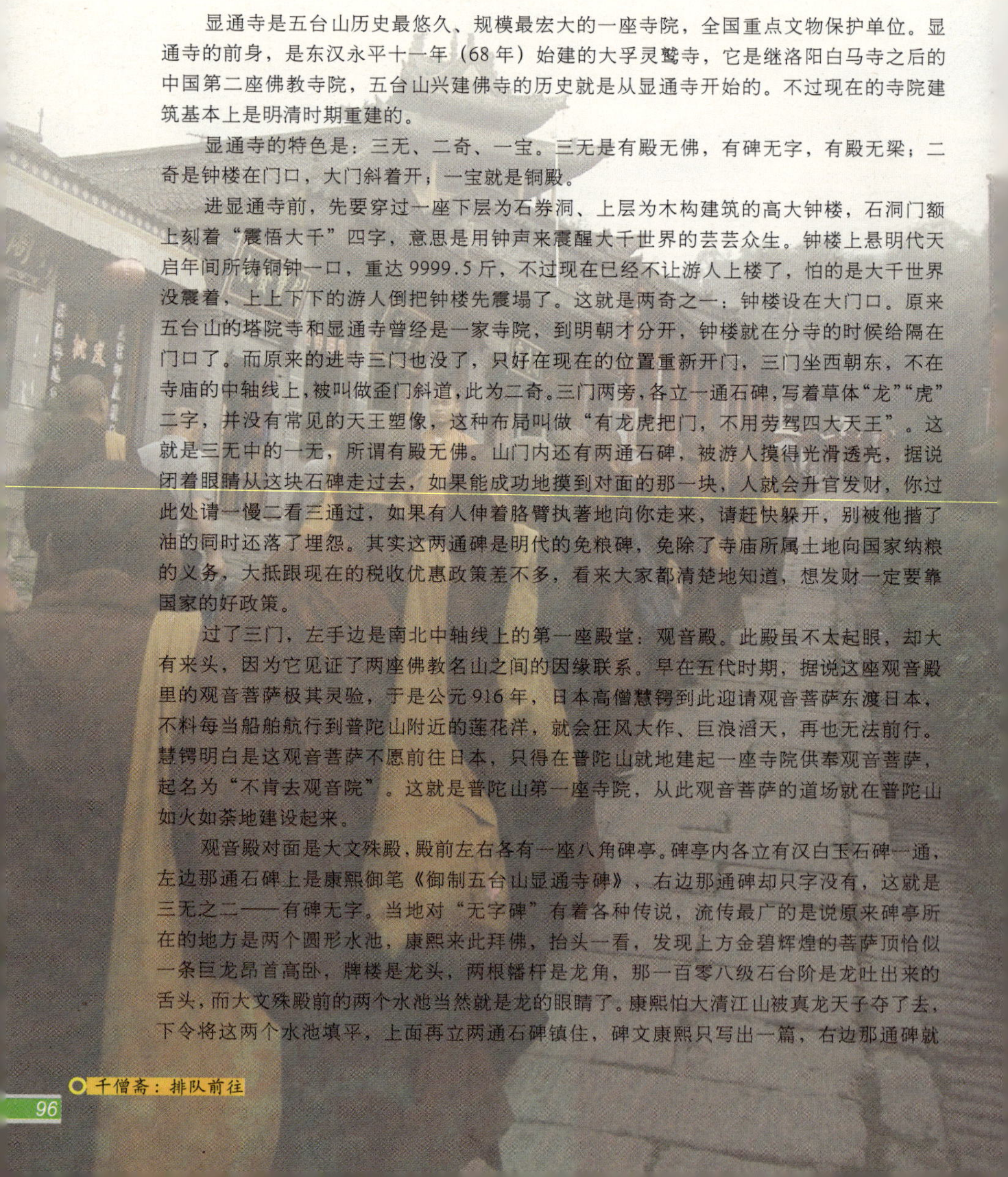

显通寺是五台山历史最悠久、规模最宏大的一座寺院，全国重点文物保护单位。显通寺的前身，是东汉永平十一年（68 年）始建的大孚灵鹫寺，它是继洛阳白马寺之后的中国第二座佛教寺院，五台山兴建佛寺的历史就是从显通寺开始的。不过现在的寺院建筑基本上是明清时期重建的。

显通寺的特色是：三无、二奇、一宝。三无是有殿无佛，有碑无字，有殿无梁；二奇是钟楼在门口，大门斜着开；一宝就是铜殿。

进显通寺前，先要穿过一座下层为石券洞、上层为木构建筑的高大钟楼，石洞门额上刻着“震悟大千”四字，意思是用钟声来震醒大千世界的芸芸众生。钟楼上悬明代天启年间所铸铜钟一口，重达 9999.5 斤，不过现在已经不让游人上楼了，怕的是大千世界没震着，上上下下的游人倒把钟楼先震塌了。这就是两奇之一：钟楼设在大门口。原来五台山的塔院寺和显通寺曾经是一家寺院，到明朝才分开，钟楼就在分寺的时候给隔在门口了。而原来的进寺三门也没了，只好在现在的位置重新开门，三门坐西朝东，不在寺庙的中轴线上，被叫做歪门斜道，此为二奇。三门两旁，各立一通石碑，写着草体“龙”“虎”二字，并没有常见的天王塑像，这种布局叫做“有龙虎把门，不用劳驾四大天王”。这就是三无中的一无，所谓有殿无佛。山门内还有两通石碑，被游人摸得光滑透亮，据说闭着眼睛从这块石碑走过去，如果能成功地摸到对面的那一块，人就会升官发财，你过此处请一慢二看三通过，如果有人伸着胳臂执著地向你走来，请赶快躲开，别被他揩了油的同时还落了埋怨。其实这两通碑是明代的免粮碑，免除了寺庙所属土地向国家纳粮的义务，大抵跟现在的税收优惠政策差不多，看来大家都清楚地知道，想发财一定要靠国家的好政策。

过了三门，左手边是南北中轴线上的第一座殿堂：观音殿。此殿虽不太起眼，却大有来头，因为它见证了两座佛教名山之间的因缘联系。早在五代时期，据说这座观音殿里的观音菩萨极其灵验，于是公元 916 年，日本高僧慧锷到此迎请观音菩萨东渡日本，不料每当船舶航行到普陀山附近的莲花洋，就会狂风大作、巨浪滔天，再也无法前行。慧锷明白是这观音菩萨不愿前往日本，只得在普陀山就地建起一座寺院供奉观音菩萨，起名为“不肯去观音院”。这就是普陀山第一座寺院，从此观音菩萨的道场就在普陀山如火如荼地建设起来。

观音殿对面是大文殊殿，殿前左右各有一座八角碑亭。碑亭内各立有汉白玉石碑一通，左边那通石碑上是康熙御笔《御制五台山显通寺碑》，右边那通碑却只字没有，这就是三无之二——有碑无字。当地对“无字碑”有着各种传说，流传最广的是说原来碑亭所在的地方是两个圆形水池，康熙来此拜佛，抬头一看，发现上方金碧辉煌的菩萨顶恰似一条巨龙昂首高卧，牌楼是龙头，两根幡杆是龙角，那一百零八级石台阶是龙吐出来的舌头，而大文殊殿前的两个水池当然就是龙的眼睛了。康熙怕大清江山被真龙天子夺了去，下令将这两个水池填平，上面再立两通石碑镇住，碑文康熙只写出一篇，右边那通碑就

○ 千僧斋：排队前往

显通寺无梁殿

只好空着了。

大文殊殿集中了七座文殊塑像，大雄宝殿则供奉着药师佛、释迦牟尼佛、弥勒佛“横三世佛”和文殊、观音、普贤“三大士”以及十八罗汉，都是让人顶礼膜拜的好地方，这座大雄宝殿是五台山最雄伟的木构建筑。大雄宝殿的后面就是“三无”之三——有殿无梁的无梁殿，这种拱券结构的砖制建筑在南京灵谷寺、峨眉山万年寺、太原永祚寺等处都可以看到，通常都用来供奉无量寿佛，因此也被称作“无量殿”。

显通寺最光彩夺目的就是这最后一宝——铜殿。它坐落在寺院中轴线的最北端，巍然屹立于高台之上，在阳光下熠熠闪光。中国古代留存至今的大型铜殿共有五座，包括武当山金殿、昆明金殿、颐和园铜亭、岱庙金阙和显通寺铜殿，但是全身贴金的仅此一例，因而显得更加雍容华贵、金碧辉煌。它是按照万历皇帝的意图建造的，为了祝愿万历的母亲李太后万寿无疆，殿内装饰处处体现“万”字，图个吉利。全殿共用铜十万斤，殿内墙壁上铸满了铜质小佛像，不多不少正好一万尊。上下两层门扇上，也铸有各种吉祥图案，有二龙戏珠、鱼跃龙门、丹凤朝阳、喜鹊登梅、犀牛望月、牡丹出瓶、玉兔拜月、莲下松鹤、老鼠盗葡萄、狮子滚绣球等等。这么精美的工艺品，却被人搞了破坏——西北角的铜柱上有一道明显的刀痕，已被游人们摸得闪闪发亮，据说是康熙皇帝怀疑铜里掺了假，用佩剑砍的。现在作为国宝级文物，游客已经不能随便触摸铜殿了，殿四周用铁丝网保护了起来，挡住了“到此一游”的刀锋，但游人绕着铜殿欣赏严丝合缝、细致入微的做工却丝毫不受影响。铜殿内还悬挂着一幅黑白照片，据说是有人在五台山拍摄到的文殊菩萨显灵的照片，天空中的白云间隐隐约约显现出一个面容清晰的人形，每个人心中都有自己想像中的文殊模样，你心目中的文殊是照片中的样子吗？

铜殿前矗立着五座铜塔，代表着东西南北中五个方位，也隐喻五座台顶。从东到西，分别代表北台、东台、中台、南台、西台。其中北台塔和西台塔是明万历原物，中间三座原为唐代所铸，后来被无恶不作的日本侵略军掠走了，现在的塔是 1989 年至 1993 年间补铸的。

身姿优雅的苍劲松柏，灰瓦红柱的轩阁殿宇，度尽劫难的古老佛像，让显通寺的每一个角落都充满悠然、恬淡的意蕴。找个游人稀少的时候，收拾一下心情，静静地坐在配殿廊下晒晒太阳，听若有若无的喃喃经声，看香炉里的烟袅袅娜娜地游走于松柏间，阳光被树影剪成碎片，一袭僧衣悄然掠过，消失在大殿的另一面，感觉同样的情景仿佛已走过了千年，时光的流逝似乎并没有留下任何印迹，菩萨那淡定的微笑也从来没有过改变。

千僧斋：环绕

小帖士 TIPS

到达：
乘景区公交车在“中心区寺庙群”下车可到。

游览时间：
1-2小时。

下一站：
穿过钟楼，右转，走不远即到塔院寺的东门；穿过钟楼后左转上山，即通往菩萨顶。

Zuozheshouji 作者手记

1. 建议清晨或傍晚游览，可以好好感受寺院的清静脱俗，唯一代价是免费蹭听导游讲解的机会大大减少。高峰期间，戴着同色棒球帽的人头攒动，导游的大喇叭声此起彼伏，游客为了占领最佳留影位置呼朋唤友，往往搅得整个寺院了无禅意，让人游兴全无。

2. 显通寺管理非常职业化，将诵经的时间都公示于众：8:30-10:30，17:00-19:00，每月初八、十四、廿三、三十及千僧斋日放香。所谓放香就是休息，每月四天休息，劳逸结合。诵经就在入门后左边的观音殿，内有桌椅及经书、法器等，允许游客在外观看。正沉迷于嘤嘤嗡嗡的诵经声中，铜铃突迸一声脆响，怕是灵魂都要出窍了。

3. 显通寺是举办千僧斋最频繁的寺院。赶上千僧斋绝对能看到一副壮观的景象，但大殿就挤不进去了。想在这里吃斋饭也不可行，因为几千人的吃饭队伍，厨房光僧人们自己的饭菜都应付不过来。不过因为僧人都集中参加千僧斋了，游客到旁边的寺院吃斋倒正合适，我的建议就是显通寺办斋，你就在看完各项仪式后去塔院寺用斋，反之亦然。

4. 铜殿非常吸引眼球，可要与它合影就困难了，高台上空间有限，拍不到全景。最好的拍摄地点在高台下面，东西配殿的最北端，从侧面照才能把你和铜殿的倩影一同收入镜头中。

显通寺铜殿内壁上的铜佛像

千僧斋：跪倒

小知识：汉传佛教寺院的建筑规制

中国汉传佛教寺院的规模大小不同，殿宇设置也不尽相同，但比较规整的一般是四进七殿。中轴线大多南北延伸，大门一般开三个门洞，称为空门、无相门、无作门，合称三门，因为很多寺院建在山上，又俗称“山门”。

进三门后先是天王殿，殿中间供奉弥勒菩萨，他是候补佛位的未来佛，又叫弥勒佛，很多寺院供奉的大肚弥勒是根据后梁时期一位叫契此的和尚形象塑造的。弥勒菩萨背后供护法神韦陀，游方僧人可以根据韦陀手中的金刚杵向上、向下或在两臂间担着来判断此寺庙是否接受挂单；天王殿两侧供四大天王：东方持国天王、南方增长天王、西方广目天王、北方多闻天王，民间俗称风调雨顺。小型寺院也有三门与天王殿合二为一的。

二进院内两侧分设钟楼、鼓楼，殿堂一般是观音殿，到了五台山就成了文殊殿。

三进院殿堂是主殿大雄宝殿，供奉释迦牟尼佛，有一佛、三佛、五佛、七佛四种，前两种比较常见，殿内两侧分塑十八罗汉或十大弟子或二十诸天，大佛背面一般塑观音、善财童子和龙女像，也有供奉文殊、普贤、观音三大士的。院落两侧的东配殿一般是伽蓝殿，西配殿为地藏殿或祖师殿。

最后一进院一般是法堂或者藏经阁，是讲经说法、研习经书的地方。

千僧斋：敲钟

显通寺铜殿

千僧斋：鱼贯而入

在五台山要做的 12 件事

Zaiwutaishanyaozuodeshierjianshi

04 与大白塔零距离接触

在许多台怀镇的照片中，都可以看到大白塔高大巍峨的身影，这座五台山的标志性建筑，就坐落在塔院寺内。

塔院寺曾经是显通寺下院，明万历年间独立出来，并因塔得名。大白塔建于元大德五年（公元 1302 年），由尼泊尔工匠阿尼哥设计建造，他也是北京西四白塔寺的设计者，算是有特殊贡献的外国专家了。塔原为石制，明永乐、嘉靖、万历年间三次重修，成为现在的模样，塔身比北京北海的白塔还高 20 余米，远看不觉，站在塔下仰望，已看不到塔顶宝瓶，才知其雄伟高大。雪白的塔身，彩绘的铜质垂檐，衬托在蓝天白云之间，有超凡脱俗、清净澄澈之美。大家围着塔身转圈，手捻佛珠者有之，念念有词者有之，转动法轮者有之，以头触壁者有之，塔身铜铃在风中轻响，一下子就把人带入了虔诚向佛的气氛中，连说话都不敢高声了。

大白塔东边还有一座小白塔，据说里面藏有文殊菩萨的头发，塔边悬挂着文殊菩萨在此显灵的传说介绍。据说菩萨临走时口吟一偈，可谓字字珠玑：“众生学平等，心随万境波。百骸俱舍尽，其如憎爱何？”能够从内心坚持众生平等，不为情境变化所动已经非常难，要做到无爱无憎则更是不可企及的境界了。

塔院寺也是中国近代革命史的见证者，1948 年，毛泽东、周恩来、任弼时等人在去往西柏坡的途中取道台怀，曾经在方丈院中小住一晚。现在这间方丈院已经辟为毛泽东路居纪念馆。

小帖士 TIPS

到达：
从显通寺出来，穿过钟楼后右转，前行不远，从上刻“山云水月”的边门进入，即为塔院寺东门。

游览时间：
30 分钟。

下一站：
从南门出来直行，见停车场后左转，即到五爷庙。

在五台山要做的12件事

Zaiwutaishanyaozuodeshierjianshi

05去五爷庙听戏

在作为文殊道场的五台山，香火最旺的偏偏是一位在佛教神灵序列中找不到的人物——广济龙王。他是龙王的第五子，民间尊称“五爷”，原本居住在北台顶，为了方便百姓许愿，就搬到了这里。别看庙不大，历史也不算悠久，在五爷庙（也称万佛阁）许愿灵验可是有口皆碑的，庙门前设有专用烧香地点的在五台山也独此一家，门前宽阔的停车场也是为了给远道而来的香客提供便利而修建的。老百姓信奉的是实用主义，谁能保佑自己梦想成真就拜谁，而不管他在佛教中占有什么地位，龙王殿檐下那重重叠叠的牌匾就是给五爷庙做得最好的广告。

五爷庙无疑是讨人喜欢的，跟其他庙宇的正襟危坐相比，五爷庙似乎轻松惬意得过了头。传说五爷喜欢听戏，人们就在院中修了座戏台，到五爷庙还愿也多了一种形式——请人唱戏，于是咿咿呀呀的胡琴声终日缭绕在五爷庙上空。人们把这里当成了一座戏园子，随意出出进进，各怀目的而来，心满意足而去。既有诚心诚意在五爷像前磕头许愿的，也有背对着五爷像全神贯注听戏的，大家互不妨碍，相安无事。台上演员全神投入地唱戏，节奏忽紧忽慢，台下老者靠着柱子打盹，鼾声若有若无；入了迷的听众摇头晃脑，情不自禁地跟着哼唱，刚下场的演员吊眉朱唇，粗声大嗓地与人聊天；戏里戏外没有了界限，却更明显地昭示了“人生如戏，戏如人生”的深刻哲理。在五台山的日子里，来五爷庙听戏几乎成了我每天的必修课，泡上一杯茶，溜达着走过来，找块阴凉地坐下，然后就是看戏、看人，看青烟袅袅娜娜，看云影来来去去，世间到底有多少事情值得我们寻寻觅觅，人生究竟有多少瞬间可以这样安安静静……

五爷庙全景

小帖士 TIPS

到达：
乘景区公交车在“中心区寺庙群”下车可到。或从塔院寺南门出来，至停车场后左转即到。

游览时间：
15 分钟，听戏、拜五爷的时间另计。

下一站：
购物：出五爷庙左转 50 米为旅游纪念品市场，里面的香烛、蘑菇、木杖等还算价钱公道。
游览：沿五爷庙前的绿地一直向南，约 500 米可到达殊像寺。

Zuozheshouji 作者手记

1. 几乎每天都有还愿唱戏的，六月大会期间更是密集。
2. 舞台边有电子台词提示牌，不懂晋剧的人照样能看懂戏剧内容。
3. 如果想请人唱戏还愿，直接到后台找剧团经理就行，有整本大戏，也可以预约折子戏。
4. 门外绿地一角有块高大的山石，上写“五台山”字样，中景是大白塔和寺庙群，远景为连绵的群山，是拍摄到此一游式照片的好地方。
5. 停车场西南的小山上有个亭子，在那里拍摄大白塔，别有一种美感。

在五台山要做的 12 件事

Zaiwutaishanyaozuodeshierjianshi

06 在殊像寺看荞面文殊

与台怀镇中心那些飞檐交错、鳞次栉比的寺庙群相比，殊像寺扼守台怀镇南大门，独享凤林谷的山清水秀，地理位置得天独厚。殊像寺始建于唐代，现存建筑多为明清重修，主殿文殊殿内供奉着一尊高达 9.87 米的文殊塑像，是全五台山最高大的文殊塑像。传说当年塑像时先塑好了文殊菩萨的身子和坐骑狻猊，菩萨头部却怎么塑也不满意，工匠们一筹莫展。一天工匠正在揉荞麦面做饭，突然看见文殊菩萨在空中显灵，情急之下只好用手中的荞麦面捏出了菩萨的真容，却正好与文殊的身躯配合得天衣无缝，于是荞面头菩萨就成了最受推崇的文殊塑像。抛开工匠们自我炒作的因素不谈，这尊塑像的确有一种雍容华贵的气度，那酷似狮子的狻猊，绿毛红鬃，昂首欲吼，蓄势待发；文殊菩萨则面容安详，神态自若，与狻猊的刚猛形成一动一静的对比。我唯一的疑惑就是如果一顿饭所用的荞麦面就有菩萨脑袋那么大，塑像工匠们的饭量可真不是一般人能比得了的。

寺前平台位于半山，地势轩敞，视野开阔，远看层峦叠嶂、千岩竞秀，近观亭台楼阁、绿草萋萋，山风徐来，听松涛阵阵，深秋将至，闻归鸿声声，一切都让人心旷神怡，有御风而行之冲动。这时如果有位高僧在旁将佛法精义娓娓道来，俗人就此抛却红尘也说不定。可惜斯时在我身边那位小师父，却枯坐石凳，一言不发，微蹙眉头，若有所思，唉，也罢也罢，出家人也有烦恼，更别说我辈尘缘未尽之人，还是速速下山去吧。

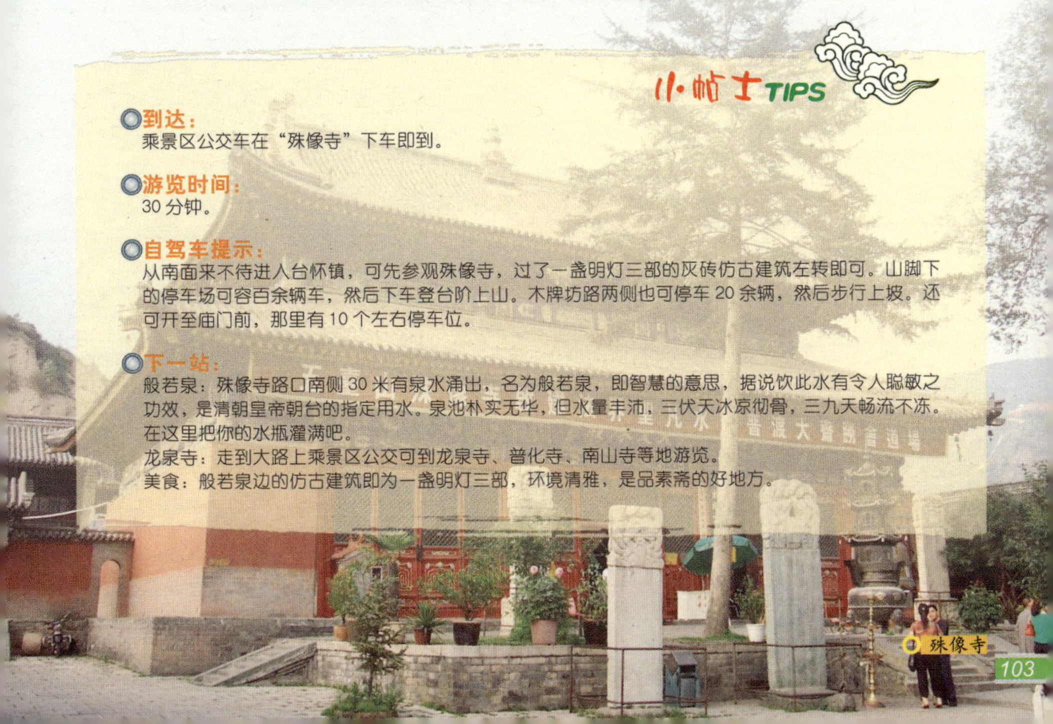

小帖士 TIPS

到达：
乘景区公交车在“殊像寺”下车即到。

游览时间：
30 分钟。

自驾车提示：
从南面来不待进入台怀镇，可先参观殊像寺，过了一盏明灯三部的灰砖仿古建筑左转即可。山脚下的停车场可容百余辆车，然后下车登台阶上山。木牌坊路两侧也可停车 20 余辆，然后步行上坡。还可开至庙门前，那里有 10 个左右停车位。

下一站：
般若泉：殊像寺路口南侧 30 米有泉水涌出，名为般若泉，即智慧的意思，据说饮此水有令人聪敏之功效，是清朝皇帝朝台的指定用水。泉池朴实无华，但水量丰沛，三伏天冰凉彻骨，三九天畅流不冻。在这里把你的水瓶灌满吧。
龙泉寺：走到大路上乘景区公交可到龙泉寺、普化寺、南山寺等地游览。
美食：般若泉边的仿古建筑即为一盏明灯三部，环境清雅，是品素斋的好地方。

殊像寺

在五台山要做的12件事

Zaiwutaishanyaozuodeshierjianshi

07 惊艳 龙泉寺石牌坊

在五台山，与塔院寺大白塔有着同样出镜频率的标志性建筑就是龙泉寺的石牌坊，游客到此绝对不容错过。

龙泉寺掩映在绿树丛中，沿台阶信步而上，路边小摊上挂着成串的台蘑，那特殊的香味，混合着山间清新自然的空气，是五台山最美妙的气味。检过票，首先映入眼帘的就是一个八字形的影壁，面阔三间，中高旁低，中央镶嵌有汉白玉镂雕的照壁心，两旁的图案分别为“福禄寿三星”和“文王访贤图”。这两幅石雕已堪称精品，但在这里，我的注意力完全被中间那幅“五台山风景图”石雕吸引了，它宛如一卷立体的山水画，又像一座大盆景，宝塔、佛母洞等建筑均清晰可辨，还有寺院、殿宇、人物之属，山径盘曲，苍松虬劲，布局上既均衡巧妙，又有局部夸张和强调，玲珑精巧，让人恨不能撬下来拿回家去。

龙泉寺：我欲乘风归去

龙泉寺精美的石雕

恋恋不舍地转过头来，又是108级台阶。五台山很多寺院的布局都是这种路数：下面一堵照壁，中间108级台阶，台阶尽头就是牌坊。不过同为108级，含义却不同。龙泉寺的108级台阶象征着108颗念珠，每踏上一级台阶，拨过一颗念珠，就意味着减少了一种烦恼。

第一眼看见石牌坊的时候，颇有惊艳的感觉，石质洁白，似冰胜雪，阳光照射在其精致繁复的外立面上，勾勒出或明或暗的光影效果，玲珑剔透，精美绝伦。牌坊以汉白玉雕凿而成，仿木结构，斗拱、重檐、柱枋，所有构件都是石质榫卯，结合得严丝合缝，浑然一体。上面的雕刻装饰更是极尽纤巧之能事，牌坊上的所有部位，视线所及之处，几乎都雕镂着各种图案，飞禽走兽，花卉瓜果，笔、掸、镜、壶等日常用具，无不栩栩如生。尤其是盘绕在各处的龙的形象，神龙见首不见尾，翻腾在云雾与浪涛之中，既表现出龙的气势，龙鳞、龙爪、龙须等细节处也刻画得一丝不苟，让冰冷的石头有了生命，仿佛随时准备腾空而起，驭风归去。在非皇家建筑上明目张胆地使用如此多龙的形象，可以断定这牌坊一定是民国后的产物。资料显示，龙泉寺牌坊上共雕凿了大大小小89条龙，民国15年开始动工，历时六年，于1931年竣工，其精湛的工艺水平和设计施工的复杂程度，堪称民国石刻建筑的精品。

看过了美轮美奂的石牌坊，龙泉寺其余的建筑就很难提起我参观的兴趣了，只有后院普济法师的墓塔还有点意思。这座石塔下为覆钵，上为八角，造型别致，比例适度，雕工精细，不过相比之下普济法师的经历更吸引人。他在清同治年间从军，之后屡立战功，曾担任正五品的蓝翎守备。一将功成万骨枯，也许是厌倦了刀光剑影的生活，也许是受了高人指点，后来他竟遁入空门，来到五台山做了南山寺住持。他一生共修筑了18座寺院，大概是对充满血腥的前半生的悔过吧。他圆寂后，停尸六年才下葬于此，据说六年尸体不腐，看来真的是得道了，他的一生，简直是对“放下屠刀，立地成佛”一词的最好诠释。

龙泉寺：佛学如阶，不进则退

龙泉寺雕刻精美的石牌坊

小帖士 TIPS

到达：
乘景区公交车在“龙泉寺”下车即到。

游览时间：
30 分钟。

自驾车提示：
位于从忻州、五台方向来台怀镇的路上，若从台怀镇驾车，则一路向南，过杨柏峪后在岔路口右转，过加油站不远即到。山脚下停车场可容纳约 30 辆车。

下一站：
从龙泉寺回台怀镇的路上，可顺道参观南山寺、普化寺。

Zuozheshouji 作者手记

1. 寺东侧有泉名龙泉，寺因泉得名，泉水清冽，有兴趣者可前往一观。

2. 石牌坊坐北向南，其南面是陡峭的石阶，要拍全景必须有比 24 毫米更广的镜头，背面逆光，只适合阴天等漫射光条件下拍摄；拍纪念照可以在牌坊侧面，看一下旁边摄影摊的样片，对你的取景也许会有启发作用。

在五台山要做的12件事

Zaiwutaishanyaozuodeshierjianshi

08 钻佛母洞 体会转世的奥妙

佛母洞是个很特殊的景点，虽然其建筑、塑像等没有什么特点，且距离台怀镇中心有12.5公里之遥，但来五台山的人却都不愿错过，因为这里有最匪夷所思的大自然奇观。

佛母洞是个天然洞穴，分内洞和外洞，两洞之间有一小石孔，上下长而左右窄，最宽处直径也只有28厘米，看起来似乎除了练过缩骨功的高手，没人能钻过去，但据寺僧讲，即便是体重二百余斤的大胖子，只要掌握要领，也能成功穿过。洞外有要领图示，僧人会在一旁加以指导，总之你就跟着别人学就行了！

几百年的摩擦，已经让洞口的岩石变得异常光滑，先伸手，再进头，浑身用力，左右活动，方能钻进内洞。内洞里面大有乾坤，居然能同时容纳四、五个人。据说内洞象征着释迦牟尼的母亲摩耶夫人的身体内部，其间五脏分明，右侧白色的石头就像是脊椎骨和肋骨，与佛经所言释迦牟尼自佛母右肋下诞生恰好吻合。而且传说摸了这些象形的石头，自己身上的对应器官就不会得病，游客们当然是一一照办了。出来的时候似乎顺利多了，因为入洞为“投入佛母胎”，出洞叫“佛母重生”，由此出入一次，相当于转生一回，可以消除烦恼，诸事顺心，延年益寿。我倒是觉得入洞前处理身上零碎之物的过程颇具启发性，一切财富、地位等等都像手机、背包一样，不过是身外之物，背负的越多，重生就越困难，只有彻底摆脱它们的羁绊，才能顺利转生，去往光辉的彼岸。这是不是佛母最想要告诉我们的呢？

佛母洞内供奉的佛像

佛母洞内部

小帖士 TIPS

到达：
从汽车站乘坐开往清水河方向的中巴车，在白云寺下车。出租车只允许开到白云寺，下车后步行约1.5公里到达台阶底下。台阶名“正觉路”，1500级。

游览时间：
半小时，排队等候时间不定，甚至有等候3小时以上的。

下一站：
乘车返回台怀镇，包车者可以继续前往南台。

Zuozheshouji 作者手记

1. 从性价比看，如果有3-4人同行，打车到白云寺后步行上山是最好的方案。清水河方向的中巴车发车时间不固定，而旅游出租车虽可以省去步行两公里山路的麻烦，但价格明显贵多了。

2. 请听从寺僧安排，进洞时男士先伸左手，女士先伸右手，出洞时顺序恰好相反。虽然明知伸错了手也一样能进去，但还是尊重规矩吧，谁知道这里面蕴含着什么样的民间智慧呢？

3. 赶上人流高峰，经常要排长队等候钻洞，而且秩序没有保障。农历初一、十五及长假期间，建议清晨尽早前往。

4. 佛母洞下有白云寺，康熙、乾隆皇帝曾在此歇息，现存建筑为近年修复。白云寺现为一尼庵，时间充裕者可顺道一观，赶上饭点也可在此用斋，此寺尼姑有早晚课后伴着佛教音乐在院内跑操的习惯，令人耳目一新。

在五台山要做的12件事

Zaiwutaishanyaozuodeshierjianshi

09 在神秘的寺庙里住一晚

在五台山，最妙的还是体验一番寺院住宿。

大部分寺院都设有客房，只对持有皈依证的居士们开放，不接待普通游客，但广仁寺（当地习惯称十方堂，紧邻罗睺寺）的客房对所有游客开放，极其适合想短暂体验寺院生活又不肯放弃基本住宿要求的游人。房间清静，整洁，而且不潮。走廊里带着淡淡的藏香气味，非但不令人生厌，还很好地衬托出了寺院的神秘气氛。标准间每晚约80元，视野好，也卖单床。三人普通间，20元／床，无电视，窗户正对着楼后的岩壁，通风有些不畅，卧具卫生状况尚可接受，公共厕所打扫得非常干净，公共浴室20:00-24:00供应洗澡热水。早4:30-7:00早课，下午16:30晚课。

天刚蒙蒙亮的时候，幽暗神秘的大殿里传来了僧众抑扬顿挫的诵经声，偶尔间杂一声铜铃脆响，刚刚从睡梦中醒来的你会不会如醍醐灌顶，而就此彻悟呢？更难能可贵的是这里周末及节假日期间都不涨价，不过能否找到空床，就完全看你的造化了。

广仁寺

在五台山要做的12件事

Zaiwutaishanyaozuodeshierjianshi

10 专注地吃一顿斋饭

台蘑

在五台山吃斋饭，吃的不是饭，是体验。

在寺庙中用素斋无疑是善男信女们趋之若鹜的机会，按照佛教的说法，吃斋是积功德的事；对于普通旅游者来说，这也是值得期待的一种体验。现代都市人普遍营养过剩、吃嘛嘛不香，寺庙里那些不着荤腥、口味单一的饭菜本身引不起任何食欲，但如果抱持一颗虔诚之心前往，把吃斋作为来五台山念经拜佛、修身养性的必修项目，并且在吃斋饭的过程中找到原始的吃饭的快乐，从而以感恩的心态来面对我们的日常生活，那么这顿斋饭，才算吃到了点子上。

只要不是赶上千僧斋等大型活动，五台山上几乎所有的寺庙都会接待居士或普通游客用斋饭，但入乡随俗，在佛门净地吃饭需要遵守一些规矩。

男女必须严格分开。斋堂门口正对一条甬道，尽头是弥勒佛像和功德箱，请听从执事僧的安排，男女分坐甬道两边，即使是度蜜月的新婚夫妇也必须暂时分开。

用斋过程中只能埋头吃饭，不得说话，不得眉目传情，不得左顾右盼，更不可嬉笑吵闹。其实这才是对于普通人最大的挑战，我们已经习惯了在饭桌上交流感情、娱乐八卦，怎么也适应不了安安静静的饭局。有一次用斋，听着急促的筷子扒拉碗底的声音、咀嚼的声音、喝汤的声音在身边此起彼伏，我突然间感到特别好玩，差一点笑出声来，只得强迫自己把注意力转回到面前的斋饭上来，才没有扰乱清静和谐的用餐环境。后来我意识到，无论在宗教修行还是日常生活中，得大成就者的一个基本素质就是专注，事情不论大小都要专注对待，该吃饭时吃饭，该念经时念经，不被其他无关紧要的事物影响和左右，才是正确的态度。

佛家有“过午不食”的说法，斋饭一般11:00开饭。一人两只碗，分别盛菜和饭，执事僧端着饭菜在桌椅间穿梭，一切要求以动作表示，不必出声：需要添加就把碗放到桌子前沿，添够后端起饭碗，把菜碗挪到自己面前。添菜、饭时，要稀的就用筷子在碗边平划一下，要稠的用筷子在碗中竖一下，要添多少，用筷尖在碗内点出高低。出家人惜米如金，注意不要撒下饭粒，要的饭菜也必须吃完。条件好的寺庙还可能有餐后水果。

佛家不用葱、姜、蒜、辣椒等任何刺激性调料，大锅菜的烹调手法也比较单一，对饭菜质量、味道和餐具的卫生条件有较高要求的游客建议不必尝试。

斋饭虽不收钱，但入斋者应自觉在功德箱中布施，5–10元是普遍接受的标准。饭后要将碗筷拿到斋堂外自行清洗并放回原处。

静心莲内部

开花现佛

荞面剔尖

在五台山要做的 12 件事

Zaiwutaishanyaozuodeshierjianshi

11 游佛光寺

梦回唐朝

佛光寺被誉为“中华瑰宝”“亚洲佛光”，在 1961 年公布的第一批全国重点文物保护单位中榜上有名。著名学者梁思成先生在《中国建筑史》中对佛光寺做了如下介绍：“唐代木构之得保存至今，而年代确实可考者，惟山西五台山佛光寺大殿一处而已……除殿本身为唐代木构外，殿内尚有唐塑佛菩萨像数十尊。梁下有唐代题名墨迹，拱眼壁有唐代壁画。此四有一已称绝，而四艺集于一殿，诚我国第一国宝也。”

佛光寺不像南禅寺那样一座大殿就占据了半个院子，而是整体规模宏伟，布局疏朗，高低层叠，松柏苍翠，殿宇巍峨，显得更有气势。它始建于北魏，遭遇唐武宗灭佛后，于唐宣宗大中十一年（公元 857 年）重建了现存正殿东大殿，其发现过程颇具戏剧性。1937 年夏，梁思成先生为了寻找敦煌壁画中一座形制罕见的宝塔，来到五台山，在佛光寺找到了一座与壁画中一模一样的北魏佛塔，让梁先生喜出望外的是，这里不仅有“祖师塔”，整个佛光寺都是一个古代建筑艺术的新大陆。他依据考察结果，发表论文《记五台山佛光寺的建筑——荟萃在一寺的魏、齐、唐、宋四个孤例；荟萃在一殿的唐代四种艺术》，轰动了中外建筑学界。

佛光寺第一院北侧的文殊殿建于金天会十五年（公元 1137 年），面阔七间，进深四间，殿内竟然只用四根呈八字形的柱子支撑，显得极其宽敞，四柱包围着的佛坛自然而然地成了视觉中心。我简直不敢相信自己的眼睛，这种近乎神奇的减柱法居然能够支撑大殿在 800 多年中安然无恙，古代工匠的技艺和胆识令人叫绝。

古松掩映的东大殿位于寺内东部高台上，拾级而上，脚下的青石阶梯已经磨损。坚固的石头尚且不能抵挡岁月的侵蚀，木结构的大殿却能完好地保存下来，真是堪称奇迹。它外表朴素，不施彩绘，柱、额、斗拱、门窗、墙壁，全用土红涂刷，却自有一种内敛简约之美；古朴的斗拱承托着探出深远的挑角飞檐，整个大殿轮廓秀丽、形体稳健，一派雄浑庄重的中唐气象。殿内完整地保存着 35 尊唐代泥塑，正中间是降魔释迦像，左边弥勒佛，右边阿弥陀佛，三尊佛像面颊丰满圆润，双眉弧弯，眼睛细长微闭，嘴唇端正，具有显著的唐风；周边菩萨立像则微微前倾，腰部稍弯，还有点小肚子，这是唐代中叶以后菩萨塑像的特性，与甘肃敦煌的塑像如出一范；护法金刚身形魁梧，披甲持剑，怒目而视，很像放大了的唐代武士俑。唐人墨迹在左右四梁下，仍历历在目，不过位置太高，看不清楚写得是什么，倒是门扇背面一些题字，虽然大多是到此一游之类的抒怀，字写得还是不错的。唐代壁画因为殿内光线昏暗，又有铁栏相隔，看不清楚。东大殿将建筑、塑像、壁画和墨迹四种艺术，荟萃于此，唐风唐韵笼罩在殿堂内外，闭上眼几乎可以回想唐代盛况，士女咸集，钟磬和鸣，香火鼎盛……俱往矣，惟大殿默然，寒来暑往，转瞬千年。

佛光寺东大殿

小帖士 TIPS

到达：
乘坐往返于台怀镇到太原或忻州的长途车，在豆村路口下车，再换乘豆村——台怀长途车。在豆村路口租车去佛光寺，单程 4 公里左右，约 10 分钟到达。佛光寺距离台怀镇约 34 公里，在台怀镇包车往返约 1 小时左右。

游览时间：
45 分钟。

下一站：
南禅寺：回到 311 省道，拦开往太原、忻州方向的班车，到东冶下车。
阎锡山故居：回到 311 省道，拦开往太原、忻州方向的班车，到河边下车。

Zuozheshouji 作者手记

1. 如果佛光寺与南禅寺只能二选其一，建议选择佛光寺。到佛光寺全程柏油路，有清晰路标，而且寺院规模、殿堂开间更大，是唐代木构的代表作。
2. 如果你的下一站是台怀镇，至迟 18:00 要回到豆村路口等车上山；如果下一站是太原、忻州方向，至迟 17:00 要回到豆村路口。
3. 带上头灯或手电，东大殿内光线极其昏暗，下午光照情况略好于上午。
4. 东大殿南侧有祖师塔，是北魏遗物，历经 1400 余年历史，双层六角，上实下空，有印度风格束莲柱，是佛光寺被再度发现的契机。

佛光寺东大殿是现存规模最大的唐代木结构建筑

在五台山要做的12件事

Zaiwutaishanyaozuodeshierjianshi

12 去南禅寺 寻访中国最老的房子

中国古代建筑的爱好者，对南禅寺这个名字一定耳熟能详。山西的古建筑以五台山地区最为集中，而五台山的古建筑又以南禅寺最为古老，其主体建筑大佛殿是我国现存年代最久的木结构建筑，它重建于唐德宗建中三年（公元782年），距今已有一千二百多年的历史。既然已经来到五台山下，岂能与中国木构古建筑的老大哥擦肩而过？

寻访古建筑瑰宝的路途可谓曲径通幽。小路两旁林木繁茂，青山连绵，偏僻的地理位置让南禅寺有幸躲过了唐代以后历次大规模灭佛，同时得益于山西干燥的气候，大佛殿才保存到今天。包租的面包车浑身作响地在土石路面上颠簸了十几分钟，最后冲上一个土崖，南禅寺到了。看门人的家就安在寺庙墙外，他忙不迭地放下手中的饭碗，卖票、开门。南禅寺孤寂地在深山中度过了千年，至今依然访客寥寥，但这绝对是件好事。

虽然此前从未谋面，南禅寺大殿的身影早已通过照片烂熟于心，当它真实地伫立在眼前，我有种老友重逢般的欣喜。面阔和进深均为三间，单檐歇山顶，我喜欢它平缓舒远的屋顶曲线，喜欢它简洁朴实的外立面，喜欢它高耸庄严的正脊鸱吻。我甚至喜欢那“严禁烟火”的提示牌和台基上的灭火器，醒目的红色在其他地方大约会受人诟病，但对于南禅寺来说，照片是否好看没有任何意义，确保经历千年风雨的文物安全才是重中之重。

大殿内同样精彩纷呈。佛坛上有17尊佛像，都是唐代珍品。不论是结跏趺端坐于正中的佛主，还是端庄安详的文殊、普贤菩萨，抑或是凝神肃立的阿难和迦叶，直到威猛健壮的护法天王，个个姿态自然而若动，表情逼真似有神，身躯丰满优美，衣纹简练流畅，风格酷似敦煌莫高窟彩塑。塑像群以释迦牟尼佛为中心，形成尊卑有序、动静结合、各司其职、错落有致的场面，营造出佛界肃穆而和谐的氛围。佛坛四周还嵌有唐代砖雕70幅，同样颇具艺术价值。

南禅寺大殿

置身南禅寺，犹如进入一座唐代艺术殿堂，不论建筑，还是塑像、砖雕均是稀世国宝。千年前的先人与千年后的我面对着同一座建筑，同一尊雕塑顶礼膜拜，在同样的屋檐下遮蔽风雨，这种跨越时光的感觉非常神奇，无所不能的时间似乎在南禅寺停下了脚步，让我得以呼吸到中唐那大气洒脱之风。

南禅寺的飞檐斗拱

小帖士 TIPS

到达：
乘坐往返于五台山至太原或忻州的长途车，在东冶路口下车，有小面、夏利等车停在路口揽客，估计单程 4 公里左右，约 15 分钟到达。

游览时间：
30 分钟。对中国古代建筑没太大兴趣的游客完全不必来此，他们会觉得费挺大劲就看这么一座木头房子纯粹浪费时间。

下一站：
阎锡山故居：回到 311 省道，拦开往太原、忻州方向的班车，到河边下车。
佛光寺：回到 311 省道，拦开往五台山或石咀方向的班车，到豆村下车。

资讯补给站

Zixunbujizhan

交通

五台山景区内没有机场，最近的火车站距离景区近 50 公里，公路是进出景区的唯一方式，205 省道连接大同、石家庄方向，311 省道通往忻州、太原。

火车

五台山火车站位于山北麓的砂河镇，距离台怀镇 49 公里，一天仅有四趟旅客列车经过。

即使夜间，也有往返于火车站与台怀镇的中巴车，车程大约 1 小时。淡季如果上五台山的客人太少，只能包车从火车站去往台怀镇。

N202 在五台山站仅留十余张座位，无卧铺票，在车站买到座票的几率很小。在台怀镇的旅行社预定一般收取手续费 20 元，有时候只能买到忻州——北京区间的票，可以在五台山站上车，但比五台山——北京区间贵 20 元左右。

汽车

乘坐长途汽车是进出五台山最为便捷的交通方式。从北京、太原、大同、石家庄等地有客运班车直达台怀镇；对于没有直达班车的城市，推荐在太原中转，因为太原到五台山的班车多而且发车准时，从各地到达太原的方式请参看本书第四章太原交通一节。

五台山汽车站位于台怀镇南 1 公里的杨柏峪，从台怀镇中心到汽车站可乘坐中巴。

到达：

从北京来：六里桥长途车站有到五台山的豪华大巴，每天 8:30 发车，5 小时车程。旅游旺季会增开夜班车。

从太原来：全程 233 公里，车程约 5 小时。可以在太原市汽车东站乘车，在太原火车站前乘坐 615 路双层大巴到终点站东客站，发往五台山的车 6:30、7:00、8:00 各一班，8:30–15:30 间每半小时一班。也可以在火车站出站口直接搭乘大巴，5:00–17:00 间有车，价格一样，但没有固定发车时间，坐满即走，非旅游旺季等候时间可能较长。

从大同来：全程 260 公里，车程约 4.5 小时。在大同客运北站乘车，每天五班，头班车 6:30 准时发，此后的三班车均无固定发车时间点，坐满即走，最后一班 16:00 准时发。冬春淡季则每天 8:30 准时发一班车，随后根据客流量加开一班，时间浮动。

从石家庄来：全程 250 公里，车程约 4.5 小时，每天 14:00 从石家庄客运北站发车。

从忻州来：在忻州火车站前乘中巴，约 2.5 小时到达，没有固定发车时间，接 N201 次火车后约 6:30 出发的那班车相对时间比较有保障，淡季可能因乘客少而取消或等待很长时间发车，上车前需问清楚是到台怀镇还是到五台县城。

离开：

北京方向：每天 16:00 从汽车站发车，5 小时车程。

太原方向：5:30–15:30 间约一小时一班，在汽车站乘车。

大同方向：一天五班，早 6:30 及 13:15 的两班均为准点发车，7:30、9:00、11:00 的三班车根据客流情况提前或错后，在台怀镇的大同宾馆、华夏大酒店附近上车。也可以在台怀镇营坊街找大同的返程出租车（车号晋 B-T 打头），3 小时车程。如果早晨出发，顺路游览恒山、悬空寺、应县木塔和云冈石窟的话，赶路加游览约 10 小时左右，包车可免去途中多次等车、找车的麻烦，是个省钱、省时间的选择，强烈推荐。

石家庄方向：早 6:00、9:00 各一班，可以就近在台怀镇的新建宾馆上车。

五台山风景区内的交通相对比较简单。一条公路贯穿整个中心景区。景区公交可以到达大多数主要寺庙，运行时段为 6:30-18:30。

去往各个台顶可在金界寺桥南边的日升达客运公司乘车，到每个台顶车费 60-80 元不等。车站周边也有一些夏利、奇瑞、小面等黑车拉活，价格可与司机商议，比正规出租车便宜 20%-30%，但有时在停靠地点上受到限制，可能需要提前下车步行一小段，请自行权衡得失。

景点

罗睺寺

罗睺寺是五台山五大禅处和十大黄庙之一。据佛经记载，释迦牟尼出家前曾娶妻生子，儿子叫罗睺罗。罗睺罗 15 岁出家，后来成为释迦牟尼的十大弟子之一，罗睺寺就是为纪念他而建的。罗睺寺天王殿、文殊殿和大雄宝殿内的塑像都有着藏传佛教塑像的典型特征，跟青庙里的不大一样。

罗睺寺最著名的景观就是“开花现佛”。寺院最后一座大殿的中央有一木制彩绘大莲花，就是那棵神树雕成的，底下连着个大圆盘，当莲台转动时，莲瓣便在空中徐徐绽开，里面的四尊佛像慢慢显现，再转过一定角度，莲瓣就合上了，佛像又被包裹起来。现在这莲瓣一般是半开半合，轻易不再表演，不过如果你布施的香火钱达到一定数目，寺僧会很乐意为你推一推这佛像。

到达：乘景区公交车在“中心区寺庙群”下车，经过广仁寺门口，上高台阶后向右走 30 米即到。

南山寺

如果说石牌坊是龙泉寺最璀璨的珍珠，那么南山寺就是金玉满堂、处处珠玑了。论占地规模，南山寺仅次于显通寺，在五台山所有寺庙中位居第二，在这么大的范围内，到处都可以看到精美绝伦的石雕技艺，其工程之浩大可见一斑。南山寺始建于北朝，元代重建，明清屡有修葺，民国初年寺院住持募得巨资，将原来的极乐寺、善德堂和佑国寺连为一体，统称南山寺，工程进行了 23 年，因日寇入侵才草草收工。

步入山门，犹如进入了石雕的海洋，殿基、墙脚、墀头、垂带，石雕无处不在。除了比较常见的花鸟题材，如喜鹊登梅、鹤立芙蓉、鹿鹤同春等，最引人入胜的是神话传说和历史故事，如八洞神仙、天女散花、松下问童、嫦娥奔月、千里走单骑、姜太公钓鱼等。游客们一幅幅细细辨认，每当通过画面元素判断出故事内容，都欣喜不已。评书描绘的场景活灵活现地展示在石头上，传说中的人物面目清晰地出现在眼前，我似乎在与石匠们对话，仿佛看得到他们在雕刻背后露出的笑容。他们没能留下名字，但他们所创造的艺术精品，蕴含了信仰力量和敬业精神的石雕终将永恒。

南山寺的佛教音乐为五台山青庙音乐的代表，如果赶上重大法事，你就有缘一饱耳福，听一听富含玄机的方外之音。六月大会期间听到佛教音乐的机会最大。

到达：乘景区公交车在“南山寺桥”下车可到；打车可以直达半山腰的停车场，从这里直接进入佑国寺，不用再爬台阶了。

资讯补给站

Zixunbujizhan

普化寺

曾为道教庄观，建国初改为佛寺，是五台山众佛寺中最年轻的一座。寺里石雕众多，寺前影壁雕刻尤为精致，壁心分别刻有“福禄寿三星”以及“文王别子”、“渭水访贤”两则周代故事，影壁下方用红漆书写“中国人民志愿军万岁”字样，留下了那个时代的独特印记。最喜欢山门南侧柱脚的石雕天王像，天王头歪向一侧，面带羞赧的微笑。每天上午 8:00-9:30，下午 16:30-18:00 寺里念经，念佛堂位于进山门后右侧小门内。

到达：在五台山汽车站河对岸，乘景区公交车在“汽车站”下车可到。

镇海寺

这里古松掩映，清泉潺潺，风景如画，更有三世章嘉活佛的灵塔。三世章嘉活佛有着传奇一生，他曾与幼年乾隆皇帝一起读书，后来多次代表朝廷处理蒙藏等民族事务，精通汉、蒙、藏、满四种文字，著述、翻译颇丰，乾隆五十一年（公元 1786 年）圆寂。遵乾隆圣旨，灵骨运送至此并设立灵塔。汉白玉塔身配铜质塔刹，造型别致，佛经故事、佛像等雕刻精细华美。

到达：乘景区公交车在“镇海寺”下车可到。

碧山寺

又名广济茅棚，是五台山最大的十方丛林，由于游方僧人到此都管吃管住，因此来自全国各地的僧人众多。戒坛殿内有五台山唯一的明代戒坛、缅甸玉佛，以及清顺治年间从苏州一带跋山涉水运送过来的 18 尊脱砂佛像。

到达：乘景区公交车在“碧山寺”下车可到。

金阁寺

始建于唐，明代重建，主殿大悲殿面阔五间，是五台山上最大的殿宇。大殿内供奉明代铜铸千手观音造像，高 17.7 米，是迄今五台山上最高的菩萨造像。

到达：距离台怀镇大约 15 公里，位于从太原、忻州、五台县方向上山的公路边，可在汽车站乘坐开往上述三地的班车前往。

阎锡山旧居

阎锡山旧居始建于 20 世纪 20 年代初，历时 14 年完工，有都督府、得一楼、二老太爷府、东花园等二十多个院落，近千间房屋，规模很大，但石雕、砖雕、木雕远远没有几个晋商大院来得精细。只记得不停地穿堂过室，上下楼梯甚至地道，如步入迷宫。旧居现在被辟为两个展览馆，分别介绍阎锡山生平和河边民俗。民俗馆内的展品看起来已经很久无人维护了，即便有玻璃柜保护，也积满了灰尘，有的人物模型倒伏于地，一派衰败景象。但愿民俗不要像这展品一样处境凄凉、被人遗忘才好。印象最深的是遍布故居各处的石刻“督军兼省长阎示”，通俗易懂，言简意赅，从个人修养到社会治理，无所不及。阎锡山一生好为人师，曾在台北出版阎氏家训，内容充满了传统的伦理道德观念。

到达：乘坐往返于台怀镇到太原或忻州的长途车，在河边村路口下车，车程约 2.5 小时。公路边有大幅广告牌，写着“阎锡山故居”，乘坐三轮车 10 分钟可从公路边开到故居门口。

住宿

经过多年建设，五台山的住宿接待能力已经很强，看着不大的地界，住个两三万人绰绰有余。台怀镇的旅馆、饭店受市场经济的历练已久，市场嗅觉极其敏感，对于价格的变化了然于胸，他们会根据客流量、周边竞争者的生意状况、时间早晚、客人自身情况等因素随时调整价格，因此价格波动很大。平时家庭旅馆标准间的价格是 40-80 元／晚，节假日会涨到 150-200 元／晚。最近几个节假日，无论星级宾馆还是旅馆招待所，五台山平均客房出租率都在 90% 以上，在最高峰的二、三、四日，每天进山人数超过六万，房间价格更是飞涨，经常一房难求。建议事先通过电话预订房间，也可以通过当地旅行社预订。此外，每月逢初一、十五，宾馆价格会调高。

如果自行寻找房间，建议按照如下顺序：一般档标准请先选择台怀镇营坊街，那里的旅馆比较集中，找不到就去集福寺附近的窑子村，村里有很多民俗接待户，标间、普间都有，缺点是距离台怀镇要走 15 分钟。此外殊像寺下的村庄里也有一些小规模旅馆。舒适档标准请先去明清街，如果没有就转向杨柏峪服务区的中高档饭店或行业酒店。

对于傍晚才能到达五台山的自驾车游客，可以考虑当晚先不开到台怀镇，而是住在景区外面的砂河、豆村、石咀、门限石等周边乡镇，次日一早再上山。这些地方有中低档旅馆可供选择，卫生状况比台怀镇那些人满为患，甚至整个长假期间没空更换卧具的家庭旅馆更令人放心，而且食宿费用低廉，不用担心须睡在车上，到景区一小时左右的车程，也占用不了太多的游览时间。

台怀镇营坊街

几乎所有的五台山旅游服务设施都集中在这里，以家庭旅馆为主。对于绝大多数自助游客来说，住在这里生活、游览最为方便，而且选择余地非常大。但也有许多旅馆不能洗澡，一定要事先问清。

乘景区公交在“金界寺桥”下车即到营坊街。这里与台怀镇中心区寺庙群可谓近在咫尺，步行即达；去黛螺顶步行过清水河大桥即可；日升达客运公司就在南边，乘车去五个台顶最为方便。这里也是餐馆最集中的地区，农家菜、全素斋都有。

明清街

乘景区公交在“明清街”下车即到。以舒适档宾馆为主，大部分是铁路、卫生、银行等系统的疗养院，除了接待轮流来五台山疗养的内部人员外，还与旅行社签约接待团队。街内也有一些小宾馆。在旅行团早上出发后到下午回来前这段时间，明清街十分清静，行人稀少，信步走在石板铺就的主路上，看阳光缓缓拂过灰砖墙壁、翘角屋檐，别有一番惬意在心头。

资讯补给站

Zixunbujizhan

银馨宾馆

挂牌二星，位于明清街7号，隶属于农业银行，从明清街中间的那座桥过去正对即是。房间不算大，很干净，24小时热水供应，院内停车免费，附设餐厅。标间挂牌680元／晚，旺季打折较少，淡季约200元／晚。

金山宾馆

位于银馨宾馆西侧。标间旺季150元以上，淡季100-120元。

山西新华书店集团五台山接待中心

明清街11号，银馨宾馆南侧100米。

杨柏峪服务区

乘景区公交在“鑫海宾馆”下车即到。杨柏峪是风景区政府着力打造的高档旅游服务区，以中高档旅游饭店为主，也有一些小宾馆。农业银行位于银苑山庄路口。旅行社营业部俯拾皆是，杨柏峪是旅行社最为集中的地区；有移动和联通的营业部；还有两个汽修店和一个汽配商店就在附近。

鑫海宾馆

房间很大，卧具非常干净，走廊也十分宽敞。缺点是大部分房间临街，距公路仅30米左右，好在这条公路晚上车流量并不大。有暖气，附带餐厅。24小时热水供应。停车场很大，停车免费。标准间挂牌价分为两种，淡季分别为200—300元。

银苑山庄

隶属于人民银行太原支行，颇有气势的仿古建筑。房间舒适，卧具干净，而且房间离公路有一定距离。24小时热水供应。停车场很大，停车免费。标准间挂牌价680元／晚，淡季五折。

美食

五台山作为旅游胜地，饭菜价格明显比山西其他地方要高，如果考虑到这里半年旺季半年闲的现实，价格高也是可以理解的。请尽量选择到挂有五台山管理处颁发的“合格工商户”、“优秀工商户”、“合格服务单位”、“文明服务单位”等铜牌的饭馆就餐，那里卫生条件更有保障，引起纠纷的几率相对要小很多。

“农家饭”和“全素斋”号称当地的两大特色菜系。农家饭以烧土豆、煮玉米、炒台蘑为代表，饭店纷纷宣称原料来自当地栽培的绿色产品，至于山间那些见缝插针的土地是否真的能够满足熙熙攘攘的游客所需，就见仁见智了。其实所谓的农家饭就是晋北家常菜，没有什么特别的地方，随便选择一家餐厅都能做，菜的口味均以咸为主，不大能分出手艺的高下。下面介绍两种特色主食：

炒拨烂子：在山西、内蒙古、冀北等北方土豆产区比较常见。先将土豆擦成细丝，过凉水，扑面粉，上笼屉蒸熟，晾凉后加蒜、葱等调料下锅炒，可以加肉，也可以加鸡蛋。粉渣渣的，口感很特别，而且绝对扛饿。

莜面：莜面也是中午吃完一下午不饿的吃食，常见吃法有莜面卷（栲栳栳）和莜面鱼。莜面卷是蒸熟后蘸汁吃的，蘸羊肉蘑菇汤口感最棒，莜面鱼可以像面条一样带汤吃，也可以炒。

以"十八罗汉斋"和"廿四天尊素斋"为代表的全素斋是真正的五台山特色。如今素餐馆在经济发达地区异军突起，其以假乱真、延年益寿的特点受到很多人的喜爱，而在佛门圣地吃一天斋也算是应景之行吧。也可以请庙里的师傅们到素餐馆进餐，供养僧尼在佛教徒看来是一种积功德的行为。

提醒注意以下事项：

1、在外吃饭，最忌讳不问价钱就下口，事无巨细，一定要事先说好，即使看到菜单的明码标价，也要问清是大份还是小份的价钱。包括餐巾纸、筷子、餐前小菜、茶位费等等，都要问清楚是否额外收钱。经过多年治理，如今坐商明目张胆地宰客现象已经非常少见了，但是如果因为一些小节问题引起不快，影响游玩的心情，就得不偿失了。

2、饭菜可以砍价。

3、山西面食的大碗化特点到五台山有了例外，最好看样订货，否则服务员用手比划的碗的大小，与端上来的实物相比，出入可能很大。

4、此地口味偏咸，口味轻的游客请事先提出，让厨师少放点儿盐。

5、盛夏新玉米下来的时候，在街头、寺院门口售卖的煮玉米味道好，价格适中，品种大部分是改良后的糯玉米，特别适合为了保证游览时间无暇到饭馆吃正餐的游客。

6、个人觉得，台蘑最好还是与肉同炒，能够互相借味儿，口感比较香。此外，在饭馆点一次台蘑的价钱可以在市场上买到数倍的干台蘑，还是自己回家做更加划算。

7、那些服务员穿着民族服装，号称有歌舞表演的餐厅，早就把增加的成本摊在菜价里了，农家菜技术含量很低，选择朴实无华的餐馆更加划算。

一盏明灯

一盏明灯是五台山规模最大、生意最好的素餐馆，共有三家分部，一部位于翠岩宾馆北侧，二部位于加油站对面，三部位于殊像寺附近。三处分店的菜谱、价格都一样，口味也无甚分别，人均消费较高。不过对于自驾车的朋友或者喜欢饭前饭后散步的朋友，还是推荐殊像寺旁的一盏明灯三部，即"般若楼全素斋"。三部门口有20余个车位，餐厅可同时容纳300余人用斋，厅堂布置没有另两家分店那么紧凑，设多个包间，而且由于距台怀镇中心区略远，食客以旅行团队为主。然而这些都不是推荐它的主要理由，其独到之处在于菜品全部用餐厅旁边的般若泉作为水源，天然矿泉水与精美素斋相得益彰，堪称绝配。

一盏明灯的特色菜有糖醋排骨、黑椒牛扒、红烧狮子头等，甚至还有卤水大肠，不过请放心，菜品的主要原料都是豆制品、蔬菜、台蘑等，其以假乱真的技艺几乎达到了炉火纯青的地步。

到达：乘景区公交车在"殊像寺"下车可到。

资讯补给站

Zixunbujizhan

购物

五台山的旅游商品主要分为以佛珠、佛像、法器为代表的佛教艺术品；以旧币、古书、铜器为代表的古玩珍藏品；以木碗、木杖、布鞋为代表的农家生活品和以台蘑、金针、金莲花为代表的天然保健食品等几大类。

台怀镇营坊街是五台山最主要的商业街，旅游商品店、超市、水果店等，基本可以满足旅游者的需要，夏季一般会营业到午夜时分，冬季若非周末，则在九、十点钟打烊。

五爷庙东侧的旅游纪念品市场和清水河东岸、黛螺顶山下的市场是最集中的摊贩区，主营台蘑、佛珠、木碗等土特产品，其中台蘑根据品种和砍价能力不同，每斤从十余元至五十元不等，最好的品种是香覃、银盘。

此外广仁寺东墙外和广宗寺外也有一些摊贩，主营香、佛珠、手珠、檀香木或玉质挂件等手工艺品。

明清街上的小店旅游商品品种较少，但是由于光顾者寥寥，相对比较好砍价。

提示：

1、永远不要指望在小摊上捡漏，买个稀世古董回去。把所谓的“古玩”按照现代仿真工艺品出价是避免上当的最好办法。

2、经常会有一些人跟着你，要送你一个小礼物，如佛像挂件，不要搭理他们，更不要接受他们的馈赠，几毛钱成本的塑料佛像可能让你付出百倍的代价。

3、“请香”“烧高香”是不法商贩敛财的主要手段之一，在某些香烛商店，香火的种类繁多，分工明确，有求平安的，求健康的，求学业顺利的，求财源广进的，还愿的等等不一而足，总之福禄寿喜各管各的，都要分别购买，那种一米多长、胳臂粗细的高香更是价格不菲。请铭记拜佛重在虔诚恭敬，不在香烛大小。

4、不要轻信店家“我们的货品都是开过光的”说法，如果对是否开光特别在意，在寺庙中的“法物流通处”购买相对更有保证。

5、南山寺、龙泉寺门口有一些以当地农妇为主的流动商贩，主要售卖鞋垫、坐垫等手工制品，她们自行采集的蘑菇等山货价格相对比较便宜。

6、台蘑按斤购买，因此其干湿程度应当成为价格对比中的一个考虑因素。佛珠、木碗等木制品则以颗粒均匀、外表光滑、木纹优美、分量重者为佳。

五台山：古玩摊

第四章

太原——尽享龙城人文风光与美食

郝刚刚羊杂割
清和元
宁星大酒店
如家快捷酒店（铜锣湾广场店）
利民宾馆
老鼠窟元宵
认一力
六味斋
双来山庄
汉庭连锁酒店
金鑫旅馆
太原市军转干部接待站
锦江之星连锁旅馆（柳巷店）
太原面食店
往山西博物院
迎泽大桥
长途汽车站
芙蓉酒楼十分部
太原火车站
汾河
太原市
双塔寺
芙蓉酒楼八分部
往晋祠
南内环大桥
建南汽车站
府东街
府西街
迎泽大街
迎泽东大街
双塔寺街
南内环街
新建南路

山西博物院：释迦头像

太原恰好位于山西省境中央，上接晋北，统领晋中，下连晋南，无论航空、铁路还是公路交通，都是山西省最便捷的城市。

晋祠独一无二的鱼沼飞梁，巧笑倩兮的宋塑仕女，都是国宝级的文物；山西博物院浓缩了数千年来的文明精粹，仿佛可以让人触摸到山西灿烂的文化和厚重的历史；当然还有“双塔凌霄”的永祚寺，有佛、道并肩而立的天龙山石窟、龙山石窟。喝着酒香扑鼻的“头脑”，吃着醇厚味美的“羊杂割”，这样的太原，是历史积淀的太原，是唇齿留香的太原。

行程推荐

Xingchengtuijian

太原是山西省对外交通最方便、省内交通最密集的城市，旅游景点以历史古迹为主，受季节的影响不大，但若仲春或初夏时节来访，能够看到龙山的丁香或双塔寺的牡丹。

太原火车站正对的迎泽大街一带宾馆最为集中，但迎泽大街北侧约一百米的五一东路上的旅馆性价比更高。柳巷附近是太原传统商业区，也有数家中档宾馆可供选择。

太原的山西菜餐馆很多，而且通常广开分号，分散在城区各角落，价格适中，老字号小吃则大多集中在柳巷周边。

一日游：晋祠—山西博物院—双塔寺

太原旅游有一天的时间就足够了。早起先到柳巷北口的郝刚刚羊杂割美美地喝上一碗热气腾腾的羊汤，如果不吃羊肉的话附近还有认一力的蒸饺或稍梅可供选择。早餐后乘车先到植被繁茂、流水潺潺的晋祠公园里呼吸呼吸新鲜空气，信步走到晋祠，领略晋祠三绝的风采。中午时分回到市区，在太原面食店尝几样正宗的山西面食，然后到山西博物院追溯辉煌的三晋历史，回顾灿烂的三晋文化。如果天色还早，可以到双塔寺欣赏太原的标志性景观——双塔凌霄。晚餐一定要去山西特色餐馆，双来山庄、芙蓉酒楼的多家分部都会给你的太原一日画上回味无穷的句号。

二日游：太原深度游

如果你有两天时间，就可以享受一次太原深度旅行了。

第一天：晋祠—天龙山石窟—龙山石窟

晋祠依旧是第一天上午的内容。在晋祠公园门口吃过午饭后，包车去天龙山石窟，这里曾经是皇家的避暑宫殿，在中国佛教石窟史上也占有重要地位，虽然盗凿、风化破坏严重，却仍然有着刀锋无法削弱的魅力；文物爱好者可以把剩余的时间用来踏访道教的龙山石窟，甚至在荒野山中寻找古燃灯塔的踪迹。傍晚回到华灯初上的汾河岸边，灯光、车流、月影交织，倒映在波光粼粼的汾河上，是太原最风情万种的笑靥。

第二天：山西博物院—双塔寺

上午参观山西博物院，中午时分在太原最繁华的街区柳巷做一次小吃之旅，下午的时间留给双塔寺等景点，轻松惬意。

晋祠鱼沼飞梁

预 算

Yusuan

以一日游为基础计算

门票：约 95 元。
交通：乘坐公交车约 15 元。
住宿：按照普通宾馆标准间每天 120 元计算，同行两人分摊，每人每天 60 元，两天共计 120 元。
餐饮：以太原小吃和山西特色菜为主，每天 50 元，两天共计 100 元。

总计约 330 元

○ 天龙山：漫山阁

在太原要做的 6 件事

Zaitaiyuanyaozuodeliujianshi

01 徜徉在山西博物院

山西博物院：铜牺立人擎盘

这里是笔者强力推荐的景点。宽大的展厅，丰富的展品，先进的布展技术，全方位地展现了文物大省山西的风采。

博物院建筑外形上大下小，远看很像从前称粮食用的斗——山西人民就是会过日子，连博物院都得跟生活富裕、丰衣足食联系上，不过这斗里藏的可都是价值连城的宝贝。

整个博物院常设 12 个展厅，分为历史部分和艺术部分。历史部分按时间顺序划分为 7 个专题陈列。“文明摇篮”中的石器、陶器还略显质朴，到“夏商踪迹”和“晋国霸业”的青铜器就精彩纷呈了，龙形觥、鸟尊、兔尊……造型独特、式样丰富的器形，精美繁复的纹饰，绿幽幽的铜锈中仿佛隐藏着时光的秘密。“民族熔炉”着力表现魏晋南北朝时期的民族融合，而保留当时生活场景的载体竟然是棺材板，既有色泽艳丽如新的漆画，又有雕刻细致入微的石雕，魏晋时期的富丽堂皇，竟然以这样的方式活灵活现地展示在人们眼前。步入“佛风遗韵”厅，仿佛置身于云冈石窟，千年的风霜，难以剥蚀空灵的笑容，世道的变迁，岂能磨灭悲悯的情怀？慈眉善目的佛首，在灯光下愈加圣洁崇高，双目微闭的思惟菩萨，让人不敢凑得太近，唯恐打扰了菩萨的沉思冥想。还是“戏曲故乡”厅的气氛最轻松，戴上耳机，就能听到很多种山西的地方戏，谁到了这里都会情不自禁跟着学上两句。现代技术手段的运用更是让展览变得极其生动，这里有个古老的戏台模型，光和影将戏剧场景投射在戏台上方，声音真实，影像却缥缈虚幻，几分钟后曲终人散，一切复归于平静，那些优美的身段在一瞬间化为乌有，咿咿呀呀的吟唱却还在耳边回旋，让人顿感人生如戏。一条仿真的“明清街”将我引入“明清晋商”厅，曾经财源滚滚、汇通天下的辉煌晋商传奇，如今上哪里去找寻？还是门口的对联概括得好：“闻所闻而来，聆遗响千秋高山流水；见所见而去，醒繁华一梦厚土无声。”

艺术部分的 5 个专题陈列厅中，“土木华章”无疑是最精彩的。厅内一字排开近十座古建模型，每一座都是中国古代建筑史上划时代的精品，这样的厚重与自信，专属于山西。佛光寺唐代壁画、大云院五代壁画、开化寺宋代壁画、永乐宫元代壁画、崇福寺金代壁画，几可乱真的复制品，构成了馆内的壁画长廊，短短十几米，浓缩了数百年灿烂的壁画艺术，寥寥几步路，便跨越了几个朝代的生生不息。

山西博物院：夔凤纹青铜罍

○ 山西博物院：永乐宫壁画

小帖士 TIPS

到达：

博物院位于滨河西路中段，没有公共汽车直达。可以从建南汽车站乘坐公交车，或从火车站乘坐公交车到漪汾桥西下车，沿宽阔的马路向南步行 800 米左右，步行用时 10–12 分钟；或者从建南汽车站或火车站乘坐公交车到迎泽桥西下车，向北步行 1000 米左右，用时 15 分钟。上台阶后，从面向汾河的东门入馆。

游览时间：

一般约 2 小时，但对于喜欢逛博物馆的人来说半天也不够，笔者在里面徜徉了足足五个小时。

下一站：

美食：

双赢饺子五部：出北门向北 100 米路西。

郝刚刚羊杂割、认一力、老鼠窟、六味斋等老字号：在漪汾桥西乘坐公交车到柳北站下车，步行前往。

继续游览：

晋祠：出东门向南，到迎泽桥西乘坐公交车可达。

双塔寺：乘坐公交车到广场或火车站，然后换乘其他路可达。

Zuozheshouji 作者手记

1. 从东门入馆后北侧（进门右手边）为售票处，南侧为寄存处，免费寄存大衣、雨伞、提包等物品。

2. 每个展厅的布置顺序都是顺时针的，即左进右出。

3. 馆内可以摄影，允许使用闪光灯，不过由于有展柜的阻隔，使用闪光灯的效果还不如采用慢速快门。为了保护文物，同时保证拍摄效果，建议喜欢文物摄影的游客带上三脚架和偏振镜。

4. 展厅内的射灯为智能感应控制，调试得不够完美，如果正在聚精会神欣赏展品时灯突然灭了，请左右移动脚步以触发感应开关；上下楼的滚梯也是自动感应的。

山西博物院：菩萨头像

山西博物院：观音菩萨五尊像

在太原要做的6件事

Zaitaiyuanyaozuodeliujianshi

02 在花海中赏古塔雄姿

双塔寺本名永祚寺，由于寺中双塔名气太大，故一般称为双塔寺。“双塔凌霄”为太原八景之一，曾经在中央电视台的天气预报中长期作为太原市的标志。

双塔寺位于太原市区东南，建于明万历三十六年（公元 1608 年），寺内主要建筑就是挺拔耸立的双塔。双塔坐落于小山丘上，居高临下，从很远的地方就能看到它们的英姿。双塔很像一对双胞胎，粗看非常相似，均为八角十三层楼阁式塔，高矮胖瘦均差不多，都有精美的砖雕仿木斗拱；细看略有不同，北边的文峰塔塔檐没有琉璃瓦剪边，塔身没有明显收分，基本为直上直下，外形呈直线型，看着比较朴素；南面的宣文塔则上下直径相差很大，有明显的收分，七层以上更为突出，外形呈流线型，其琉璃塔檐更为之增色不少。塔檐饰有细致精巧的鸟兽、花卉和佛像浮雕，宛如塔身上围上了几条华丽的玉带，显得璀璨夺目。其实除了外形上的差别，二者的属性完全不同，文峰塔是风水塔，太原城西北高东南低，从风水角度说其地形不利于文化发展，建塔以“开山川之形胜，创文运之兴盛”，因此叫文峰塔；而宣文塔则是佛塔，塔上的佛龛和“阿弥陀佛”刻字表明了其属性，资助者是明神宗之母慈圣太后，慈圣太后有尊号“宣文”，塔因此得名。文峰塔建于明万历二十七年（公元 1599 年），早于永祚寺建寺，而宣文塔则建于万历三十六年，与永祚寺同年。双塔内均设楼梯可供登临，目前开放

的是宣文塔。登临塔顶，凭栏远眺，太原市的景色尽收眼底，塔角铜铃在风中叮当作响，令人心旷神怡，但塔内墙壁上无数“到此一游”的墨迹，实在大煞风景。

双塔寺的大雄宝殿、三圣殿等建筑也值得一看。大雄宝殿建于明代，为青砖雕仿木无梁结构，其殿外的砖雕斗拱已算细致精巧，而三圣殿内的砖雕藻井则更是华美无比。大殿前的小院子被称为太原的“小洛阳”，有明代所植的名贵牡丹“紫霞仙”。听到这个名字，人们脑海中不禁浮现出朱茵所扮演的那位刁蛮却又深情的仙子，至尊宝到此，是否会与这位花仙子演绎出一个太原版的大话西游呢？“紫霞仙”花龄已近400年，却依然枝繁叶茂，它属于早开晚收的品种，花期长，初开之时花瓣肉红，盛开之际为淡紫，临败又转为紫色，十分美艳，再加上院内其余30多个品种的牡丹，花开时节，整个梵寺姹紫嫣红，芳香馥郁。

小帖士 TIPS

到达：

从火车站或广场乘坐公交车直达，火车站前的公交车站在丁字路口西南角、凯乐大酒店门前。

游览时间：

1小时

最佳游览季节：

春夏之交，立夏前后的20多天中，是牡丹的盛开期，值得一观。

下一站：

美食：

芙蓉酒楼十部：乘坐公交车在广场站下车，三晋国际饭店楼后。

清和元：乘坐公交车在三营宿舍下车，以太原名吃“头脑”闻名的清和元就在路口东南角。

继续游览：

晋祠风景区：乘坐公交车到火车站，然后换乘其他路公交车到终点站下车可达。

山西博物院：换乘公交车到迎泽桥西下车步行向北1000米可达。

在太原要做的6件事

Zaitaiyuanyaozuodeliujianshi

03 去晋祠 看周柏宋塑流水碧

晋祠，光是这名字就够厉害了，从没听说过什么秦祠、楚祠、京祠、沪祠，从古至今，以国名或省名为祠堂名的，我就知道这一个。比名字更传奇的是晋祠的由来。晋祠原名唐叔虞祠，是为纪念晋开国诸侯唐叔虞所建的，其历史可追溯到公元前11世纪的西周时期。叔虞是周成王的胞弟，有一天，成王与叔虞在院子里做游戏，成王随手从地上拾起一片梧桐树叶，剪成玉圭的形状，对叔虞说："给你这个玉圭，封你去做唐国的诸侯吧！"没想到被史官听见，天子无戏言，一句玩笑话封了个诸侯。这段"剪桐封弟"的故事，出自《史记·晋世家》。叔虞倒是挺争气，把唐国治理得井井有条，国泰民安。后人为了纪念他，就在这片风水宝地上建祠供奉，取名唐叔虞祠，又因为唐境内有晋水流淌，国号后改为晋，祠堂改名"晋王祠"，简称"晋祠"。宋仁宗天圣年间追封唐叔虞为汾东王，并为他的母亲邑姜修建了规模宏大的圣母殿，最初的唐叔虞祠从此退居一侧。

喷涌不息的晋水源头为晋祠带来了水乡风韵和勃勃生机。从晋祠公园中穿过，郁郁葱葱的树木和婉转动听的鸟鸣一直伴随左右，与市区到晋祠那条煤灰飞舞的公路相比，鸟语花香的晋祠公园不啻为一片世外桃源。绿树掩映中出现一组青铜雕塑，其间被人们前呼后拥着的是唐太宗李世民，他和他旁边的人物一个个都像是健身房教练，胸大肌颇为发达，马的造型也很健硕。唐太宗在太原历史上是一位举足轻重的人物，塑一组太宗群臣像在这里，像是为进入晋祠的时间之旅做了个热身。

进入晋祠山门，中轴线上的第一座建筑是明代的水镜台，屋顶形制比较复杂，重檐歇山顶殿堂与单檐卷棚顶戏台相结合，楹联云："笙歌韵管弦，皆是写炎凉世态；艳质回风雪，罔非传冷暖人情"，虽然应景，却总觉得有些凄凉。咀嚼着联中深意，走过会仙桥，四尊威风凛凛的铁人让我精神为之一振。西南角的那尊年纪最大，铸于北宋绍圣四年（公元1097年），锃光瓦亮，眼神里似乎还闪烁着坚毅的光芒，任尔世态炎凉、人情冷暖，阅尽八百多年的凄风冷雨，依然英姿勃发，保持着对生活的热爱，这份执著令人感动。

金人台东侧是"贞观宝翰"亭，中间立着唐太宗李世民亲自撰文并书写的《晋祠之铭并序》碑。李渊、李世民父子起兵太原，曾经在晋祠请求唐叔虞保佑，这通碑是贞观二十年（公元646年），太宗东征高丽归来后立起来的，有点还愿的意思。这可是我国现存最早的一块行书碑，唐太宗长期临摹王羲之的功夫没有白费，字写得非常漂亮，飘逸洒脱，笔力遒劲。环顾四周，忽然发现碑亭后壁上刻有一幅太宗立像，总觉得在哪里见过，经导游提醒终于回忆起来，原来中学历史课本上的太宗像就取材于这里。

中轴线上的最后三座建筑都值得大书特书。首先是建于金大定八年（公元1168年）的献殿，面阔三间，进深三间，没有墙，用木栅栏围着，外观酷似凉亭，梁架非常简单，轻巧疏朗，透着一股北方游牧民族的大气。献殿以西就是著名的鱼沼飞梁，这种四出式的古桥为全国孤例，现在很多城市路口的十字形人行过街天桥应该算它的重子重孙吧，不过老祖宗的工作环境要美丽得多，上有古柏遮荫，前有铁狮站岗，鱼沼波澜不兴，游鱼倏忽往来，山间吹来清新的风，若是古桥能歌，怕是要唱上一曲才过瘾呢。

主殿圣母殿为晋祠精彩的中轴线画上了圆满的句号。圣母殿建于北宋天圣年间（公

元1023—1032年），宋徽宗崇宁年间重修，是晋祠内现存最早的建筑，重檐歇山顶，面阔七间，进深六间。悠远的出檐，深广的前廊，以及梁下让人眼花缭乱的许多匾额，一下子突出了大殿的崇高感。廊柱上的木雕盘龙为宋代原物，年代久远，龙身已如片片龙鳞般干裂，但飞龙在天的气势犹在。大殿内被栏杆围起来的就是“晋祠三绝”之一的宋代彩塑，那些正襟危坐、冠冕堂皇的官员像不过中规中矩，三十三尊侍女像则是姿态各异，有娇羞低头的，有神采飞扬的，有喜上眉梢的，有愁容满面的，栩栩如生，站在她们面前，仿佛置身于900年前的北宋宫廷，空气中飘过脂粉的馨香，传来她们矜持的笑、窃窃的私语，也许还有一声庭院深深深几许的轻轻叹息。

“晋祠三绝”的其余两绝分别是源远流长的难老泉和老当益壮的周柏。周柏据考证已有2900多岁，是晋祠内最年长的住户，当然可以享受特殊待遇，悠然自得地侧躺在那里，郁郁葱葱的样子倒是显不出一丝老态；难老泉是晋水的源头，从圣母殿西南的亭子里迸流而出，奔腾千里，并晋水、入汾水、汇黄河，不知小小的水滴在归于大海之际，是否还记得它刚刚出生之时智伯渠内飘带般的水草的温柔触摸呢？大诗人李白为难老泉写下了“时时出向城西曲，晋祠流水如碧玉。浮舟弄水箫鼓鸣，微波龙鳞莎草绿”的诗句，这一绿便绿了千年。

晋祠狮子

小贴士 TIPS

到达：
从火车站乘坐多路公交车均可到达晋祠。发车间隔周末为5-6分钟，平日为10-15分钟。

自驾车提示：
大运高速公路上有专门的出口——晋祠晋源出口，出来后沿晋祠路向南行驶不远即到。自北向南应走太原西北环城高速的运城方向，罗城出口的下一出口即为晋祠出口，自南向北则过了清徐出口不远就可以看到晋祠晋源出口。

游览时间：
2小时

最佳游览季节：
四季皆宜，但仲春时节、花香四溢之时最能体会到晋祠的园林之美。

下一站：

美食：
在晋祠附近吃饭，可以选择如下不同档次的地方：
露天小吃摊：从晋祠公园到晋祠的路上会经过一个小广场，设有小吃摊，以炒面、烧烤、凉皮等为主，对就餐环境要求不高的人可以选择；
普通饭馆：晋祠停车场两侧都有饭馆，马路东侧的饭馆装修不如西侧的漂亮，但价格要实惠得多，西侧的饭馆主要客户为游客；
康庄生态美食林：乘坐公交车经过3站地到晋源新城站下车即到。美食林就像一个巨大植物温室，藤椅、饭桌被绿色植物包围着，仿佛身处密林之中。这里海鲜价格不菲，山西风味菜的价格尚可接受；
三晋饭庄：可乘坐公交车到市人大站下车，马路对面即是。

继续游览：
天龙山、龙山石窟：在晋祠公园停车场包车前往；
山西博物院：乘坐公交车在迎泽桥西站下车，步行约20分钟可达；
双塔寺：乘坐公交车到火车站，换乘其他路到双塔寺下车。

Zuozheshouji 作者手记

1. 门口揽客的“野导游”费用大约10元/次，可以要求试讲，多问问题，听听其普通话是否标准，是否熟悉相关的历史知识。有的业务水平还不错，不过鱼龙混杂，千万注意不要被所谓免门票所迷惑，应严词拒绝所有推荐消费，如照相、摄像、购买纪念品等，否则付出的代价比请正规导游更高。

2. 从晋祠公园门口到晋祠，有小面揽客，此段路程不远而且绿树成阴，景色秀丽，建议步行。

3. 注意公交车末班车时间，不要在公园里徜徉太久，以免错过末班车。

4. 从晋祠公园门口包车去太原市以南的景点，如乔家大院、平遥等，价格比在太原市内直接包车便宜。

在太原要做的6件事

Zaitaiyuanyaozuodeliujianshi

04 喝一碗 郝刚刚羊杂割

郝刚刚羊杂汤

如果你不忌食羊内脏，那么在你的太原游览日程中就绝对不应错过郝刚刚羊杂割。羊杂汤本是北方城市中一味常见的小吃，郝刚刚能做到十余年如一日的火爆，就必定有些独到之处了。除了春节期间休息半个月以外，郝刚刚一年四季人满为患，饭点去必然要排队，很多顾客是一家子一块儿来，有占座的，有排队的，有端汤的，分工明确，其乐融融。

羊杂割的制作过程颇具观赏性，盛放着凉羊杂的碗在料理台上壮观地码作几层，熬成奶白色的羊汤在圆桌大小的锅中欢快地咕嘟着，统一着装的师傅们围在锅旁，动作麻利地反复将沸腾的老汤舀进碗内，再倒回锅里，完成对杂割的加热，马勺不断磕碰着碗边，发出节奏感极强的叮当声，几个师傅一同操作，马勺上下翻飞，仿佛在上演一场打击乐音乐会。

排了半天队，翘首企盼许久之后，终于端到了属于自己的那碗杂割，乳白色的汤上浮着青翠的香菜叶，醇厚的肉香与葱姜的清香结合得几近完美，热腾腾地直往鼻子里钻，放入半勺辣椒，看着辣椒里的红油在汤的表面缓慢地扩散开来，宛如牡丹绽放，这碗羊杂割竟然有了点国色天香的意思。喝上一口鲜美的羊汤，香气充盈在整个口腔，暖气仿佛在瞬间流遍全身，让人情不自禁地埋头喝上第二口。主食是呈三角形的烧饼，酥脆可口，桌上的调料有盐、味精、胡椒粉、炒辣椒、醋等，可自行添加。以色、香、味俱全的传统评判标准来看，郝刚刚羊杂割在太原众小吃中可拔头筹。

大碗杂割约9元，小碗杂割约8元，可续汤，还有大碗、小碗羊肉等。位于迎泽区柳巷北口，乘坐多路公交车在柳北站下车即到。

小知识：羊杂汤

羊杂汤在山西各地叫法各不同，做法也略有差异，分为以曲沃、太原、大同为代表的南、中、北三路流派。南路（曲沃）叫羊汤，讲究熬煮的工夫，原汁原汤，汤色乳白，其味醇香，保留了最正宗的原味；中路（太原）叫羊杂割，注重配料的运用，配料多而全，熬煮、对汤时均加入葱、姜、香菜等，汤的味道最为鲜美，羊膻味最淡；北路（大同）叫羊杂，讲究大刀阔斧地减少人为调味，做法最粗犷，只将大锅置于火上，连汤带料一锅烩，汤稠而油重。

郝刚刚：碗如山

在太原要做的6件事

Zaitaiyuanyaozuodeliujianshi

05 尝尝最正宗的“头脑”

“头脑”是太原特有的小吃，用肥羊肉、羊尾油、煨面、莲菜、长山药、黄芪、酒糟、黄酒八样原料配制而成，又名八珍汤，相传乃清代名医傅山为了给他的母亲补身体所创。到底是名中医，发明的食品十分注重药用价值，羊肉味甘性热，补虚开胃；莲菜清热化痰；山药补脾除湿；黄芪味甘性温，补脾健肺；这些食物配合在一起，组成了一剂益气调元、活血健胃、滋虚补亏的药膳。

关于最正宗的头脑店，作者多次在不同地点询问太原当地人，都认为清和元的头脑是太原第一。传统的吃法是把头脑当作早餐，佐以一碟腌老韭菜，同时配上一个圆柱形烤制面饼——帽盒。（帽盒是用未发酵的面粉（俗称死面）加入椒盐，捏成两片空壳，合在一起烤制的，口感不是一般的硬，直接咬很费牙，只能掰成小块在头脑里泡软了吃，咸香耐嚼。）清和元的头脑则呈灰白色，内有3-4块羊肉，3-4块山药、藕，略带酒味，味道相当淡，如果没有腌老韭菜，简直就是食而无味。需要注意的是，头脑只在早餐时间供应。

除经营小吃外，清和元还做山西菜，特色菜为抓炒鲤鱼、醋椒羊肉、炖丸子，也有饺子、剔尖、猫耳朵、稍梅等面食。值得隆重推荐的是他们自制的乾榨黄酒，放在一个电子控温的容器中，看着跟长途车站盛放免费开水的饮水桶差不多。别看外表普通，里面盛着的可是玉液琼浆。用小巧的酒壶端上来时还是热的，口感醇香中带着甘甜，堪称佳酿，据说这黄酒之所以好喝，在于选料精细，且严格遵循传统工艺流程酿造，而不是勾兑的。与平遥古城餐馆里动辄几十元的壶装黄酒相比，无论口味，还是价格，都具有明显优势，绝对不容错过！

清和元位于柳巷北路铜锣湾广场北侧，乘坐多路公交车在柳北站下车可到。

在太原要做的6件事

Zaitaiyuanyaozuodeliujianshi

06徘徊在碛口古镇（延伸景点）

作者注：从太原经碛口去往陕北佳县，是本书推荐的连通秦晋两地的线路，因此将碛口收录于此。

“你晓得，天下黄河几十几道弯哎？几十几道湾上，几十几只船哎？几十几只船上，几十几根竿哎？几十几个艄公嗬呦把船来搬？我晓得，天下黄河九十九道弯哎！九十九道湾上，有九十九只船哎！九十九只船上，有九十九根竿哎！九十九个艄公嗬呦来把船儿搬。”

这是我儿时就已熟悉的陕北民歌——《黄河船夫曲》，虽然成年后曾多次亲临黄河，但黄河到底有多少道弯，我还是无从知晓。只知道她从青藏高原奔流而来，一路蜿蜒曲折，在拐过一个大大的“几”字形之后，继续东流，最后注入渤海，走完了中华民族母亲河的漫长历程。

大同碛（音qì，意为砂石积成的浅滩），原本只是九曲黄河中极为寻常的一湾。然而由于湫河在汛期带来大量泥沙巨石，堆积在两河交汇的麒麟滩上，令黄河河面骤然由500多米收缩至80多米，河道落差高达十几米，平缓的河水瞬间激起了巨浪，变得桀骜不驯。再身经百战的船工，到此也束手无策，只能抛锚登岸，改走陆路。这无形中竟催生出黄河航运中最大的一个装卸码头，并一跃成为北方著名商贸重镇，它的名字就叫做碛口。

想不到这古镇上的五里长街，竟也如同毗邻的黄河一般九曲十八弯。石头砌就的街道上，凹凸不平的尽是印痕，想当年必然是货物运输川流不息。两旁鳞次栉比的商铺，虽然古貌依旧，却大都关门闭户。若不是听经过的导游解说，很难想像这里曾经是商贾往来不断，算盘甚至敲打到半夜都不停歇的繁华景象。也难怪，此地西接陕、甘、宁、蒙，东连京、津、晋、冀，差不多吸引了大半个中国的商人，尤其是近在咫尺而又富甲天下的晋商。“九曲黄河第一镇”的美誉，绝不是浪得虚名。

古镇南端的卧虎山上，矗立着一座黑龙庙，从庙里可以遥望大同碛、俯瞰碛口镇，将无限风光尽收眼底。庙虽不大，却也是小巧玲珑、别具风格。尤其是门庭上的两层歇山顶门楼，倒座又建戏台，前后连为一体，甚为壮观，雕刻彩绘也都相当考究。在这远离都市的黄土高坡，能见到如此精巧的古建筑，实在是个意外的收获。

有盛必有衰，经历了200多年繁荣的碛口古镇，自20世纪30年代末开始，由于黄河水患的侵害、战争年代的摧残，更重要的是铁路运输的兴起，被时代抛在了身后，逐渐被世人所遗忘。曾经生意兴隆的店铺，早已关门歇业，只留下尘封的窗格。昔日富商居住的豪门大院，也已沦为寻常百姓家。夜晚的碛口，更为宁静，“一街灯火、昼夜辉煌”的景象，只留在了历史记载之中。找家窑洞旅馆

碛口：黄河日落

◎ 李家山村妇

住下，枕着黄河的涛声入睡，此行也算是功德圆满了。

遥想当年，转战于陕北的工农红军，东渡黄河之后，也曾途经碛口。毛主席当年的居所，就在古镇之东1公里处的寨子山村。显赫一时的“晋西首富”陈懋勇、陈晋之兄弟，其庄园坚固奢华，经毛主席入住后今天更是身价陡增，成为了革命传统教育基地。而与寨子山类似的古村，碛口周围还有好几座，无不是因碛口而兴、因碛口而衰，其中最著名的，莫过于西湾村和李家山村。

西湾村距碛口古镇也仅有一公里之遥，村内小巷纵横交错，把40多处院落相互贯通，连为一体。这处完整的古建筑群，是依靠黄河船运发迹的陈氏家族历经300余年逐渐修建而成，规模宏大、雕刻精巧。某些院落，如今已人去楼空，敞开大门供游客参观；更多的宅子，仍居住着寻常百姓，不时升起缕缕炊烟，只是今日的主人家，早已跟船运毫无瓜葛了。

位于另一个方向的李家山村，距离碛口大约3公里，却是另一番景象。这里没有豪宅大院，都是一排排规整的窑洞，因山就势，错落有致。原以为在陕北才得以一见的景致，没想到在这里却更具黄土高原特色。难怪当年大画家吴冠中到此采风，竟如同发现了新大陆一般，惊叹不已，并视为一生中的三大发现之一。我步他后尘而来，也同样感到无比震撼，惊喜之情，怕也不亚于吴老先生吧？

李家山：因碛口的商业发达而富裕起来的山村

小帖士 TIPS

到达：

太原客运西站每天中午有一班直达碛口的大巴，次日由碛口返回，全程约6个小时。也可以先乘汽车到吕梁市西客站（每半小时一班），再换乘中巴或面的到碛口，吕梁到碛口约需1小时，票价在5到8元之间。如果从临县前往，从上午9:00到下午4:30每小时有一趟中巴或面的往返。西湾村距碛口1公里，李家山村距碛口3公里，徒步即可到达，也可在镇上乘摩托车前往。

Zuozheshouji 作者手记

1. 镇上没有豪华宾馆，但中低档旅馆较多，食宿都十分方便。西市尽头的黄河宾馆是镇上规模较大的一家，有土炕和普通床位，人工取暖，使用公共卫生间。西湾和李家山均可宿于村民家中，一般都是10元/人，住在窑洞里更能体验黄土高原的风情。
2. 每年九月中旬旅游启动仪式及红枣节期间，有临县伞头秧歌、社戏、道情等多项民间文艺活动及纤夫拉纤等民俗表演。
3. 碛口有木制机动船和快艇多艘，可载客游览黄河、漂流大同碛或前往陕西。

资讯补给站

Zixunbujizhan

交通

航空

太原武宿机场目前开通了国内外航线 60 余条。从太原市内乘坐公交车可直达武宿机场，每半小时一趟，首班车 6:00，末班车 20:00。起点站在火车站丁字路口西北角，路过长途车站和建南汽车站；在位于迎泽大街的东方航空售票处，每天也有多趟免费大巴往返于售票处和太原机场；从市区乘坐出租车去机场，不堵车时车程约 30 分钟，堵车时则需要 1 小时左右。

铁路

太原为石太线、南北同蒲线、太焦线、京原线等铁路线的交汇处，铁路交通非常便捷。

太原火车站售票大厅只预售 3 日以内各次车票。市内有 39 处火车票预售点，可预售 10 日以内车票，节假日期间预售期改为 5 日，加收 5 元手续费。

公路

太原目前有 5 大长途客运站，分别为长途汽车总站、客运东站、客运西站、建南汽车站以及迎宾汽车站。

长途汽车总站位于火车站西约 300 米的迎泽大街路南，主要运营发往北京、石家庄等外省各大城市及大同的长途汽车。

建南汽车站位于城南的建设南路，主要运营发往晋中和晋东南各地市的长途汽车。

迎宾汽车站位于建设南路和长风大街的交叉口往南 100 米路东，主要是发往晋南的长途汽车，如临汾、侯马、运城、洪洞、吉县等地。

太原客运东站的长途汽车主要发往晋北方向，如五台山、忻州、代县、繁峙、宁武等地。

客运西站位于迎泽西大街西端，主要运营发往晋西各地的长途汽车，如交城、离石、临县、吉县等方向。

自驾车提示

北京、石家庄方向：最快捷的路线是选择京石高速－石太高速－太旧高速，北京到太原约 500 公里，从山东、东北等地到太原也可以选择这条路线。注意石太－太旧线山区线路较长，多大弯、上下坡，视野也不好，虽然路面质量不错，但必须注意控制车速；

包头、呼和浩特方向：可沿青银高速到集宁，转 208 国道南下至大同，上大（同）运（城）高速直达太原；

兰州、西安方向：沿连霍高速－西（安）宝（鸡）高速－西（安）潼（关）高速到潼关，转风（陵渡）运（城）高速到运城，转大运高速直达；

武汉、郑州方向：沿京珠高速到郑州，上连霍高速到三门峡，转运（城）三（门峡）高速到运城，转大运高速直达；

山西省高速公路管理局电话：0351-12122，可以咨询与高速公路相关的线路、资费、天气等信息，亦可请求救援。

火车站向南的建设南路上有山西汽配市场，具体位置在山姆士超市与建南汽车站之间，马路两侧有各种品牌的配件商店，可以快修，这些汽配商店一直向南延伸到太榆路两侧。

去往省内其他地方

去往大同：

请在火车站西侧的长途汽车总站坐车，单程约 3.5 小时，每 20 分钟一班，沃尔沃客车。尼奥普兰欧洲之星豪华客车运行更平稳，速度略快些；大同新南站发车约每小时一班，最后一班 17:30。

市内公交车

太原的公交系统在全国的省会城市中属于比较发达的，有百余条线路，基本涵盖了市区的各主要街道，车上的电脑报站及时、准确。

公交车大部分采用 IC 卡刷卡制及无人售票自动投币制，需要自备零钱，非单一票价的车上有售票员。如果在太原的停留时间比较长，或要频繁乘坐公交车，建议考虑购买 IC 卡中的 A 类储值卡，押金 30 元，退卡时与卡内余额一并退还，火车站旁边的 104 路电车停车场有一个办理点，缺点是退卡比较麻烦，必须到位于双塔西街的公交总公司 IC 卡中心办理。

资讯补给站

Zixunbujizhan

景点

天龙山石窟

天龙山石窟开凿于北魏末年至五代时期，现存21窟，其中的精品大部分被盗，并运往国外，现在保存还算完整的只剩下漫山阁内的几尊了。漫山阁位于半山腰，是后来重修的钢筋水泥结构建筑，古意全无。主佛是释迦牟尼坐像，楼阁虽然能遮风避雨，却也同时阻断了大佛的视线，屋顶和栏杆挤压着大佛周围的空间，整体显得狭小逼仄，颇有些压抑，阳光透过窗户洒在佛像身上，为阴暗的楼阁好歹带来一抹跳动的光芒，野鸽飞进飞出，地上鸽粪狼藉，这里俨然成了它们的天堂。大佛怒目圆睁，不知是否是在抗议画蛇添足的楼阁夺走了他摄人心魄、大气磅礴的力量？佛前三尊胁侍菩萨，个人最喜欢中间那尊十一面观音立像，衣纹合体，勾勒出曼妙的身体线条，右膝微曲，自然而惬意，璎珞等雕刻甚为精美细致，风化并不严重，对比老照片可知，菩萨的头部是后来修补上去的，整体风格比较统一，但比例似乎有些失调，感觉头重脚轻。

到达：在晋祠公园门口包车，往返约40元／车，如果顺路游览龙山道教石窟，往返约60元／车。单程15分钟左右。包车可以开到山顶的售票处，游客顺石阶下山，边走边游，车辆可以开到山下的圣寿寺门口等候。

龙山石窟

佛教所建石窟动辄几十窟，绵延数百米，场面宏大，气势逼人，相比之下道教石窟可就寒酸多了。即便是号称全国第一的道教龙山石窟，也只有寥寥的8窟40余尊造像，分布在一整块风化严重的岩石上，就像一只被挖了几个洞的窝头。造像完全没有佛教造像那样的精致华美，而是刀法朴实古拙，线条洗练，别有一份随心所欲的逍遥。唯一比较繁复的地方就是第二窟的五龙祥云图，金、红两色蟠龙在云中若隐若现，占据了整个窟顶，颜色艳丽，活灵活现，跟窟内两壁正襟危坐、衣饰简洁的塑像形成鲜明对比。第三窟的塑像就更放松了，干脆躺在了神龛里，熟睡的脸上挂着一丝若有若无的微笑，似乎正在梦游太虚幻境，佛教石窟里涅槃的卧佛旁边总还是有几位弟子围着的，这位道人可真是孤寂得紧，自枕黄粱入梦去，一觉即是数百年。数百年后，开凿于元代初年的龙山石窟逐渐步人暮年，不复往日的活力与影响了。

5月初满山丁香花盛开，花香扑鼻，10月中下旬黄叶遍山，层林尽染，都是游览观赏的好时节。

到达：从晋祠停车场包车到龙山石窟，约需30分钟。

住宿

柳巷地区是太原历史悠久的商业区，非常热闹，以下介绍的住宿点都是在此处闹中取静的选择。

到达：交通非常方便，可以从东西南北四个方向进入柳巷地区，具体乘车路线请见各住宿点介绍。

游览：1、晋祠：从柳北站乘坐公交车到青年路口站下车，然后换乘其他路可达。如果住在柳南，可步行到大南门乘坐公交车；
2、双塔寺：先乘公交车到广场站，然后换乘其他路；
3、山西博物院：从柳北或者柳南乘公交车到漪汾桥西下车，沿滨河路向南步行12分钟左右可达。

美食：柳巷堪称太原美食集散地，郝刚刚羊杂割、认一力蒸饺、老鼠窟元宵、六味斋酱肉，以及双来山庄山西菜、面食都位于这一区域，去往美食一条街也只需要步行十多分钟。

购物：柳巷是太原最繁华的商业区，规模较大的商店有铜锣湾广场、贵都世纪百货等，精品店、专卖店也非常集中，便利超市在各大商场地下可以找到。

周边信息：从柳北向北走1站地有三墙路火车票代售点，具体位置在东缉虎营1号，各银行ATM机、民航售票处等都在附近。

锦江之星连锁旅馆（太原柳巷店）

位置极好，处于繁华地带。标准间约219元／晚。

地址：柳巷南路38号。从火车站乘坐多路公交车到柳南站下车即到，或者从建南汽车站乘坐公交车到广场，换乘其他路到柳南站下车。

利民宾馆

柳巷地区的老牌宾馆，服务态度很好。房间干净整洁，类似于经济型连锁酒店。标准间约200元／晚。可打九折。附近有认一力蒸饺、老鼠窟元宵、六味斋酱肉等小吃店。

地址：柳巷12号，在铜锣湾广场肯德基旁。从火车站乘坐多路公交车到柳南站下车即到，或者从建南汽车站乘坐公交车到广场，换乘其他路到柳南站下车。

金鑫旅馆

旅馆在三楼，设施稍旧。标准间和大床房均为约128元。单人间共有4间，配一个公共卫生间。

地址：柳巷南路茂业百货南侧校尉营。从火车站乘坐公交车到柳南下车即到，或者从建南汽车站乘坐公交车到广场，换乘其他路到柳南下车。

汉庭连锁酒店（太原开化寺店）

酒店设施齐全，服务较好。房间极为干净，特价大床房约160元，性价比较高。标准间200元左右。

地址：位于开化寺街58号，距离解放路口200米，从火车站乘坐多路公交车到大南门站下车，换乘至开化寺路站下车即到，从建南汽车站乘坐公交车可直达开化寺路站。

太原市军转干部接待站

大部分房间临街，但晚上此街道车流量较小，噪声不大。房间设施较旧，使用电热水器。标准间约120元，可打九折。

地址：位于开化寺街58号，在汉庭连锁酒店开化寺店对面。

资讯补给站

Zixunbujizhan

如家快捷酒店（太原铜锣湾广场店）

位于太原市中心桥头街与五一路交汇口，紧邻柳巷。

地址：桥头街15号。从火车站乘坐多路公交车到桥头街站下车向西即到，或者从建南汽车站乘坐公交车到桥头街。

宁星大酒店

标准间约130元／晚，三人间约140元／晚，24小时锅炉热水供应。酒店北边就是益源庆醋作坊，可以每晚呼吸着空气中淡淡的醋味安然入睡。优势是距离柳巷繁华区很近，步行到认一力只要5分钟，到郝刚刚10分钟，又安静，交通也方便。

地址：桥头街。五一路与桥头街交汇路口向西80米路北。从火车站乘坐多路公交车到桥头街站下车向西即到，或者从建南汽车站乘坐公交车到桥头街。

美食

双来山庄

以山西特色菜和特色面食为主，入门处为满墙的特色菜谱，配大幅彩照，可以看样点菜。特色菜之一叫酱梅肉，以五花肉加腐乳蒸制而成，入口即化，酱香浓郁，肥而不腻；双来王中王，听名字就知道是其主打菜品，实际是过油肉配炒刀削面，过油肉和刀削面分别是山西菜品和山西面点的代表作，王中王的名字倒也贴切，肉滑嫩、面筋道，二者口感相辅相成，只是略显油腻，点上醋以后更好吃。双来山庄的另一个特点是早点非常丰富，而且价格便宜，大早上就顾客盈门，供应包子、南瓜汤、各种面食，煮面锅、大蒸锅的热气漾满店堂。

地址：总店位于开化寺街63号，街中段路北。乘坐公交车在开化寺路站下车，从火车站打车到双来山庄约7元，不跳表。

芙蓉酒楼

有多家分店，山西菜很正宗。

十分部：距离火车站最近、人气最旺，就在广场三晋国际饭店楼后，从火车站乘坐多路公交车仅一站地，在广场站下车即到。

八分部：距离建南汽车站最近，从建南汽车站乘坐多路公交车向北三站地，在南内环东口站下车即到。

三晋饭庄

味道很有山西特色，价格便宜，分量很足，环境略显嘈杂。

总部：位于南内环街 425 号，乘坐多路公交车在市人大站下车；
三部：距离火车站最近，位于建设北路 265 号，府东街与建设北路丁字口，从火车站乘坐多路公交车在大东关站下车；
二部：距离建南汽车站比较近，位于长风街与建设南路丁字口，乘坐多路公交车在长风街口站下车。

太原面食店

太原面食店由公私合营前的数家面食店合并而成，集全省面食之精萃，堪称了解山西面食的窗口。面的名字五花八门，光原料就分很多种，如拉面、揪片（小麦面）、搓鱼（莜面）、抿蝌蚪（玉米面）、擦尖（高粱面）、剔尖（豆面）、包皮面（小麦面与高粱面结合）等，令人目不暇接，此外还供应稍梅、饺子等。面条配有炸酱、小炒肉、醋调和、羊肉调和、西红柿鸡蛋、雪菜、酸菜豆腐等各种浇头，总有一款适合你。

一楼类似快餐厅，备有各色面食、凉菜，人多，便于你通过观察旁人所点的面食，来确定自己喜欢哪种面，点餐后先付款后下单；二楼可能更适合旅游者，价格跟一楼一样，但人较少，并且有五种面食套餐，每份套餐涵盖四种不同类型的面，三小碗一中碗，外加各种浇头，适合饭量较大的人，既能让你全面了解山西的面食文化，又不至于因为单点量太大而错过品尝其他美食，可以请餐厅服务员帮助你确认哪种面应该配哪种浇头。

面食店人多拥挤，紧邻二手手机市场，请小心随身财物。

地址：位于大南门十字路口向北 80 米路西，可以看到启功题写的店名。乘坐多路公交车在大南门站下车即到。

认一力

认一力是一家清真餐厅，蒸饺是他们的看家菜，曾经被评为太原十大名吃之一，其独到之处是在肉馅里加入了砂仁、豆蔻、陈皮、肉桂等中药材，有增香、开胃、助消化之功效。饺子馅口感鲜香，不注意的话很难觉察到其中淡淡的药材味，牛羊肉加工过程中缩得比较厉害，因此蒸饺的馅显得不够饱满。来这里的太原本地人吃得最多的还是稍梅，也有头脑和温过的黄酒。

提示：此地为清真餐馆，请注意尊重民族习惯，不要将清真禁忌食品带入店内。
地址：位于柳巷与桥头巷交叉路口向东 30 米路南，乘坐多路公交车在柳北站下车向南约 200 米，在第一个路口左转 30 米即到，或者乘坐公交车到桥头街站（又叫红市街站）下车，沿桥头巷向西约 400 米，过教堂即到。

六味斋

以酱肉系列熟食为主打。太原人喜欢吃熟肉，六味斋之于太原熟食，犹如全聚德之于北京烤鸭，狗不理之于天津包子。天福号小吃品埠开创于清乾隆年间，以酱肘子闻名。六味斋是北京天福号于 1938 年在太原开的分号，继承了天福号的衣钵，主要产品有酱肘花、猪蹄、香肠、酱鸡、酱鸭等。各种猪肉食品，都分门别类地躺在六味斋整洁干净的冷柜中。其中最好吃的还是酱肘花，连皮带肉切成薄片，沾上加了蒜末的老陈醋，香啊！有人形容六味斋的酱肉是“肥而不腻，瘦而不柴，

资讯补给站

Zixunbujizhan

色泽鲜亮，味道甘美”，所言不虚。店内还有许多其他小吃。太原人对六味斋的产品质量非常信任，每天在店门口购买生羊脊骨以及羊肉串的长长的队伍，成为今天这个商品极度丰富的时代难得一见的景象。

六味斋在太原市内有多家分店，距离火车站最近的一家位于新城南路，从 104 路电车终点站沿五一东街向西步行 200 米，在第一个十字路口右转 100 米即到，店内提供纸制礼品包装盒。

老店地址：在柳巷与桥头巷交叉口东南角，认一力西侧。

恒义诚老鼠窟元宵

这名字跟狗不理有异曲同工之妙，字号原名“恒义诚甜食店”，由于地处钟楼街老鼠窟巷口，故以“老鼠窟元宵店”著称。元宵是店里最有名的品种，皮薄馅满，色泽洁白鲜亮，馅料据说加入了桃仁、花生仁、芝麻、桂花等，的确果仁香味浓郁，又不会甜得腻人。醪糟味道也不错，糟香扑鼻，醪糟鸡蛋卖相很好，黄澄澄的鸡蛋盖满碗口，一看就有食欲。老字号有着很大的号召力，经常可以看见正在逛街的太原人三三两两走进店里，吃上一碗元宵或醪糟，小憩一下。元宵可水煮，可油煎，但这油煎元宵可是不折不扣的热量炸弹。

地址：柳巷与桥头巷交叉口向西 100 米路南，六味斋西侧。

食品街

食品街位于钟楼街以北，是一条南北向的胡同，街口立着食品街的牌楼。这里聚集了全国各地的美食，看起来川菜和烧烤占有较大优势。靠近街北端有一家杨记灌肠，是太原最负盛名的吃灌肠的地方，特点就是用于凉拌的调料罐在操作台上摆了好几排，放各种调料的手法令人眼花缭乱，此外店中还供应凉粉和面片。双赢饺子、毛毛羊杂割都是有太原风味的小店。食品街入口处有家“泉娃子”担担面馆，火爆已经很久了，能在以面食闻名的山西闯出自己的一片天，诀窍就在于其麻辣咸鲜的味道，既刺激味蕾，又契合山西人对重口味的偏好。多数餐馆的营业时间从上午一直到午夜。

地址：钟楼街与解放路交叉口以东 120 米路北，乘坐多路公交车在宽银幕站下车，沿钟楼街向东即到。

购物

连接迎泽大街和府东街的柳巷南路及柳巷是太原最繁华的商业区，规模较大的商店有铜锣湾广场、贵都世纪百货等，精品店、专卖店也非常集中；柳巷南路与柳巷交界处以西的钟楼街则是小店的天下，适合淘各种时尚用品。

购买当地特产除了去超市外，东安路东巷及东安路上有很多家经营山西特产的铺面，由于以批发经营为主，因而价格实惠，货品新鲜，并且提供各种礼品包装，大宗购买还代办托运业务，商品主要有核桃、红枣、杂粮、老陈醋等。从火车站到此步行仅需 5-10 分钟，具体位置在火车站向北的第一个十字路口向西即是。

天龙山：漫山阁

第五章

晋中——大院沧桑看晋商

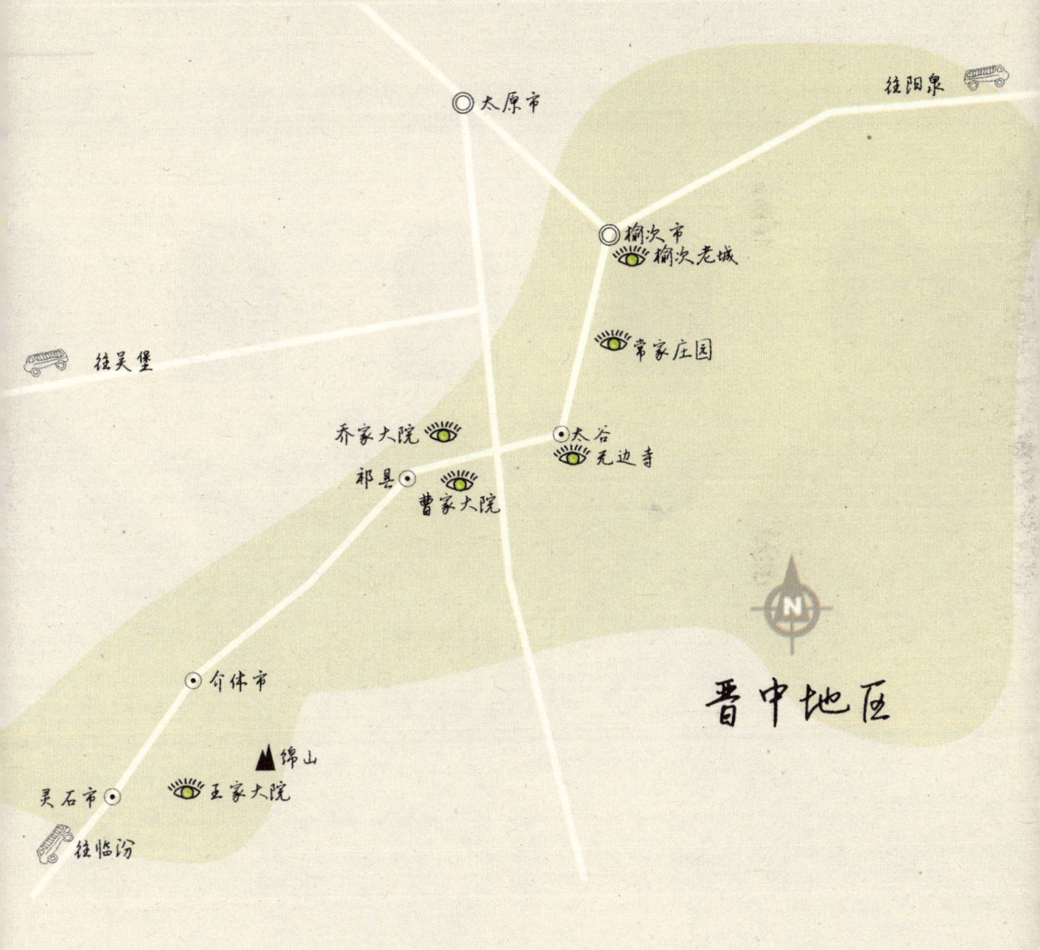
太原市
往阳泉
榆次市
榆次老城
常家庄园
往吴堡
乔家大院
太谷
无边寺
祁县
曹家大院
N
介休市
晋中地区
绵山
灵石市
王家大院
往临汾

○ 太谷：曹家大院

晋商，中国金融史、外贸史上响当当的金字招牌，既是后人艳羡、呼风唤雨的金融巨头，又是无人继承、令人扼腕的明日黄花。曾经辉煌一时的晋商，在经历了一段被遗忘的无声无息的岁月之后，突然被大批影视剧推向了前台，成为眼下商业文化研究的热点。晋商大院，作为晋商文化唯一看得见、摸得着的遗存，也自然而然地成为了旅游的热点。分布在晋中地区大运公路沿线的晋商大院，如同一串璀璨的珍珠项链，串起了百年晋商的成功与衰落。

行程推荐

Xingchengtuijian

大院游览四季皆宜，建议不要在五一、十一及暑假期间去凑热闹，冬季游客较少，但由于日照时间短，室内照明差，冬季下午五点以后就不大看得清了。

如果只参观一个大院，可根据所在位置选择乔家大院或王家大院，它们都是最具代表性的晋商大院。如果想领略不同风格的大院，常家庄园有浓郁的儒商特色，三多堂则比较清静。渠家大院可以在踏访祁县古城时一并游览，专程前往似乎并不划算。祁县古城是一块被多数游客忽略的美玉，坊巷间埋藏着逝去的往事，适合一发怀古之幽情。

最好不要在一次旅行中安排参观所有的晋商大院，不仅会产生审美疲劳，甚至会彻底分不清某张照片究竟是在谁家的院子里拍的。踏访绵山能够在大院之旅中加入一点自然风光，不过该景点有过度的人工修饰痕迹，并不是所有人都喜欢的。参观两个大院加上游绵山，大约需要两至三天。

相邻县城之间的公路班车非常密集，景点距离主要公路都不远，从其所属县城大多有公交车直达景区。各县城的住宿没有什么特点可言，酒店旅馆也不算多，因此大部分游客选择住在此线路中间的平遥古城，绵山的住宿条件不错，但独家垄断，性价比一般。

各大院特色速览：

榆次常家庄园：

占地面积最大，拥有独一无二的宗祠和阔朗宽敞的花园，儒商特色浓厚，但门票昂贵，多数建筑为复建。

太谷曹家大院三多堂：

馆藏家具、文物丰富，游客稀少，清静宜人，但交通不便，规模较小。

祁县乔家大院：

最早出名的晋商大院，建筑紧凑精致，原状保存较好，交通最方便，周边配套服务完善，但游客太多，拥挤不堪。

祁县渠家大院：

晋剧的发源地，有戏台留存，处于县城繁华地带，但没有名气，展陈水平一般，规模较小。

灵石王家大院：

建筑气势恢宏，砖、石、木三雕精美，展陈条件先进，周边配套设施比较完善，但游客较多，距离县城较远，部分建筑为复建。

常家庄园：正房院落

在晋中要做的3件事

Zaijinzhongyaozuodesanjianshi

01 拜访 晋商大院

方案一 乔家大院

两部影视作品让乔家大院名满天下，电影《大红灯笼高高挂》令人无限关注甚至憧憬高墙之内、灯笼之下某种无法复制的热闹，带着点偷窥的快感；电视剧《乔家大院》则轻轻推开被历史关闭的那扇厚重大门，让人看到财富与成功背后的偶然与必然，有着恍然大悟、原来如此的释怀。

乔家大院始建于清乾隆二十年（公元1756年），位于祁县东北一个普通的村子里，没有常家庄园的崇楼高阁，也没有王家大院的山势巍峨，然而从这个院子里走出去的几代人，带来了塞外名城——包头的繁荣，导演了中国晋商最持久的辉煌。乔家大院的存在为乔家堡村带来了商机，到处都是为游客服务的商店、餐馆、旅社，大院正门开在一条窄窄的巷子里，一侧是喧闹的市井，另一侧是沉默的砖墙，现代的财富故事正在上演，过去的光辉岁月已被深深埋藏。

有人带着艺术的眼光，来此欣赏精美的建筑；有人带着猎奇的眼光，来此找寻三妻四妾的蛛丝马迹；电视剧播出后，相信会有更多人带着学习的眼光，来此体会乔家成功的奥秘；我则带着历史的眼光，来此探究富甲一方的乔家人创造财富的历程和对待财富的态度。我们长期接受着“为富不仁”的传统教育，却刚刚得知在山西曾经有这样一家人，祖祖辈辈在商海中坚守着自己的道德底线。乔家恐怕是最为人称道的晋商了，至今还流传着在门外拴上三头牛供乡亲们免费使用的故事，这算不得什么事迹，但却温暖了人心。大门对面刻有左宗棠题赠的一副楹联：“损人欲以复天理，蓄道德而能文章”，横批“履和”，意味深长，当时没有建设和谐社会的构想，乔家人却用自己的行动实践着和谐。

走进院门，终于跨进了乔家人的家园，一条笔直的石铺甬道，把六个大院分为南北两排，红灯笼高挂檐下，仿佛青砖灰瓦中跳动的精灵。游人们如涨潮般涌进每一个院落，又退潮般涌出，挺立潮头的是导游高举的小旗。不知道该感谢还是记恨《大红灯笼高高挂》，它令乔家大院声名鹊起，成为最早出名的晋商大院，却又以一个虚构的故事，让乔家在人们的记忆中只剩下妻妾成群，以至于大院导游不得不一遍又一遍地向游客们澄清事实。其实大院创始人乔贵发在生意成功，由不名一文的农民变为衣锦还乡的巨贾的时候，却娶了在贫困时曾经帮助过他的一位寡妇为妻，还在去世前立下家规“六不准”，不准纳妾就是其中的首条。乔氏子孙严格地遵循了这条家规，哪怕媳妇不能为家族生养子嗣，也没有人以此为借口休妻纳妾。同样被遵循并发扬光大的是乔家经商的方式，他们保护合伙人的利益，保护伙计的利益，同时保护生意伙伴的利益，乔家人在几百年前就已经参透双赢的玄机。在风雨飘摇的 1930 年，当晋钞大幅贬值的时候，乔家票号大德通不惜血本，毅然决定以新币兑换给储户，自己承担了所有贬值损失，因而元气大伤，两年之后，有着八十多年历史的大德通悄然歇业。他们决非一时冲动，东家乔映霞说：乔家底子厚，即使大德通因此倒闭，也不至于没饭吃，而存款对于普通储户来说，就是很多人的身家性命。一句话道出了晋商文化的精髓——义行天下，利以义致。乔家大院中多处可以看到葡萄的木雕、石雕，象征着葡萄百子、一本万利，

乔家大院

是乔家人对于生意兴隆的美好期望，但当面临着义与利的冲突时，他们却总是选择行义举、做善事，义为他们的第一家商号赢得了东山再起的机会，帮助意大利修女的义举又让乔家大院侥幸逃脱了日寇的铁蹄蹂躏。经历了唯利是图、尔虞我诈的商业乱战时代，现代社会开始更多地关注企业的社会责任感，这难道不就是晋商文化的回归，是对“义”的现代诠释么？

五号院“芝兰第”是豪门陈设馆，陈列着乔氏的各种传家宝物。犀牛望月镜距今已有二百多年历史，由铁梨木精雕而成，这种造型独特的镜子在晋中大院随处可见，但乔家的这一面从选材、雕工、体积上看，都无人能及，不愧为国家一级文物。九龙灯用珍贵的乌木制成，9 条活动着的龙头组成灯头，可以调整位置，通过镜面反射提高亮度，构思精巧。万人球是用水银玻璃制成的球形镜，无论主人坐在房间的哪个位置，屋内每个角落的东西都可以照在上面，而且只缩小，不变形，是完全不用电的监视探头。乔家古印则是用 78 块寿山、青田等名贵玉石组成的印章，每块上面刻有一句话，合起来为整篇《文昌帝君阴骘文》。

这个院的木雕、砖雕也是艺术精品，正门木雕为九狮弄绳及福禄寿三星图，墀头正面砖雕犀牛贺喜，侧面雕四季花卉。二进门木雕为花博古和财神、喜神，正房门楼木雕是南极仙骑鹿和百子图，扶栏砖雕分别为：喜鹊登梅、奎龙腾空、葡萄百子、鹭丝戏莲、麻雀戏菊。多年积攒的财富，让大院的每一个角落，都写满中国式的精致，写满无穷尽的祝福。

乔家人是与时俱进的，在后来建成的院落中，开始采用西洋式门窗，修起了浴室和“洋茅厕”，屋檐下的彩绘里甚至出现了一列呼啸而过的火车。乔映霞在当地第一个穿起了西装，办起了新式教育，出钱从英国人手中赎回了阳泉煤矿，涉足了近现代工矿业。正是对于新鲜事物的接纳、吸收和应用，让他们在商业竞争中处处领先一步，将乔家的基业在国势衰微的时代背景下撑了几十年，成为最后关门的山西银号。

二号院是人生仪节馆，介绍晋中地区的各种民俗仪式，如婚俗、抓周等等，都是些让人高兴的事，蜡像和原样陈设接受着游人的品头论足。东偏院的门开着，却没看见有人进出，我好奇地走进去，迎面一座巨大的棺罩，虽然色彩浓艳，但摆放在走廊的阴影中，还是吓了我一跳，原来这里是丧俗陈列。在院子北面，我意外地看到了乔致庸的墓碑，作为乔家最具代表性的人物，从一介儒生到晋商翘楚，乔致庸历经嘉庆、道光、咸丰、同治、光绪五帝，亲眼看着自己的国家逐渐没落、衰败，他是否能预见到乔家从日进斗金到江河日下的趋势，预见到乔家生意悄无声息地谢幕的那个场景？墓碑被迁到了这里，想来

乔家房顶

乔家深院

乔家大院：木雕垂花柱

墓地已荡然无存，乔致庸的人生浓缩了晋商的传奇，但纵然辉煌如斯，最终仍不免归于石碑上冷冰冰的一行字而已。

靠西北的院子是乔家的内花园，里面立着刻有“乔家大院”字样的山石，游人纷纷在此留影。这片空地其实是乔家衰落的标志，当时的乔家已没有能力建起可与祖产相比肩的房子，只好改作花园，又由于日寇入侵，改建工程也半途而废。乔家人离开以后，大院被政府部门占用，经历了数十年的寂寞时光，终于再一次衣着光鲜地展现在世人面前，却已物是人非。乔家书写了财富的神话，留下了这样一座浸润着主人成就和工匠技艺的豪宅，这一通小小的山石哪里能够道得尽百年晋商风流？我想乔家人树立在人们心中那座做人和从商的道德丰碑才是最珍贵的宝贝吧。

乔家大院城门

乔家门楼

小帖士 TIPS

到达：

乔家大院距离大运公路仅 200 米。

从祁县方向来，可在祁县火车站前乘坐开往晓义的中巴，到乔家大院下车。包车往返于祁县县城和乔家大院约 50 元／车，车程 15-20 分钟。

如果从太原方向来，可在建南汽车站乘坐开往祁县的班车，到乔家大院下车；也可以在晋祠门口包车，单程 1 小时左右。

自驾车：

从太原出发，沿大运公路南下 50 余公里，快到东观镇时，有一块江泽民题字的大牌子，红底黄字，非常醒目。公路西侧可见“马踏飞燕”中国旅游标志雕塑，此处有停车场，约 10 元／车。步行 2 分钟即可到达大院正门。

游览时间：

约 2 小时。

最佳游览季节：

冬季。其实大院四季皆宜，但乔家大院名气太大，游人太多，冬季为淡季，才能有更多空间欣赏建筑、体味文化。强烈建议节假日期间不要前往，那时人流摩肩接踵，水泄不通，游人多到要靠大队武警维持秩序，分批卖票放行，旅游质量大打折扣，还有很大的安全隐患。

下一站：

祁县古城：可搭过路班车，或者乘坐三轮摩托，到东观镇 108 国道与大运公路的交叉路口下车，这里去往祁县县城的中巴车颇为密集，可直接拉到晋商老街的入口处——“昭余古城”牌楼。

平遥古城：在乔家大院门口的大运公路边等车，有太原——平遥的班车经过，约 1 小时可达平遥。

Zuozheshouji 作者手记

1. 乔家大院的建筑格局被称为“双喜”，从前可以在高高的院墙上清楚地看见整个格局，现在已经禁止上房了。在位于六号院倒座的乔家建筑展览里，有整个大院的模型，可以弥补不能上房的缺憾。

2. 一号院的农耕岁时生活馆内有元宵节盛况展，表现清代祁县老城过元宵节的场面，背景是在祁县仿古商业街实景拍摄的，里面有缝纫机大全、雪糕等现代词汇，寻找里面的穿帮镜头成为我除看木雕、砖雕外最津津有味的娱乐。

3. 到此一游照最好的拍摄地点在内花园院内的山石前，游人少的时候在甬道中央拍个各院点灯的照片也不错。

4. 所谓的大院第二景点——葫芦园、民俗园均为粗制滥造的项目，民俗园在旺季游人多时有民俗、社火表演，应付差事而已，完全没有必要浪费时间去那里参观。

在晋中要做的 3 件事

Zaijinzhongyaozuodesanjianshi

01 拜访晋商大院

方案二　王家大院

王家大院位于灵石县城以东12公里的静升镇，此镇能够在建设部公布的第一批中国历史文化名镇中名列榜首，王家大院功不可没。目前修复后对外开放的王家大院主要包括高家崖、红门堡两大建筑群，共计54座院落，总面积三万余平方米，两组建筑群东西对峙，一桥相连，皆为黄土高坡上的城堡式建筑，依山就势，鳞次栉比，气势宏伟，再加上随处可见的砖雕、木雕、石雕，匠心独具，精致典雅。无论规模、等级，以及其中蕴含的文化和建筑装饰艺术，王家大院都可称得上是北方民居建筑之集大成者，显示出“贵精而不贵丽，贵新奇大雅，不贵纤巧烂熳”的民居特色。

静升王家原为太原王氏宗裔，元朝时静升王氏始祖王实迁至此地定居，以务农为主，兼营豆腐坊，后世逐渐发家，清康熙十二年（公元1673年），王家捐献24匹良马支援清政府平定吴三桂叛乱，受到康熙帝褒扬。借清政府的势力，王家生意规模扩大，资本日趋雄厚，通过科举和买官等方式开始从政做官，最高做到正二品。王氏家族由农及商，由商到官，终于在清代中叶发展成为富甲一方、声名显赫的灵石四大家族之一。王家发迹后，便大兴土木，不断营造住宅、祠堂、牌坊、坟茔，从康熙年间一直修到嘉庆年间，持续了半个多世纪，累计修建了“三巷四堡五祠堂”等庞大建筑群，总面积十五万平方米，目前对外开放的部分，仅是王家鼎盛时期建筑面积的四分之一。

大院入口就是高家崖的东门，高家崖共有两个主院，是王家十七世子孙王汝聪、王汝成兄弟俩的宅子，均为前堂后室、三进式四合院，建于嘉庆元年（公元1796年）至嘉庆十六年（公元1811年），

○ 王家大院：门楼

是静升王家修建的第五座也是最后一处堡院，当时王家实力最强，因此处处显现出精湛的工艺和雄厚的财力。砖雕、石雕、木雕极尽雕刻技艺之能事，其含义之深远、构思之巧妙、手法之精湛、造型之奇异、品位之高雅，无不令人叹为观止。在高家崖里，有共用的书院、花院、长工院、围院和祭祖阁，每院还有各自的厨房、绣楼，大小院落既珠联璧合，又独立成章，院套院、门套门，如同走入了迷宫，营造出错落有致、虚实相间的视觉效果。

东边的院子是哥哥王汝聪的敦厚宅，西边的是弟弟王汝成的凝瑞居，由于弟弟是二品官而哥哥是五品官，从两个院的正门就能看出职位高低，门和匾的大小不同，二品的连门槛、上马石、旗杆石都比五品的更加高大气派，亲兄弟间也一定要分出等级高下。

敦厚宅前的砖雕照壁是第一个景点，大多数人只注意到正面的狮子滚绣球图案，其实背面的图案也颇有意思，以公鸡戏牡丹象征“功名富贵”，鸳鸯闹莲象征“恩爱多子”，鹌鹑菊花象征“安居乐业”，喜鹊登梅象征“喜上眉梢”，同时这四幅图案也分别代表了春、夏、秋、冬四季。

敦厚宅迎面的石雕影壁采用浅线刻，远看不太清楚，细看是一幅意境悠远的山水画。前院原为主人接待客人的地方，北房内有王家大院模型及简介，

可以作一个全景式的了解。北房的额枋、雀替木雕很精致，以三个层次的浮雕刻画出不同形象的吉祥图案，第一层以平面阳刻花纹作底，第二层高浮雕分别雕以荷叶、芭蕉、佛手、卷轴、盆景等，第三层再在高浮雕上雕以鼎、四艺、如意、葡萄、兰草等，层层相叠，立体感非常强。门框装饰则采用了透雕与额枋相呼应的方式。门槛下被铁链围着的是由鹭鸟、芦苇、莲花图案组成的过门石，谐音“一鹭（路）莲（连）科”，鹭在古代属于吉祥鸟，是六品文官的服饰标记，寓意事业顺利，赴考场则连登科第。

转过一个小门，东边就是厨院，其抱柱石石雕一边是几个柿子，另一边是桃，既符合厨院的特点，几个柿子谐音“诸事”，桃形如心，又暗含着“诸事遂心”的祝福。小小厨院竟然有“内三外四”七道门，把全院分隔成上、中、下三个等级，不同的人走不同的门，在不同的餐厅就餐。主人在后院楼上，高等佣人在中院，一般佣人在前院，体现了严格的封建等级观念。

后院是主人居住的地方，这里的石雕比旁边的院子逊色些，可以快速浏览一下。二楼为始祖阁，供奉王氏始祖王子乔，墀头（两侧山墙正面）砖雕分别为“加官进爵”和“二仙观太极”。

从始祖阁出后门向西，按箭头指示从后门进入凝瑞居，这里的石雕是整个王家大院的精华，值得仔细鉴赏。正房两侧的石雕图案为“飞马报喜”，东边为“指日高升”，西边的“五子夺魁”最复杂，几乎画面的每一个元素都蕴含着吉祥的愿望：最左边的两个

◎ 王家一角

王家大院：过年

王家大院：石雕

孩子举着戟、石磬和如意，谐音“吉庆如意”，中间的托着三颗桂圆，意为“连中三元”，右边两个孩子玩耍的动作构成“一举夺魁”，画面活泼生动，构图平衡，雕刻精美。窗棂木雕图案是锦鸡玉兰和瓶插月季，谐音“金玉满堂”和“四季平安”。

西厢房石雕自南向北的图案分别为“奔马逐日”、“行佣供母”、“吴牛喘月”，东厢房自南向北的图案分别为“仙鸡送子”、“乳姑不怠”、“麒麟送子”，两房中间的两幅均取材于二十四孝故事，“行佣供母”表现的是后汉时期江阁背着母亲逃难，感动打劫者的场面，“乳姑不怠”表现的是唐朝时有位唐夫人用乳汁喂养没有牙的婆婆的故事，石雕中人物的胡子、皱纹等细节都刻画得一丝不苟。厢房二层是小姐的绣楼，当地女子“十三上绣楼，十四留头发，十五出家门，十六抱娃娃”，巧的是通向绣楼的楼梯也正好是十三级，栏板柱头上雕着姿态各异的狮子，有镇邪的作用。

出门向南，左边的院子就是养正书塾，这里是凝瑞居小少爷的启蒙书房，相当于小学。其门框为四块青石组成的高浮雕岁寒三友图，用竹子虚心向上节节高，梅花香自苦寒来，以及松树的扎根结实，勉励后辈打好基础，刻苦读书，并且要拥有岁寒三友的高风亮节，可谓用心良苦。工匠们巧妙地把四块青石的接缝设计在竹节处，看起来就像是一整块石头雕刻成的，自然精巧，浑然一体。

从书塾对面的小门进去就是凝瑞居的前院，房檐立柱、门额枋额、楼板护栏、柱础柱头所有部位，满眼都是砖雕、石雕、木雕，尽显华美考究，甚至连正房台阶的垂带也没空着，雕刻了狮子滚绣球图，讨“狮子滚绣球，好事不到头”的口彩。房内展出了几件宝贝，一幅清代著名书法家刘墉的字，一幅八卷轴拼成的“大清万年一统天下全图”，是嘉庆年间雕版印刷的，能够完整地保存下来实属不易，还有一张彩色的圣旨，原来圣旨居然不都是黄色的。

走出凝瑞居大门，对面影壁图案是五只蝙蝠围着一个寿字，即“五福捧寿”；大门两侧砖雕内容为鹿、鹤和松树，鹿与陆同音，鹤与合谐音，取意六合同春、松鹤延年；门前抱鼓石雕的是瑞云、蝙蝠等，由于台阶高出地面近 2 米，上台阶前看这对抱鼓石，如同云雾在头顶缭绕，拾阶而上，视线逐渐高于石雕云雾，有平步青云之感。

凝瑞居西侧为桂馨书院，这里是王家的高级书斋。分前、中、后三个院，从前院到后院所经三组三级台阶，象征连升三级，后院窑洞上方为“福禄寿三星高照”木雕。书院外有瞻月亭，可登高望高家崖全貌，栏杆柱头是十二生肖，有的憨态可掬，有的威武凶猛，每一尊都被摸得遍体油光发亮，看来曾经与无数的游人合过影，这是我看到的唯一一处轻松自如、不带象征意味的石雕。

走过横跨东西两院的石桥，就是红门堡建筑群，建于乾隆四年（公元1739年）至乾隆五十八年（公元1793年），这部分规模更大，但年代较早，雕刻的纤巧繁复远不及高家崖，显得质朴内敛一些。宅院格局依然是前堂后室，高处的某些院落为了顺应地理条件，变化为前园后屋的设计。堡中各院依照官位品级的高低而有差别，有五品以上官衔的人家，住的是二进到四进的四合院，相对更讲究、更华丽一些，比较有代表性的是司马院，位于进入红门堡后第一个十字路口的西北角，是一个四进院落，分别以加官、进禄、增福、添寿命名各院，每进一院，就多一分福气，不过院子比较紧凑狭窄，同样是五品宅第，却没有敦厚宅的气势。

红门堡要站在高处看才能领略其巧妙设计。从北侧堡墙的最高点向下望去，整个红门堡尽收眼底，大院呈十分规则的长方形，南北向的主街用大块鹅卵石铺成，如片片龙鳞，人称“龙鳞街”，主街将西大院划为东、西两部分。东西方向有三条横巷，将院落分为四排，从南向北依次叫底甲、二甲、三甲、顶甲，一条纵街和三条横巷相交，形成一个工工整整的“王”字，暗合主人姓氏。房屋依山而建，由低到高，层叠错落，井然有序，同样的建筑格局，同样的灰瓦灰墙，布局严整，呈现出强烈的秩序感和气势不凡的视觉效果，某些杂乱无章的城市真应该来王家大院学习一下规划设计。

现在红门堡内还辟有王氏博物馆、书画馆、珍宝馆、王家醋坊、豆腐坊等景点，游人大多蜻蜓点水而过，其实珍宝馆内的各种圣旨，王氏博物馆的王氏家谱还是能让人大开眼界的，三雕虽然比高家崖略逊色些，也不乏精品，例如三甲最东侧松竹院的“招财进宝”门枕石和“天官赐福”砖雕门楣，旁边绿门院的木雕挂落“满床笏”和石雕“四爱图”（王羲之爱鹅、陶渊明爱菊、周敦颐爱莲、林和靖爱鹤），以及底甲清芬院门两侧砖雕，有鹤、鹿、麒麟、龙和蝙蝠等图案，雕工精美。

走在高大的堡墙上，红日西沉，似有似无的轻雾笼罩着王家大院和它旁边的民居。想当年这深宅大院中也曾经灯火通明、人来人往，如今却已铅华褪尽、物是人非。纵然有寓意美好的精雕细刻，有避邪求福的镇宅之宝，有防备森严的崇门高墙，终究挡不住无可奈何花落去，挡不住光阴荏苒、盛衰无常。王家以勤俭持家、艰苦创业兴起，因贪图享受、沉迷鸦片而衰落的过程，是对“生于忧患，死于安乐”的最好注解，曾经的辉煌留给我们一处雕梁画栋的民居瑰宝，而其兴衰的教训恐怕更值得后人引以为戒。

○ 王家大院：厅房

王家门前的石狮子

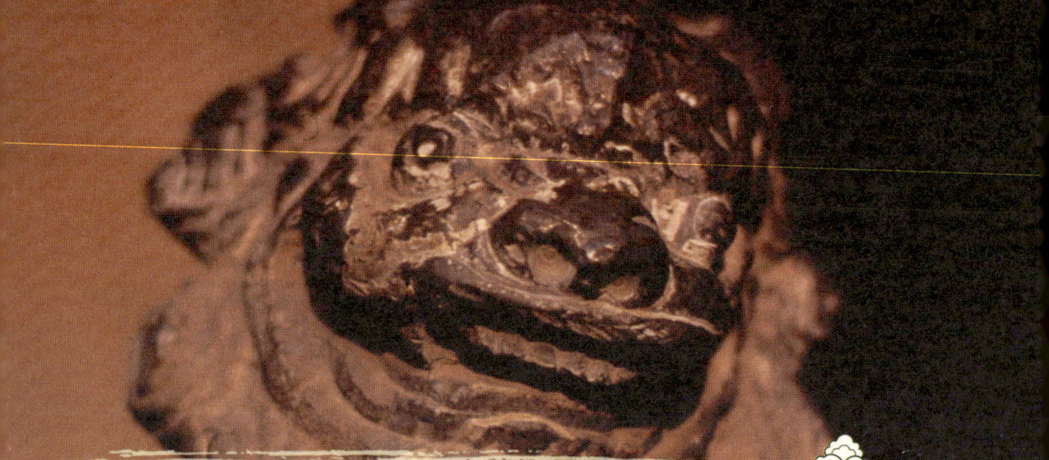

小帖士 TIPS

到达：

从灵石火车站出来向南 200 米，在第一个红绿灯处等候公交车，可达王家大院，单程 30 分钟左右。也可乘坐小面。

由北向南的游客在介休下车，在介休火车站前的“供贸宾馆”乘坐公交车去往王家大院更为方便，每 15 分钟一趟，单程约 30 分钟，但部分山路路窄弯多，请小心晕车。

游览时间：

约 3 小时。

下一站：

继续游览：资寿寺，乘坐灵石公交车到资寿寺路口下车。

继续旅程：乘坐灵石公交车在灵石县城的红桥头下车，过桥后到 108 国道边上拦车南下或北上。

Zuozheshouji 作者手记

1. 两个建筑群各有特色，个人以为，高家崖宜近看，红门堡宜远观；高家崖看细节，红门堡看气势；高家崖“三雕”精美，红门堡规划严谨。

2. 强烈建议聘请导游，挂胸牌的王家大院自己的导游普遍比挂导游证的旅行社导游讲得更细，有兴趣的朋友可以先跟导游走一遍，然后再独自细细欣赏。

3. 游览路线上有明显的箭头指示，严格按指示方向前进可以保证既不错过精华，又不走冤枉路。

4. 进入高家崖大门后有邮箱，可以将明信片式门票邮寄回家。

5. 红门堡的鹅卵石路雨后较滑，坡度又大，小心行走。

6. 王氏宗祠含在门票内，位于出大门到停车场的必经之路上，无甚可观者，祠堂二楼供奉很多牌位，密密麻麻的很是瘆人。

7. 可顺便游览静升文庙，乡村一级行政机关设有文庙颇为罕见，规模堪与县级文庙媲美。始建于元顺宗至元二年（公元 1336 年），最出色的是工艺细腻的双面镂空砖雕“鲤鱼跃龙门”元代影壁，就在停车场北侧，等车时即可细细欣赏。

8. 王家大院门前有停车场。

王家大院：绣楼

在晋中要做的3件事

Zaijinzhongyaozuodesanjianshi

01 拜访 晋商大院

方案三　常家庄园

从榆次出发，沿108国道南行不远，在青翠平坦的大片田地间，兀然矗立着一座旌旗招展、檐牙高啄的城楼，如海市蜃楼般充满迷幻色彩，令人难以置信的是这片规模庞大的建筑竟然并非一座城池，它仅仅属于一个家族，一个在中国外贸史上赫赫有名的家族——榆次常家。

常家从明代末年开始经商，在康乾盛世时期执中俄茶叶贸易之牛耳长达百年。常家在位于华南的武夷山制茶，运输到今天俄蒙边境的恰克图销售，运茶之路绵延万里，今天飞机飞越这段航程，也要数小时之久，这样的跋山涉水，这样的关山远隔，当时的常家是用马车、驼队一步步走过来的，即便以现在的眼光看来，这也是一条了不起的长途商路。常家事业能够兴盛百余年，与其“学而优则贾”的家训不无关系，常家不遗余力，办学育人，将优秀的文化人才不断输送到商业第一线，用儒家思想指导经营活动，被称为“中国儒商第一家”。商业繁荣的同时，在科举中考取秀才、举人、进士的亦达百余人，那些“大夫第”、“进士第”、“武德第”的牌匾可不是一般人家能挂得上的。

享有儒商第一的盛誉，甭管是由来已久，还是商业炒作，常家庄园中那种儒雅的文化气息毕竟是看得见摸得着的，各院落的命名就是很好的例子，都带着个“和”字，如贵和堂、雍和堂、慎和堂等，体现了中国传统文化“和为贵”的思想。很多晋

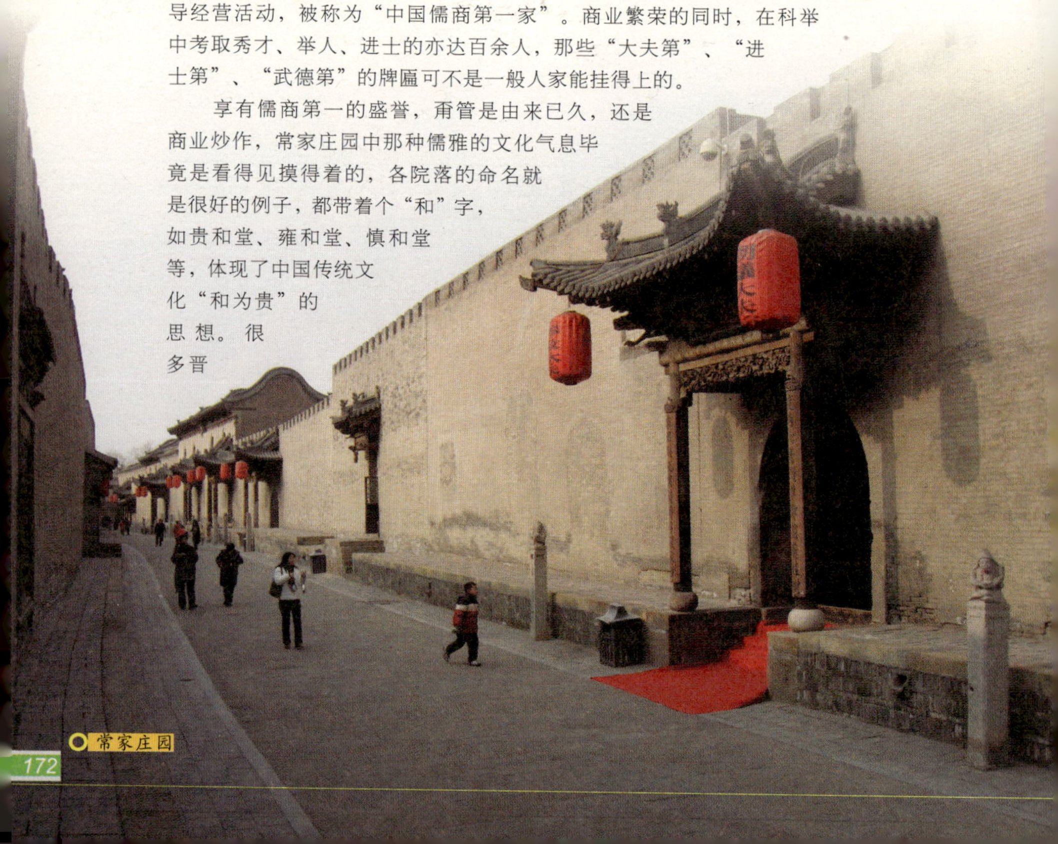

常家庄园

商大院都设有私塾、书房等陶冶情操、培育后代的学习场所，而常家“石芸轩书院”的规模和藏品都首屈一指，其书法收藏“听雨楼法帖”、“石芸轩法帖”荟萃了从唐代到清中叶诸多大家作品，真草篆隶，翰墨飘香，法帖统统被雕刻在青石上，富于曲线变化的书法竟然可以用硬邦邦的石头来表现，精湛绝伦的书法艺术与炉火纯青的石雕技艺结合得天衣无缝，让人不禁叹服于前辈工匠的无所不能。御笔亭里还收集了四十四帝后的墨宝，上自夏禹，下至清末溥仪，也不知道那些先秦墨迹究竟是如何流传出来的。字虽然有风骨之别、高下之分，但运笔、间架中都能透出几分功力，看来历朝历代的统治者大都受过良好的书法训练，不过像康熙帝那样字写得好、国家也治理得好的皇帝的确凤毛麟角。

常家庄园的楹联是另一道不容错过的风景，有些岁月留痕、已渗出铜锈般的青绿，有的新鲜出炉、闪烁着金粉的光芒。寥寥两行字，浸透着隽永的处世哲学和人生智慧，楹联内容看似信手拈来，与所处位置又甚为贴切，祠堂门口“卜地辋川百代儿孙承德泽，名堂燕翼一脉先祖绍嘉猷”的歌功颂德，一到花园就变成了“鱼跃龙翔瀛海新波添夜雨，鸾栖凤哕南山乔木长春阴”的曲径通幽。各院落的楹联则俨然一部励志标语大全，有夸耀藏书丰富的：“庭有余香谢草郑兰燕桂树，家无别况唐诗晋字汉文章”、“三坟五典都是日常家用，四书六经原本济世文章”；有教导勤俭持家、耕读传家的，“绍祖宗一脉克勤克俭，教儿孙两事曰读曰耕”、“浩博旁通，诗书上不许俭；雍容儒雅，衣食边只要勤”；有传授人生理念的，“拥林万亩眼底苍浪方悟种德若种树，存书万卷笔下瀚海才知做文即做人”……文字和用典纷繁复杂，却万变不离其宗，念念不忘诗书继世的传统，字字紧扣修身立德之主题，细细品味着楹联的言中深意，扑面而来的是常家不变的儒商情怀。

常家的儒学修为不仅体现在字面上，也表现在行动中。晋中地区曾经遭受严重旱灾，常家却偏偏选在这个时候修建戏楼，而且告诉乡亲们，只要来参加劳动，工作一天就管一天的饭，旱灾持续了三年，戏楼也修了三年。在行善事的同时，注意保全受施者的尊严，这是做善事的最高境界，常家人的善良和智慧在这一刻表现得淋漓尽致。如今出钱的、出力的早已不在人世，这座戏楼依然伫立在常家的祠堂院中，戏虽然有曲终人散之时，常家的这一善举却将传唱百年。

走过威严肃穆、气势非凡的常家祠堂，走过木雕华美、砖雕精致的贵和堂，常家花园“静园”让我有惊艳之感，疏朗大方、空灵通透的布局，既有北方园林的大气质朴，又融入江南园林的细

常家庄园的大门楼

腻精巧。看够了鳞次栉比的青砖灰瓦，视野已经被固定成窄窄的一片天，静园则将这种压抑的感觉一扫而空，整个庄园如同一幅古代文人山水画，在静园表现出了“留白”的意境。登上“观稼阁”极目远眺，近处波光粼粼、屋顶高低错落，远处沃野千里、绿树成行，一派田园风光。常家先辈大概也曾站在这里眺望归来的商队吧，马蹄声在历史长廊中悄然隐去，常家的故事也逐渐成为久远的传奇，有形的财富凝结成一方蔚为壮观的宅院，为后人开发旅游提供了载体，而常家无形的财富，商儒结合、商儒相长的传统又该用怎样的方式来传承和发扬呢？

垂花门

○守护家园

小帖士 TIPS

到达：

常家庄园位于榆次西南东阳镇车辋村，距榆次17.5公里。从太原到常家庄园可以采用以下两种方式：

1，从太原火车站对面乘坐公交车到榆次老城，然后换乘公交车可达“常家庄园”站。

2，从位于太原东辑虎营6号的银龙酒店门口乘坐“常家庄园直通车”旅游专线大巴，行车线路及站点如下：

A线：银龙酒店（8:00）—三桥大厦（8:05）—天客隆超市（8:15）—迎泽公园北门（8:25）—金港大酒店（8:30）—太航生活区东门（8:45）—山大北门（8:55）—常家庄园

B线：银龙酒店（7:50）—漪汾苑小区门口（8:05）—理工大西门（8:15）—山西大酒店（8:30）—林业大厦（8:35）—黄河京都大酒店（8:40）—云水榭大酒店（8:50）—常家庄园

如果是旅游旺季，建议去起点站银龙酒店乘车，以免客满没有座位。从太原火车站乘坐公交车到实验中学站下车向北即可找到银龙酒店。

自驾车：

太原市游客，自驾车沿太榆路、东山过境高速或南环高速晋中出口下，沿108国道至榆次东阳镇右转。

大同、五台山方向游客，沿原太高速——太原东山过境高速，到武宿立交桥晋中出口下，沿108国道至榆次东阳镇右转。

北京、石家庄方向游客，经太旧（石太）高速过太原收费站，武宿立交桥晋中出口下高速，沿108国道至榆次东阳镇右转3公里，从北京到常家庄园接近600公里，车程6小时左右。

庄园门口有规模很大的停车场。

游览时间：

约2小时。

购物：

常家庄园土特产大卖场位于庄园门口南侧，比较有特色的商品是常家砖雕缩微挂件、碑刻拓本等，此外还有汾酒、老陈醋、汾阳核桃等山西特产。常家庄园内有大德玉茶庄、大德常商号等重新恢复的老字号，商品以茶叶、字画、玉石为主，个人感觉价格高于价值，形式多于内容。

下一站：

乘坐公交车或三轮车、摩托车返回东阳镇路口，在108国道拦车南下前往太谷、祁县、平遥方向。

Zuozheshouji 作者手记

1. 常家庄园的规模为三晋民居建筑之冠，现在修复的部分仅占原来的四分之一，就已经令人瞠目结舌，建筑恢弘大气，文化氛围浓厚，个人以为不容错过。

2. 贵和堂的彩绘、木雕、砖雕等都极为精美，堪称晋中民居的代表作，建议多花些时间细细品读，此外常家祠堂的木雕、静园的砖雕门饰也值得驻足欣赏。

3. 静园的狮园内有很多姿态各异的石狮子，其中一只明显受到特殊待遇，披红挂绿，格外精神，原来它曾经与十一世班禅摩顶合影，结下了佛缘，信奉佛教的游客，不妨跟它合张影。

4. 庄园大门外的停车场周边有几家餐馆，供应山西特色菜、面食和榆次灌肠、豆腐脑等，价格还算合理。

5. 十一长假期间往往会安排威风锣鼓、民歌、地方戏曲表演等，春节期间有社火表演，花轿、背棍、旱船、高跷等节目精彩纷呈。

在晋中要做的3件事

Zaijinzhongyaozuodesanjianshi

01 拜访晋商大院

方案四　曹家大院

一个冬日的早晨，笔者从太谷雇了辆“摩的”，踏访曹家大院。“摩的”很嚣张地嚎叫着，掠过太谷行人寥寥的街道，七拐八拐地上了乡间小路，在身后扬起一阵烟尘。路旁是光秃秃的树枝，光秃秃的田地，缩头缩脚的乌鸦点缀其中，透着股萧条的味道，这样的气氛倒是很适合听一听曹家的故事。

曹家的发达源于祖上闯关东做买卖，到道光、咸丰年间达到鼎盛，铺面遍布大江南北，民间有“凡是有麻雀飞过的地方都有曹家的商号”的说法，后来他们又做起了国际贸易，俄罗斯、日本、蒙古、朝鲜，到处都留下了曹家商人的足迹。一个家族的兴盛需要几代人卧薪尝胆，败落则只需要一代人坐吃山空，清末战乱频仍，再加上子孙骄奢淫逸，染上了吸鸦片的恶习，曹家终于盛极而衰，一蹶不振，最终流传下来的，除了堪为世人鉴戒的兴衰史，就只剩下一座厚重古朴的三多堂了。

进了村，路况变得更加颠簸，摩的灵活地绕过路面上大大小小的坑，后座上的我也跟着摇来摇去，两边的房子没有任何特色，完全看不出有一点大院的影子，心里就有些嘀咕：不会是走错了吧。疑惑间，一堵磨砖对缝的高大墙体闯入视线，转过弯去，“三多堂”金灿灿的牌匾高悬于雕梁画栋间，一溜“曹”字灯笼告诉我，曹家大院到了。

山西人有了钱，总是以兴修宅院、光宗耀祖为第一要务，曹家也不例外。曹家在北洸村建起了一批气势宏大、富丽堂皇的宅院，最有名的四座按照“福”、“禄”、“寿”、“禧”字形建造，几十年的毁弃，只有寿字院幸存下来，就是面前这座企盼多福、多寿、多子的“三多堂”。我爬上屋顶看了许久，无奈天生愚钝，终究没有搞清楚这宅子的布局跟“寿”字有什么联系，不过并排三个轩敞的穿堂大院，最北端三座高耸的统楼并肩而立，在周边低矮民房的衬托下，如鹤立鸡群般，倒真真切切地显示出一种“舍我其谁”的张扬和大气。与其他知名的晋商大院相比，曹家大院的砖、石、木雕算不上出色，甚至可以用朴素来形容，但简练中自有一种威严。

三多堂不仅仅有恢宏的建筑，其藏品也美不胜收。东路是瓷器陈列馆，高的、矮的，胖的、瘦的，带盖的、带把的，粉彩瓷、青花瓷，瓶瓶罐罐摆了一屋子，虽显杂乱，倒也富足。中路为家具展厅，古色古香的明清家具荟萃一堂，天然花纹大理石镶成的“百寿大屏风”和“红木螺钿镶嵌福禄寿大座镜”是

曹家大院

其中的精品，连家具都紧贴“寿”字院的主题，主人的处心积虑由此可见一斑。西路为曹家历史、商业兴衰展，以图片、文字为主，略感单调乏味。西路的统楼被辟为珍宝馆，一楼多为瓷器，以清末民初制品为主，没看到什么珍品，有凑数之嫌。二楼则是整个曹家大院中最值得驻足停留的地方，明代大画家仇英临摹的《清明上河图》孤独地躺在靠墙的柜子里，灰尘蒙面，显然已多日未曾打扫，但画家精细的笔触仍依稀可辨。不过以白金、黄金、钨金加水晶做成的火车头钟境遇就好得多了，它是法国给清廷的贡品，慈禧太后逃难西安时向曹家借款，把它留在了这里。它骄傲地占据了展室中央的黄金地段，一缕阳光从窗户射进来，无数粒微尘在光柱中欢快地舞蹈，闪亮的钟身上却一尘

○ 曹家大院

不染，也看不出一丝岁月的痕迹。慈禧太后不在了，曹家的奢靡生活不在了，清王朝也早已远去，我独自面对着这位阅尽百年沧桑的老人，不禁问上一句：您是否还记得那一段难忘岁月？金钟无言，只有院子里工作人员扫地的声音，“刷、刷、刷”，在静谧的冬日早晨，听得特别真切。

曹家大院

太谷：门楼

小帖士 TIPS

◎到达：

在太谷火车站前乘坐开往祁县的县际班车，到距离曹家大院最近的北洸村口下车，步行约 1000 米，15 分钟可达，沿路有路标。或者在太谷县城南关向南 800 米左右的聚贤楼乡村公交站乘坐开往果树研究所的中巴，在北洸村下，步行 5 分钟可达。上述两条中巴线路车次都不算多，有时候需要等待 30 分钟，因此性价比最高的选择是从太谷城内包车前往，20 分钟即可到达。

如果从祁县方向过来，可在祁县火车站前乘坐县际班车，同样需要步行 15 分钟。比较明智的做法是乘坐开往东观的中巴，到东观路口下车，然后包租停在此地揽活的小面或夏利，直达曹家大院。

◎游览时间：

1–1.5 小时。

◎下一站：

乔家大院：两地相距 10 公里。有三轮摩托在曹家大院的停车场揽客，20 多分钟可到乔家大院门口；或者步行约 1000 米回到 108 国道上，乘坐过路班车到东观下车，再乘坐三轮车或包车前往东观路口以北 2 公里的乔家大院。

常家庄园：步行 1000 米到 108 国道上，乘坐去榆次的过路车，在东阳下车，到马路对面乘坐从榆次开往常家庄园的公交车，终点站即为常家庄园门前的停车场。

Zuozheshouji 作者手记

1. 三多堂由于交通不太方便，旅游团队不多，游客稀少。五一、十一长假期间是一年中仅有的两个高峰时段，但在几个晋中大院中仍属于游览环境最宽松的。

2. 从中路统楼可以登上三多堂的屋顶，俯瞰现存的曹家大院全貌。从大院西边的小门出去，有一片空地，是拍摄三座统楼全景的好地方。

3. 中路的统楼内有太谷建筑文物图片，不必东奔西走，在此可以一览太谷主要古建筑的风采。

4. 这里有“山西古典家具博物馆”的牌子，是王世襄的题字，能入了他的法眼，这里的古典家具看来不错。

在晋中要做的3件事

Zaijinzhongyaozuodesanjianshi

02游走于祁县古城的寻常巷陌

祁县是近代富甲一方的商业、金融业中心之一，曾经的显赫地位与原本高大壮丽的城墙都已消失在历史的风云变幻中了，但作为主要商业街的老街还保持着原有的格局，并经重新修复为仿古街道。我喜欢祁县的古街远多过平遥，由于平遥古城和乔家大院吸引了太多人的注意，祁县古城变得默默无闻，很多人过祁县而不入。走在祁县老街上的绝大多数是当地人，商铺以当地人作为主要目标客户，商品不会为了迎合旅游者的需要变得千篇一律，更不会因为置身于雕梁画栋的店铺中就身价百倍，杂货店、农具店、食品店、鞋帽店……徜徉于古街上，围绕身边的无非是寻常人的柴米油盐酱醋茶。

最喜欢站在城中心的十字路口，四面望去都是满眼的繁华，招牌、幌子排着队地延伸开去，熙熙攘攘的人们从四面八方涌来。转角街楼最初的主人不知是谁，不知道什么样的店铺才当得起这繁华中的繁华，也许是日进斗金的票号银号，也许是高朋满座的酒肆茶楼，斗转星移间，门庭若市、车水马龙的日子渐行渐远，只留下猩红的柱子、斑驳的门窗，和蹲在街口晒太阳的老人。

与其买了票在那些游人寥寥的博物馆里踱步，还不如在街头巷尾闲逛，游走于祁县的寻常巷陌，如同充满冒险与惊喜的寻宝之旅，有着太多的惊艳。几十年的岁月可以洗却表面的奢华，但那些曾有的精致生活和儒商风度，总会在某个不经意的瞬间跳将出来，也许是一堵雕饰精美的影壁，也许是一角彩绘斑驳的屋檐，也许是一扇做工精巧的窗棂，也许是一阙自得其乐的晋剧。漫无目的地步入一条普普通通的巷子，寂静深处的某个院子，也许就埋藏着一家百年兴衰的票号。“旧时王谢堂前燕，飞入寻常百姓家”，青砖雕刻的牡丹在破木板、旧自行车的包围中寂寞地怒放，垂花门楼被一日三餐的炊烟染上沧桑之色，照样引来发现者的惊叹。

印象最深刻的是日落时分造访何家大院的场景，这是个没有修复开放的院子，高大规整的二层楼房是先前主人财力雄厚的标志，保存完好的雀替和略显破旧的窗棂，被夕阳涂上金灿灿的光彩，却不免带着一缕廉颇老矣的凄凉，而今二楼早已无人居住，楼下院子里却依旧洋溢着浓厚的生活气息，屋角堆放的大葱，余烟袅袅的烟囱，甚至是晾衣绳上随风飘动的衣物和袜子，逝去的辉煌与平凡的现实共存，令人唏嘘。

顺晋商老街向西，第一个景点就是位于东大街33号的渠家大院。渠氏家族是晋中巨贾之一，曾在祁县县城内占有十几个大院，千余间房屋，有“渠半城”之称，现在对外开放的部分不过是其中的一个大院而已，因而看不出多么恢宏的规模，反倒比其他晋商大院显得局促、逼仄。

这个院落始建于清乾隆年间，是五进式穿堂院，站在大门前向内望，一道又一道院门套叠着，有点“庭院深深深几许”的味道，而且地势逐渐升高，讨“前低后高，子孙英豪”的口彩。第一进院中的石雕栏杆工艺颇为精湛，第五进院中的木制牌楼更是金碧辉煌，但渠家大院最为特别的还要数西侧的戏台院，在家里自建一座戏台，足见主人对于戏剧的酷爱以及丰厚的经济实力。渠源淦于1868年在此创办了晋剧第一个字号班——聚梨园，

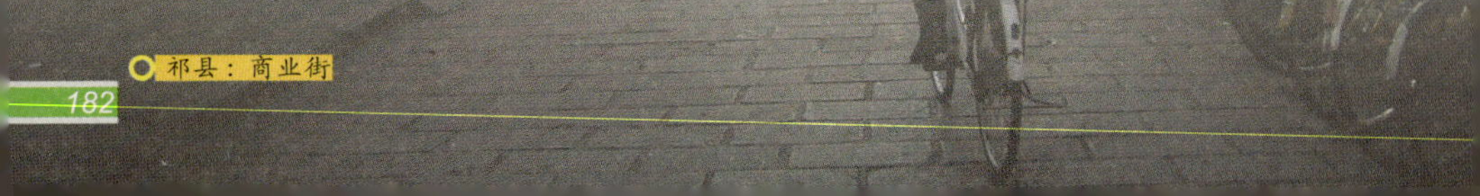

祁县：商业街

对其唱腔和伴奏进行了一系列改革，在晋剧的发展史上占有非常重要的地位。可惜如今晋剧逐渐式微，这座戏台上三三两两地堆放着蒙尘的乐器、道具，不知多久没有派上用场了。

令人钦佩的是渠氏家族玩物却没有丧志，发展晋剧不过是业余爱好而已，他们经商的老本行没有忘，票号、茶庄、当铺、绸缎店等，多行业全面开花。渠家人最出名的人物是渠本翘，他恐怕也是渠家身份最为复杂的人物，曾经在科举考试中获得过乡试第一名——解元，考中光绪年间进士，又是在日本留学过的“海归”；当过清政府驻横滨领事；创办了山西省第一所女子学校，担任过山西大学堂的监督；控股山西省第一家民族工业，任山西保晋矿务公司总经理，从英国人手里赎回了采矿权。渠本翘集公务员、外交家、教育家、民族资本家于一身，丰富的人生经历为渠家大院抹上一笔传奇色彩。

祁县：商业街

小帖士 TIPS

到达：

祁县火车站位于县城南部，出站后步行约 20 分钟到达老城。如乘中巴到达祁县，可在晋商老街的人口处下车。

游览时间：

30 分钟

在晋中要做的 3 件事

Zaijinzhongyaozuodesanjianshi

03 去绵山看抱腹岩挂铃

绵山，又称介山，距离介休城约 20 公里，位于介休、灵石、沁源三县交界处，海拔 2566 米，以其形势绵亘而得名。绵山山势巍峨，古木繁茂，溪流蜿蜒，鸟语花香，多悬崖绝壁，带有北方山脉的雄奇壮美。其实，论自然风光，它比不上宁武芦芽山的秀丽奇异，论名胜古迹，它比不上五台山的历史悠久，这样一个以现代仿古建筑为主的景区居然能够成为山西接待旅客人数最多的风景区，足以证明民间资本的注入对于旅游的发展具有多么神奇的推动作用，三佳煤化集团自 1996 年入主绵山，在旅游硬件设施和对外宣传上投入很大，终于把绵山打造成了山西的新兴名牌景点。

绵山以前的名气来自于一段悲壮的故事。春秋时晋国公子重耳落难，家臣介子推曾割下自己大腿上的肉熬汤让公子喝，史称“割股奉君”。后来重耳成为春秋五霸之一的晋文公，介子推偕母隐居绵山，不肯出仕。重耳知道他是有名的孝子，以为如果放火烧山，他必背母而出，不料介子推母子被烧死在一棵柳树下。重耳懊悔万分，为纪念介子推，下令将绵山改称介山，把定阳县改为介休县，并将每年介子推忌日这一天（清明节前一天）定为“寒食节”，家家户户不得开火做饭。重耳还把那棵树的残骸做成木屐穿在脚下，提醒自己时刻不忘介子推，自此，人们把尊贵的朋友称作“足下”。

绵山的旅游景点散布于长达六公里的旅游公路沿线，起点为龙头寺，终

○ 绵山古建筑群

点为水涛沟。前山以宗教文化为主，后山以自然风光见长。云峰寺景区是绵山的中心，也是景点最集中的地方。抱腹岩是一处奇特的天然石灰岩洞穴，在深达六十多米的敞口岩洞内，依壁建寺，竟容下了二百余间殿宇，因山岩上部突出，下部凹回如穹窿，周边岩石形如两手抱腹，故名“抱腹岩”。寺庙取名“抱腹寺”，即云峰寺，建于初唐，寺内石佛殿尚存一具唐代九头狮子石佛座和一尊石造像。最令人叫绝的是抱腹岩挂铃的场面，据说起源于唐贞观年间，唐太宗在绵山祈雨灵验，因而在山崖上挂铃还愿。现在每逢庙会和吉日，愿望得以实现的善男信女们便会采用挂铜铃的方式表达对佛祖的感谢。专替他人挂铃的人系着安全绳，像蜘蛛侠那样从山顶垂下，把铃铛挂到悬崖壁上，衣袂飘飘，凌空飞渡，看起来惊险刺激，带有很强的表演性质。抱腹岩向东行百余米有铁索岭，手腕粗的铁索从崖顶垂下，崖壁几近直立，需要很强的臂力才能攀援而上，上面有铁瓦寺、摩斯塔等景点。从抱腹岩下云梯，可以找到唐开元年间的《大唐汾洲抱腹寺碑》，题字有汉隶遗韵，为唐碑珍品，碑旁边有唐、宋题记，其中最著名的是写出“少小离家老大回，乡音无改鬓毛衰”诗句的唐代诗人贺知章的手迹。碑后的棋盘洞内有唐代石刻佛像。

云峰寺景区的古老遗存，如今已经淹没于崭新的仿古建筑的汪洋大海中，除了重修的庙宇，这里最著名的莫过于号称全国唯一、世界罕见的悬崖宾馆——云峰墅苑，宾馆依山而建，从远处看，活像一只紧贴岩壁的五彩斑斓的大壁虎。在这里住宿，仿佛是悬在半空，玻璃窗前无遮无拦，下临深渊，给人带来新奇无比的住宿体验。晚上还可以欣赏绵山夜景，观寺院之灯火璀璨，听铜铃与松涛共鸣。

绵山比较有特色的景区还包括大罗宫、水涛沟、栖贤谷等。大罗宫是新修的，号称目前全国最大的道观，建筑雄伟，观中还设有历代雕塑馆，集中了大批历代佛像雕塑；水涛沟里小溪潺潺，小型的跌水、瀑布随处可见，植被繁茂，清秀宜人，可惜经营者在水边设置了太多塑像，过于直白地表现当地的传说故事，破坏了幽雅的氛围；栖贤谷则曲径通幽，内有多处铁索悬桥、云梯、栈道，为到介子推墓前凭吊介公的过程平添了很多野趣，介子推长眠在青山秀水之中，也算得偿所愿。

小帖士 TIPS

到达：
在介休火车站前乘坐绵山旅行专线车，直达景区入口龙头寺，单程约 50 分钟。从介休也可以坐出租车到绵山景区入口，约 40-50 元／车，车程约 40 分钟。进入景区后换乘“小交通”中巴，沿途停靠大罗宫、云峰寺、栖贤谷三站，终点到水涛沟。

游览时间：
水涛沟约 3 小时，栖贤谷约 2 小时，其余各佛寺道观每处约 1 小时。

自驾车提示：
108 国道、S221 省道从山脚下通过，从大运高速灵石出口或介休城内到景区都有明显路标，路况不错，从山门开始进入盘山公路，最好有山路驾驶经验。进入景区按车辆大小收取停车费，景区内不另行收取。

景区内住宿：
景区内的住宿为绵山旅游公司独家经营，价格统一。龙头寺、一斗泉、云峰寺、水涛沟等地均有普通旅馆接待游客，价格分两种，25 元左右的为集体间，上下铺。卧龙宾馆、云峰墅苑等中高档宾馆设有标准间，门市价约 350—400 元，平日可打 8.5 折。

景区内餐饮：
旅游公司提供了不同档次的餐饮选择，在水涛沟停车场设有大规模的开放式快餐厅，供应快餐份饭、面条等，价格实惠。各宾馆设有正规餐厅，价格适中。想在吃饭的同时观赏美景的话，可以去云峰墅苑的八层观光餐厅，菜价并不算贵，从窗户望出去，壁立万仞的山崖和天上漂浮的白云，也许能让你获得如同野餐般的清爽感受。

景区内购物：
景区内各宾馆均设有超市或购物中心，价格合理。

信息咨询：
绵山有专门的网址，并且在很多城市设立了办事处负责就近解答问题，不得不说绵山旅游公司的服务意识在国内同行业中名列前茅。

Zuozheshouji 作者手记

1. 景区内的住宿比较贵，最好安排一日游，既领略了绵山的精华，费用又不多。比较合理的行程是早上进山，沿途游览大罗宫、天桥、云峰寺等景点，大约 11 点到达水涛沟外午餐，下午游览水涛沟、栖贤谷两景区，共需要约 5 小时，下午 6 点左右从水涛沟乘车直接返回介休。如果上午游览速度快，或者对人造景点不感兴趣，可以把栖贤谷的游览也提前到上午，下午进水涛沟就更轻松惬意了。
2. 旅游旺季景区内的住房比较紧张，最好提前预订，或者一进景区就先找旅馆，安顿好住处再踏踏实实地游览。
3. 每周五、六、日中午 12:00 都有挂铃表演，每逢庙会日或道教吉日也可看到这一奇观。
4. 栖贤谷的栈道、悬桥在旅游高峰期比较拥挤，请注意安全。
5. 拉着铁链攀登铁索岭是个考验自己的好办法，需要充沛的体力、过人的胆识和坚强的意志，请量力而行。旁边有楼梯栈道可以绕行。
6. 栖贤谷山路崎岖陡峭，不建议老人游览，其余景区都没有这个问题。
7. 水涛沟沿途有茶社，不妨尝一尝以泉水冲泡的当地出产的石茶，听着泉水叮咚、空山鸟语，让人如入桃源。
8. 西水沟与水涛沟景色大同小异，不过更加小巧、幽静、原始，游人更少。
9. 打车去绵山时切记跟司机敲定目的地是龙头寺景区售票处，而非山门。从山门到龙头寺还有 6 公里左右的盘山路，没有任何公共交通工具运营。
10. 从云峰寺到水涛沟略远，可以乘坐“小交通”，其余各景点间完全可以步行，每个景点之间步行约 20 分钟左右。
11. 建议从龙头寺一路游玩至水涛沟，回程时在水涛沟乘车径直返回介休城内，在龙头寺等待回介休的车有时没有座位。
12. 自驾车可以在所有划着停车线的地方停车，晚上请停到住宿地的停车场。

绵山胜景

绵山：溪流

绵山

资讯补给站

Zixunbujizhan

交通

榆次

榆次距太原武宿机场仅 14 公里，从机场乘坐出租到榆次只需要 20 分钟；也可以打车或步行 20 分钟穿过机场的住宅区到太原机场公交站，再乘坐城际公交到达榆次。

榆次的铁路交通极其方便，每天有多趟旅客列车经过，从北京、天津、上海、重庆、杭州、广州、成都、武汉等大、中城市都有火车直达。

榆次距离太原 25 公里，最便捷的交通方式是乘坐城际公交车，夏季 6:00–20:00、冬季 6:00–20:30 有车，平均间隔 3 分钟，高峰期间隔仅 1.5 分钟，车程约 1 小时。榆次起点、终点站在榆次老城东入口处，太原起点、终点站在太原火车站向南 100 米路西，超世纪商贸广场门前。

太谷

同蒲铁路和 108 国道从太谷经过，乘坐火车或汽车都可以很方便地到达太谷。太谷火车站位于老城东南，每天有多趟列车经过。

汽车站距离火车站不到 500 米。

太谷城内交通以人力三轮车或三轮摩托车为主，也有少量出租车。

祁县

祁县火车站位于县城南部，距离老城步行约20分钟。每天有多趟旅客列车经过，从北京、天津、石家庄、呼和浩特、成都、西安等大、中城市有火车直达祁县。预售 5 日内车票。

如果往返于太原和祁县间，汽车班次更多。每天 7:00–18:00，从火车站前广场有班车发往太原建南汽车站，每 20 分钟一趟，车程 1.5 小时左右。

其实无论北上太原还是南下平遥，更简便的方法是从祁县城内乘坐三轮摩托到二级路边（大运公路）等车，过路班车多如牛毛。

介休

介休火车站位于市中心，出站即可找到去王家大院或绵山的中巴。介休站经过列车中 N204、2520、2464、4476 等车次有二十余张卧铺票，其余车次卧铺票少于 10 张，很难买到。

介休汽车站位于火车站西侧的新建西路上，有去往绥德、榆林、吴堡、离石、汾阳等地的长途车，发车班次不多。去往平遥、榆次、太原方向的车在火车站广场发车，平遥约 1 小时一班；发往太原建南汽车站的车 20 分钟左右一班，7:00–19:00 有车。

介休有两家公司经营中巴车，公共交通公司和公共客运公司，为了防止混淆，公共交通公司的中巴车车头上写着“介交”字样。介休出租车起步价 5 元，市区内很少跳表。

如果去往王家大院，可在火车站对面的供贸宾馆楼下等候公交车，30 分钟左右到达。

灵石

灵石火车站上下行各有多趟列车停靠，从火车站到县城中心乘坐出租车 5 元左右。公路班车以灵石为起、终点的并不多，路过的班车都不进入县城，乘车的话需要到大运公路边拦车，横跨汾水的红桥与 108 国道构成一个丁字路口，路边竖立着“灵石欢迎您”的大牌子，过路班车会在这里停车，供乘客上下车。

景点

榆次老城

榆次老城位于榆次南部，隋开皇二年（公元 582 年）在汉城旧址上修筑而成，迄今已有 1400 多年历史。现在对外开放的老城在 2003 年经过重新修缮，整体包装成为一个旅游产品，由旅游开发公司经营管理。老城内有城隍庙、县衙、文庙、凤鸣书院、南北大街、市楼等景点，《乔家大院》、《白银谷》等多部影视剧曾经在此取景拍摄。

城隍庙是老城里最货真价实的文物，榆次唯一的全国重点文物保护单位。始建于元至正二十二年（公元 1362 年），现存建筑均为明初至明中叶所建，其建筑结构和建造手法一方面大量保留了宋元建筑的特征，同时又体现出许多明代建筑的典型工艺手法，是全国保存最完好的城隍庙之一。

榆次县衙始建于宋，素有“三晋第一衙”之称，是全国规制最大的县级府衙。从砖缝、地面等细节来看，大部分建筑均为近年修复的，从里到外透着股新意，只能看到一些砖雕、木雕等老的建筑构件，带着历史的痕迹，在新砖的包围中显得有些郁郁寡欢。市楼脚下的南北大街被修复为一条明清风格商业步行街，青砖砌墙、条石铺道、牌匾高挂、灯笼摇曳，外表整齐划一，美轮美奂，无奈顾客稀少，门可罗雀，大部分店面空置待租，开了门的店铺也显得无精打采，其中有多家百年老字号，终不复往日的辉煌。

最令人难过的莫过于夜晚走进老城，冷清的街道上空无一人，寂静的广场上唯余孤灯，只有墙壁上影视剧照里的人物，还绽放着不变的笑容。站在老城东口回望，天际线被玄鉴楼、市楼、思凤楼等高大建筑的飞檐翘角装点得无比壮观，黑黢黢的轮廓如同孤独的巨人。失却了人影、人声、人气的老城，即便有再多的雕梁画栋与琉璃屋顶，也不过是一座巨大的影视基地而已，夜色下的老城，弥漫着灯光掩不住的郁郁寡欢和毕竟东流去的黯然神伤。

作为旅游景点的榆次老城已经横空出世，而有血有肉、活色生香的榆次老城却渐渐消亡。

到达：在榆次火车站下车后，穿过对面的花园，向东走，即可看到公交车经过的晋华医院站，其终点站就是老城东门。从太原来，在火车站对面向南 100 米乘坐公交车即可。

下一站

常家庄园：出老城东门，在牌楼对面乘坐公交车，车程 20–30 分钟，终点站即为常家庄园。
太谷古城：出“榆次老城”牌楼，在路边乘坐中巴。如果从靠近书院的古城西门出去，则向南 300 米，

资讯补给站

Zixunbujizhan

在一个像粮仓般的建筑——御楼的马路对面，即为公交车经过的晋中一幼站。坐到市人民医院路口下车，往南150米，开往太谷的过路车很多，50分钟可达太谷。

无边寺

无边寺位于太谷城南的南寺街，西晋泰始八年（公元272年）创建，北宋元佑五年（公元1090年）增建白塔一座。此塔是从唐代中空塔向宋代实心塔过渡的实物典范，刚刚荣升第六批全国重点文物保护单位。寺并不大，院中挺立的白塔曾经是太谷县的地标性建筑，如今它略显单薄的身影已然淹没在周围的现代建筑中了，再也没有了鹤立鸡群的风光，灰白的塔身上有流水的黛色印迹，如同哀婉凄怨的道道泪痕。塔八角七层，每层均为重檐，为简约的外立面增添了些许变化，除了砖雕仿木斗拱和门窗，塔身没有任何多余的装饰，在看惯了晋中明清建筑的繁缛细节之后，天然去雕饰的白塔反而别具一番朴素大方的美。

到达：从太谷县城南关向北步行100米左右，南寺街左转可到。从火车站、汽车站可乘三轮车到此。

孔祥熙宅院

孔祥熙宅院坐落在无边寺西侧，建于清乾隆到咸丰年间，1930年为孔祥熙所购，解放后被太谷师范学院占用，并因而得以保留下来。宅院由很多个四合院组成，横向、纵向铺陈开去，如迷宫般，各院之间以垂花门、宝瓶门、八角门或月牙门相通，隔墙则用造型多样的窗户予以装饰，富于变化。

整个宅院在对外开放之前，似乎并没有经过彻底的修复处理，木构部分的彩绘几不可辨，带着饱经风霜的岁月痕迹，反而显得更加真实，看上去比那些修葺一新的晋商大院还朴素些，让人难以相信这里曾是国民政府财政部长的老宅。与孔宅的艺术价值相比，其历史价值无疑更为珍贵，赫赫有名的“四大家族”中，三个家族的代表人物都曾在这所院落中谈笑风生。孔祥熙的妻子正是“宋氏三姐妹”的大姐宋霭龄，1934年蒋介石也曾在此居住过。当年呼风唤雨的大人物们如今只存留在历史书的字里行间，或者是展室照片中已不再清晰的面容，而曾为他们遮风避雨的老树，一任游客的评点如秋叶般散落，独自默默地撑起一片混沌的天空。

到达：从太谷县城南关向北200米左转可到，从火车站、汽车站可乘三轮车到此。

后土庙

后土庙古建筑群包括后土庙、三清观两大部分，是庙观合一的独特建筑，共五进院落，布局与结构保持了明清庙堂建筑的营造风格。由于明清时期的琉璃构件至今保存完好，且色彩艳丽，多种多样，又被誉为“三晋琉璃艺术博物馆”。

进门后左手边就是后土庙大殿，坐北朝南，面阔十一间，正中五间为重檐歇山顶，东西各三间廊房为悬山顶，屋顶线条高低参差、错落有致，配以灿烂的黄色琉璃瓦，显得颇有气势。大殿的某些细节更值得注意，屋脊上的琉璃构件有龙、凤、鸱吻、宝瓶等不同形象；檐下雀替为象、龙等动物，其伸展的姿态既符合动物自身的特点，又实现了装饰作用与实用功能的完美结合，构思巧妙；连殿前的香炉都采用了非常少见的琉璃质地，与黄色琉璃瓦顶相互呼应，只可惜廊下放置的破破烂烂的影院座椅破坏了建筑的整体感。

大殿对面是戏台，与背后的三清观献楼结合成一体，建筑样式独特。这座建筑的屋顶是整个景点最出彩的部分，它集合了歇山、十字歇山和悬山三种形式，富于变化。一般的建筑琉璃只有黄、绿、蓝三色，而后土庙的琉璃构件有绿、黄、紫、白、蓝等十余种颜色，色彩绚丽丰富，图案非常精美，不仅瓦、鸱吻，连莲花脊筒、悬鱼、博风板等皆为琉璃制品，真是无处不琉璃。此外戏楼的木制挂落也令人印象深刻，运用了高浮雕与透雕手法，装饰作用明显，成了另一个视觉焦点。转过戏台就是三清观的献楼，里面的明代彩塑虽已蒙尘，仍难掩艳丽的色彩，彩塑背光残留着贴金，在略显黑暗的殿内顽强地闪耀着光芒，证明着自己曾经的辉煌。细心的游客可以在门后发现巨大的抽签筒和木签，足有一米来长，不知要多么意义重大的决定，才能够当得起这么身躯庞大的长签，它的作用是让整个抽签仪式变得更加隆重呢，还是为了写下更多的至理名言？出门回望，檐下的龙、天尊、力士泥塑早已残缺不全、脱落殆尽，令人痛心。

后土庙还有两处值得留意：护法殿鸱尾是明正德十四年（公元 1519 年）的原物，最后一进的砖雕照壁、麒麟闹八宝照壁心以及脊上的二龙戏珠鸱吻都是清代琉璃杰作，照壁两端设计了翘角，让厚重的照壁变得生动起来，减小了建筑材料带来的沉重感。

到达：位于介休县城体育路。可以在介休火车站北边的丁字路口乘坐任何一辆向北开的公交车，坐到瓜市口下车，往东 150 米路南。

祆（xiān）神楼

建于明万历年间，清康熙、乾隆朝曾经进行过规模不大的重修，近年的修葺也最大限度地使用了原有材料，保持了原始风格。它以其独特的建筑形式，与万荣县的清代飞云楼、明代秋风楼一起并称为山西三大名楼。

不知道是不是山西人特别节省的缘故，介休的两座古建筑都是合二为一的，后土庙是戏楼与献楼的结合，祆神楼是乐楼与过街楼的结合。楼平面呈“凸”字形，前部面阔三间，乐楼部分面阔五间，周围设回廊，重檐十字歇山顶，檐下四向凸出山花。楼高二层，一层是山门，上层为乐楼，山门戏台上下叠构，腰间设平座勾栏，可以登高眺望。中央四根通天柱，明显比其他柱子更粗壮，直接承载上层梁架。虽然是三结义庙的一部分，现在二楼中央供奉的却是文昌帝君塑像，估计是从他处移来，塑像表情呆板，艺术价值不高，年代上应不早于清早期。祆神楼的瓦件脊饰都是琉璃制品，与后土庙一样具有很高工艺水平，色泽艳丽。

祆神楼最独特的是屋脊上的狮驮瓶构件，中间有两个西域人物立像，而且在一些枋头上可以找到颇为罕见的兽面装饰，这些都是比较显著的“祆教”遗存。祆教是中国古代对琐罗亚斯德教的称谓，此教起源于今天的伊朗，基本教义认为世界上有光明与黑暗，两者为善与恶之源，人应当弃恶就善，崇拜光明，因此敬拜火光及日月星辰。中国古代以其拜火及天，称之为火祆教，简称祆教，俗称拜火教。祆教自北魏、南梁起在中国传播，唐朝时民间流行颇广，流行的范围主要在西域和北方地区。唐会昌五年（公元 845 年）武宗排佛时祆教也受到牵连，遭受严重打击，南宋以后逐渐在中国内地绝迹，能在山西腹地看到祆教遗存，值得研究。

到达：位于介休县城顺城街东端，从后土庙出门右转向东步行 20 分钟可到。如果你从平遥方向来，在烈士陵园前的环岛下车最近，环岛中央有个飞碟形状的路灯，很好辨认。从环岛向北 300 米再向西即到。回介休火车站可以回到环岛乘坐客运中巴。

资寿寺

资寿寺位于灵石县苏溪村，王家大院西 2 公里，寺名源于“祝帝道以遐昌，资群生于寿域”，含义是希望社会繁荣昌盛，百姓安康长寿。创建于唐懿宗咸通十一年（公元 870 年），宋、元、明曾多次重修，资寿寺主要以大型明代壁画和十八罗汉为代表的彩塑艺术而闻名于世。

大雄宝殿内的明代壁画是资寿寺两大瑰宝之一，内容主要是佛、菩萨及佛祖的传记故事，连藻井和天花等处都布满了壁画。画面精美，线条流畅，笔力雄健，着色深厚，并且采用了沥粉贴金工艺，虽经近 700 年，却依旧牢固，有很强的立体感，让整个画面显得更加富丽堂皇。

资讯补给站

Zixunbujizhan

资寿寺的另一瑰宝就是明代彩塑。寺内共有塑像79尊，以菩萨和十八罗汉塑像艺术水平最高。这些塑像与真人大小差不多，每一尊都个性鲜明，神情逼真，形态优美，衣纹流畅，就如同是现实生活中的人物，佛教艺术里融人了生活的真实。

不料，真实的生活却给了佛教艺术当头一棒，1993年12月，开放仅四个月的资寿寺遭遇浩劫，十八罗汉塑像头部一夜之间全部被盗，后来台湾富商陈永泰先生重金购买到所有失窃的罗汉头，并无偿捐献，1999年3月终于珠还合浦，成就了一段现代传奇。

到达：灵石县城乘公交车，或者从王家大院出来后乘公交车，在资寿寺路口下车，步行800米左右。

住宿

太谷

县城内住宿选择余地很小，集中在新建路、太洛路等主要街道上。

太谷宾馆

挂牌二星，是当地最好的宾馆。卫生状况令人满意，24小时热水供应，设有餐厅、洗浴中心，住店客人免费桑拿，免费早餐，院内免费停车。低层的房间稍微有点吵。

地址：新建路200号，县政府旁边。在太谷火车站或汽车站下车后，乘坐三轮摩托，3-5元可达。

游览：从宾馆向东步行3-5分钟可到达南关，从这里向北走到孔祥熙宅院和无边寺只需要5分钟左右；出宾馆右转向西，在第一个红绿灯右转向北，步行5-8分钟到晋中二院（医院）门口，这里有开往祁县的县际班车，可到达曹家大院所在的北洸村口。

航天宾馆

房间比较紧张，卫生条件不错。标准间约100元／晚，普通间约80元／晚。

地址：位于太谷宾馆东侧，航天部518所对面。

祁县

从游程安排上看，很少有人把祁县作为计划中的落脚点，一般会到距离祁县仅23公里的平遥住宿。如果想在祁县歇脚，可以考虑以下住宿点。

汾河宾馆

二星标准。双标打折后约100元／晚，24小时热水供应，院内免费停车。宾馆所在街道为主要商业街，购物方便，邮政局、移动通信营业部距离宾馆约300米，门前有从县城到乔家大院（终点为晓义）的中巴经过。

地址：位于新建南路91号，古城入口——“昭余古城牌坊”南约500米路西。

乔家宾馆

挂牌三星。24 小时热水供应，院内免费停车。

地址：在乔家大院附近，“马踏飞燕”雕塑南侧，紧临大运公路。

介休

住宿点集中分布于火车站前的新建路和南河沿街上。

桂都大酒店

挂牌二星，有电梯。标间分为两个档次。房间比较大，虽然临街，但有双层窗外加阳台门的阻隔，非常安静。免费早餐，院内停车过夜 5 元。

地址：新建西路 283 号，火车站斜对面。

银山宾馆

标准间约 100 元 / 晚。停车免费。

地址：新建西路 307 号，桂都西边。

供贸宾馆

分贵宾楼和普通楼，贵宾楼标间约 200 元 / 晚，普通楼标间 150 元 / 晚，普通间 40 元 / 床，24 小时热水。紧邻主要大街交叉口，噪音较大，好处是交通方便，去王家大院的车在宾馆门前有站。楼下有天津狗不理包子集团特许加盟店，但口味一般。

地址：南河沿街 217 号，火车站对面。

灵石

住宿点集中分布于火车站前的新建路和南河沿街上。

税苑宾馆

有一个不大的天井，没有停车的时候，可以坐下来喝喝茶、晒晒太阳。共有 20 多个标间，设施完全一样，根据房间大小不同分为三档，最便宜的一档没有朝外的窗户。卧具干净整洁，有饮水机、空调、电热水器，24 小时热水供应。院内可停车 4–5 辆，停车免费。

地址：距离王家大院仅 100 米，从静升文庙向东 50 米即到。

宏源大酒店

挂牌三星，装修豪华。24 小时热水供应，停车免费。酒店旁边为灵石县的天石新区，餐饮、通讯、医药等各项服务机构齐全。

地址：县城南部天石广场

资讯补给站

Zixunbujizhan

特产

榆次三宝

榆次有著名的榆次三宝：元宵、灌肠、豆腐脑。元宵不必多说，豆腐脑无非是浇的卤里面作料比较全，有黄豆、粉条、肉片等，相对而言最有特色的就数灌肠了。

榆次灌肠虽然叫灌肠，实际上跟肠没有任何关系，它以荞面制成，制作方法很简单，用冷水将荞面打成糊状，放入小碟内，上笼蒸制。蒸熟后的灌肠形如碗碟，呈灰色半透明状，软而坚韧，富有弹性。入口爽利而筋道，素淡开胃，既可蘸醋、蒜汁凉拌，也可热炒。榆次灌肠分红、白两种，红灌肠加了猪血，呈浅褐色，比较适合热炒，白灌肠不掺猪血，呈灰白色，最为常见。灌肠在榆次的大街小巷都可以找到，老城东门向北的那条街两边有不少餐馆，是距离旅游区最近的吃灌肠的地方。

太谷饼

起源于清末，是一种烤制的实心面饼，当地俗称“干饼”、“烧饼”。圆形，厚薄均匀，表皮为茶黄色，粘有脱了皮的芝麻。用白面、白糖、胡油、芝麻、蛋清等制作而成。先用蛋清将六成白糖和四成白面调成糊状，用勺子盛于扣炉内，糊状自然融流成圆形，然后上撒芝麻，下抹胡油，再用慢火烤熟。太谷饼又甜又酥，不腻不硬，软而不皮，而且储存时间长，久储味道不变。在老城内的东大街、南大街等地有现场制作的作坊，而包装好的太谷饼在山西各地的超市、商场都可以买到，如果太谷不是你旅行的最后一站，完全没有必要在此购买，以免增加行李重量。

石烙饼

用揉好的面团擀成面饼，然后放进铺好了石子的炉具里，最后再盖一层石子在上面，捂上盖子烙三分钟，烙好后的饼子呈现出大大小小的圆石子形状，颇为有趣，如果说太谷饼是挂面的亲戚的话，石烙饼就是方便面的本家。香脆可口，虽然没有味道，但带着面粉自然的清香。

贯馅糖

介休的传统特色食品是贯馅糖，已有一千余年历史。它以大麦、小米熬制后经反复牵拉制成的糖稀为主料，以绵白糖、核桃仁、蜂蜜、桂花、青红丝作馅，再以去皮熟芝麻为辅料，糖里包糖馅，呈长条状。咬着酥脆、吃着绵甜、气味芳香，且具有温肺、健胃、健脑、催乳等功能。贯馅糖为冬季时令产品，只有天冷才能做，元宵节前后是生产旺季。制作过程颇具观赏性，糖稀被挂在木桩上，大概是为了让成品更加酥脆，制作者要用木棍套住反复拉伸，其动作与湘西凤凰县街头制作姜糖很相似。

榆次老城街道

第六章

平遥——让时间凝固

往镇国寺
108国道
火车站
9路中巴站
(往镇国寺)
往双林寺
平遥
N
北大街
西大街
东大街
南大街
沙巷
衙门街
城隍庙街
柳根路
德升源客栈
古城联票
售票处
邮局
清虚观
天吉祥
樱花屋
日升昌
山辉
天禄
一得客栈
平遥宾馆
冀宅
市楼
金井楼
协同庆
云锦成
中国镖局
天元奎
昌兴隆
城隍庙
文庙
平遥大戏堂
衙门官舍
裕成源客栈
县衙
雷履泰故居
范宅

平遥：明清街牌坊

平遥，就像一本永远也读不完的书，尽管你已经发现了太多精彩，但每翻开新的一页，又总能带来新的惊喜。

平遥的美需要用心慢慢去体会。平遥的美来自于宠辱不惊的大度，来自于兼容并蓄的宽厚，来自于悠久的商业传统，来自于深邃的文化内涵。他就像一位饱经风霜的老人，一条条街巷就是他阡陌纵横的皱纹，每一道皱纹都见证了从平淡到繁华、又从繁华复归于平淡的故事，随便叩开一扇门，也许就打开了一段尘封的历史，看似平凡的一段路，可能曾留下商界巨子匆匆的脚步。昔日商场上的纵横捭阖、一呼百应，如今早已被时光埋没，只有满城规矩工整、高墙夹峙的精美民居，还残留着盛世的一点影子。

平遥自建城以来，在晋中平原上默默度过了两千余年，才终于等到了百余年屹立于商海浪尖的辉煌。而自 20 世纪 30 年代衰落之后，到世纪末这几十年间缓慢得近乎停滞的发展，又使古城逃过了建设性破坏的厄运。直到文物学家慧眼识珍，再一次让平遥成为举世瞩目的焦点。世事沧桑、福祸相依的人间法则，在平遥城的历史上体现得如此淋漓尽致、生动鲜活。

平遥是从容的，在寻常巷陌里按部就班进行着的居民生活，似乎从来也不会被旅行者打扰，对他们来说，生活无非是炎炎盛夏屋檐下的荫凉，是数九寒冬窗户上晶莹的霜花，是寂静秋夜院子里如水的月光，是料峭初春掠过房顶的漫漫黄沙。在游人很少涉足的街巷深处，平遥顽强地坚持着自己的节奏，不疾不徐，闲庭信步。平遥又是与时俱进的，古民居纷纷改建成客栈，商肆、酒吧争先恐后地在明清街上绽放着笑脸，摄影节期间美艳诱人的人体摄影与文庙蓬头垢面的文物并肩而立，平遥小心翼翼地改变着形象，试图让游客在这里找到更多的乐趣。

如何在保持传统风韵与迎合大众旅游心理之间求得微妙的平衡，是所有古城面临的挑战。我喜欢平遥的答案。老式的面脸房摆着老式的椅子，椅子上坐着的理发的老人；简陋的修车店遍地撒满阳光，阳光下拾掇自行车的摊主；空无一人的小吃铺，悠然自得地跟着电视节目哼戏的老板；冬季歇业的客栈里，边扫院子边聊天的店主夫妇……平遥从容不迫的气度让我着迷，它不仅是店面相接、招牌林立的商业街，更是居民心中从未远离的家园。

要想在几天之内阅尽千余年的起起落落、兴衰荣辱，是不可能完成的任务。要想体会古城独特的韵味，必须沉浸于平遥的坊巷之中，把自己当作古城的一部分，呼吸空气中弥漫的历史积淀，再一点点渗透到自己的骨头里。

1997 年，平遥以及双林寺、镇国寺被联合国教科文组织确定为世界文化遗产，专家们的评语是：平遥古城是中国汉民族城市在明清时期的杰出范例，平遥古城保存了其所有特征，而且在中国历史的发展中为人们展示了一幅非同寻常的文化、社会、经济及宗教发展的完整画卷。

行程推荐

Xingchengtuijian

每个季节的平遥都有独特的美，任何时候来，都可以感受到古城风韵，不过冬天的平遥相对安静些。城内交通除了靠步行，随叫随停的电瓶车价格也不贵。

印刷精美的门票上虽然列着二十个景点，但完全没必要按图索骥，一一拜访。轻松走下来，两天比较合理，时间紧的话，一天也能看个大概。

在民居客栈住宿几乎是所有游客期待的旅游体验，由于紧临大街，西大街东段、明清街两旁的客栈总是不缺客源，再加上街头时刻川流不息的人群，住在这里体会滚滚红尘和古城的绚烂华丽比较适合，想找到静谧幽深的味道，恐怕比较困难。安静的民居院一般位于小巷深处，沙巷街、衙门街一带有几家各具特色的客栈，虽然去往景点要多走几步路，但那种舒缓松弛的节奏令人难以割舍。不想花冤枉钱的话，建议别让别人领着找旅馆。

毕竟是在城里，吃饭价格很贵，以明清街、西大街的饭馆为最，所以不要忘了砍价。不过更合算的是出了城墙再找地方吃饭，虽然口味与城里那些旅游饭店相差无几，价格可实惠多了，当然装修、服务水平不可同日而语。

平遥牛肉、漆器和山药粉是购物的主要选择，包装好的名牌牛肉和山药粉在各商店的价格几乎完全一样，漆器、剪纸、布鞋等就可以货比三家了。

一天时间，脚步匆匆逛古城

安排一次平遥精华游刚刚够用。早上 7:30 出发，到达双林寺，正好碰上景区开门，可以趁着没人仔细欣赏雕塑，然后回到西城门，登城墙俯瞰古城全貌，但是只能在西门城楼附近走一走。下来后正是午饭时分，在西大街上找一家餐馆吃午饭。饭后向东步行到日升昌票号，听听中国票号的兴衰史。接着顺明清街向南，根据兴趣快速浏览一、两家镖局或家具博物馆，赶在 15:30 前到达县衙看审案表演。参观完县衙后出门向南，去日升昌票号的创始人雷履泰故居看古城民居的代表作。傍晚回到明清街，在“云锦成”或“天元奎”之类的特色餐馆吃晚饭。出门已是掌灯时分，在明清街灯火辉煌的夜色中踱回旅馆，顺道买些牛肉、漆器等特色商品，准备回家分送亲朋。

两天时间，大小景点都走到

两天就能够把古城内外的大小景点一网打尽了。第一天早上出发，先去双林寺，参观完回到火车站附近，乘公交车前往镇国寺。参观完后回到西门，应当是下午一两点钟左右，在西门附近吃午饭。然后上城墙，可以一路走到城南门再下城墙，去文庙和城隍庙度过下午余下的时光，别忘了回程时尝一尝城隍庙边上的三圪塔碗秃则。

第二天游剩下的日升昌、清虚观、县衙、雷履泰故居等景点，在明清街上逛逛，时间应当是足够用了。

三天以上时间，细品古城的味道

如果用三天时间待在平遥，相信你是真正喜欢这儿的。除了参观那些景点以外，可以租辆自行车，或者干脆安步当车，在城里到处探寻古民居、老商铺的遗迹，跟老大爷聊一聊过去的辉煌，坐街边晒一晒太阳，或是到双林寺发发呆，在城墙上徒步一圈，要不就到漆器厂里了解漆器的制作工艺，看剪纸铺的老板娘专心致志地剪出一幅图案……你感受到的平遥绝对与别人眼中的大不一样，平遥不再是博物馆和商店的集合体，他成了有生命、会呼吸的文物，你也成了古城的一部分，可以触摸到他的脉搏，感觉到他的体温。

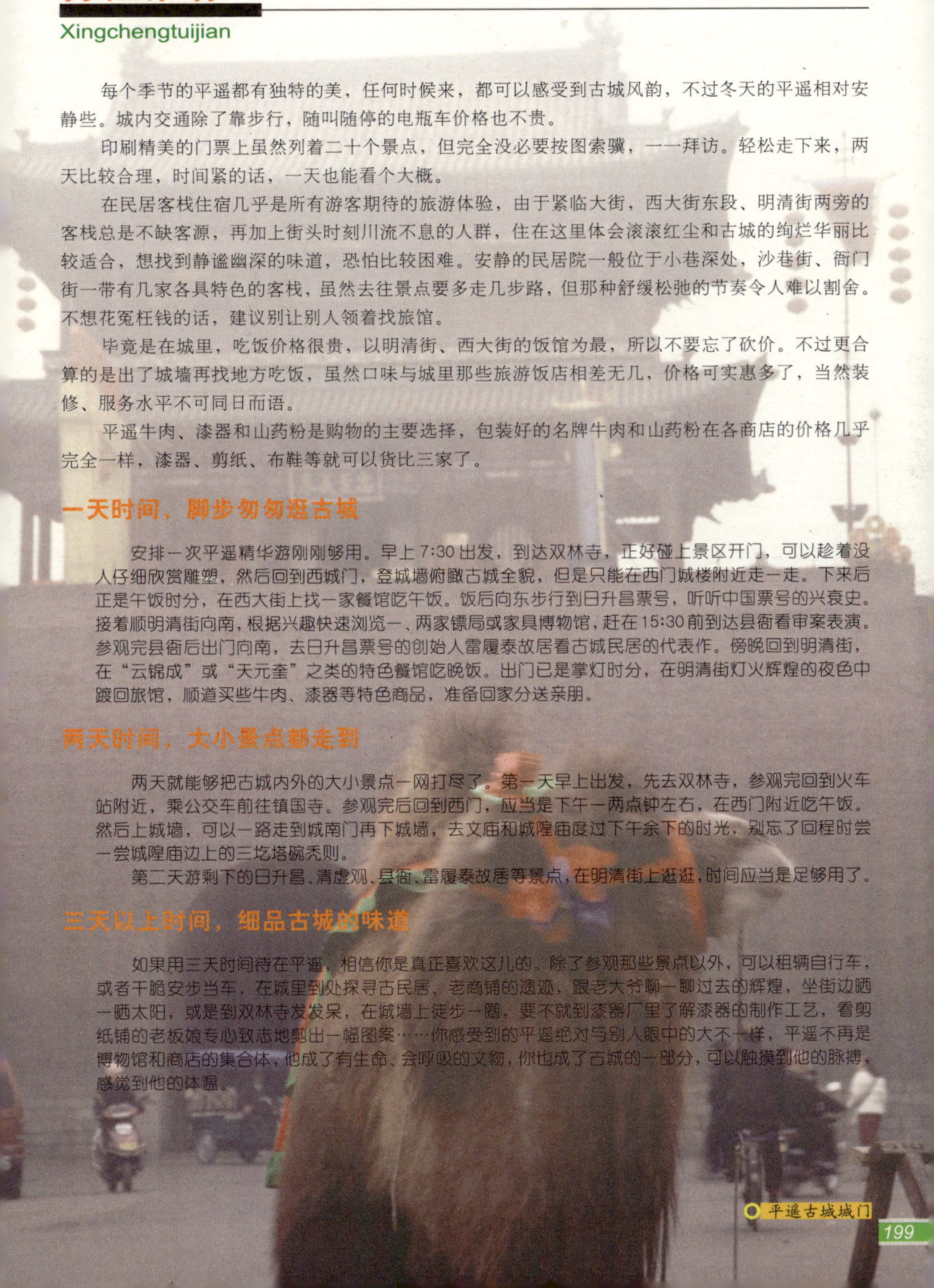

平遥古城城门

预 算

Yusuan

以两天时间为标准（包括了主要的景点）计算

门票：约 165 元。

交通：租小面去往双林寺、镇国寺，按每车 4 人分摊，城内乘坐电瓶车，共计 50 元。

住宿：按照民俗客栈标准间每天 80 元计算，同行两人分摊，每人每天 40 元，两天共计 80 元。

餐饮：以特色菜及当地小吃为主，按照每天 60 元计算，两天共计 120 元。

总计约 415 元

平遥：城门

世界文化遗产包括“一城两寺”，其中平遥古城实行联票制，包含 20 个检票景点。“一城两寺”的门票，学生、残疾人、60 岁以上老年人凭有效证件半价优惠，现役军人、革命伤残军人、70 岁以上老年人免票。

门票一日有效，如果没看完第二天想接着参观，切记当天下午 17:00-20:00 要到北门售票处、县衙售票处或小十字路口售票处办理签证，就是在门票上盖个戳，否则第二天景点完全可以将你拒之门外。

在平遥要做的 11 件事

Zaipingyaoyaozuodeshiyijianshi

01 在日升昌票号 找账房先生开张兑不出银子的银票

西大街鳞次栉比的仿古建筑之中，藏着一爿五开间的门面，普普通通的黑漆大门，很难想像这里曾经上演过一部波澜壮阔、纵横捭阖的中国近代金融史，只有“日升昌记”那黑底金字牌匾，揭示了这家铺面的辉煌历史。清道光三年（公元 1823 年），中国近代金融业鼻祖、第一家票号“日升昌”就诞生在这里。

日升昌的整个院落布局紧凑，甚至有些狭小，与今天的金融机构格局完全不同。进入大门即为柜房，相当于今天的银行营业部，汇票的汇兑就在此进行。墙上挂着合仄押韵的诗文，看起来类似处事理财的格言警句，其实是票号的密押，将存款月份、日期、数量、单位、银子成色的暗语隐藏其中，这样外人即使捡到遗失的汇票，也如读天书般不知所云，为安全起见，密押一年至少要更换两套。日升昌还首创了带有特制水印的汇票，用来识别真伪，晋商的精明谨慎由此可见一斑。西柜房土炕前的灰坑底下就是小金库所在，据说还有个大金库迄今没有找到。这样的传说让我的脚步故意沉重起来，企图一步踏出个金玉满堂来，可惜回应我的只有尘土。

第二进院落两侧分别是账房和信房，负责结算和信函往来。信房内挂着一副对联：头上青天为父母，堂前翁姑即神仙。为清太子太保刘墉楷书，刘墉是清代著名书法家，用墨厚重浓烈，丰腴遒劲，时称“浓墨宰相”。对联前我伫立良久，不仅因为字写得好，

日升昌

而且因为其中蕴含着要孝敬父母的谆谆教导。这里有账房先生现场用密押书写汇票，想写多少写多少，虽然这张汇票到哪里都提不到钱，你却要为之付费哦！二进院的中厅是票号接待重要客人的地方，相当于今天的大户室，摆着鸦片烟具，据说很多生意就是在客人的吞云吐雾中谈成的。票号诞生于清代中晚期既是历史的必然，又是历史的悲剧，一个吸食鸦片成风、积弱难返的社会，已经注定了票号的悲惨结局。

后院的日新中票号目前已被辟为中国票号博物馆，搜集、整理了与平遥票号、山西票号、中国票号相关的历史资料，介绍了其商业思想、经营理念、管理之道、运筹之策等。

日升昌的兴起与衰落，是近代山西商业盛极而衰的缩影，掩藏在高墙大院与厚重木门之内的财富故事，惊心动魄，也令人唏嘘。百余年的晋商风流，终被雨打风吹去，如今的日升昌，昔人已去，小楼未空，熙熙攘攘的游人，试图在此追忆已逝的繁华，探寻成功的秘密。

小知识—中国票号发展史

1823年，为了满足商业活动中资金往来的需要，雷履泰创办了中国第一家票号“日升昌”，成为金融发展史上汇兑业开始的里程碑，中国从此有了一种专业化、网络化的货币汇兑机制，卸下了现银运送的沉重负担，实现了更为轻快的商业流通。票号兼营存贷款业务又为商业发展提供了资金保障，从而促进了社会经济的发展。经济学家马寅初先生曾对票号的历史贡献，做出过这样的评价：“如是既无长途运现之烦，又无中途水火盗贼之险，而收解又可两清。商业之兴，国富以增，票庄历史上贡献不可谓不大。”

“日升昌”生意发展迅速，1827年已在山东、河南、辽宁、江苏等省开设多家分支机构，引起晋商巨族纷纷效仿。清政府允许山西票号汇兑官银给他们带来了难得的历史机遇，平遥21家、祁县12家、太谷7家票号相继崛起，形成平遥、祁县、太谷三帮鼎立的局面。山西票号日渐兴隆，在国内85个城市和日本的东京、大阪、神户，新加坡以及俄罗斯的莫斯科和印度的加尔各答等地，共设分号500多处，鼎盛时期全国有40多家有名号的票号，而山西就有30多家，平遥以区区弹丸之地，竟然集中了22家票号，占了全国票号业的半壁江山，称平遥为中国当时的金融中心绝不为过。

凭色渔利、异地汇兑手续费、存贷利差和吃汇票流转的空期是票号盈利的四种方式，其中前三种至今仍然是银行业的利润来源，不过凭色渔利转变成了外汇买卖差价而已。日升昌人敏锐地发现了商机，并且成功地创造了自己的盈利模式，可惜他们只猜到了故事的开始，没有猜到故事的结局。

到了清王朝后期，连年战乱、市场波动给票号造成了很大损失。山西票号未能审时度势、与时俱进，贷款没有抵押，不注重吸纳小额存款，与政府关联度太大，各票号各自为战、不能团结一致等固有的缺陷使之不能适应现代金融业的要求。1900年以后，外国银行逐渐成为中国金融业的主体，它们凭借雄厚的实力发行纸币，以纸币代替银两流通，这对依靠银两汇兑起家的山西票号无异于雪上加霜。1914年，日升昌倒闭，标志着一个时代的结束，晋商再也没能回到历史的舞台，近代中国最富有、最显赫的商帮终于盛极而衰，只留下一个远去的背影，一声无奈的叹息。

小帖士 TIPS

到达：
位于西大街路南，小十字路口向东约100米。

游览时间：
约30分钟

在平遥要做的11件事

Zaipingyaoyaozuodeshiyijianshi

02 到县衙看县太爷升堂

平遥县衙署始建于元，明清时期曾多次整修，号称全国保存最完好的县衙建筑群，实际上大多数建筑都是后来恢复的，其文物价值与河南内乡县衙的真古董不可同日而语。不过修复后的建筑群主从有序，布局完整，前朝后寝，左文右武，是了解我国古代官署建筑和吏治文化的好去处。我对县衙中随处可见的对联最感兴趣，虽然是复制品，但寓意深刻，语重心长，对于现在社会也有重大借鉴意义。

大门，仪门

县衙大门口的对联是：

莫寻仇莫负气莫听教唆到此地费心费力费钱就胜人终累己

要酌理要揆情要度时世做这官不勤不清不慎易造孽难欺天

既劝解当事人要谨慎诉讼，不要意气用事，又告诫做官者要勤于理政，谨慎为官，清正廉洁。

县衙的第二道门叫“仪门”，即“礼仪之门”，在衙署中进出都必须遵循“礼制”。仪门通常是关闭不开的，只有在知县上任、恭迎上宾，或者有重大庆典活动时才打开，以示隆重。仪门两侧有东西两个角门，中国传统以东为上，所以东角门作为“人门”，也叫“喜门”，是供知县平常出入的，而西角门就是“鬼门”，也叫“绝门”，平常关闭，只有在提审人犯，押解死囚赴刑时才打开。仪门外的对联是：

门外四时春和风甘雨

案内三尺法烈日严霜

那意思就是劝大家最好还是在外边老老实实地过日子，违法犯罪的人来了这里，等待着的只有法律的严惩。

县官审案

监狱

过仪门顺箭头指示左转，就是监狱，分为重狱、女狱、轻狱、洪善驿、督捕厅等，明显是为了布局完整而重修的建筑。这里展示了自古以来的司法文书、契约、刑具、刑罚制度等，所有刑具都有简介，对用于女犯的“木驴”介绍尤为详细，洋洋数百字，描写翔实，不厌其烦。有一种枷具叫五连木枷，即将五位犯人枷在一起，形状有点像现在拓展训练中经常使用的“木板鞋”，用来提高参训人的团队合作意识和协调一致能力，发明这种拓展训练道具的人是不是古代狱卒再世呢？

大堂

从监狱尽头的小门穿过，回到中路，看到最宏伟的建筑就是县衙大堂。上书“亲民堂”，五开间，正中三间为公堂，全县所有的大案、要案、命案都要在这里审理，公堂对联是：

吃百姓之饭穿百姓之衣莫道百姓可欺自己也是百姓

得一官不荣失一官不辱勿说一官无用地方全靠一官

不知古往今来究竟有多少官员从未忘记过“自己也是百姓”？“得一官不荣，失一官不辱”，可惜能够做到宠辱不惊的官员并没有几个，鱼肉百姓的倒层出不穷。“勿说一官无用，地方全靠一官”，哪怕是小小的七品芝麻官，也关系到一方黎民百姓的幸福，这个道理上层统治者看得很清楚，各级官员却不一定能认识到。

大堂正中屏风上绘的是山水朝阳图，山正、水清、日明，寓意“清正廉明”，与宫阁上方所悬匾额“明镜高悬”相互呼应，是明清县衙的标准装修样式。现在每天在大堂表演“县太爷升堂”，重现古代老爷审理案件的场景，有赡养老人案、盗窃案等，案情虽然简单，审理过程却充满了民间智慧。古代故事的背景，刻意加入了现代语言元素，如脑白金、打的、复印、身份证等等，以博得观众一笑。当地业余演员着清代服饰演出，老爷、原告、被告一般还能煞有介事，跑龙套的衙役们就不能自始至终专心致志了，往往是手里拄着水火棍，眼睛看着摄像机，或若有所思，或哈欠连天，游客们也没闲着，演出过程中，各种品牌的照相机、摄像机镜头都对准县太爷，跟“狗仔队”采访大明星似的，有的还没等判案结束，就已经迫不及待地跑到县太爷身后合影去了，这些小插曲甚至比剧情本身更具有喜剧效果。

大堂内东西两侧分别是钱粮库和武备库，相当于今天的财务部账目科和人武部武器仓库，分别展出明代文、武一至九品官员的朝服。

平遥县衙

六房

“吏、户、礼、兵、刑、工”六房位于大堂东西两侧，与中央政府的“六部”对应。“吏、户、礼”居东，“兵、刑、工”居西，它们分别与东边的钱粮库和西边的武备库这两个库房合称“东司”和“西司”。东司由县丞（正八品）分管，西司由典吏（从八品）分管。

一个县的政府部门，标准编制为125人，当年的政府比现在可精简多了。现如今很多“科技园区”“产业园区”标榜的集中办公，其实并不是新鲜玩意，千年来一直在中国各地实施着，不过当时的办公条件跟现在不能同日而语：县太爷办公的大堂四处漏风，连暖气都没有，就更别提那些寒酸矮小的“六房”了。

宅门

大堂后面的院门称为“宅门”，是“前朝后寝”的分界线，在这一点上，最低层的县衙与最高层的皇宫保持了高度的一致。宅门两旁设有“门子房”，相当于今天的传达室，看门人又称“门子”，日夜轮流值班。宅门闲人免进，若想见知县，必须由门子通禀。来访者为了见到知县，只好贿赂门子，这就是现代人所说的“走后门”的历史渊源。

二堂

二堂建于明万历十九年，是所剩不多的真正古建筑之一。二堂对联曰：

与百姓有缘才来到此

期寸心无愧不负斯民

有趣的是下联的“愧”字少一点，而“民”字多一点，这可不是写了错字，其意思是对百姓要多一点“爱”，少一点“愧”，构思巧妙，寓意深刻。二堂是知县的日常办公室，民事案件也在这里审理。正中屏风上绘有“松鹤延年图”，与大堂的“山水朝阳图”相比，无疑多了几分生活气息，案上的令签也与大堂不同，只有黑色而没有红色，表明在二堂一般不判处死刑。屏风上方悬有匾额“思补堂”，原称“退思堂”，均为退思补过之意。知县坐在堂上，抬头便可见对面屏门上所悬“天理、国法、人情”六个大字。这六个字提醒知县断案时要权衡三者，做到合法，合理又合情，这种观念在现代法治社会已经处于被批判的地位，但它反映了中国传统的价值判断和做事准则。

大仙楼

大仙楼位于中轴线最北端，是县衙中唯一一处元代建筑，始建于元至正六年（公元1356年），保存了初建时下窑上楼的格局。楼下正窑冬暖夏凉，是知县用餐的地方。对联曰：

柴米油盐酱醋茶除却神仙少不得

孝悌忠信礼义廉无有铜钱可做来

既暗含了厨房、餐厅和大仙楼的功能，又教诲人们要遵守孝、悌、忠、信、礼、义、廉、耻“朱子八德”，把做人的基本品德与生活必需品相对应，体现了撰联者对“朱子八德”的深刻理解。楼上供奉狐仙，据说他被封为守印大仙后就不会出来捣乱了，自元代以降，历届政府、历次整修都没有拆除大仙楼，恐怕不只是巧合。

花园

大仙楼东侧有个过厅，两位县太爷的扮演者竟然在这里卖画！原来两位“县太爷”分别是平遥美术家协会的正、副主席，被告的扮演者则是秘书长，他们的书画作品在这里出售。穿过过厅是知县的花园，不大，也没有多少游人在这里停留。

酂侯祠，土地庙

花园向南为酂侯祠，是供奉西汉开国丞相萧何的地方，包括三座主要建筑：萧何庙、献亭、风雅台。风雅台就是戏台，每逢重大节日，知县都要调戏班来唱戏。现在每周六、日 10:30 和 15:30，风雅台有两场戏曲演出，游客可免费观看。酂侯祠向南为土地庙，里面的曾国荃手书匾和圣旨匾尚可一观。

小帖士 TIPS

到达：
位于衙门街（又称政府街）路北，从明清街南口“商德昭世／薰风南来”牌坊向西约 500 米。

游览时间：
一小时

下一站：
雷履泰故居：可出县衙大门，绕过影壁一直向南，过县公安局右转 50 米即到。

Zuozheshouji 作者手记

1.“县太爷升堂”周一至周五每天 10:00，11:30，15:30 各演三场，周六、日则是 10:00，11:30，15:00，16:30 四场，每场 10-15 分钟，每场案情各不相同，如果感兴趣，可以 10:00 左右进入县衙，看完第一场后开始参观别的景点，一个半小时后返回看完下一场再离开。

2. 游览线路上都有不锈钢制路线牌，根据其指示方向游览可避免走冤枉路。

3. 仪门和酂侯祠中有两个触摸屏，可查询景点介绍、旅游路线、背景知识等，酂侯祠内还循环播放介绍县衙的 VCD。

游客看戏

古城民居的匾额

在平遥要做的 11 件事

Zaipingyaoyaozuodeshiyijianshi

03 寻找平遥民居的典范

古城本身就是平遥最大的文物，是研究中国古代城池建制的珍贵实物遗存，其严格对称的内部空间布局，体现了我国古代城市传统的布局特点。古城以南大街为轴线，市楼居中，按左城隍（城隍庙）、右衙署（县衙），左文（文庙）、右武（武庙），东观（道教清虚观）、西寺（佛教集福寺，已不存）对称分布。南大街、东大街、西大街、城隍庙街、衙门街构成“干”字形商业街，四大街、八小街、七十二条蚰蜒巷组成方便完备的交通网络。

平遥整座城池就如同一座庞大的古建筑博物馆，除了文庙大成殿等大型建筑外，现存传统民居 3797 处，其中有 400 余处基本保持了明清时期风貌，至今还有居民居住，是不折不扣的活文物。梁思成先生的评价是“外雄内秀”，精辟地概括了平遥民居高墙壁立、门禁森严和建筑工艺精湛、雕饰华美的特点。平遥民居照顾当地气候，注重将传统建筑艺术与传统风水理论相结合，具有鲜明的地方特色，大体可分为三种建筑形式：一种是木结构砖瓦房，一种是砖窑洞加木廊外檐，再一种是下层为砖窑洞、上层为木质楼阁的两层楼。格局多为严谨的四合院，沿中轴线方向由几进院落连缀而成，院落中间以矮墙、垂花门分隔，形成多进的“目”字结构，尤以二进院或三进院加东西偏院为多，后院正房大多为下层砖窑洞、上层木结构的两层楼式。如果只看景点不看民居，你见到的只是浓妆艳抹、投人所好的平遥，却会错过不施粉黛、素面朝天的平遥。

雷履泰故居位于城南的上西门街 11 号，始建于道光年间，由两主院、两跨院组成，其规整乃平遥民居之典范。里院正房面阔三间、带前廊，下窑

民居四合院客栈

古城民居精美的砖雕

上楼结构，是当年民居最喜欢采用的形式，冬暖夏凉，符合现在的节能型房屋标准。整个院子修旧如旧，风格淡雅，雀替、挂落装修完整，如果没有时间在大街小巷寻找其他民居的话，这所宅子完全可以作为民居的代表，令游人了解到平遥民居的魅力。

故居内有雷履泰生平介绍，这位商界奇才是从小伙计、分店经理一步步做上来的，与他的奋斗历史同样吸引人的是他跟原日升昌二掌柜毛鸿翙的恩恩怨怨。雷履泰亲自将毛鸿翙招致麾下，又培养成其左膀右臂，但一山不容二虎，毛不堪长期居人之下，另立山头，创办了后来的“蔚字五联号”，欲与日升昌在票号领域一争高低，看来那时候还没有“同业竞止”的概念。事实证明，两个人都有经商天赋，两家票号的生意都非常红火。后来雷履泰给自己的一个孙子起名叫“雷鸿翙”，当然“毛履泰”也应运而生，两家票号掌柜斗气的方式跟小学生在墙上涂鸦没有什么本质区别，令人忍俊不禁。

正房二楼为平遥城缩微模型及王荩廷和王沛霖故居、范宅、冀宅等重点民居模型，还有城内各处景点简介，文物保护民居的具体门牌号等。如果把雷履泰故居作为你旅程的开始，就可以快速了解古城的整体概况，确定自己的旅游重点，对于想踏访古民居的游客来说更是一部好的指南；如果把这里当作你旅程的结尾，在平遥城缩微模型前指指点点，一一找到自己曾经到过的地方，也是一件颇有成就感的事情。因此雷履泰故居绝对不容错过。

在平遥要做的 11 件事

Zaipingyaoyaozuodeshiyijianshi

04 逛一逛 落寞的清虚观

清虚观始建于唐显庆二年（公元 657 年），现在是平遥县博物馆所在地。由于离景点集中的明清街稍远，这里游人鲜至，是个发思古之幽情的好地方。博物馆陈列介绍了平遥的历史沿革，展出了与平遥县相关的文物，特色陈列品包括：

第四室的铜、铁制佛像，尽管有些已经残缺，但能够逃脱历史上的多次劫难，没有被投入熔炉变成子弹壳、钢铁渣而留存至今，也殊为不易。尤其是展柜中最右侧几尊锈迹斑斑、却依旧面带微笑的佛道造像，更显沧桑。

第五室陈列着清代工笔重彩画——水陆画，即举办水陆法会时悬挂的佛教题材画。沿用传统绘画技法，先描画人物轮廓，再层层堆色，最后压描金线，由于采用了天然矿物颜料，画面历数百年而色彩依然艳丽，人物刻画细腻，呼之欲出。

第七室为纱阁戏人，就是立体的戏剧模型，根据传统戏曲里的经典场景，用纸、泥、木头、草、麻绳等为原料做成戏曲里的人物和布景，曾流行于明清时期的晋中一带。这套纱阁戏人是 1906 年平遥民间艺人许立廷为市楼制作的，集雕塑、绘画、扎纸、描金、堆景等手法于一体，乃全国孤例，是研究地方戏曲和民间美术难得的资料。生、旦、净、末、丑，行行兼备，有文有武、有坐有立、有唱有打，脸谱、身形、表情、服饰、行头，无不活灵活现，栩栩如生。空荡荡的展厅里，我一个人面对着已近百岁的珍品，当年的

○ 清虚观纱阁戏人

三十六阁仅余二十八，有的戏人已经跌倒，有的椅子腿已经折断，他们脆弱的身躯还能支撑多久呢？阳光从窗棂间照进来，让纱阁里的戏人恢复了活力，耳边竟依稀响起咿咿呀呀的唱腔来，只是这曲调中似乎有挥之不去的悲凉。

后院东配殿中有宋元时期的一套彩绘木雕神像，庙宇内塑像多为泥塑，木雕神像比较少见，经过岁月的剥蚀，彩绘已部分脱落，木头干裂，留下深深沟痕。他们曾经接受过无数善男信女的顶礼膜拜，如今却只能在此寂寞地打坐，日复一日地送走夕阳最后的余晖。

小帖士 TIPS

到达：
位于东大街东口路北，从明清街与西大街交叉口向东 600 米，步行 10 分钟即到。

游览时间：
1 小时

下一站：
继续游览：出门向西 550 米，路南为华北第一镖局，路北为中国商会博物馆。
美食：中国商会博物馆旁边有罐罐牛肉面，虽非平遥特色，味道却很不错。

Zuozheshouji 作者手记

1. 展厅内照明条件普遍较差，请尽量选择自然光线充足的时间前往。
2. 藏品不像明清街的博物馆那么千篇一律，最适合一个人静静地参观。
3. 农历四月十四为吕洞宾生日，这里举办吕祖庙会，上香人数众多。

清虚观纱阁戏人

在平遥要做的 11 件事

Zaipingyaoyaozuodeshiyijianshi

05 城隍庙里 鉴赏木雕的精美

平遥城隍庙初建于北宋，明嘉靖和清同治年间曾经大火后重修，现存建筑为清代规制，其最大特色是建筑结构与琉璃艺术。殿宇、廊庑、楼阁、坊、台，各种建筑样式应有尽有，形制多样，结构精巧，风格迥异。总体布局既有寺庙建筑配置特色，又有官署建筑的意趣，“前朝后寝”的功能分区体现得十分鲜明。屋顶琉璃精致绝伦，吻兽、脊刹、仙人、武士造型精美，栩栩如生，釉色均匀，色泽如初，是清代琉璃工艺的杰出范例。城隍庙附属建筑游廊、官厅、东西廊庑纵深相连，贯穿一体，与高大、威严的主体建筑相配，构筑出严密、封闭的氛围，再配上以蓝、绿色为主的冷色调琉璃屋顶，渲染出阴世、阳间轮回的神秘和天网恢恢、疏而不漏的威严。

城隍庙前后四进院，排列在南北中轴线上。穿过牌楼、山门，一座重檐歇山顶、前出檐带回廊的雄伟戏楼呈现眼前，建筑形式颇为少见，因为一般的戏楼建筑不会设置这种对其功能没有什么实际作用的回廊。戏楼看起来比较新，可能是近年修复的。从戏楼底下穿过去就是主体建筑城隍殿所在，殿内供奉城隍爷，东西山墙有清代壁画“城隍出巡图”，在我看来艺术水平一般。东配殿是六曹殿，供奉六曹判官，展示阴曹地府的十八般酷刑，道教寺庙似乎很喜欢以此教化民众，血淋淋的又有裸体形象，暴力加色情，虽说泥塑不够逼真，基本还是可以归入少儿不宜一类。倒是有张床值得一看，这张床已有300年历史，保存完好，床架上木雕蝙蝠、葫芦、

小帖士 TIPS

到达：
位于城隍庙街，与文庙隔街相对。从明清街南口向东 500 米路北。

游览时间：
20–30 分钟

下一站：
继续游览：出门向东 50 米，路南即为文庙入口。向西直走约 1000 米为县衙。
娱乐：平遥大戏堂入口与文庙入口紧挨着，每天演出四场地方戏剧、曲艺等。
美食：出门向西 50 米过了牌坊，路北为“三圪塔碗秃则”店，平遥挂牌的名小吃，一碗碗秃则几元钱，足够一个人填饱肚子。

宝瓶等，代表了民间对福、禄、平安的向往。中轴线最北端是寝宫，就是城隍爷和城隍奶奶就寝的地方，采取了平遥民居常见的上楼下窑结构，看来设计者是以自己的爱好来为神仙们安排住处的。

城隍庙另一个与众不同之处是“城隍庙”、“财神庙”、“灶君庙”三庙合一，灶君庙和财神庙分置在城隍殿东西两侧，左右互通、庙宇相连，组成“诸神共居一庙，联袂同受香火”的奇特景致。现在财神庙是香火最旺的地方，而且是高香林立，导游的路线是先在寝宫殿内求签，然后带到财神庙里由道士解签，最后结果无非是捐钱、烧高香等等，如果你不掏钱的话，刚刚还一本正经的道士会急得跳起来，追你到院子里，真不知这财神保的究竟是哪一家的财运。财神庙南侧的小戏楼可别错过，硬山顶、前出歇山抱厦，是典型的戏台建筑，檐下花板、雀替、昂头、枋头以及屋顶中央的八卦藻井都是精美的木雕作品，大部分是原物，某些替补的构件从木色、雕工中可以明显地区分开来。这里曾经上演过不知多少喜怒哀乐，现在没有人在台上唱戏了，台下却开始每天上演请君入瓮的好戏，木雕的精美与骗局之拙劣形成鲜明对比，却有那么多人宁愿与精美擦肩而过，甘心被拙劣俘虏。

○ 平遥雕龙雀替

在平遥要做的 11 件事

Zaipingyaoyaozuodeshiyijianshi

06 去文庙 欣赏状元试卷

全国各地留存至今的文庙建筑不少，大多数是明清遗存，而平遥文庙大成殿是金大定三年（公元 1163 年）重建的，虽然晚于全国最早的河北正定五代时期文庙大成殿，其年代之久远仍可名列前茅。大成殿面阔、进深皆为五间，平面呈方形，单檐歇山顶，屋顶曲线是宋代风格，砖砌台基，石栏围绕，檐柱粗大，檐下斗拱疏朗雄伟，用料硕大，有柱头铺作、补间铺作和转角铺作三种，与宋代《营造法式》所记载用材规定大致相同。大成殿内有清朝四位皇帝的御匾：康熙御笔“万世师表”，雍正御笔“生民未有”，乾隆御笔“与天地参”，道光御笔“圣协时中”。后身还有文天祥手书“魁”字，是乾隆年间文庙学子用油灯扩放技术临摹的，就是用灯光把小字映在墙上再临摹，跟现代的幻灯

平遥：文庙

有点像。文庙其他建筑多为清代重建，棂星门、泮池、明伦堂、尊经阁、东西廊庑，布局完整，但没有什么特色。

文庙一直是县学所在，曾经被平遥中学长期占用，后来中学迁出古城，这里被辟为中国科举文化博物馆和儒学博物馆，展出与中国科举制度相关的文物。其镇馆之宝是一份状元殿试的试卷，这可是海内孤品，中国1300余年科举制度，总共产生了770多名状元，留存下来的状元殿试答卷却仅此一份。状元卷被收藏在尊经楼二层，出自万历二十六年（公元1598年）状元赵秉忠，上面有万历皇帝朱批：第一甲第一名，就是状元的意思，万历的字写得还不错。考试题目是《问帝王之政和帝王之心》，试着读了一下，赵状元大意是讲君王要想把国家治理好，就必须有“实政”和“实心”，用新闻联播的话说，就是政策要落到实处，看来古往今来的治国方略大体是差不多的。此外文中还提到要平冤狱、伸民冤，整顿吏治，显然他对明末的腐败现象已有所察觉。天启四年（公元1624年）杨涟上疏，列举魏忠贤二十四大罪状，起草奏疏的人就是赵秉忠的门生缪昌期，这位状元成功地把自己忠君爱国、刚正不阿的精神传了下去。

文庙里体现与时俱进的建筑是平遥国际摄影博物馆，位于文庙的最东侧一座独立小院，里面有多名国内外摄影大师的介绍和代表作展示。如多张国家领导人标准照的作者吴印咸，黑白风光摄影大师、极具中国传统水墨画风格的郎静山、拍摄美国国家公园、影调控制出色的安塞尔·亚当斯，“如果你拍得不够好，是因为你靠得不够近”的著名战地记者罗伯特．卡帕等。不过真正出自平遥摄影节，反映平遥特点的作品却寥寥无几，看到的都是些开幕式盛况之类的应景之作，不免让人失望。

小帖士 TIPS

到达：
位于城隍庙街路南，与城隍庙相对。

游览时间：
30-60分钟，对科举文化或摄影艺术特别感兴趣者例外。

Zuozheshouji 作者手记

1. 收藏状元卷的尊经楼下有题名的金榜，交钱就可以把你的名字写成小条贴上去，学生们可能愿意讨个口彩。
2. 大成门处设有触摸屏，有景点介绍、景区视频播放等内容。
3. 前往太和门（上东门）登城墙或去往雷履泰故居的游客可以从文庙南面的正门出去，距离近且不必走回头路。

在平遥要做的11件事

Zaipingyaoyaozuodeshiyijianshi

07 上城墙 俯瞰井然有序的古城布局

平遥古城

巍峨雄伟的平遥古城墙，让我们想起两个名字：朱元璋，阮仪三。

明太祖朱元璋凭借“高筑城、广积粮、缓称王”的指导思想夺取了天下，掀起了修筑城池的高潮，现在保存完好的西安、南京、襄阳等地的包砖城墙都是洪武年间的产物，平遥由土城墙升级为砖城墙，从而初步形成现在的模样也是在洪武年间。

阮仪三，同济大学教授，全国历史文化名城保护专家委员会委员。是他的大声疾呼将平遥古城墙从被拆毁的边缘救了回来，同时他还提倡保护了周庄、丽江等多个大家耳熟能详的古镇，2003年，他获得了联合国教科文组织颁发的“亚太地区文化遗产保护杰出成就奖”。

根据史书记载，平遥古城的始建至迟是在周宣王时期，明洪武三年（公元1370年）重修成内部夯土、外表包砖的宏伟建筑，以后明清时期曾多次修葺，康熙年间修建了四座城楼。20世纪80年代初，政府开始对饱经沧桑、千疮百孔的城墙进行长达十余年的修复，再现了平遥城墙鼎盛时期的英姿。

城墙周长6100余米，隔几十米便有一个向外突出的敌台（又叫马面），台上筑有敌楼一座，共设有3000个垛口，72座敌楼，象征着孔子的三千弟子和七十二贤人。共开六座城门，南北各一，东西各二，南曰迎熏，北曰拱极，上东门太和门，下东门亲翰门，上西门永定门，下西门凤仪门。平遥素有“龟城”之称，南门像乌龟脑袋一样向外伸着，恰好南门外有两眼水井，好像乌龟眼睛，南门面向柳根河，正应了“山水朝阳，龟前戏水，城之攸建，依此为胜”的说法；北门的瓮城城门向东开，又似龟尾东甩，巧的是地势最低，积水都从这里排出去；东西四门平行对称，正好是乌龟的四条腿，不过上西门、下西门和上东门都向南开，像是三条往前伸的腿，只有下东门瓮城城门向东开，据说是古人怕乌龟爬走，就把它的左后腿拉直，拴在离城10公里的麓台塔上；城中的大街小巷组成了龟背上的花纹。这么一说，平遥城似乎活了，正摇头摆尾地游动于历史的长河中，平遥古城能够在连天烽火、战乱频仍中幸存下来，是否跟这象征着吉祥长寿的“龟城”有关呢？

经过多年修缮，城墙已经成了平遥占地面积最大的景点，平坦宽阔的城墙顶部让人有“聊发少年狂”般奔跑跳跃的冲动。瓮城上展示着许多令人不寒而栗的武器，滚木、礌石、抛石机、攻城车，伫立其畔，耳边似乎又响起隆隆的战鼓，身边好像掠过飞蝗般的箭镞，恍惚中自己已化身为荷矛执盾的武士，冲向血雨腥风的战场。而在深秋傍晚，西风残阳，断鸿声里，漫步于城墙之上，看路人行色匆匆、风尘仆仆，看宅院高墙灰瓦、红烛飘摇，看城外霓虹闪烁、车来车往，晚照如金，终被暮色湮没，体味着这从喧嚣归于平静的过程，不知不觉已令人惘然。

小帖士 TIPS

到达：
除南门外，从其余五座城门都可以登城游览。

游览时间：
绕城徒步一周加上停留拍照大约需要 1.5–2 小时，乘坐三轮车约 1 小时（大约 30 元 / 车）。

Zuozheshouji　作者手记

1. 在从祁县到平遥的大运公路上适宜远眺，只见阡陌纵横处，一座古城横空出世，气势雄伟。

2. 城墙东、西、北三面为直线，而南墙沿河，走向蜿蜒曲折，更富有韵律感，拍出照片也好看。

3. 平遥北部的老房子破坏相对比较严重，城南部的宅院以及城墙是精华所在，时间紧迫的朋友，可以选择从下西门上城墙后向南走，绕南半圈城墙到上东门下城，耗时不到 1 小时。

4. 城墙上有的地方内侧女儿墙极其低矮，仅及脚踝，且无任何防护设施或警示标志，经过这些路段，请千万注意安全。

5. 摄影提示：春季柳色如烟时可拍摄西城墙外的柳岸长河，夏季适合在城外拍摄暴雨前后的黑云压城，秋季可在远处拍摄城上天空的云卷云舒，冬季可拍摄雪后古城的如诗静谧。

在平遥要做的 11 件事

Zaipingyaoyaozuodeshiyijianshi

08 到双林寺 会一会神气的韦陀

双林寺位于平遥县城西南 6 公里的桥头村，原名中都寺，始建年代无考，重修于北齐武平二年（公元 571 年），宋代改名双林寺，取自佛祖涅槃时“双林入灭”的佛经故事，现存建筑多为明、清时期续修的，是国家级重点文物保护单位，世界文化遗产“一城两寺”的组成部分。双林寺以精湛绝伦的彩塑艺术著称于世，殿内保存有宋、元、明、清历代彩塑 2052 尊，大者高 4 米左右，小者只有几十厘米，个个栩栩如生，形象各异，极富生活气息，其“东方彩塑艺术宝库”的美誉当之无愧。

一踏入山门，立即被天王殿廊下四大天王虎视眈眈的目光所包围，泥塑艺术之旅就此拉开帷幕。四大天王身材高大，顶天立地，仿佛要把屋顶冲破，隆起的肌肉充满张力，气势逼人，更神奇的是不论站在院中的哪个角落，总能与其中一位天王的眼神相遇，一举一动，皆在天神掌握之中，令人顿生敬畏之感。

释迦殿中供奉的是佛祖释迦牟尼，四壁雕塑取自佛经中的佛本生故事，如同连环画一样，选取最具有象征意义的场景，表现了佛祖波澜壮阔的一生，其服饰、发型已经完全中国化，建筑、山石等背景也具有十足的中国传统园林趣味，丝毫没有宗教作品冰冷的味道。殿中艺术价值最高的是影壁后面的渡海观音像，观音盘腿侧坐于莲舟之上，右手伸直搭着左膝，虽然姿势有点难拿，看起来却非常自然潇洒，背景以浅浮雕手法表现出海上波涛汹涌，白浪滔天，观音则面容安详，镇定自若，飘起的衣带说明她正在踏浪而行，一静一动，形成强烈对比。

释迦殿两侧分别是土地殿、阎罗殿、武圣殿和罗汉殿。武圣殿内的关公气宇轩昂，威风凛凛，身后以悬塑描绘了“桃园结义”、“温酒斩华雄”、“水淹七军”等故事场景，熟悉《三国演义》的人想必比熟悉佛经故事的多，大家在这里可以重温关羽的丰功伟绩了。如果说武圣殿的关公从人变成了神的话，罗汉殿内的十八罗汉则从神变成了人，塑像充满浓郁的生活气息。根据其形态、表情，后人给他们起了各具特色的名字，有步履蹒跚的“病罗汉”，有酒意未消的“醉罗汉”，有滔滔不绝的“多言罗汉”，也有欲言不能的“哑罗汉”。其中“哑罗汉”堪称全殿精品，他结跏趺而坐，双眉紧皱，似乎看到世间不平，欲发作却口不能言，只好紧闭双唇，气沉丹田，塑像传神地刻画出了他着急又无奈的内心活动。在这里他们已经不再是修为深厚、高高在上的佛门弟子，而是变成了具有不同性格、脾气的活生生的人，神人相融，令人倍感亲切。

二进院的精华在千佛殿，双林寺雕塑艺术的两尊代表作就坐落在殿中。正中的“自在观音”柳眉弯弯，樱桃小嘴，表情似笑非笑，露臂跣足，左腿下垂，右腿高翘，搭在右膝上的右手竟然竖起标准的“兰花指”，那姿态，活脱脱一位玩世不恭的古代美女，无拘无束，自由自在。雕塑工匠彻底打破传统规范，以随意、轻松甚至带有几分揶揄的浪漫主义手法，塑造了一位个性鲜明、妩媚动人的观音形象。

自在观音的右前方是被誉为“全国之冠”的韦陀像，他身披甲胄，眉头紧锁，双目圆睁，不怒自威，全身几乎所有的关节都扭曲着，腰部动作尤其夸张，从头到脚形成一条极富力度的 S 形曲线，仿佛积蓄了无尽的能量，随时准备护卫佛法，驱除妖魔，简直是对“挺身而出”一词的最好诠释，我一边惊叹于塑像之气势，一边折服于“挺”字之传神。更巧妙的是一条婀娜的飘带环绕着韦陀全身，有种驭风而行的效果，让静止的雕像似乎动了起来。如此神采奕奕的韦陀，的确已经达到了泥塑艺术难以企及的高度。在这尊韦陀像的前方还有一尊近年的复制品，单看也不失为杰作，但跟原作一比，总觉得呆板了些，不够“神气”。

除了上述两尊精品，殿内四周还悬塑五百多尊菩萨像，连房梁上都成了他们的立足之地，整个殿中，视线所及之处，无一不是精美动人、生动传神的塑像。他们每一尊都向前倾斜，仿佛迫不及待地要跳到游客面前，如果没有铁栅栏的阻挡，他们似乎马上就会飞到你的肩上，与你谈佛论法，为你指点迷津。几百年的蹉跎岁月，丝毫不能埋没他们的风采，绚丽的颜色也完全没有消褪，他们与主像遥相呼应，浑然一体，把整个千佛殿变成了佛教艺术的海洋。

综观双林寺雕塑，历宋、元、明、清各代，集佛、菩萨、罗汉、金刚、武士、供养人造像于一体，场面宏大，风格迥异，突破了大多数佛教塑像那种平淡、肃穆的风格，融入世俗社会元素，每一尊塑像似乎都以现实生活的某个人为模特，真切地告诉我们什么叫呼之欲出、栩栩如生。由于彩塑使用了当地一种黏性很强的红胶泥土，干后坚硬如石，能够经久不裂，泥塑完成后，先用胶矾水刷，再用鸡蛋清加胶水配制大白粉涂刷，用棉花或白布反复抹擦，直至擦出光泽，最后再用矿物颜料彩绘，因此彩塑至今依然保存完好，色泽艳丽，极富质感。而且塑像无论大小，眼珠都以黑琉璃烧制，那炯炯有神的双眸，似乎能看穿红尘，洞察一切，这也是双林寺泥塑具有摄人心魄的艺术感染力的原因之一。

双林寺彩塑

双林寺的彩塑自在观音

小帖士 TIPS

到达：
距离大运公路、S221 省道约 600 米，在火车站广场乘坐中巴到达双林寺路口，下车后按褐色路牌指示向南步行。也可从城里乘坐电瓶车往返，20 分钟左右到达，小面 10 分钟左右到达。

游览时间：
1 小时，强烈建议多停留些时间以仔细欣赏。

Zuozheshouji 作者手记

1. 如果让我推荐平遥最不可错过的景点，毫无疑问就是双林寺，无论你日程多么紧张，都应该抽出时间去看一看。夸张地提醒一句：记得托着你的下巴，防止因为长时间的瞠目结舌而脱臼！

2. 到双林寺最方便的交通工具是自行车，这里距离古城 6 公里，单程需 25-30 分钟，寺门口有收费存车处。骑行线路是出下西门（凤仪门），一直向西，在三角形环岛处直行，上 S221 省道，铁路始终在你的右侧陪伴着你，直到看见褐色指路牌，左转 500 米即到。一路林荫道，来往车辆较多，注意靠边骑行，最好准备口罩。

3. 冬季慎坐电瓶车，不仅视线受阻，而且车内密封差，四处漏风，感觉较冷。

4. 殿内不能拍照，为了让文物能够健康地存留下去，请自觉遵守。四大天王塑像位于廊下，可以拍摄，请勿用闪光灯。

5. 殿内照明较差，请选择光照充足时间前往，不建议 17:30 以后去，最精彩的千佛殿位于东侧，下午比上午更亮。

6. 所有殿宇都用铁栅栏将游客与彩塑隔开，视力不好又不愿错过细节的，建议带个望远镜吧。

在平遥要做的11件事

Zaipingyaoyaozuodeshiyijianshi

09不可错过 五代遗存镇国寺

镇国寺位于平遥县城东北12公里处的郝洞村，始建于五代，原名京城寺，明嘉靖十九年(公元1540年)改名镇国寺。主体建筑万佛殿，建于五代北汉天会七年(公元963年)，在国内现存最古老的木结构建筑中排名第四，仅晚于五台山的南禅、佛光两寺和芮城县的广仁王庙，是国家级重点文物保护单位，世界文化遗产“一城两寺”的组成部分。

山门前一排虬曲苍劲的古树昭示了寺庙的古老历史。山门、天王殿合二为一，单檐悬山式蓝琉璃瓦顶，面阔、进深各三间，斗拱硕大，带有明显的元代建筑风格。进入殿内，四大天王像均为清代作品，还算威武雄壮，但力度感比双林寺的同类作品略逊。穿过天王殿，就是寺中历史最为悠久的万佛殿，它已经历了1040余年的风风雨雨，面阔、进深各三间，单檐歇山顶，高度并不突出，但屋顶庞大，出檐极为深远，这样可以保护檐下的木结构以及殿基不被雨水损坏；同时运用“屋顶举折，屋角反翘”的曲线，使得沉重而庞大的屋顶，坡度平缓，四角昂扬向上，展翅欲飞，又减少了厚重感和压抑感，显得轻松活泼。为了承托巨大的屋顶，万佛殿的斗拱风格保留和继承了唐代的硕大雄伟，分布疏朗，风格朴实，不事雕琢。整个建筑比例匀称，气势非凡，直追唐代建筑的大气、壮美。殿内彩塑是除敦煌彩塑外国内仅存的五代作品，其体态丰腴，面容端庄，线条优美，有趣的是个个都有小肚子，人人都是双下巴，这是唐代以胖为美的遗风尤在。殿内山墙绘有元、明时期的壁画千佛像，画面小而重复，距离铁栅栏较远，光照不好，非千里眼难以领略其神韵。

西配殿是地藏殿，建筑及殿内彩塑均为明代作品。主像地藏王菩萨，两旁是他的两个弟子闵公和道明，左右为十殿阎王，还有六曹判官、牛头、马面等，有的庄严威武，有的文质彬彬，有的慈祥和蔼，有的怒发冲冠，神情各异，形神兼备。不幸的是由于年代久远，兼保管不善，很多塑像上半身仍然正襟危坐，下半身却已回归一抔黄土，宛如刚刚截肢，伤口裸露，惨不忍睹。

最后一进院是三佛楼，建于明代，内有彩塑三尊佛像和四尊供养菩萨像，皆苗条清秀，是典型的明代早期作品。塑像后面的壁画是文殊、普贤、地藏、观音四大菩萨，两侧山墙上的壁画则用连环画的形式描绘了佛祖释迦牟尼的一生，集山水、花鸟、人物画于一体，手法娴熟。

镇国寺

平遥镇国寺

小帖士 TIPS

到达：

距离大运公路约 2500 米，大运公路上有明显的褐色路标。在顺城街北口路东乘坐中巴，约 25 分钟可到达镇国寺停车场。电瓶车 30 分钟左右到达，小面 15 分钟左右到达。

游览时间：

40 分钟。

Zuozheshouji 作者手记

1. 镇国寺的五代彩塑与双林寺的明代彩塑风格上有很大不同，镇国寺的更神圣端庄，有兴趣的可以作个对比。

2. 万佛殿前有龙槐、虎槐各一株，是否真的象龙象虎，见仁见智。

3. 9 路中巴车站位于火车站前的家家利超市南侧，马路对面是万福隆超市，有几根铁栏杆，无站牌，车前窗和后窗有“镇国寺”的红字标牌。每 20 分钟一趟，四车循环，8:00 首车，18:30 末车。9 路车在镇国寺停车场仅停留 1-2 分钟，如果将游览时间控制在 40、60、80 分钟左右可避免长时间等候。住得离北门比较近的游客，可以到北门外的十字路口东北角搭乘 9 路中巴车，可以伸手拦车。

4. 电瓶车从平遥出发，游览双林寺、镇国寺后再回到平遥，大约 50-60 元 / 车，乘车人数较多时约 70-80 元 / 车。电瓶车速度较慢，不建议坐它到镇国寺。

在平遥要做的 11 件事

Zaipingyaoyaozuodeshiyijianshi

10 在百年历史的老房子里做梦

既然来到了平遥这样一个保存基本完好的古城，又岂能错过穿越时空、在已有数百年历史的老房子里做梦的机会？平遥古城内有很多家民俗客栈，大部分是在原有的清代中后期的老宅基础上，整饬修缮，装饰内部，建成为传统其外、现代其中的符合现代旅游者要求的住宿场所。城内各个角落几乎都可以看到民俗客栈的红灯笼，在平遥最繁华的西大街和明清街上分布则更为密集。以下几家可谓最有名的平遥民俗客栈。

曾几何时，云锦成是在网上人气最旺的客栈之一，但它今后可能永远也不会再流行了。数年前它已经被名为“平遥国际金融家俱乐部”的投资商所收购，重新改造成为号称五星级的民俗客栈了。院子还是那个院子，房也还是那间房，但屋内做工精致的仿古家具、全套名牌洁具、42 英寸等离子电视、高级地毯，无不昭示着其傲视群雄的“江湖地位”。一般客栈的两侧厢房都设为两个或三个标准间，云锦成只设一个套间，因此房间、卫生间都极其宽敞，并且带有独立的会客空间；每个房间都不编号，而是以历史上有名的票号名字来命名，不知住在其间会否梦到“日进斗金”的繁华，还是只留下“钱似流水”的感慨。云锦成后院正中安放着雷履泰的半身塑像，据说这位中国票号的创始人曾经在云锦成当过六年学徒，或许在此住宿可以沾到些他的财气。虽然云锦成的目标客户与本书的读者群可能完全没有交集，还是推荐大家去看看，即使不在此住宿，参观一下客房，看看现代设施与仿古装修的完美结合，也等于上了堂室内装潢课。云锦成分别在西大街

平遥古城民居

平遥民居客栈

和明清街上拥有两个院落，可以使用信用卡。

天元奎在国内外网友中享有盛誉。院子虽不宽大，但经营者很善于营造气氛，专门在院中辟出一块空地，摆上两张桌子，晴朗的夏夜在此把酒临风、凝望星空，你一定会忘却所有的烦恼。房间不大，非常干净，卧具雪白，有空调，并且体贴地在过厅也装上了暖气片，比只在房间里装暖气的客栈暖和了许多。此店已经营五、六年之久，但较好地保持了好客风气，十分注意维护声誉、口碑。老板善谈，喜欢为你展示墙上一大堆的先进牌匾以及名人照片，可惜里面只能看到名人和老板娘的身影，原来老板正在镜头后面拍摄呢。餐厅内有两台电脑供客人免费上网，速度较快。此客栈的网址也是平遥所有客栈网站中提供信息最为全面的。地址在南大街（即明清街）73 号。

衙门官舍始建于明万历十九年（公元 1591 年），前身是县衙接待来往官员的“寅宾馆”，相当于现在的县政府招待所，晚清风云人物曾国荃、张之洞曾经在此下榻，连“衙门官舍”的牌匾都显得饱经沧桑。住在这里，不知梦中是否会有蟒袍大袖、顶戴花翎的官员来访，与你追古抚今，共话国事？这里距离明清街仅几步之遥，却隔绝了所有的熙熙攘攘，闹中取静。前厅设计的很像国际青年旅舍，犹如一个小型 Pub，有舒服的沙发和灿烂的阳光，还有三部电脑可以宽带上网，半小时内免费。客房空间大，有饮水机、暖气，浴室内有浴霸。卧具干净，全套仿古家具，却不上漆，保持了原木色，颇有北欧风范，最可爱的是小炕桌，靠在炕上看书、喝茶、写游记，跟几个朋友喝啤酒、打扑克，全靠它了。标准间分为两个档次，三人普通间和带卫生间的六人间约 50 元 / 床。地址在衙门街 69 号，县衙东侧，听雨楼下。

一得客栈所在的票号世家侯王宾旧居建于清乾隆年间（1736−1785），曾经包括沙巷街和西郭家巷的六个院落，是一所典型的富商大宅院，门口立有文物保护单位的石碑。一得客栈是在侯宅上院和书房院的基础上改建的，虽经整修，仍保持了原汁原味的明清古建筑风貌。门口高大的上马石、拴马柱，昭示着主人曾经的显赫地位，拴马柱上还雕刻着大猴子背着小猴子，寓意辈辈封侯，上院为二进式四合院，正屋是窑洞加前廊与抬梁式砖瓦房组成的建筑，窑顶建有风水楼，房舍用料粗大，柱础石刻大方雅致。考究的垂花门楼，精美的雕刻及彩绘，传统的土炕，古色古香的明清家具……步入客栈，仿佛一步跨越了百年的岁月沧桑。客栈东侧还住着居民，听着院子里鸡飞狗跳，上炊烟袅袅，你会有真正融入古城生活的感觉。豪华间450元／间，标准间350元／间，区别仅在于房间大小。餐厅内有电脑免费上网，门口甬道免费停车。地址：沙巷街16号。从沙巷街北口向南约200米路东，沙巷街北口有一得客栈的指路牌。

山辉属于改动很小的民居客栈，原址为富商赵文权的宅院，建于明崇祯年间，重修于清咸丰时期，现主人赵金林为赵家第六代后裔。客栈入口为仿木结构砖雕门楼，保存完好，刻着“山辉”二字，即客栈名字由来。院内砖雕、木雕等随处可见，东西厢房内还有自咸丰朝保存至今的五彩炕围画，有凤凰戏牡丹、喜鹊登梅等吉祥图案。标准间约60元／间，普通间约20元／床，使用公共厕所，公共淋浴，提供24小时热水，入门处挂着五湖四海的客人留影，有留言板等，夏季院子里各种语言此起彼伏，热闹非凡。山辉夏季经常满员，冬季则闭门谢客，请提前电话联系。位于西郭家巷17号。从沙巷街北口向南约100米，左边（路东）第一条胡同即为西郭家巷，拐进去50米路北。

平遥：云锦成

在平遥要做的11件事

Zaipingyaoyaozuodeshiyijianshi

11 去云锦成 品尝平遥美食

云锦成的前身是老字号云锦成名吃铺，餐饮本是其主业，高档化以后更是努力向高标准靠拢，能够把家常小吃做到极致是云锦成的拿手好戏。虽然门脸与明清街上的其他餐厅没什么分别，但进得门来，门童一副清末打扮，女服务员一水儿旗袍，从不高声大气地说话，配上优雅的背景音乐，似乎一下子就让人从街上的喧嚣中平静下来。入座奉上毛巾，所有餐具精致整洁，上菜用透明塑料盖罩着，细节方面无可挑剔。

当然，更重要的是菜品质量。回锅肉炒栲栳栳、干煸栲栳栳的做法独出心裁，未在其他饭馆菜单上看见过。将一般作为主食的栲栳栳当成原料与肉同炒，水分很少的栲栳栳把肉味都吸入其中，让本来没有味道的东西变得比肉还好吃，且口感独特。“干煸”的做法更是以川菜手法炒制北方主食，南北结合的效果让我想到可以让这道菜充当素斋中的“干煸肥肠”。

○ 一品山药

文思豆腐是无数次被网友们提到的菜品，现在愈加精致。以玻璃盅呈上，便于食客欣赏其中豆腐、香菇、笋及火腿的细腻刀工，作为一道羹菜，稀稠恰到好处，口味也比较淡，让食客的舌头在山西菜的重口味中得到些许休息。

一品山药是甜食，以山药粉内包豆沙馅蒸制而成，其上以葡萄干拼成“一品”字样，盘子周围还贴上鲜花花瓣，卖相精致。山药粉成菜口感颇似糯米粉，豆沙很细却不很甜，甜味主要来自葡萄干及上浇的一层蜜汁。山药在平遥的几乎每一个餐馆都能吃到，但不外乎清炒、蜜汁等做法，在菜品的前期制作上如此下工夫的为数不多。

云锦成拌面所用的炸酱亦很鲜美，烹汁栲栳栳则将口味多样作为卖点，从菜品质量、服务水平考量，在笔者尝试过的多家餐厅中无出其右者。但高质量同时也带来了高价格，大堂加收 5% 服务费及 10 元／位的茶位费，包间加收 10% 服务费，且不打折，个人在大堂消费至多可以免收服务费。

要论小吃，当然还免不了要去街巷中寻找。“三圪塔碗秃则”在城隍庙西侧，“万姓栫幪”牌楼下路北，是一间很小的门脸，屋里挂着“甲级传统小吃”的铜牌。碗秃则是平遥最有名的小吃，以荞麦面、白面、山药粉混合后加水调成糊状，倒入碗中蒸熟，冷却凝固后切成条状，可以素炒、与牛肉同炒，或者蘸一种用肉、葱、姜、蒜及各种调料现场炒制而成的酱，热酱凉碗秃，即菜单上的特色碗秃则。碗秃无论做法还是口感都与凉粉颇为相似，虽然这种小吃在平遥的各个饭店均可吃到，但在这家据说慈禧太后西逃时曾经光顾过的小店，简陋的就餐环境与美味形成鲜明对比，似乎更符合其小吃的原有身份。

还有一家长升源炉食铺，在市楼南，明清街路西，门口有县级文物保护单位的石碑。食铺是在老字号的基础上恢复起来的，最负盛名的产品是黄酒，可以免费品尝，感觉酒里好像加了糖，喝起来甜丝丝的。店后有酿酒坊，食客可以参观其制作工艺。黄酒最好温过以后再喝，有暖胃活血之功效。喝着黄酒，嚼着牛肉，舌尖上萦绕着满满的平遥的味道。

碗秃

月饼

山药

肉酱面

资讯补给站

Zixunbujizhan

交通

航空

平遥没有机场，最近的太原武宿机场距离平遥约 90 公里，有高速公路相连，乘坐出租车单程约 200–300 元，车程 1 个多小时。

铁路

同蒲铁路经过平遥。每天北上太原方向共有多趟旅客列车停靠，南下临汾方向也有多趟旅客列车停靠。从华南的广州、长沙，华中的武汉、宜昌、洛阳，西南的成都、重庆，西北的西安、宝鸡，华北的北京、石家庄、保定、天津、呼和浩特等大、中城市均可乘火车直达平遥。

对于短途旅客来说，如果时间合适，乘坐火车比坐汽车更安全、舒适，尤其是从平遥向南去介休，早上的班次比较密集，从介休火车站出来就可以找到去王家大院或绵山的中巴，比长途汽车还方便。平遥火车站位于古城外西北，距离下西门步行约 10 分钟，距离明清街步行约 20 分钟。

公路

大运公路贯穿平遥，班车班次较多。

古城距离大运公路很近，那里南来北往的过路长途车更多，赶时间的游客可以坐电瓶车到大运公路（当地人称“一级路”）上搭车继续旅程。

火车站附近有大量小面、电瓶车、摩托车招揽生意。电瓶车及三轮车经常会以每人 2 元的价格吸引刚刚到达平遥的游客乘车寻找住处，他们会从你的住宿费里提取回扣，应对办法是提前预订住处，或进入古城、付过车资后摆脱司机纠缠，自行寻找客栈。

可以乘坐电瓶车游览城内所有景点，也可包租小面游周边景点。平遥古城并不大，租辆自行车或干脆步行都是感受古城的好办法。

景点

古城民居

雷任明故居

书院街葫芦肚巷7号，最早是日升昌掌柜冀玉岗的宅子，后来成为原外经贸部部长雷任明故居，现在被颇有眼光的漆器工艺家耿保国买下，改造成“浑漆斋大院”，成了他的漆器产品展示基地。典型的三截两院过道厅建筑，宅门没有开在大街上，而是开在与大街相连的小巷中，原来其位置在八卦中居于“离”位，坐北朝南，门开离位，从风水角度说是东四命卦的全吉宅。独特的廉架风门，美观的日月龙凤悬云砖雕，精美的雕花雀替，雅致的梁头斗拱都是其特色工艺品，其正房比雷履泰故居的正房“晋元斋”更高、更气派，大门口的上马石和拴马柱比侯王宾故居的保存得更完好，“辈辈封侯”的柱头似乎没有留下太多岁月的痕迹。

门票包括免费导游讲解。在这里可以买到院主人的漆器产品，不过主人更愿意称之为“作品”，价格比商店里的大路货自然要贵些。

站马道街8号冀宅

建于元至正九年（公元1349年），是平遥民居中最为古老的建筑，后经历代修葺，体现了元、明、清三代的建筑风格。此宅当年曾作为平遥传统民居的代表被联合国的专家们考察过并大受赞誉，其十字顶窑洞式建筑别具一格。整座宅院按五行八卦布置而成，平面呈鲤鱼跳龙门状，不过由于现在开放的仅为部分院落，需要丰富的想象力和空间感才能依稀理解设计者的用意。主楼“栖凤楼”高悬“正大光明”匾额一块，据说是冀氏祖先向清廷捐献商船，以用作攻打台湾的战船，受到朝廷的嘉奖而御赐的，可惜代表冀家对祖国统一曾做出贡献的这块匾已经金色褪尽，漆面斑驳，不复往日的神采。此外窗棂、栏杆等木雕构件尚可看出当时的精细，保存状况却不容乐观。

门票包括冀家后人的免费导游讲解。

南街38号范宅

堂屋雀替、花板、挂落等木雕非常精美，堪称全城之冠。

范家街

这条街上古民居比较集中，几乎在每一户都可以追忆往昔的荣华富贵，其中3号的张生瑞旧居木雕可与范宅并肩。

仓巷35号王荩廷旧居

砖雕照壁“米颠拜石”保存完好，题材比较少见，对联“梧柏豫章早有栋梁气，芝兰玉树生于庭阶前”表达了对后代子孙荣华富贵的殷切期望。

仁义街37号王沛霖旧居

枋头全部雕龙，二门垂花门和三门均雕饰精美，正房房顶上有并排三座风水影壁，是风水理论应用于民居的实例。

西石头坡巷25号

正房屋檐下狮子木雕，东雄西雌，栩栩如生。梁下均施荷叶木雕，枋头透雕，工艺精湛，二门保存完好。

关帝庙街9号程遵濂旧居

一进院门窗保存较好，雀替木雕为龙，惜仅存一块，余无可观者。

资讯补给站

Zixunbujizhan

吉祥寺

花园街，古陶中学校园内，三殿犹存，均为危房，其中一殿斗拱为明代之前风格。

武庙

书院街雷履泰故居西侧，现为县机关第二幼儿园，仅存戏台、绿色琉璃瓦顶。檐角塌陷，房架外露，已岌岌可危，殿内塞满床、桌、椅等废旧家具。

作者手记

1. 上述民居中凡是允许收费的，都在大门口墙上悬挂着政府部门颁发的镜框，票价除上文特别标出的外，大多为4–5元，收费的民居院主人会很乐意为你讲解。
2. 有的窄巷电瓶车行驶比较困难，自行车是逛古城、赏民居的最佳交通工具，进院前别忘锁车。
3. 建议出发前在平遥古城地图上标明相应的民居位置，然后设计出最佳路线。

建议行程：从西大街的站马道街北口出发，先参观冀宅，然后一路向南，到达南街向西，参观范宅，回到书院街，参观雷任民故居、武庙，自站马道街与范家街的交叉口向东，参观范家街的所有民居，在沙巷左转向北，到西石头坡巷右转向东，一路直行经花园街，横穿明清街到达小察院街、仓巷，雷家院街左转向北到达仁义街，最后顺郭家巷回到西大街。

西大街至东大街景点

汇源当

北大街与西大街交叉口东北角。平遥唯一的当铺博物馆，三进院，介绍当铺行规、运作、人事管理，还有跟票号同样复杂的行业隐语等。内缺房内的紫檀木龙柜雕工颇为精细。虽然地道可以下去参观，但楼梯又窄又陡，里面空间也很小，人多时为了安全起见建议别下去。

蔚泰厚

西大街路南，日升昌东邻。介绍以蔚泰厚为代表的“蔚字五联号”历史及各任经理等。作为堪与日升昌媲美的同行，中国第二家票号，它的名气小多了，旅行团一般只去日升昌，不会在这里浪费时间，因此远没有日升昌那么拥挤、嘈杂。想通过文字资料了解票号历史，这里比日升昌更合适。

汇武林

位于西大街路北，日升昌马路对面。武术专业博物馆，介绍平遥武术的起源与发展，平遥历史上武术名家的生平、技艺等。

蔚丰厚

西大街路南，蔚泰厚东侧。现在是古民居博物馆，主要介绍平遥民居的建筑特色等，有一些砖雕、石雕、木雕等建筑构件可以近距离观看，柱础、抱鼓石之类的石构件摆满院子，二门砖雕垂花门楼保存完好。

中国商会

位于东大街路北，邮局东侧约50米。介绍商会的历史、沿革、功能、组织结构等，对于商会这种民间行业组织在平遥商业发展史上的地位给予了比较详尽的描述，现在的平遥县工商业联合会仍在此处办公，从规模、办公条件来看，恐怕其地位、作用、权威性远远无法与其前辈比肩。

华北第一镖局

位于东大街路南，中国商会斜对面。与其他镖局大同小异，无非是秘密金库、刀枪剑戟之类，特色是从前院到后院的甬道内介绍了走镖的隐语、行话，可以学到往日的江湖黑话，后院有颇宽敞的练功区，想一试身手的可以走走梅花桩，举一举石锁，装模作样地吼两嗓子。刚学完黑话，再练练功夫，出门时会不会有人让你押一趟镖呢？

明清街景点

蔚盛长

明清街北口路西，又名光绪客栈，据说光绪皇帝西逃时曾经住过此处，馆内还保存着光绪睡过的龙榻，看后不禁慨叹：皇上的床也不过如此。展室内堆满明清家具、古玩、字画等，洗手间在后院，紧挨着原来的地下金库，不知道现在的金库里究竟都藏着些什么。

天吉祥

明清街北口到市楼之间路东。原长盛蔚旧址，现为中国商号博物馆，介绍了长盛蔚商号的历史。展品以馆主的私人收藏为主，包括家具、瓷器、青铜器等多个展馆。其中的犀牛望月镜虽然次于祁县乔家大院的藏品，倒也不失为一件民间精品。乾隆年间黄杨木雕九龙壁工艺精湛。瓷器中有宋代钧窑、定窑制品，价值应当不菲。康熙青花将军罐保存完好。馆藏宋代十八罗汉铜像，小而优美，姿态万千，露出了罗汉们可爱的一面。其实我更关心馆主的发家过程，看起来他在20世纪70年代初就已经开始进行民间文物的收集收藏，在那个时代是冒着很大风险的，曾经富庶的晋中地区为文物买卖提供了大量的货源，几十年的古董生意为他积累了大量的财富。其实这条街上很多私人博物馆都来自于馆主的私藏，新一代的晋商正从他们之间悄悄地产生。

市楼

平遥的城市名片之一，身处明清街中段，在两侧单层铺面房的衬托下如鹤立鸡群，因而出镜率极高，常常在各种画册、宣传片中看到其身影。重檐歇山顶，黄绿色琉璃瓦，南面拼成双喜字，北面拼成寿字，夜景下照明灯光开启时尤显华丽。“金井古迹”和“古陶胜境”南北两块横匾，分别指楼下的一眼金井及古平遥的称呼。楼内有关帝、观音、魁星等塑像，从二层回廊和三层檐下可眺望全城。本以为是个居高临下拍摄明清街全景的好地方，结果上去一看，明清街北段太短，南段又逆光，只得悻悻而归。登楼门票需单独购买。

协同庆

明清街路西，市楼南侧，云锦成斜对面，是协同庆票号旧址。介绍该票号历史，还重点介绍了历任经理和“劳力股”制，相当于现在的职业经理人和员工持股制度。协同庆的特色是占地面积很大，远远超出日升昌的建筑规模，而且建筑形制多样，楼、房、亭、窑，应有尽有，不愧为明清店铺院落的代表。有个极其轩敞的地下金库，那气势让人还以为来到了中央银行的金库，不知得多少银子才能填得满。三院被辟为中国历代钱币博物馆，“钱友”们可以大饱眼福了，可别钻进钱眼里出不来啊。

中国镖局

明清街路西，协同庆南，天元奎北。主要介绍镖局的经营范围、发展历史，以及不知道由谁评选出来的中国十大镖局、十大镖师等。展品包括明显是复制品的镖局用具，如镖车、武器以及银元宝等。从展板中得知原来镖局不光从事“走镖”，即武装押运，也承揽坐店、护院、守夜等业务，类似于现在的保安公司。

同兴公

明清街路西，天元奎南侧。介绍同兴公镖局的历史。正房檐下高悬蓝底金字“奉旨议叙”竖匾，据说是镖局第二代传人王树茂护送慈禧西逃有功而得到的嘉奖——民间镖师能够开拓由大内高手和御林军把持的皇家护卫市场，看来还真有些本事。

资讯补给站

Zixunbujizhan

百川通

明清街南口往北50米路西。原为百川通票号，现辟为“三晋大财东家私博物馆”。收藏的家具在整条街上可拔头筹，葡萄床、中厅的紫檀家具、慈禧睡过的床等均很有特色，藏品多得展室内摆不下，连从前院到后院的甬道里都装上了木雕隔扇，很多家具都挂有“可供出售”的标牌，入门处有一个销售古旧家具的门面，走的是“以馆养馆”的路子。除了家具展销外，也没有忽略介绍百川通历史，原来令员工们闻之色变的“末位淘汰制”绝非西方管理方式独创，人家百川通一直以此培养中层干部的危机感。

报馆

位于南大街与城隍庙街交叉口以南约50米路东，电影院北侧。报纸专业博物馆，收集了以文革期间报纸为代表的旧报，以及丝绸报、伞报、扇子报、文化衫报等特型报纸等。

住宿

在平遥住宿，请注意以下事项：

1、千万不要让三轮车或电瓶车主帮忙找旅馆，否则你付出的房价将高于市价，客栈支付给车夫的回扣一定出自你付的房费。旅游旺季请提前通过电话与客栈商定价钱，然后让店家来车站接，旅游淡季时平遥城内到处是空房，只要带上砍价的嘴去就行了。

2、店名均为三个字，而且吉利的字眼大家都喜欢，因此很多店名极为相似，请牢记你预定的客栈名，并睁大双眼仔细分辨。

3、民居毕竟有民居的局限，由于有面大玻璃窗朝向院子，且院子的结构利于拢音，房间与院子间的隔音普遍较差。

4、绝大多数客栈只收现金。

5、想睡懒觉请挑东屋，想晒太阳请挑南屋，不喜嘈杂请挑后院的房间。

6、平遥冬季很冷，请在看房时注意暖气的热度；夏天大部分客栈都有空调，但房间通风仍不能忽视，停电的情形偶有发生。

7、整条明清街不允许机动车进入，自驾车的朋友请与客栈联系，看是否有指定的停车地点。

沙巷街附近

西大街与沙巷街的交叉口附近集中了几家客栈，而且各具明显特色，值得推荐。

到达：

进入西门后沿西大街一直向东，约500米，路北可以看到一座仿古三层楼阁式建筑，它对面的胡同就是沙巷街，乘电瓶车可达。从西门步行到此约10-12分钟。

游览：

1、明清街：距离约600米，步行10分钟。

2、县衙、雷履泰故居：从沙巷街向南，沿西湖景街向东可到达县衙，步行约15分钟；从沙巷街向南，沿书院街向东可到达雷履泰故居，步行约 20 分钟。

3、镇国寺、双林寺：请到火车站附近乘坐中巴。

美食：

西大街、明清街上旅游餐馆众多，价格略贵。

周边信息：

1、沙巷街口有家万福隆超市，旁边有水果店、干果店等。

2、万福隆超市对面是农业银行储蓄所。

3、西大街上，沙巷街北口以西 200 米路北有家“王师租车”，出租自行车。

天禄

原为任姓颜料商故宅，除了入门处改为茶叶铺外，内宅基本保持了原来的样子，只是拆除了二门，使院落显得更加宽敞。正房为三孔窑洞，堂屋的清代木雕神阁斗拱十分华丽，是一件保存完好的民间艺术精品。客栈经营者待人诚恳，不像开客栈，倒像招待自家亲戚。坐在铺面里跟老板聊着天，看老猫卧在火炉旁打盹，水壶噗噗地喷着热气，有种回家的感觉，令人倍感亲切。房间的卫生间不算大，土炕睡一家三口没问题，标准间分为三个档次，晚上供应洗澡热水。

地址：沙巷街 15 号。从沙巷街北口向南约 120 米路西，西郭家巷西口斜对面。

德升源

三星级民俗宾馆，是从西门进城后第一家大型民俗宾馆，政府定点接待单位。三进院，而且院落不像其他民俗宾馆那么逼仄，非常宽敞，令人心情舒畅。房间条件很好，仿古座椅，有饮水机，卧具雪白，卫生间宽大，设施较新，有普通标准间，也有土炕标准间。免费停车。德升源的特色是所有房屋檐下均施彩绘，有鲜活逼真的“百子图”、清新淡雅的“琴棋书画”“山水图幅”等，夜色降临，在红灯笼照耀下，彩绘愈显光彩夺目，如果是晚上到这里，你会在第一眼就喜欢上这个院子。

地址：西大街 109 号。进入西门后沿西大街向东约 900 米路北。

平遥宾馆

虽然这个名字让旅游者提不起兴致来，其实宾馆院内有着平遥等级最高的七间七檩的民居——“日升昌”原掌柜侯殿元故居，是文物保护单位。七开间的二层楼房在整个平遥城内找不到第二座，磨砖对缝，檐牙高啄，气度不凡。

中楼有土炕、仿古家具，仿古装修，北楼符合二星级标准，西楼建筑和设施都比较老，不过房间、卫生间较大，宾馆停车场极大。想体验一下富商的生活吗？住侯殿元故居吧！虽然周边的现代建筑不像传统民居那么有韵味，但这座房居绝对给人以高人一等的感觉。平遥宾馆的房间比较多，长假期间如果别处客满，可以到这里碰碰运气。

地址：沙巷街 23 号。从沙巷街北口向南约 300 米，路西大院内。

资讯补给站

Zixunbujizhan

西大街和明清街

这两条街上有很多客栈，其中最著名的是云锦成、天元奎、衙门官舍，正文中已有介绍。

到达：

距离火车站约1.5公里，乘电瓶车可送至步行街入口。从一级路（大运公路）方向来的车会先经过北门外十字路口，去往明清街上的客栈从北门走进来更近些，从北门外十字路口到北大街与西大街交叉口的小十字路口约800米，向左转100米左右即到达明清街北口。

游览：

1、双林寺、镇国寺：请出古城西门，到火车站附近乘坐中巴。

2、古城内需要检票的小型博物馆散布在附近，步行即达。

美食、购物：

这里是旅游餐馆、商店最集中的地区，各家均经营牛肉、山药系列等平遥特色菜及“平遥三宝”等特色商品。

裕成源

始建于1663年。屋内空间小，炕也小。东西厢房标准间约180元／间，南正房套间约260元／间。

地址：衙门街41号

金井楼

这是距离市楼最近的客栈。院子较大，屋内空间一般，仿古陈设，可租自行车。标准间周末约100元／间，平时约80元／间。让人比较别扭的是几乎所有三轮车夫向我推荐的都是这家客栈，看来他家兼职销售队伍颇为庞大。

地址：明清街29号

美食

平遥一般的客栈都附带餐厅，典型格局是临街的门脸房充当餐厅，客房在后院。因此著名的餐馆也都集中在明清街上，其目标客户是旅游者，就餐环境比街头小馆体面得多，当然价格也高。

提示如下：

1、绝大多数饭店都有两份菜单，分别针对当地人和旅游者，对住店客人在本店餐厅消费给予6-7折优惠也是普遍的惯例。游客们请在饭前要求打折，打7折应该是个不错的结果，但烟酒饮料基本不会打折。

2、除了平遥人最擅长的山药系列、牛肉系列，建议想品尝山西菜的游客还是把太原的餐馆作为首选，太原的山西菜更正宗，价格更便宜，分量也足。

3、旅游旺季时解决早餐一般没有问题，但冬季时很多餐馆会干脆取消早餐。对用餐环境不挑剔的人可以尝试日升昌西侧的小吃铺，有豆腐脑、茶鸡蛋、油条、碗秃则、栲栳栳、平遥月饼等，这里未经过现代化改造，因此价格相对平易。平遥月饼分大小两种，皮厚馅少，因此不像一般月饼那么甜得齁人，吃之前以饼铛重新加热。

4、东大街上中国商会博物馆西侧有家罐罐牛肉面，虽然罐罐牛肉并非发源于山西，但面的味道还是不错的，端上来热腾腾的一罐，非常适合冬天去吃。

5、晚上西大街上靠近西门城楼的地方有三、四家摊档，卖各类面食、碗秃则等，有布棚遮挡，碗上罩着一次性塑料袋，卫生条件还过得去。此外西门外大街上也有大排挡，以烤串、烤肠、麻辣烫为主，香味四溢，但摊设路边，人来车往，尘土飞扬，卫生堪忧。

特产

古城下西门（凤仪门）外是大型市场、商场、超市集中的地带，古陶市场类似于各地的小商品市场，东西价格不贵，质量一般。陶源丰商城是规模最大的商厦。万福隆超市是连锁店最多的超市，火车站南边的那家分店最大。

旅游纪念品大多采购“平遥三宝”——平遥牛肉、推光漆器和长山药，明清街上店铺林立，主打商品无非这几样。

平遥牛肉

山西民歌《夸土产》第一句就是“平遥的牛肉太谷的饼，清徐的葡萄甜盈盈……”，作为被传颂至今的唯一一种冠以平遥名头的特产，平遥牛肉久负盛名。它有几个特点：第一，颜色红润自然，带油的那种红白分明；第二，吃起来富有弹性又不费牙，清香可口，既没有腥味，也没有油腻感；第三，水分少，耐贮存、色味不变。平遥牛肉的加工，从生牛屠宰、生肉切割、腌渍、锅煮等操作程序，到用盐、用水乃至节气时令选择等，都十分讲究，因此才形成其独特口味。

最有名的牌子是冠云牌，分为铝箔包装和散装两种。平遥到处都是“冠云牛肉厂家第X家直销处”的牌子，真伪难辨。最简单的辨别方法是看店内有没有悬挂一块“冠云平遥牛肉直销处”的铜牌，由“平遥牛肉原产地域产品保护办公室”颁发，牌子正中有一绿色椭圆图标，标内为红

资讯补给站

Zixunbujizhan

色中国地图，一般有此牌即可放心购买。我见到的有第 002 直销部，位于北大街的散客售票处隔壁；明清街二部，位于昌颐丰斜对面；另一家在北门城楼内 20 米，北大街东侧。

铝箔包装的冠云牛肉在很多大城市的超市中都可以买到，完全没必要千里迢迢地从这里背回去。散装的更新鲜些，带有牛筋的腱子肉最好吃，不过那种摆在案板上，用块纱布罩着的千万别买，正规商店都用冰柜保鲜。如果买得多，店家会赠送牛皮纸袋或包装箱，一箱可装十份铝箔牛肉，要是买这么一箱送人，也不知道要多久才吃得完。

另外有一家“云青”牌牛肉，在明清街与衙门街的交叉口有唯一的一家专卖店，味道也不错，但名气略小，人气不旺。

推光漆器

平遥制作推光漆器始于唐代开元年间，以中国大漆原料和人工手掌推光的独特加工工艺著称，漆器外观古朴雅致，颜色绚丽多彩，绘饰富丽堂皇，漆面光洁如镜，手感细腻光滑，耐磨、耐潮、耐腐蚀，不怕烫。它选用优质脱水椴木制作胚胎，经裱布、刮灰、逐道上漆、打磨，然后手工推光，再经描金彩绘或堆鼓罩漆、玉石镶嵌、云雕、刻漆等，前后三十多道工序精制而成。底漆多以墨黑、霞红 、杏黄、绿紫为主，装饰图案有古典人物、园林山水、花鸟鱼虫、名胜古迹等百余种。主要品种有屏风，漆画，柜、凳、几，盘、碟、瓶，首饰盒等，旅游者买得最多的还是首饰盒，实用又便于携带。

挑选：漆膜要亮，但又要亮得自然，特别光亮的可能是上过罩漆，不一定是手掌推出来的。黑色底漆的那种则要黑得纯粹，发乌、发闷的不好。此外还要着重看看合页、锁头等五金配件，纯铜的最好。保养时用棉布轻轻擦拭，上油效果更佳。

价格主要差在规格上，同等大小人物图案的略贵于花草的，因为前者对画工的要求更高些，螺钿镶嵌的略贵于彩绘的，不过彩色螺钿并非天然原料。

明清街 57 号的永隆号是平遥漆器艺术博览馆，前店后厂，可以免费参观生产过程。

明清街北边的小巷就是鹦哥巷，人口 100 米路西院子里有一家福利推光漆器厂，有很多十几岁的孩子正在从事着各项工序，说说笑笑的，似乎不是在工作而是在玩，你的参观不会引起他们的任何不满。院子后面有产品展示中心，在此直接购买漆器比明清街上的旅游商店价格略低。

长山药

山药有健脾养胃、补肺益肾的功效，由于热量少、粗纤维多，容易增加饱腹感，也是减肥的好食品。最有名的牌子是威壮长山药粉，可以考虑在城外大型超市购买，价格便宜又有保障。

剪纸

剪纸在山西许多地方都是最常见的民间艺术之一，平遥也不例外，到处都可以看到剪纸店，一张张美丽的剪纸如朵朵红花般怒放，显得格外绚丽。其中一家已经形成了自己的品牌——温涛剪纸，店名叫剪艺园，位于日升昌东侧、汇武林斜对面，店内各种荣誉证书贴满墙，剪纸有单张的、成套的、带框的等多种样式，题材包括脸谱、生肖、福寿字样以及平遥名胜古迹等各种图案，价格合理，冬季 20:00、夏季 22:00 打烊。另一家在明清街同兴公镖局与百川通票号之间，没有自己的店名，这里的剪纸相对比较便宜。

布鞋

昌兴布鞋店在温涛剪纸隔壁，不大的铺面里店员正在现场制鞋，对于没见过手工制鞋的游客来说，这可算作一个免费参观的项目了，你要是有兴致，还可以试试自己纳鞋底子的手艺。女布鞋有绣花鞋、带袢鞋等，男鞋鞋底分为手工纳千层底和牛皮底，既有圆口的，也有方口的，价钱仅为北京“内联升”千层底布鞋的四分之一，毕竟一个为王公贵族服务，另一个纯粹来自民间，价格上的巨大差距也证明了其目标客户的不同。在平遥为自己挑选一双价格合理、穿着舒适的布鞋，再穿着它走一走古城的石板路，这样的旅游纪念品才真正与众不同。

休闲

平遥大戏堂

平遥大戏堂，原名“礼乐堂”，建于清康熙四十二年（公元 1703 年），原是为迎接康熙西巡而建，历来是官绅礼宾、商贾休闲和演戏宴舞之地，1900 年慈禧、光绪西逃时曾经在此赏戏，国家风雨飘摇之时竟然照旧歌舞升平，大戏台见证了这样荒唐的统治者。大戏台前有始建于明初的九龙壁一座，原来是太子寺山门照壁，寺早毁，壁犹存，不料年久失修，原九龙壁于 1977 年倒塌，近年用残存构件加上新烧制的琉璃原样进行了原址修复，九条龙在云雾波涛间翻腾，错落相宜，充满张力，造型生动，只是规格较小。

现在大戏台已经修葺一新，成为集北派宴舞展示、传统剧目表演、名优小吃品尝为一体的演艺场所，作为全新的平遥旅游项目推出，类似于北京的“北京一夜”、“老舍茶馆”等。演出的节目有晋中秧歌、山西民歌、二人台、武打小品等，每场节目 50 分钟左右。如果订票人数达不到最低要求，演出将取消，请事先与售票处联系。

地址：城隍庙街上，紧邻文庙后门入口

酒吧

云锦成的西餐厅位于西大街与北大街的丁字路口，散客接待中心对面，中式装修，在雕梁画栋间吃炸薯条也是一种独特的体验。服务员训练有素，有的会说英语。价格走高档路线。因为是西餐厅兼营酒吧，气氛不很热烈。

另一家叫樱花屋，虽然我不喜欢这有着日本味道的名字，但它是古城里最有味道的酒吧，据说跟丽江的樱花屋是同一家老板。酒吧位于西大街与明清街的丁字路口，外装修走质朴路线，原木风格，个人感觉像回到了新石器时代，跟平遥民居中那些精细的木作差了几千年的文明史。屋内悬挂着各国国旗，点着灯笼，但不是“大红灯笼高高挂”，而是在拉萨随处可见的四方形的藏式灯笼。这里售卖各种酒水、小吃等，当然还有越来越俗套的游客留言本。旺季时人们喝酒聊天，服务员来回穿梭，一派热闹。冬季你最好还是在客栈靠读书来打发晚上的时光吧，酒吧里寥寥的几位客人，还没有服务员多，原本优雅的音乐竟带上了凄凉的况味，此时再翻翻留言本，看到前人酒后或烦恼或兴奋的留言，更有种被世界遗忘的感觉。

第七章

临汾——大槐树与黄河的双重奏

临汾市
鼓楼北街
平阳北街
车站路
迎春北街
临汾火车站
家外家侯马饸饼
八一宾馆
临汾宾馆
煜海大酒店
长途汽车站
鼓楼西街
解放西路
大中楼（鼓楼）
老三削面
李家丸子
曲沃王记羊汤
大云寺
鼓楼东大街
鼓楼南街
解放东路
婆婆神羊汤
李家丸子
霍州饸饹面
平阳南街
迎春南街
老白家牛肉丸子面
赵城酥肉面
陈家打卤面
信合路
往华门、尧庙
信合东路
N

临汾是一座很有气势的城市，与山西的其他地方相比，它不乏平原地域的细腻温情，但更多地体现出黄土高原的慷慨豪迈。从气吞山河的壶口瀑布，到高大雄伟的华门建筑，从高昂豪放的蒲剧唱腔，到铿锵有力的威风锣鼓，无不体现出临汾的自信与大气。

洪洞是临汾市下属的一个县，西周时期为杨侯国，西汉始置杨县，隋义宁二年（公元618年）改称洪洞县。苏三一句耳熟能详的戏词“越思越想越伤情，洪洞县里没好人”让洪洞县人承担了几百年的无辜骂名，而一首广为传唱的民谣“问我老家在何处，山西洪洞大槐树”则让洪洞成了千万人魂牵梦绕的故乡，洪洞融汇着爱恨交织的复杂情感，在人们的舌尖上流传。

黄土高坡

行程推荐

Xingchengtuijian

临汾地处晋南，冬季不算太冷，但空气污染比较严重，春、夏、秋三季比较适合旅游。壶口瀑布初春和秋季水量最大，气势磅礴，夏季落差最大，水雾缥缈，冬季壶口则是一派冰雕玉琢的景象。严格来说，临汾市区没有哪个景点是非去不可的，来临汾的主要目的就是为了一观那吼出黄河雄风的壶口瀑布，从临汾往返壶口，一天半比较合理，如果包车或者在临汾当地参加旅行团，一天也足够。

临汾火车站周边住宿档次丰富，更关键的是交通方便，公交车多，离长途车站近；解放西路一带以中档宾馆为主，地处繁华市区，购物方便，周边环境好；吉县的宾馆性价比远远高于壶口瀑布景区内的宾馆，如果不是铁了心要枕着黄河涛声入睡，推荐住在吉县。

临汾市汇集了很多晋南小吃，各具特色，比较高档的饭馆反而没什么突出的，对吉县的餐馆就更别有太高要求了，当然如果能找到正宗的黄河大鲤鱼，还是值得尝试的。

洪洞壶口三日游

第一天：早晨到达洪洞，上午参观苏三监狱，再到大槐树祭拜祖先，你会对人类的寻根情结有更深刻的认识；下午去广胜寺，登琉璃塔，赏水神庙壁画。游览结束后可返回洪洞县城住宿，也可到大运公路搭过路车去临汾。

第二天：早晨从临汾乘坐长途车去往壶口，中午即可到达黄河大桥桥头，步行前往，领略壶口瀑布的磅礴气概，感受中华民族母亲河的澎湃激情，下午返回吉县住宿。

第三天，一早出发返回临汾，中午到达，正好顺便看看汽车站对面的尧庙和华门，品尝临汾丰富多样的小吃就是晚上的主要任务了。

壶口瀑布

预算
Yusuan

临汾：威风锣鼓

以 3 天时间为标准（包括了主要的景点）计算

门票：323 元。
交通：乘坐公交车约 80 元。
住宿：住普通宾馆标准间，按每天 80 元计算，同行两人分摊，每人每天 40 元，三天共计 120 元。
餐饮：以当地小吃为主，按照每天 50 元计算，三天共计 150 元。

总计约 673 元

在临汾要做的5件事

Zailinfenyaozuodewujianshi

01 在大槐树为祖先上炷香

“问我老家在何处，山西洪洞大槐树。祖先故居叫什么，大槐树下老鹳窝。”这首民谣传唱了数百年，至今人们依然耳熟能详。故事发生在明朝初年。经过元末农民大起义及其后“靖难之役”的战争兵燹，又有水灾、旱灾、蝗灾雪上加霜，天灾人祸的共同作用让整个华北地区赤地千里，人口稀少，满目荒凉，只有山西幸免于兵荒马乱之苦，再加上连年风调雨顺，人口众多，一派繁荣。明太祖朱元璋和明成祖朱棣为了国防和发展经济的需要，多次从山西迁移居民到河北、河南、山东、安徽等地，有组织的移民活动持续了50余年。当时平阳府人口居山西之首，洪洞县人口又居平阳府之首，洪洞县自然而然地成了移民输出地。洪洞的唐代古刹广济寺内有一棵“树身数围、荫遮数亩”的汉槐，古驿道从树下经过，明政府在此编排移民，发放凭照川资，山西洪洞大槐树从此成为无数人关于故乡的最后记忆。

大槐树的名气让洪洞最主要的大街以古槐北路、古槐南路来命名。从“古槐逢春”的牌坊下走过去，路两旁是繁忙的集贸市场，新鲜的蔬菜、水果、猪肉点缀着平凡人家的平凡生活，对于买卖双方而言，近在咫尺的大槐树不过是一个地名，它所代表的时代早已远去，只有风尘仆仆、远道而来的游子，近乡情怯，才放不下心中的忐忑和期待。

根祖文化现在是大槐树景区的卖点，大槐树本身倒退居次要位置了。纪念馆进门处迎面一座影壁，大书一个“根”字，正是大多数人来到这里的唯一目的。沿着中轴线走过献殿，雄伟的祭祖堂在高台上巍峨屹立，几缕轻烟从巨大的香炉中袅袅升起，庄严肃穆。祭祖堂里游人不多，立着不少牌位，经过考证一共有1230个从大槐树移民出去的姓氏，让人眼花缭乱。给自己的祖先燃上四炷香，默默许个愿，与几百年前颠沛流离的先人相比，现在的生活值得我们珍惜和感恩。

洪洞大槐树的石幢

与新建的祭祖堂相比，旁边记录大槐树原址的碑亭显得过分寒酸了，传说中的大槐树早已无存，留下这刻着“古大槐树处”字样的石碑，接受人们的顶礼膜拜。同根滋生的第二代大槐树用钢丝牵拉着，顽强挺直枯干的身躯，只有第三代槐树枝繁叶茂、正当壮年，从这里走出去的人们不也像这槐树一般生生不息、代代相传么？大槐树某种程度上已经成为了背井离乡者的精神家园，中国人刻到骨子里的故土情结和祖先崇拜通过大槐树这一象征痛痛快快地宣泄了出来，终于把一棵树神化了，不幸的是，人们的精神寄托最终输给了自然规律。同蒲铁路从距离大槐树不足 50 米的地方通过，似乎带有某种暗示，不时呼啸而过的火车，带走了多少形形色色、走南闯北的人们，他们不再像祖先们那样哭天抢地、暮宿晓行，而是踌躇满志、日夜兼程，从驿路到铁路不过短短的几步，思维方式的变革却用去了数百年。

踱到碑亭后面，这里还藏着件宝贝——金代经幢，建于金天会十年（公元 1132 年），风化得很厉害，但优美的塔形和精致的雕刻还能看出个大概，力士、狮子、武将形象传神，眉眼已经不甚清晰了，动作的神韵却还在。最独特的是每相邻的两幅雕刻形成一组相互呼应的画面，有诈败之后回马一枪的，就有举盾护身伺机反攻的；有弓开满月箭去如飞的，就有弓弦响处应声落马的，动作感十足，仿佛可以让人听到战场上的呐喊。还有一层刻的是带翼鸟足人，手持各种乐器，歌舞升平，不过位置比较高，欣赏起来比较费劲。

洪洞：大槐树

小帖士 TIPS

到达：

从汽车站乘坐公交车，到大槐树站下车，路西“古槐逢春”的牌坊向西 200 米，过铁路立交桥即到。从县城广场打车到此 3 元左右，不跳表。从火车站到此没有公交车。

游览时间：

约 30 分钟，祭祖、烧香时间除外。

节庆活动：

每年公历 4 月 1 日－10 日举办“寻根祭祖节”，4 月 5 日为主祭日，有隆重的祭祖仪式和热闹的鼓乐表演，有趣的是每逢此时都有大批鸟类飞来园内树林，过完节再飞走，人称“思乡鸟”。

下一站：

苏三监狱：乘坐公交车向南到苏三监狱站下车，5 分钟可达。

广胜寺：在古槐北路马路对面乘坐北上的黄色中巴，坐到终点。

Zuozheshouji 作者手记

1. 抱着观光目的来此肯定会令你失望，追寻祖先脚步来此则会让你心怀崇敬。

2. 祭祖堂设有旅游纪念品销售处，售卖家谱、族谱、移民资料等，不过有的资料印刷质量令人不敢恭维。

3. 可以在祭祖堂内拜祭自己的祖先，请向工作人员询问，以便在上千个牌位中迅速找到你的姓氏。

在临汾要做的5件事

Zailinfenyaozuodewujianshi

02 到明代监狱为苏三喊冤

苏三监狱

虽然号称是中国目前仅存的一座明代监狱，实际上苏三监狱是1984年在原址上重建的。想来这里也曾关押过无数的囚犯，最终却因为一位弱女子在此沉冤得雪才出了名。监狱占地面积并不大，与繁华的街市只隔一道墙，却壁垒森严、机关重重，隔断了所有的自由和希望。过道顶上是铁丝网和悬挂的铜铃，阻绝了飞檐走壁的可能，丈八墙内灌满流沙，割断了地遁而去的念头，暗无天日、厚壁冷炕的死囚牢让人不寒而栗，墙根处的死囚洞则是死在狱中的犯人的最终去处。苏三当年就在这样的环境里忍受着煎熬，现在那愁眉乱鬓的塑像似乎还在低头泣诉，院中的井沿刻着深深的绳痕，狭小的井口让投井自杀也变成了奢求。

监狱院内设有蜡像馆，展现苏三受审等重要情节，让人仿佛亲眼目睹了600年前的传奇故事，馆内照明昏暗，衬托出监狱的阴森恐怖。最南边的一间为影像室，循环播出京剧《玉堂春》录像或者VCD，因播放次数太多，画面断断续续的，凸显出了历史感和戏剧效果。

小知识——苏三故事

苏三，原名周玉姐，明代山西大同府周家庄人。六岁时父母双亡，后被拐卖到北京苏淮妓院，遂改名苏三，“玉堂春”是她的花名。

官宦子弟王景隆冶游邂逅苏三，一见钟情，过从甚密，苏三鼓励王景隆发奋上进，誓言不再从人。王景隆离京归里，虽对苏三不能忘情，但发奋读书，二次进京应试，考中第八名进士。

在王景隆返家之际，苏三被老鸨卖给山西洪洞马贩子沈燕林为妾。沈燕林长期经商在外，其妻皮氏与邻里赵昂私通。沈燕林带苏三回到洪洞，皮氏奇妒，定计害之，不料却让沈燕林误食毒面身亡。初审时洪洞县衙将皮氏与苏三收监，赵昂行贿知县，诬陷苏三，知县贪赃枉法，对苏三严刑逼供，苏三受刑不过，只得忍屈画押，被判死刑，监于死牢中，皮氏却逍遥法外。

适值王景隆升任山西巡按，风闻苏三被卖到洪洞，到任伊始便急巡平阳府，得知苏三已定死罪，便密访洪洞县，探知苏三冤狱案情，即令火速押解苏三案件全部人众至太原。王景隆为避嫌，遂托刘推官代为审理，刘氏公正判决，苏三奇冤得以昭雪，真正罪犯伏法，贪官王氏被撤职查办，苏三和王景隆有情人终成眷属。

明代文学家冯梦龙将此故事取名《玉堂春落难逢夫》，编入《警世通言》，流传后世。明代已被改编成《完贞记》、《玉镯记》等传奇剧本，到清代，《玉堂春》传奇演出于昆曲舞台，京剧版在嘉庆七年（1802）时三庆班就已在京演出。《玉堂春》不仅是京剧旦角的开蒙戏，还是中国古典戏曲中流传最广的剧目之一，“苏三离了洪洞县，将身来在大街前……”也成了家喻户晓的经典唱段。

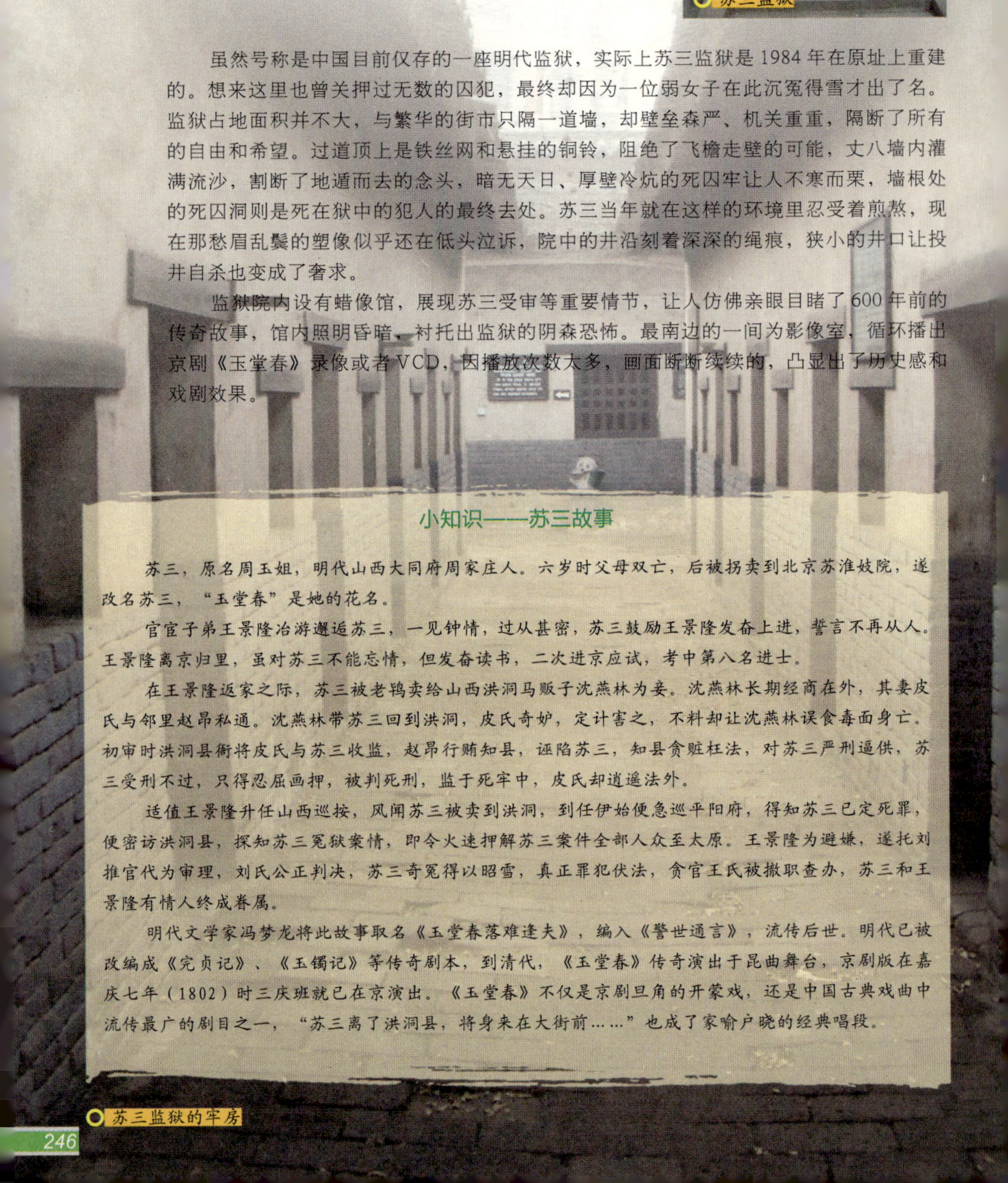

苏三监狱的牢房

小帖士 TIPS

到达：
从汽车站乘坐公交车，到苏三监狱站下车。

游览时间：
约 30 分钟。

下一站：
广胜寺：乘坐公交车在中医院站下车，转乘马路东侧的黄色中巴，到终点站下车即到。

在临汾要做的5件事

Zailinfenyaozuodewujianshi

03 登广胜寺琉璃塔，赏水神庙壁画

早就耳闻号称“中华第一琉璃宝塔”飞虹塔的盛名，等到气喘吁吁地爬到霍山顶，第一眼竟然有些失望，塔形跟北京香山的琉璃塔分明没什么分别。史载广胜寺始建于汉代，琉璃塔原建于唐代，是全国19座舍利塔之一，塔底下珍藏着佛舍利。元大德七年（公元1303年）塔被地震毁坏，明正德十年（公元1515年）开始重建，落成于嘉靖六年（公元1527年）。高13层，八角，第一层的围廊是在塔落成90多年以后，于天启三年（公元1623年）增建的，看起来倒是挺协调，如同原配。

塔的首层有卖佛教书籍、香烛等等，与这些东西相比，绕塔一周看看展出的中国名塔荟萃无疑更具吸引力，每当看到曾经去过的古塔就会得意一下，看到没去过的就给自己定个新目标，有点儿女孩儿逛商场的感觉。从吱扭作响的楼梯登上二层，抬头处昏暗的光线中一双黑亮的眸子正闪着光，我才发现走进了一个琉璃的世界。塔身到处都覆盖着琉璃构件，塔门位于正中，据说里面有梯道直通塔顶，可惜现在已经不让登塔了。黑亮的眸子来自门两侧的金刚，他们脚踏祥云，不怒自威，连甲胄上的凸起都被塑造得一丝不苟。塔门上方是琉璃制仿木结构斗拱，极其繁复，即便真用木制，也是一件精致的艺术品，更别说要用泥仿制，还要上釉、烧制，难度更大。斗拱下方两侧各有一承托柱子的力士，龇牙咧嘴、表情痛苦，不堪重负之情溢于表面，看来天神也有抗不住的时候，不幸的是他们还要这样永远地坚持下去。此外还有佛像、鸟兽、花卉、盘龙莲花柱等，都是色彩艳丽，塑造精巧，让人目不暇接。其余各层不能登临，只能站在塔下仰头远观，原来塔身每层都有琉璃装饰，在

广胜寺大殿

阳光照耀下熠熠闪光。轻风起处，满山凝重深沉的松涛声中，檐角铜铃清亮之音宛若天籁，一时间竟然让人忘了身在何处，心在何方。

塔北面的弥陀殿保持了元代建筑风格，进殿后抬头看，大额式梁架独特而疏朗，供奉的元代泥塑菩萨上身前倾，显得平易近人。东壁的壁画还算清晰，但多处脱落，绘画手法一般；扇面墙壁画仅依稀可辨，佛背后的比较完整，而且色泽艳丽，应该是后来修复的。殿内依墙而立的12个大红木经柜是举世闻名的“赵城金藏”在广胜寺留下的唯一印记，如今已成为国家图书馆镇馆之宝的这批金代木刻大藏经，能够与日本侵略军的魔爪擦肩而过，实在是国之大幸、文化之大幸，其传奇故事，至今读来仍觉惊心动魄。

广胜寺

再向后是大雄宝殿和毗卢殿。毗卢殿居然用了庑殿顶，屋顶形制比大雄宝殿的悬山顶等级更高，里面到处都是佛像，墙边一圈木雕佛阁中的35尊铁铸佛像比较珍贵，加上53尊明代壁画佛像，共计88佛。主佛泥塑贴金，背光尤其华美精致，即使隔着栏杆，依然能感受到其散发出的持久的艺术魅力。好在不是所有的艺术精品都被锁了起来，毗卢殿的门扇可是明代小木作的代表作。看到我专门拍摄门扇图案，看殿的老人来了精神，主动给我讲解：门花图案里藏着多种几何图形，三角形、菱形、平行四边形、圆形、等腰梯形，都是小的木构件以木条穿插起来的，没有用一根钉子、一滴胶水……他一边说，一边在门扇上摩挲，那些地方明显经常接受这样的洗礼，油亮亮却又黑乎乎，倒免了上光打蜡。老人的动作虽可商榷，其骄傲自豪之情值得尊敬。

西配殿地藏殿内有保存完好的明代彩塑，包括地藏王菩萨、十殿阎罗、六曹判官等，宝座屏风工艺精湛，檩下悬塑也很漂亮。毗卢殿东边山崖上有一神仙洞，洞口不起眼，里面颇深，据说能一路走到五台山，我走了几步又退了回来：谁知道这洞里有没有餐馆旅社？还是坐火车去更保险！民间传说吕洞宾曾乔装到此，写下了“洞府别有天，宾至伴云眠，来朝庐山去，此处好参禅”的藏头诗，这就是神仙洞名字的来历。道士造访佛教寺院，佛寺还把他的遗迹保存下来，倒符合咱们中国人喜欢和平共处的性情。

站在上寺远眺，下寺的绿色琉璃瓦顶掩映在绿树丛中，显得非常和谐，再远处就是山西焦化的地界了，烟囱与古塔比高，空气共黄土一色。这是传统与现代、宗教文化与工业文明和平共处的实例，至于共处是否自愿，佛寺无言。

沿山路下山，首先看到的是一泓碧水，这就是霍泉，潭水清澈见底，嫩绿的水草随水流摇动，泉水汩汩上翻，水量丰沛。“滴水之恩，涌泉相报”，要涌成像霍泉这样，还真有些难度。最难得的是霍泉几千年如一日，从汉代起就一直保持着很大的流量，灌溉洪洞、赵城两县的万顷良田，为此历史上曾多次爆发两县间的争水纠纷。现在泉边立着清雍正年间的两块石碑，分别镌刻《建霍渠分水铁栅图》和《建霍渠分水铁栅记》，有点约法三章、立字为据的意思。

霍泉北边即为广胜寺的下寺，山门单檐歇山顶，前后檐加出雨搭，看起来就像穿了条超短百褶裙，其实它是座元代遗构，在它横空出世的时候，超短裙还没被发明呢。山门后面是弥陀殿，挺大的面积曾经只

广胜寺的琉璃塔

广胜寺

用两根柱子支撑，现在为了加固，在正面及两侧加了四根柱子，从柱础和柱头造型能够很容易地分辨出哪两根是“原配”。殿内供奉千手千眼十一面观音及文殊、普贤“三大士”，两侧为十八罗汉，所有佛像都以红木雕刻而成，是2005年12月8日才安座于此的，堪称新鲜出炉，大概是整个山西行程中最年轻的佛像了。后大殿檐下的篆体匾额让我猜了许久也没搞清楚究竟写的什么字，请教了庙里师傅，方才得知是“宝筏金绳”，取佛经中“诞登彼岸，非宝筏何以指迷津；普济众生，惟金绳乃以开觉路”之意。此殿建于元至大二年（公元1309年），运用减柱和移柱的建筑手法，让整个殿堂显得非常轩敞，视野开阔。殿四壁曾经布满壁画，那是一幅怎样的场景？照明良好的大殿内，四面八方都是驾着祥云的佛、菩萨，慈爱悲悯地注视着芸芸众生，可惜我们只能凭借想像来回现当时的样子，壁画于1929年被盗卖去了美国，令人痛心疾首。

不幸中的万幸，水神庙里的壁画完好地保存到了今天。从弥陀殿西侧的小门进去就是水神庙的主体建筑——明应王殿，建于元延佑六年（公元1319年），面阔、进深均为五间，平面呈方形。管理员打开殿门的一刹那，震撼！震撼！！还是震撼！！！只见四壁布满壁画，色泽鲜艳，笔触生动，保存完美。能够与国宝级的文物会面，那种激动让我不由自主地屏住了呼吸。这些壁画是元泰定元年（公元1324年）所绘，描绘的民俗场景反映了当时社会生活状况的真实面貌，让观者有机会梦回元朝。

西壁是“祈雨图”，描绘地方官手持写有“清风细雨乾坤令”的长绸，向水神跪拜求雨的场景。画面右上角是捶丸图，画面中有两男子正在捶丸，另有两人作裁判，打球的人手里各拿一短柄球杖，地下有个小小球穴，这元代的球怎么看怎么像高尔夫球，怪不得有人考证说高尔夫起源于中国呢。右下角是下棋图，水神的文化体育活动还是挺繁忙的。

东壁是“降雨图”，主要画面结构跟西壁差不多，都是水神明应王像和文武朝官，不同的是画面上有道道白光从龙口吐出，表示求雨成功了。东壁左下方是“卖鱼图”，画面上部穿袍、着靴、有胡须的人，明显是位有头有脸的角色，一副漫不经心的样子；卖鱼老人着草鞋，躬身而立，神情谦恭，似乎有些惴惴不安，另有两人目不转睛地盯着秤，似乎生怕少给了一两，所有人的心理活动都通过肢体语言的描绘表现得淋漓尽致，这幅画的复制品已经在山西博物院内展出。东壁右上方是广胜寺全盛时期的复原貌。

北壁西侧为膳食图，东侧为尚宝图，其间可以发现原始冰箱、蜂窝煤的身影。南壁东半部绘制着最为著名的元代戏剧壁画，壁画上端挂着写有“尧都见爱大行散乐忠都秀在此作场”的舞台横额，下面是一个民间剧团在登台做戏。舞台上方砖铺地，幕帷悬挂，共有11位人物，第一排正中身穿红袍的就是主角忠都秀，仔细分辨，能够找到笛、鼓、拍板等乐器，以及刀、剑、牙简、扇子等道具，演员勾脸谱，挂髯口，衣冠、软靴等服装也都已舞台化，看着跟后来的戏剧演出已经没有多大分别。这幅画反映了元杂剧极盛时期的演出场景，同样也复制在了山西博物院，还收入了中学的历史课本，足以证明其重要地位。

出寺门走向停车场，我依然沉浸于壁画场景中不能自拔，看到路边的台球案、蔬菜摊、小吃店、储蓄所，不由自主地举起相机想要拍下来，想象着照片再过几千年也许也会成为珍贵文物。看着取景器里的画面，我却犹豫了，究竟该如何处理那些无处不在的垃圾和白色污染？如何面对叶子稀少、了无生气的树木？是把它们留下来反映生活的真实，还是追求画面的完美统统去掉？我甚至想问一问元代的画师和卖鱼老人：“您装鱼的塑料袋哪里去了？”

小帖士 TIPS

到达：
从洪洞汽车站乘坐公交车在中医院站下车，在路东转乘黄色中巴车到达终点山焦影剧院。下车向北，在“洪洞广胜寺农村信用社”门前右转向东即可到达下寺；下寺旁有台阶路和盘山公路通往上寺，也可以在山焦影剧院前乘坐机动三轮车或摩托车到上寺门口。洪洞县城中巴车首末车时间冬季为8:00–17:30，其余季节8:00–18:00，每10分钟一趟，从汽车站经过25分钟左右到达广胜寺。
在临汾北城汽车站（又称115车站）有开往广胜寺的中巴车，也停在山焦影剧院门口，临汾首班车8:30发车，广胜寺末班车17:00发车，每30分钟一趟，约1小时左右到达。

游览时间：
上寺约30分钟，下寺约45分钟。从下寺步行上山到上寺约需25–40分钟，步行下山约20–30分钟。

餐饮：
从山焦影剧院去往焦化的路旁有几家餐馆，价格不贵，味道上也没有什么惊喜。

节庆活动：
每年农历三月十八开始广胜寺古庙会，为期5天。老百姓谁也不愿意花钱进寺参观，都聚集在广胜寺墙外，山路上人们络绎不绝，下寺周围的集市上人流摩肩接踵，水泄不通。

下一站：
从北向南旅行的游客可以乘坐直达临汾的中巴车，到临汾继续旅程；从南向北的游客可乘车到广胜寺路口，沿大运公路继续北上。

Zuozheshouji 作者手记

1. 飞虹塔内没有照明设施，只能借助窗口射进来的自然光，带个手电或头灯就好多了，也可以在塔内首层租手电筒。
2. 在上寺围墙内只能用28毫米以下镜头才能拍到飞虹塔全景，上寺山门斜对面的小山头上是拍摄飞虹塔全景的最佳角度。
3. 为保护壁画，水神庙大门平时不开，游人要到下寺门口东侧的传达室内叫工作人员开门。
4. 下寺左手边有通往上寺的石台阶路。

在临汾要做的 5 件事

Zailinfenyaozuodewujianshi

04 感受壶口瀑布的磅礴气概

君不见黄河之水天上来，奔流到海不复回。

——李白

只有诗仙才能写出黄河的气势。尽管有人把黄河叫做中华民族的母亲河，我却有一个信念深入骨髓：黄河是男性的，是阳刚的，是雄赳赳、气昂昂的。他无奈于刘家峡的万顷碧波、水平如镜，他迷失于花园口的黄沙漫地、波澜不兴，只有在沟壑纵横、黄土深厚的晋陕大峡谷，他才能直抒胸臆。九曲黄河一壶收，劈开高原、奔涌而来的黄河到这里突然收窄，水流如千军万马共同纵身跳下 30 米高的悬崖，做了一次令人愉悦的集体蹦极，壶口是黄河的真性情，壶口是黄河的最强音。壶口的黄河，是最有风骨、最具魅力的黄河，只有壶口的黄河，才能够代表奋斗不息、勇往直前的民族精神！

尽管曾无数次地看到过壶口的照片，但只有当我站在壶口瀑布旁边，才认识到在咆哮怒吼的黄河面前，所有照片及文字都显得苍白无力。那雷霆万钧的气势，一往无前的激情，翻江倒海的力量，舍我其谁的自信，无不令观者热血澎湃、豪情万丈。没有什么媒介能够传达出壶口的神韵，只能用眼睛去看，用耳朵去听，用心去体会，让思绪随滚滚黄水旅行。浊浪排空，惊涛拍岸，水雾冲天，夹杂着泥沙的水珠扑面而来，让我们迎接这最有黄河特色的洗礼：衣袂沾湿算什么，泥点纷飞算什么，让我们站得离黄河更近，让我们与黄河同呼吸！

壶口瀑布

壶口瀑布：近距离接触

壶口景区

壶口瀑布有“水里冒烟”、“谷涧起雷”、“彩桥通天”、“群龙戏浪”四大奇观。河水跌入深槽，激起巨大云雾，恰似“水里冒烟”；汹涌澎湃，震耳欲聋，声若惊雷，所谓“谷涧起雷”；阳光照耀，水烟折射出七彩霓虹，如架起“彩桥通天”；滚滚河水势如龙腾虎跃，在深槽浊浪中翻腾，恰似“群龙戏浪”。在含有大量泥沙的水流冲刷下，壶口以每年 70 厘米左右的速度向上游移动，根据记载，2700 多年中壶口瀑布后退了 3000 米，在其下游冲出了一道壮观的石槽，宽约 50 米，河水顺槽而下，犹如狂龙被囚，摇头摆尾，直达孟门，这就是著名的“十里龙槽”。此外壶口瀑布风景区内还有孟门夜月、石窝宝镜、禹帽夕照、镇河神牛、壶口叉桥（天然冰桥）等自然景观和旱地行船、清代长城、明代码头、古炮台等人文景观，抗日战争时期，阎锡山的第二战区司令部就设在壶口上游十公里的克难坡，有兴趣者可一一探访。从吉县到壶口的途中风景也有如一幅壮丽的画卷，车行高处，但见山脉绵延，危岩壁立，河流深切，黄土被朝阳照耀，灿若黄金，蔚为壮观，不输于美国科罗拉多大峡谷。

壶口：十里龙槽

壶口瀑布

四季壶口

壶口瀑布如同山西的气候，四季分明，姿态万千。

春回大地之时，冰雪消融，黄河水量骤增，大小冰凌，顺流直下，吼声如雷，主瀑烟云缭绕，副瀑万壑千流，正值桃花盛开，是为桃花汛。

夏季水量减少，下游龙槽水位下降，是一年中壶口瀑布落差最大的时节，河床岩壁得以展露身姿，怪石嶙峋，参差而立，瀑布被热情似火的太阳晒过了头，没精打采的，似乎正享受难得的暑假，养精蓄锐。

秋季来临，降水增多，壶口重新抖擞精神，水势浩荡，雾气冲天，声震十里，气贯长虹，龙槽爆满，汹涌澎湃。

寒冬腊月，千里冰封，万里雪飘，壶口也收敛起狂野的性情，只用飞溅的水珠在两岸筑起一片冰的世界，把周边一切包裹在冰凌中，形状各异，晶莹剔透，蔚为壮观，小雪、大雪节气前后，更有冰块凝结，在河面上冻结成桥，行走于黄河冰桥之上，听河水自脚下涓涓流过，才知壶口也有柔情似水的一面。

小帖士 TIPS

位置：

位于山西吉县与陕西宜川县交界地带，309 国道从距离瀑布 4 公里的七郎窝黄河大桥经过，距吉县县城 49 公里，距临汾市 176 公里，距太原市 450 公里，距宜川县城 50 公里，距延安 214 公里，距西安 300 多公里。

到达：

可以在吉县或临汾乘坐长途车，在七郎窝黄河大桥下车，售票处设在桥头，到壶口还有近 4 公里非常平坦的柏油路，在桥头雇摩托车或步行 40 分钟可到达壶口瀑布。

吉县——壶口往返交通

从吉县到陕西宜川每天有两班车，都经过壶口，班车从吉县汽车站出发，人少时会在吉县

中心广场作短暂停留。早8:00发一班，约45分钟后到达黄河大桥，10:30左右抵达宜川，回程15:00左右到黄河大桥，需14:50前到桥头等车，千万不能错过。第二班13:00从吉县出发，45分钟后到达黄河大桥，回程第二天早9:00经过大桥。

临汾——壶口往返交通

临汾长途汽车站每天有一班到延安的车，6:00从临汾出发，10:00左右进吉县汽车站，11:00从吉县发车，约11:45经过桥头；回程第二天12:00左右经过桥头，约17:00回到临汾。

也可选择在吉县中转，临汾到吉县的班车在尧庙汽车站发车，7:00–17:40循环发车，每20分钟一趟，吉县到临汾，5:30–17:00循环发车，每20分钟一趟。

包车

临汾到壶口包车价格大约为300–400元/车，当天往返，在临汾街头拦出租车即可，也可到尧庙汽车站前寻找。吉县到壶口包车100–120元/车，有时甚至会低至10元/人，不过前提条件是必须由包车司机代买门票，如有学生证等半票、免票证件或需要门票报销，请在议定包车价格前声明。吉县汽车站外的街道两边有车揽客，找不到的话可以求助于汽车站小卖部。

吉县到其他地方的交通

吉县到隰（xí）县，8:40、14:00发车两班，约2个多小时到。

吉县到太原，每天一班，5:20发车，约8–9小时到。

◎自驾车提示：

1、从太原出发，走108国道或大运高速至临汾，约3.5小时；转309国道，即临（汾）七（郎窝）三级公路到吉县，约3.5小时，吉县到壶口约40分钟，全程约需8小时。
2、临汾到壶口的公路穿行于吕梁山区，山高坡陡，其中吉县到七郎窝大桥路段于2005年重新铺油，工程质量不合格，路面已多处破损，要加倍小心；冬季雪后阴坡常有贼冰。
3、吉县县城南端、县人民医院对面的桥南街上有中石化加油站，壶口镇也有个中石化加油站。
4、壶口景区小车停车费10元/次，可以开到里面的停车场，距离瀑布咫尺之遥。

◎推荐行程：

选择一：早6:00从临汾出发，中午12点到达黄河大桥，在桥头餐馆吃过午饭后进入景区，14:45出来，在桥头等候宜川——吉县班车，16:00回到吉县，乘吉县——临汾班车返回临汾，约20:00回到临汾尧庙汽车站。此行程很紧凑，乘坐长途车的时间超过8小时，适合时间紧张的游客；
选择二：前一天晚上从临汾赶到吉县住宿，早8:00从吉县出发，大约9:00到达黄河大桥，在桥头餐馆吃过早饭后进入景区，11:45左右出来，在桥头等候延安——临汾班车，13:00到达吉县，可以不换车直接返回临汾；也可以午饭后游玩吉县县城内的景点，然后再乘吉县——临汾班车返回临汾。此行程比较轻松；
选择三：前半部分与选择二一样，在景区内玩4个小时，对着黄河多发一会儿呆，赶14:45宜川——吉县班车返回吉县，16:00回到吉县，可以当天返临汾，也可以游玩县城内景点，仍宿吉县，第二天再返临汾或直接去太原。

◎住宿：

壶口瀑布风景区内的宾馆价格较高，性价比不高，低档的旅馆招待所则集中在风景区外大桥桥头附近，卫生条件普遍一般。建议住在吉县县城内，价格合理，生活方便。

星海明珠酒店

楼道里悬挂着黄河壶口的风景照片，有60套客房，卫生条件好，卧具雪白，大部分房间临街。房间内所有一次性用品，如香皂、牙具等（即所谓的“六小样”）均收费，建议自行携带。附设餐厅，宾馆对面有邮局和超市。标准间打折后约130元/晚，含早餐。

地址：吉县中心广场南侧，距离汽车站500米

东昌蜃楼

汽车站对面，全部为普通间，旺季约15–20元/床，淡季约10–15元/床，卫生条件一般，兼营洗浴。是经济档的选择。

餐饮：

黄河大桥靠山西侧桥头有很多餐馆，鉴于县城内的餐馆经营早餐的较少，早晨前往壶口的游客可以选择在此吃早餐。这里的正餐价格看起来比县城稍贵，那是因为店家把你当做旅游者对待，砍价后与县城价格基本持平。

吉县县城里所有规模较大的酒店均设餐厅，一楼为大厅，二楼包间，有吉县特色黄河大鲤鱼，至于是从黄河里捞起来的野生鲤鱼，还是河边上的鱼塘出品，却无从分辨。对卫生条件有较高要求的可以选择这些餐厅。县城内的小饭馆集中于吉州美食城，大约20余家门脸，有各类面食、川菜、山西风味炒菜等，营业到很晚，价格便宜，位置在广场北50米路东的拱门内。

旅行社：

临汾京铁旅行社有限公司组织壶口一日游，承诺即使一人也能成行。价格包括往返交通、门票、全程导游，地址在车站路4号。

临汾假日旅游有限公司也有壶口一日游业务。其火车站营业部在车站广场南侧。

摄影提示：

1、河水中含沙量很高，面对水与沙的双重冲击，再好的器材也容易出毛病，因此提前做好保护措施很重要，可以找个塑料袋套住相机，底部剪个口让镜头露出来，用橡皮筋把开口箍在镜头上。

2、在山西一侧从下方仰观瀑布，片子很有气势；在陕西一侧则可走到凸出于瀑布前的岩石上正面观看，利于拍摄全景。

3、慢速快门的效果不好，水色太黄，与两侧山石没有什么反差，拍不出清水瀑布那种奔腾直下的感觉。

4、骑驴照相已经是壶口的招牌，连驴头上都挂着写有“壶口”字样的绣花片，老人头绑羊肚白毛巾，有事没事手持一只永远不点燃的烟袋，冲着镜头微笑，露出一口熏黑的牙齿，那POSE摆得堪称专业，显然早已训练有素了。

Zuozheshouji 作者手记

1. 请在出发前下载《黄河大合唱》到MP3，在壶口听“风在吼，马在叫，黄河在咆哮，黄河在咆哮……”的歌声与瀑布水声的混音版，将是令人终生难忘的旅途瞬间。

2. 从吉县前往壶口时请选择车前进方向左侧的座位，即与司机同侧，一路上黄河一直在车的左侧流动，风景很好；回程时自然应选择右侧座位，当然前提是有空座供你选择。

3. 从瀑布侧下方“龙洞”抵近观看瀑布，角度很好，丰水期有水从洞顶岩石冲下来，就像有人在你的头顶倒水一样，眼前一片迷茫，水声震耳欲聋。单独售票，票价可以商量。

4. 借助冬季壶口下游的天然冰桥可以往来于山西、陕西两省间，也是唯一能够买一张门票看到壶口两侧风景的机会，但行走于冰桥上时必须注意脚下的冰是否冻实，否则有掉进黄河的危险，不建议游客尝试，实在想试试一定要找个富有经验的向导带领。

5. 五一、十一长假期间正好是壶口的两个丰水期，气势最为宏大，但游客也最多，想照张单独与黄河相处的照片都不容易，都会捎带上旁边的游人。人多拥挤，要特别注意人身和财产安全。还有可能赶上政府组织的威风锣鼓表演。

6. 售票处小房子侧面有邮箱，但在此邮寄明信片比拿回吉县县城再寄慢很多。

7. 如果回程时打算顺路参观卦甲山石刻，可告诉司机在石刻门口下车。

在临汾要做的5件事

Zailinfenyaozuodewujianshi

05 寻访 正宗晋南小吃

临汾的山西菜没有省会太原的那么出名，但临汾的晋南风味小吃却有着得天独厚的优势，既正宗又集中，味道各异，丰富多彩。在大街小巷寻找正宗晋南小吃的过程成为我对临汾最美好的记忆。

老白家牛肉丸子面

在其他城市从未见到过，临汾市内却有多家店面，虽然都叫“老白家”，相互之间似乎并无关系。鼓楼南街教育宾馆对面有家店受到普遍欢迎，可以乘公交车在中国人寿站下车，路东即是。牛肉丸子面用研磨得极细的辣椒面作为调料，端上来红彤彤的一片，点缀着几星嫩绿的香菜叶子，看着就有食欲。筷子往碗里一插，绝对是“白筷子进，红筷子出”，面条筋道，丸子滑嫩，卤牛肉片入味而不柴。可以单要肉或单要丸子，也可不加辣，但是不加辣，风味就淡了许多。此外口碑比较好的还有眼科医院旁的九龙和水厂附近的小芳等字号。

李家丸子

是老字号，就是带汤的煮丸子，虽然也是牛肉丸，绝不像潮州牛肉丸那么致密、有弹性，可能有特殊工艺或配方，丸子口感非常特别，泡泡絮絮的，松软而不散，很难形容。鼓楼的西南角有家分店，店内挂满不同单位颁发的“名菜名点”铜牌，坐公交车到区二医院站下车即到，全天营业。另一家店在东关小学东侧，乘坐公交车到东关大十字路口下车往东走150米，或乘坐公交车在艺敬肿瘤医院站下车，能看到马路北侧黄色牌匾，写着临汾名小吃东关二娃丸子铺，主营早点，过午不候，早餐高峰期须排队。下午想吃，对不起，打烊了，您明天赶早再来吧。

赵城酥肉面

在体育南街中段，乘公交车在尧乡中学站下车，从体育南街南口向北步行200米路西即是。瘦猪肉裹淀粉炸熟，用陶钵盛装，上锅蒸、煮时加汤、韭菜、香菜、豆腐干丁，外层淀粉吸收了汤的味道，变得绵软，与内层瘦肉的口感形成对比，这就是赵城酥肉。吃时习惯加入面条，不加面单吃味道偏咸。贡院东街与迎春南街路口西南角也有一家。

霍州饸饹面

位于体育南街中段，乘公交车在尧乡中学站下车，从体育南街南口向北步行150米路东即是，陈家打卤面是他家的字号，门口摆着的压饸饹面的机器就是他家的招牌。饸络面都是现吃现压，面条筋道，有多种口味，如小炒肉卤、西红柿鸡蛋卤等。

羊汤

羊汤就是将熟羊肉、羊杂碎等放在一锅浓汤中咕嘟着，吃前加入粉条，配饼吃，与太原的羊杂割差不多。晋南的羊汤有不同流派，如曲沃羊汤、赵城羊汤等，在临汾都可以找到。有名的字号有：

婆婆神羊汤

在鼓楼南街与贡院街十字路口向东10米路北，乘公交车在百汇站下车。汤呈乳白色，味道鲜美且没有羊膻气。曲沃是久负盛名的羊汤产地之一，据说这家店从前为了保证口味正宗，不用临汾的水，而是专门从曲沃运水过来，现在已经没那么讲究了。

曲沃王记羊汤

在鼓楼西南角开有店面，紧挨着李家丸子，坐多路公交车到区二医院站下车。

老三削面

在体育北街 24 号，从位于解放路的福临大酒店向南 50 米路东。挂有很多餐饮名店牌，据说是临汾最好的削面馆，12:30–13:00 饭点时间经常需要等位。

馅饼

值得一尝的还有侯马馅饼。其中最有名的是**家外家馅饼**，位于解放路与鼓楼北街十字路口东北角，自来水公司对面，当地人把此处叫做“水厂”。乘坐多路公交车在清香园饭店、永旺脑病医院站下车路东。有肉、韭菜鸡蛋等口味，馅饼煎至两面焦黄，一进店门就能闻到香味，油较大。供应馅饼，中午以后改做面条。**老闫馅饼**位于平阳北街路东，水果批发市场的斜对面，乘多路公交车在五道庙下车。有牛肉、羊肉、韭菜鸡蛋等口味，除馅饼外还有馄饨、饺子等馅类食品，中午 12 点以后打烊。

临汾小吃：牛肉丸子面

资讯补给站

Zixunbujizhan

交通

洪洞火车站共有26次旅客列车停靠。沿西环路一直往南，过了桥就是洪洞汽车站。

洪洞县城距离大运公路约有2公里，乘坐终点站不是洪洞的长途车的游客，如果从北边来可以在广胜寺路口下车，转乘公交车直达县城中心；如果从南边来可以在梗壁路口下车，转乘公交车到达县城。

洪洞到临汾的汽车比较多，每8分钟一趟，大约1个小时可到达临汾的北城客运站（115车站）。到大运公路拦过路车班次更多，从城里打车到梗壁路口5–6元，到广胜寺路口6元。

临汾是本书涉及的山西旅游线路的最南端，同蒲铁路、大运高速、108国道纵贯南北，连接山西、陕西的309国道横穿东西，公路、铁路交通都比较方便。从南往北的游客可以把这里作为游程的起点，一路北上。

航空

距离临汾最近的机场是运城关公机场，但也有150多公里之遥，而且航班很少。

若凑够4人以上从临汾出发赶飞机，可联系运城机场派车来接，也可自行乘车前往运城市，自运城市坐出租车不到20元即可到机场。

铁路

临汾火车站是山西南部的大站，共有55趟列车停靠，从北京、广州、西安、成都、重庆等地都有直达列车。

临汾火车站售票处24小时售票，销售10日以内卧铺及硬座车票。

公路

从临汾去往下属各县市，最便捷的交通工具是长途车。临汾共有北城公交站、尧庙公交站、临汾长途汽车站、南城公交站、北城汽车站等多个长途车站，分别停靠开往不同方向的长途车，与主要旅游线路相关的是前三个车站。

北城公交站

当地人一般称为115车站，位于临汾市北端，往北去的中、短途车都从115车站发车。无售票处，无候车室，自己进入停车场找，按目的地分别排列，最近的一班停在每列的最前面，班次众多，发车准时。7:00–18:00发霍州，每10分钟一趟；7:20–18:30发洪洞，每11分钟一趟，还有去赵城的车。

尧庙公交站

位于临汾市南端，尧庙旅游区对面，向南去的车都从尧庙公交站发车，如侯马、吉县、襄汾、运城等。去往吉县7:00–17:40有车，每20分钟一趟，单程约4小时。

长途汽车站

位于火车站前的兵站路，跨省的长途班次从这里发车比较多，包括开往西安、安阳、郑州、洛阳、邯郸等地的长途客车。开往太原的班车分两种，走高速的 8:00-12:00 每 1 小时一班，12:40-18:00 每 40 分钟一班，车程 4 小时左右；不走高速的 6:30-12:35 每 40 分钟一班，之后有 14:50、15:40、16:50、17:50 等班次，车程 6 小时左右。

运城方向 6:10-18:00，约 40 分钟一班，侯马 20 分钟一班，长治 18 分钟一班。

开往陕西省延安市的车每天一班，6:00 出发，途经吉县、壶口、宜川等地，去壶口瀑布可乘此车。

市内交通

临汾的公交车线路设置比较密集，市内绝大多数地方可乘公交车到达。首车一般在 6:30-7:00，夏季末车 18:30-19:00，冬季末车 17:30-18:00。末车时间较早，提请游客特别注意。公交车单一票价，无人售票，请备好零钱。

临汾出租车起步价约 4 元 /2 公里，无车型区别。

景点

华门与尧庙

华门建成于 2004 年，当时就临汾政府究竟应该先修华门还是先治理污染，网上还曾进行过一番激烈的论战。坐而论道无法左右事物的发展，如今华门已经矗立在尧庙的南侧，成为临汾新的地标式建筑。宽阔的广场上，长长的甬道尽头，华门巍然屹立，雄伟壮观，很有气势。华门的设计比较有意思，远看就像三个穿着大喇叭裤的人站在那里，中间的大门半开半闭，据说是象征着华夏文明之门刚刚由尧帝开启。华门大厅气势恢宏、美轮美奂，但其中的展览内容稍显苍白，感觉堆砌了太多的中国传统文化符号，如经史子集、八卦、戏曲、脸谱、围棋等等，太多的表象化陈列，深层次的解读基本没有，游人们也都是匆匆走过，很少驻足停留。

出了华门，经过仿建的华表、天安门、天坛等建筑，就是尧庙。尧庙为纪念尧帝而建，北魏孝文帝时期始建于汾西古平阳城，唐显庆三年（公元 658 年）徙庙于今址。现在的建筑为 1999 年重建，早已古意全无。穿过簇新的五凤楼和被铁板盖着的“天下第一井”尧井，就是命运多舛的广运殿。经过一场大火，劫后余生的真古董只有那些石雕柱础了，上面刻着各种龙、麒麟等瑞兽，还有花卉等图案，形象逼真，刻工精细，有的柱础上还残留着当年遭火焚而熏黑的印记，令人触目惊心。殿前尧井亭四周的四棵古柏分别是柏抱楸、鸣鹿柏、柏抱槐和夜笑柏，各有传说，树龄都已上千年，如果赶上四、五月份或夏初的花开时节，紫红色的楸花或白色的槐花与古柏墨绿色的枝叶相互辉映，那种古木逢春的感觉能多少冲淡一些人们对广运殿的惋惜之情。

到达：从火车站、长途汽车站乘坐公交车，到终点站尧庙汽车站下车，马路西侧就是华门和尧庙。

大中楼——声和击壤

俗称鼓楼，坐落在纵贯临汾的繁华马路中央，十字歇山顶，高 43.75 米，在古代已经属于堂

资讯补给站

Zixunbujizhan

皇的超高建筑了，民谣曰："平阳府有个大鼓楼，半截子插在天里头"，生动形象。大中楼是临汾古代文明的象征，历史上曾多次遭废毁又重修，最近一次重修于1985年。基座四向开券门，门洞上方各镌有石雕匾额，分别为"东临雷霍"、"西控河汾"、"南通秦蜀"、"北达幽并"，瞧瞧咱们老祖宗表达地理位置的方式，比GPS之类的有文采多了。楼内展厅设有一些简单的展览。展厅正中有传说中的明四面佛铜像和北魏铸铁卧牛，与巨大展厅的比例就像是装生日蛋糕的盒子里只装了一粒樱桃。真正的镇楼之宝，金明昌七年（公元1196年）铸造的万斤大铁钟却被放置在室外，饱受日晒雨淋。

到达：乘坐公交车，在区二医院站下车。

美食：大中楼所在的路口西南角有多家风味小吃店，包括羊汤、刀削面、丸子等，李家丸子、曲沃王记羊汤都是正宗传人，好吃不贵。

大云寺——千年铁佛头

俗称铁佛寺，因寺内存有唐代铁佛头而得名，始建于唐贞观六年（公元632年）。铁佛寺长期被山西师范大学占用，至今未腾退。可供参观的就是宝塔和塔内一层的铁佛头。佛塔系方形楼阁式六层砖塔，比较少见。原来第一层中空，里面是一方形佛龛，供奉铁铸佛头一尊，只有头没有身躯，佛头高达6米，人们举起手也就能摸到佛的耳垂下方，据此推算，佛像的整个身高应当在40米以上，这样的庞然大物铸造于唐代，而且由生铁分块铸造后组合而成，各部位间的熔合焊缝清晰可见，当年的制模、浇铸工艺水平堪称高超。从塔外看，佛像面容一览无遗，两道剑眉斜插入鬓，鼻准隆起，嘴唇宽厚，从未在平视的角度、如此近的距离上与这么大的佛头面面相觑，不由得不敢久久对视。佛头上的彩绘部分脱落，让佛面有些斑驳，如同块块老年斑，毕竟经历了千余年的风风雨雨，佛也有老态龙钟的时候，但四壁悬挂的"有求必应"之类的锦旗以及供桌上的水果、香烛，说明它依然寄托着许多人的希望。

到达：乘坐公交车，在区二医院站下车。下车后从傻二科技广场对面，路西的第一个胡同钻进去，走到头左转，再走到头右转，前行200米即到。

卦甲山石刻

卦甲山背依锦屏山，面临清水河，杨柳夹岸，景色优美。隋开皇三年（公元583年）在山脚石崖上雕造佛像五区，每区二至三龛，龛为火焰式，龛内多为一佛、二菩萨，覆莲瓣束腰须弥座，菩萨胁侍两侧。最南侧崖壁下一尊观音坐像尤其特别，头歪向右，右手托腮，右腿盘起，左膝微曲，生动优美，娇媚无比。雕造手法为剔地突起与线雕相结合，与其他石窟以圆雕为主的手法相比，别具一格，非常少见。

到达：位于县城东南，州川河对岸，从汽车站乘坐机动三轮车可达。

坤柔圣母殿

位于石窟后面的卦甲山顶。始建于宋天圣元年（公元1023年），元延佑七年（公元1320年）重修，明隆庆、清雍正年间曾局部修复，1986年迁到此处，改名皇天后土庙。现存建筑为元代遗构，面阔、进深各三间，单檐歇山顶，斗拱大而不繁复。殿内运用减柱造，空间开阔，金柱柱头施大雀替，上下两层额枋形成井字形梁架，前后檐由爬梁承托，中心斗拱挑承着垂莲柱，结成疏朗的藻井，结构奇巧，在我国古代建筑中很少见。阶下石狮憨态可掬，站在庙前极目四望，吉县县城尽收眼底，呈一长条状沿州川河河谷铺开，周围沟壑纵横，植被稀疏，一派黄土高原典型风光。

到达：从公路边爬上卦甲山顶需要 20 分钟，如果有机动三轮车经过又愿意拉这趟活，5 分钟到顶。

住宿

洪洞

山焦宾馆

标准间约 100 元／晚，普通双人间约 60 元／晚，均为打折后的价格。24 小时热水供应，位于县城中心地带，距离苏三监狱和大槐树都很近，乘车也极其方便，院内可以停车。

地址：古槐北路路西，中心广场北侧约 200 米。

到达：乘坐公交车在中医院站下车，距离汽车站约 1200 米，距离火车站约 1000 米。

游览：1、大槐树：位于山焦宾馆北 1000–1200 米，乘坐公交车，约 3 分钟即到。步行过去约 15 分钟。

2、苏三监狱：位于山焦宾馆南 600 米，乘坐公交车，约 2 分钟即到。步行过去约 12 分钟。

3、广胜寺：山焦宾馆对面就是去往广胜寺的黄色中巴的起点站。

4、天主教堂：广场附近有一座很有气势的天主教堂，哥特式建筑，步行向南 300 米即可，位于检察院院内。

周边信息：广场是洪洞县城的繁华地带，餐馆、超市等在广场周边都可以找到，医院、农业银行、中国银行、建设银行、加油站和邮局分布在宾馆以北的古槐北路两侧，工商银行位于广场以南。

国税职教中心

隶属于国税局，紧邻大街，又自成一院，闹中取静，房间装修、设施堪比二星标准。标准间约 160 元／晚，三人标间约 200 元／晚，均可以优惠 20 元左右。24 小时热水供应，院内免费停车。

地址：古槐北路 6 号，山焦宾馆对面。

其他信息同山焦宾馆

临汾

煜海大酒店

标准间卧具雪白，卫生间面积很大，24 小时锅炉热水供应。普通间面积十分大，而且干净。标准间打折后约 100 元／晚，普通间标价约 60 元／晚。性价比颇高。

资讯补给站

Zixunbujizhan

地址：车站街1号，位于车站街与平阳北街交叉口。

到达：火车站出来沿车站街向西步行500米，或乘坐公交车经过一站地到汽车站下车；从长途汽车站出来步行向西200米；从115公交站、尧庙公交站出来乘坐公交车在汽车站下车。

游览：乘坐公交车在区二医院下可到达大中楼、大云寺，乘坐公交车到尧庙公交站下可参观尧庙及华门。

美食：平阳路口向南50米有两家山西菜馆，装潢比较高档；也可乘坐公交车经过一站地到平阳广场下车，有双来福饭庄等中高档餐馆。

周边信息：沿车站路向西200米至400米，可以分别找到建行、农行和工行的ATM机。路口北侧有邮局，办理邮政及储蓄业务。车站路上有几家小型超市。

八一宾馆

地处闹市，却以一条150米小巷与解放路相通，闹中取静，如世外桃源，院子里长满泡桐，花开时节整个院子都飘散着泡桐的清香。本来是军分区招待所，装修、家具风格偏老，卫生间小，设施维护良好，市政供暖，因而冬天暖气很足，房内有饮水机，24小时热水供应，免费早餐。

地址：解放西路55号，临汾宾馆北侧。从火车站、长途汽车站或115公交站乘坐公交车到工商银行站下车。

游览：乘坐公交车在区二医院下可到达大中楼、大云寺，乘坐公交车到尧庙公交站下可参观尧庙及华门。

美食：老三削面在福临大酒店旁边的体育北路路口；家外家侯马馅饼在解放路与鼓楼北大街十字路口北边；旁边还有清香园传统涮羊肉，用的是铜锅、木炭、清汤，最古典的那种。

周边信息：临汾宾馆西侧有中型超市，楼上是世纪网吧，向西一站地的亨达商厦站，马路两侧分布着建行、农行、工行的ATM机，临汾宾馆内代售机票，临汾宾馆对面的中旅社代售火车票和机票。

临汾宾馆

两座楼分别为挂牌三星和二星。二星级房间位于老楼，房间空间大，装修较老，卫生间设施也已过时，但维护不错，一半房间临街，距离大街10米；三星级房间新装修，在老楼楼后，噪声小。三星标准间约160元／晚，二星单人间约90元／晚，标准间约120元／晚。经常接待会议，服务有国营风范。附设餐厅。

地址：解放西路7号

其他信息同八一宾馆

吉县：圣母殿

第八章

延安——平凡而神圣的世界

枣园革命旧址
石窑宾馆
杨家岭革命旧址
王家坪革命纪念馆
电力宾馆
清凉山
金融宾馆
贺莉嫂香菇面
庞师小炒肉
凤凰山麓革命旧址
笑林大酒店
大桥街
川云酸菜面
宝塔山
亚圣大酒店
吴旗剁荞面
南大街
七里铺大街
延安市
汽车南站
延安火车站

一座宝塔山巍巍矗立的城市，一座延河水穿流而过的城市，历史选择了它承受一段峥嵘岁月，抗争、慷慨、激烈、绝望、新生、希冀，宠辱不惊。人们无法不把革命火种遗留下的点点滴滴和这种城市的命运时刻相连，无论窑洞、小米、宝塔和青山，都无一例外地烙上滚烫的红色烙印。

这本来是一块平凡的黄土地，中国共产党人的到来改变了延安的命运，中国革命也就此走上一段崭新的历程。那巍巍宝塔犹如指路的明灯，点燃了延安人民的希望，滔滔延河水，承载着一个民族的兴亡。就是在那些简陋的土窑洞里，诞生了毛泽东思想的伟大篇章，煤油灯照亮的是整个中国革命的航程。

“杜甫川唱来柳林铺笑，红旗飘飘把手招。白羊肚手巾红腰带，亲人们迎过延河来。”也许很多人就是怀揣着这首《回延安》的理想来到了这里，来瞻仰圣地的风貌，来寻觅革命的足迹。在枣园的绿草坪上，杨家岭的大礼堂中，凤凰山下的窑洞里，人们一次次重温历史的片段，在感慨唏嘘中找寻着延安精神的轨迹。

时光奔腾而去，再回到延安城，这是一座可以用双脚丈量的小型城市，在宝塔山、清凉山、延河大桥、凤凰山包围起来的中心地带，早已干涸的延河水失掉了作为城市命脉水源的主导地位。失去了水的滋润，这座城市便缺少了灵动，匮乏了生机。在清凉山下的广场上，我隐隐还能看到《平凡的世界》中所描述的那个大型劳工市场的身影，在凤凰山麓的延安宾馆，路遥写完了这部伟大巨著第一稿的最后一章，书中的黄原市俨然就是延安城的缩影。在街头熙熙攘攘的人群中穿行而过的毛驴车，挎着篮子吆喝叫卖红枣、桑葚、香瓜的身影，黄米饭、小炒肉、洋芋擦擦的滋味，弥漫在这座城市的氛围中，充斥着许多矛盾的共同体，荒凉和拥挤、质朴和轻浮、杂乱和有序，一时间让人有些摸不清头绪。它仿佛努力着想要追赶新时代的脚步，却又在模仿中陷入不伦不类的困惑，它也许应该固守着一份先人们的执著，却不知道能否在日新月异的变迁中耐得住寂寞。我想，当有一天延河水再度充盈起来的时候，宝塔山上显现出更多的绿色的时候，希望延安城也能恢复一种如革命烈火般燃烧的激情，在这激情的烈火中永生。

木兰陵园内花木兰的飒爽英姿

行程推荐

Xingchengtuijian

延安市区并不大，靠步行就可以把中心地带逛遍。市区内的景点多集中于革命旧址，枣园、杨家岭、王家坪纪念馆和宝塔山属于必游之地。行程安排得紧一些则一天时间就够了，在宝塔山可以晚上看夜景。

黄帝陵不能不去，景区距离延安市区约 160 公里，班车车次很多，很方便，一日可往返。如果从西安过来，可以先到黄帝陵，游览后再前往延安。

洛川位于黄陵县北边，也在去延安的路上，顺路的话可以一游。

子长距离延安约 95 公里，有班车，也可以从榆林返回时顺道游览，钟山石窟值得一看，还有一定要尝一尝特色的子长煎饼。

安塞距离延安一小时的车程，交通非常方便，这里是黄土地民俗艺术集大成之地，城内的文化馆展览各类工艺品佳作，也可以买到精美的安塞剪纸、农民画、刺绣等纪念品。

去延川小程村安排 2 天时间为宜，到延川土岗乡后需要包车，可在小程村住宿一晚，感受民俗氛围。

延安五日全景游

第一天：枣园——杨家岭——王家坪——清凉山——宝塔山

早上前往枣园革命旧址参观，用时约一个半小时，然后参观杨家岭革命旧址，用时 1 小时，之后参观王家坪革命纪念馆，听导游讲解革命历史，用时约一个半小时。中午可在王家坪品尝风味小吃。下午前往清凉山，观新闻出版等旧址，游览万佛洞和道教景观。在延河大桥和宝塔山合影，登宝塔山俯瞰延安全景。宿延安。

第二天：黄帝陵——洛川

早上乘坐班车前往黄帝陵参观，行程两个半小时，游览景区，在黄陵用餐，下午返回延安。路上路过洛川，游览洛川民俗博物馆和洛川会议旧址，返回延安。宿延安。

第三天：子长——安塞

早上乘车前往子长，行程一个半小时，游览钟山石窟，参观瓦窑堡会议旧址，瞻仰谢子长烈士陵园，品尝子长煎饼，下午 2 点返回延安。然后在东关汽车站坐班车前往安塞，行程 1 小时，参观安塞文化馆，购买特色手工艺品，返回延安，宿延安。

第四天：延安——延川——小程村

早上乘坐班车前往延川，然后转车到土岗乡，包车前往小程村，中途可游览黄河乾坤湾和黄河蛇曲地质博物馆，在小程村探访窑洞人家和剪花娘子，宿村中。

第五天：小程村——延安

继续游览小程村，有兴趣的还可以去周边的村落探访，下午返回延安。

枣园：毛泽东故居

预算

Yusuan

以五日游行程为基础计算

门票：约 200 元。
交通：主要乘坐长途班车和公共汽车，去小程村需要包车，按两人分摊计算，总计约 300 元。
住宿：按照普通宾馆标准间 140 元计算，两人平摊，每人每天 70 元，共计 350 元。
餐饮：以小吃和特色菜为主，每天 50 元，共计 250 元。

总计约 1100 元

延安：万花山

在延安要做的13件事

Zaiyananyaozuodeshisanjianshi

01 去枣园 经受红色洗礼

枣园旧址里面一片郁郁葱葱，这里有全延安最好的草坪，绿树成阴，风景秀丽。倘若不是那一间间窑洞旧址点缀其间，也许你会以为这是一个观光游览的大型市区公园。

高大的枣树林撑起一片开阔的视野，窑洞背依山势，毛主席曾经住过的院子里还留着当年他亲手所栽的丁香树，小河水欢快地从前方流过，四周一片苍翠。如此幽静安宁的居所，经历过革命战火的洗礼，承载了风云变幻的政治时局，然而，它却也是一处修身养性的好去处，想来主席在写下《学习和时局》、《论联合政府》这些革命巨作的同时，他的诗人气质也得以修养磨练。在弥漫着晨雾的枣树林间，在一派柔媚明亮的阳光下，该会有诗情翻涌，佳句迭出吧。

枣园旧址始建于1942年，1943年中央领导人陆续搬入这里，毛泽东、周恩来、朱德、刘少奇、任弼时都曾在这里居住过。周恩来的故居位于主席故居西侧，院子里还放着一辆纺车，以纪念当年总理参加纺线比赛被评为甲等奖的经历。

枣园内的中央书记处小礼堂建于1944年，党中央曾在这里召开过多次重要会议，其中与国民党的《双十协定》便是在这里诞生的。在旧址西北角墙外，留有《为人民服务》讲话台，1944年9月8日，中央在这里为警卫团战士张思德举行追悼大会，毛泽东在讲话台上作了《为人民服务》的讲演。

枣园里还有一条著名的“幸福渠”，这是中央机关的工作人员协助当地群众共同修建的，渠水从枣园院中缓缓流过，1200多亩农田得以灌溉，庄稼连年丰收，所以群众都称它为“幸福渠”。

枣园从来都是来延安必游的第一站，延安红色旧址最多，如果你只能选择一处，那也必是枣园无疑。穿梭在窑洞灰暗的空间中，徘徊在旧照片、老物件的历史回眸里，那些已沉睡在学校课本中的记忆再度被唤起，提醒着人们曾经有过这样一个慷慨激昂的血色时代，曾经有过一批为理想而奋斗的先烈，他们用全身心的热情甚至生命的代价扛起了新中国的旗帜。

一边是徐徐展开的历史画卷，另一边，红红火火的红色旅游商品经济也开展起来了，几乎每一间窑洞内都建起小型的纪念品专柜，出售的商品自然也颇具革命特色。主席的头像成为人们的最爱，书签、笔筒、时钟、相架通通印上伟人的标记。更有我们父辈手中曾经珍藏的毛主席像章，其各具特色的造型曾经是一段时代的见证，如今改换了新装，再一次成为游客的新宠。

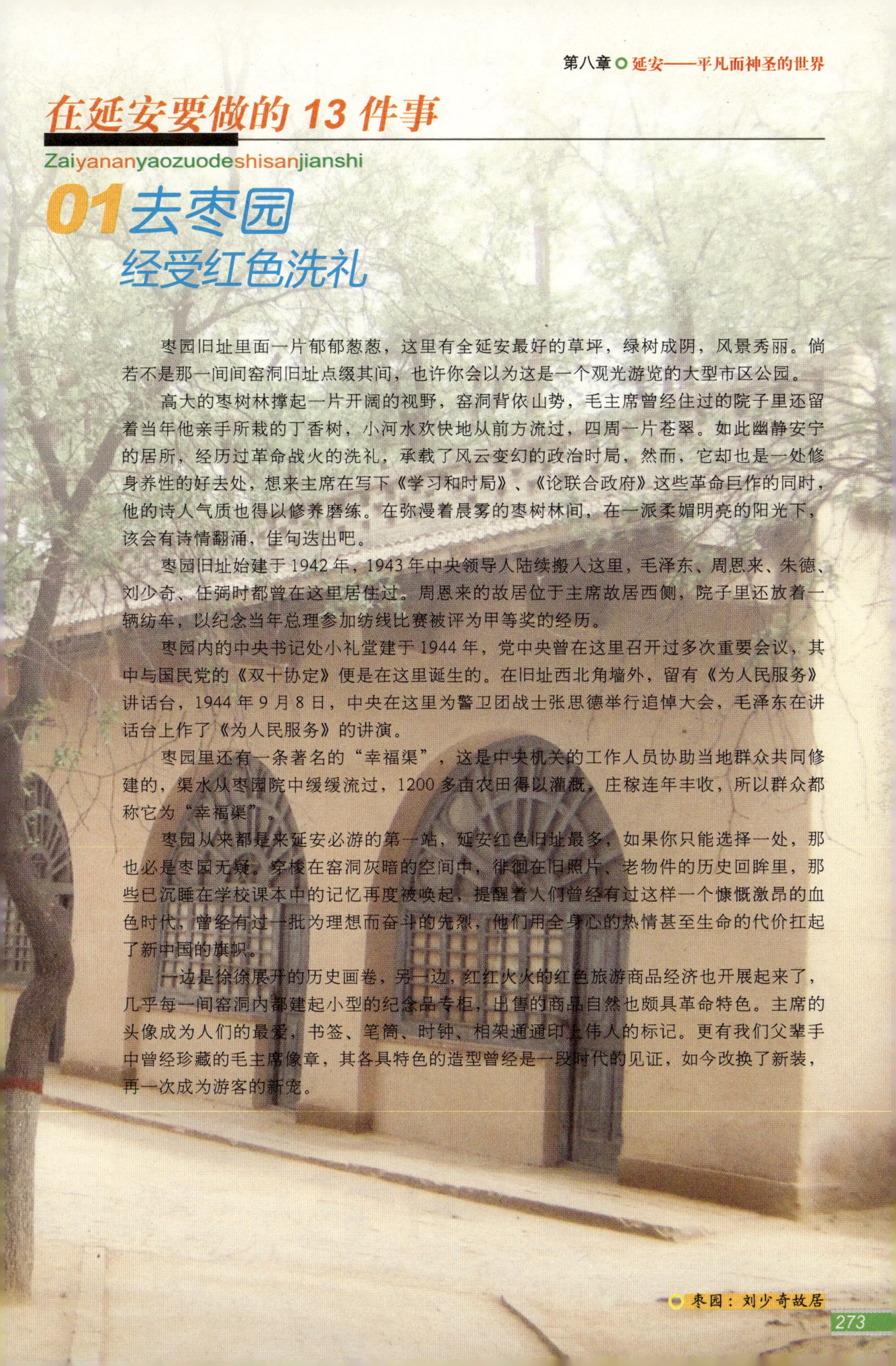

枣园：刘少奇故居

小帖士TIPS

到达：
在清凉山下延河大桥处坐旅游专线车可前往枣园。

下一站：
1、继续游览：枣园是这条旅游专线上最北端的景点，路上还有杨家岭、王家坪等革命旧址，可以再坐旅游专线车返回游览。
2、美食：枣园门外有一些小饭馆，还有的装饰成窑洞风格，可以在这里用餐，也可以返回王家坪革命纪念馆门前用餐，那里的餐馆卫生条件好一些。

Zuozheshouji 作者手记

1. 门口处有陕北民间艺术表演，能看到腰鼓、秧歌、道情、民歌等陕北风情艺术。
2. 门外有小型的陕北特产工艺品市场，可以购买红枣、剪纸、腰鼓等纪念品。
3. 景区几乎每间旧址内都出售毛主席像章等纪念品，还有一些相关书籍。

绿木成荫的枣园

在延安要做的 13 件事

Zaiyananyaozuodeshisanjianshi

02 感受历史深处的杨家岭

杨家岭，顾名思义，是高山环绕间的一条小山沟，这里地势隐秘，环境清幽。虽然如今旧址已经开辟为旅游参观的景点，原有的山势气魄却不曾被损害分毫。

低矮的围墙内同样绿树成荫，庄严的中央大礼堂掩映在苍松翠柏之间，红旗依旧高高飘扬。革命时期的建筑没有奇巧的结构设计和繁复的装饰图案，却总是用最简单的线条勾勒出最实用的空间架构，并且在沉稳大气的基调中不失协调的美感。走进礼堂，一切还保持着旧日的原貌，拱形的屋梁两侧遍插红旗，一排排色迹斑驳的长条木椅排放整齐，端坐其中，似乎能够想像出当年的革命先辈们在此发表慷慨激昂的演讲，耳边也仿佛回响起热烈的掌声。

“飞机楼”内传出阵阵歌声，这是中共中央办公厅旧址，因为楼房的造型类似飞机而得名。1942 年在这里召开了延安文艺座谈会，毛泽东发表了《在延安文艺座谈会上的讲话》，党中央在戎马倥偬的战争年代里并没有忘记文艺工作的重要性。如今，人们可以在这里忘情地唱一曲革命歌曲，感受延安的革命文化。

杨家岭是毛泽东等中央领导同志在延安居住时间最长的驻地，如同电影胶片一般，杨家岭一幕一幕记录下了革命时期在这里发生的历史事件的点点滴滴。

杨家岭中共中央办公厅旧址

1945 年 4 月 23 日至 6 月 21 日，在中央大礼堂隆重召开了党的第七次代表大会，会上选举毛泽东、朱德、刘少奇、周恩来、任弼时为中央书记处书记，毛泽东为中央委员会主席、中央政治局主席、中央书记处主席。

1946 年 8 月 16 日，毛泽东在杨家岭的窑洞门前会见了美国记者安娜·路易斯·斯特朗，他坚定地指出"一切反动派都是纸老虎"。

毛泽东在此居住期间，写下了《纪念白求恩》、《新民主主义论》、《目前抗日统一战线中的策略问题》、《整顿党的作风》、《反对党八股》等光辉著作。

小帖士 TIPS

到达：

在清凉山下延河大桥处坐旅游专线或者在火车站坐公交车在杨家岭路口下车，向里走 200 米即到。

下一站：

1. 继续游览：从景区向北走 600 米即是杨家岭石窑宾馆，窑洞气势壮观，不妨去参观一下。还可以在杨家岭路口坐中巴车前往四八烈士陵园参观。
2. 美食：可以前往王家坪地区用餐，那里的餐馆比较多。

杨家岭周恩来故居

在延安要做的13件事

Zaiyananyaozuodeshisanjianshi

03 在王家坪纪念馆上一堂革命历史课

王家坪革命纪念馆内陈列的当年毛泽东用过的小书桌

王家坪旧址旁一片开阔的空地上，毛主席像高高耸立，门额上的题字出自郭沫若之手，这里就是延安革命纪念馆。

走访了众多的革命旧址，参观了领导人曾住过的窑洞，历史的往事一件件在这里上演，革命的火种遍洒延安城。将每段时间衔接起来，将每处细节串联起来，将每个英雄人物的特写故事、每场战斗的烽火硝烟汇集、提炼、浓缩出来的延安革命历史，便在这样一座纪念馆中向你娓娓道来。

馆藏文物3.5万多件，历史照片5500多张，图书资料1.2万余册，1935年10月至1948年3月近13年的光阴中，发生在这片黄土地上的事件改变了中国的命运。这里有延安时期出版发行的100余种报刊、杂志，有毛泽东、周恩来、刘少奇、朱德、任弼时、林伯渠的藏书、手迹石刻及办公和生活用品，有怀安诗社的诗画原稿，这里还出版了《毛主席的故事》、《革命圣地延安》、《延安大生产运动》等书。图表、油画、雕塑、模型等辅助陈列展品，介绍了陕北革命根据地的创建和发展以及党中央在陕北13年的革命历史，真实、系统、全面，而又极富感召力。

馆内的陈设按照历史发展的顺序排列，在解说员饱含激情的解说下，游客们重温了历史的片断，讲到惨烈处不禁让人动容。烈士们的青春生命牺牲在无情的战火下，不屈不挠的八路军战士们靠着小米加步枪的顽强精神屡败敌军，人们的心情跟着历史的演绎起起落落，时而胸中激荡豪情万丈，时而忍不住低泣落泪。

一堂刻骨铭心的延安革命历史课，一段峥嵘岁月的真实演绎，烈士的姓名不该被遗忘，革命的气节不该被遗忘，历史的存在更不该被岁月遗忘。

王家坪革命纪念馆

小帖士TIPS

到达：

在清凉山下延河大桥处坐旅游专线或者在火车站坐公交车在王家坪下车即是。

下一站：

1、继续游览：旁边有王家坪旧址可以参观。

2、美食：纪念馆门前的街上有些饭馆可以用餐，还比较干净，能吃到洋芋擦擦、油糕等特色小吃。

Zuozheshouji 作者手记

1. 馆内有导游专门讲解，能够让你更好地了解历史，也有一些书籍、VCD出售，其中《圣地风云》便是纪念馆的讲解词。

2. 门前街上有一些出售工艺纪念品的商店。

王家坪彭德怀故居

在延安要做的13件事

Zaiyananyaozuodeshisanjianshi

04 双手搂定宝塔山

“几回回梦里回延安，双手搂定宝塔山”，宝塔山俨然就是整个延安的象征。

山是不高的嘉岭山，也许算不上巍峨雄伟，但在城市的范围内，也是居高临下、力压群山。宝塔是始建于唐，现为明代建筑的楼阁式砖塔，没有太多繁复的装饰和雕刻，简洁、大气、古朴。宝塔与山自然而然的合为一体，宝塔山，宝塔山，二者如血肉相连、唇齿相依，共同走过了一段烽火硝烟的革命岁月。

在这座城市内，似乎随时可以看到宝塔山的身影，在延河大桥边，在清凉山上，在清晨缥缈的薄雾中，在夜晚星星点点的灯火里。宝塔山成为吸引目光焦点的中心坐标，无论这革命老城在时代的推进中盖起了多少高楼大厦，装饰了多少灯火辉煌，人们始终认定，登上宝塔山，才算是来到了延安。

“嘉岭叠叠倚晴空，景色都归西照中。塔影例分深树绿，花枝低映碧流红。”宝塔山也曾是一处知名的人文胜景，宋代韩琦、范仲淹曾在此镇守，山上还留有范公井、摘星楼、东岳庙、嘉岭书院、烽火台等古迹。长达260米的摩崖石刻群和碑林，展示给后人的是精彩纷呈的石刻艺术精粹。

1935年，中央红军结束了漫长艰辛的长征，到达陕北，中共中央在延安建立了新的根据地，宝塔山从此成为这块红色土地的守卫者。明代大钟的金声玉振成为报时和报警的信号，野鸟飞归、幽僧栖迹的诗意画面中竖起了红旗飘飘。

再回首，光阴荏苒，旧日老照片中一片黄土荒寂的宝塔山早已改头换面，苍松翠柏掩映，绿意盎然。走上山来，时不时还能发现一些民居窑洞建在山腰，不是那种革命旧址般的齐整肃穆，而是普普通通的延安人民的生活画卷，卷着半旧的门帘，窗户上贴着有些褪色的剪纸，院子里杂乱地摆放着花花草草，静止的水缸旁卧着一只酣睡的小猫咪。

延安的宝塔山

宝塔山宝塔

终于走近了宝塔，在一片青翠的绿林掩映下，端严之中也流露一丝秀美。鲜艳的党旗飘扬，旧日的八路军军服已成为今天游客合影留念的新道具，小米加步枪也成为一个时代回忆的缩影。

从宝塔山上俯瞰延安市区，延河大桥气势宏伟，对岸的清凉山上殿宇林立，宝塔山、清凉山和凤凰山三山鼎立，成围和之势，守护着这座革命老城。城市的面貌自然早已日新月异，新耸立起的高楼大厦中已找寻不到黄土窑洞的气息，繁华的街道车水马龙，大幅的广告牌林立，夜晚无数霓虹灯闪烁，旧日的时光已凝练成泛黄老照片中的记忆，一去不复返了。只有宝塔依旧，它作为革命历史最忠实的见证者，在日复一日的晨昏朝夕的守候与盼望中展望着延安更加灿烂美好的未来。

宝塔山上观延安全景

小帖士 TIPS

到达：
坐多路公交车可到，从市中心可步行前往。也可以坐出租车绕路直接开到山上。

下一站：
1、继续游览：可以步行前往清凉山游览，也可以坐公交车去往杜公祠。
2、美食：步行过宝塔桥，有一些小饭馆，也可以再向前走到中心街上，餐饮设施很多。

Zuozheshouji 作者手记

1. 晚上宝塔山上灯火灿烂，可以在延河大桥处观看夜景。
2. 宝塔山上有一些民居窑洞，保持着陕北传统的生活样貌，感兴趣的话可以去参观一下，当然要得到主人的允许。

在延安要做的13件事

Zaiyananyaozuodeshisanjianshi

05瞩目 清凉山

清凉山万佛洞内的石塑

与巍巍宝塔山隔着一座延河大桥遥相呼应、两两相望，这就是清凉山。也许是宝塔山的名头太响亮了，人们往往忽略了近在咫尺的这处文化胜景。

这里曾是太和山道教文化场所。诗湾、月儿井、印月亭、仙人洞、定痂泉，处处名景中透露出仙风道骨的灵秀之气。山势虽然不高，却集合了北方山脉的险峻伟岸与南方山川的秀美风韵，更有古木葱茏，清泉流淌，天然溶洞分布其中，盛夏季节登山而上，顿觉凉风习习，暑热烦闷一扫而空，想来道家选中的修行圣地自然是集和了天地之灵气，一座清凉山也成为造福后世人间的避暑胜地。

清凉山的主峰好汉寨，四周皆为悬崖峭壁，只开凿了一条崎岖石径"登山梯"通向山巅，勇敢者攀援而上，可观西山立壁的美女峰和南天仙境的白云石林。自然景致引人入胜，文化的力量更将这座名山层层包融。

庙宇楼阁与石窟造像散布在山腰，向上登临的游客可体验移步易景。曾经辉煌的玉皇殿、功德庙、昊天宝殿，如今大多只留下断壁残垣，只有那些石碑、题字、古钟提醒着人们何年何月何日的历历往事。"凿山成石宇，镌佛一万尊"，万佛洞石窟可说是清凉山上最引人注目的文化景观，石窟的开凿在隋代以前，后经过唐、宋、金、元、明、清历代修葺。依山而凿的石窟规模宏大，形态各异的万尊石佛造型优美，栩栩如生，将石刻艺术的精髓发挥得淋漓尽致。

清凉山既有佛教文化的石窟文物，又有道家文化的殿堂庙观，也许就是这样的文化底蕴熏染，革命时期这里又成为新华书店、广播电台、新华通讯社、印刷厂等新闻出版机构的所在地。清凉山下新建起了延安新闻馆，这是中国唯一的一座新闻出版博物馆，

清凉山

记录着曾驻扎在延安的新闻工作者艰苦卓绝的革命事迹，清凉山也骄傲地成为新中国新闻广播和出版事业的发祥地。

“试问九州谁作主，万众瞩目清凉山”，陈毅元帅曾在这里留下了豪情万丈的诗篇，今日再次登上清凉山顶，远望宝塔山犹在，延安城已今非昔比，登顶的游人又换了哪一种心思呢。

清凉山上眺望宝塔山

清凉山上

清凉山上的万佛洞

小帖士 TIPS

到达：
在火车站坐公交车在延河大桥下车即到，从中心街和东关街可步行前往。

下一站：
1、继续游览：可在山下的汽车站坐旅游专线车前往枣园、杨家岭、王家坪等地游览。
2、美食：步行可至清华饭店一层的大清花饺子馆，另外东关街上的餐饮设施也很多。

Zuozheshouji 作者手记

从清凉山上可以遥望宝塔山以及俯观延安全景，晚上在山下可拍摄宝塔山夜景。

在延安要做的13件事

Zaiyananyaozuodeshisanjianshi

06 住一晚 陕北的窑洞

如果你想要体会住窑洞的感觉，而又不愿意放弃相对舒适的宾馆条件，那么，杨家岭石窑宾馆一定能满足你的需求。

从杨家岭革命旧址向北前行，穿过狭窄的道路，只觉眼前豁然开朗。恢宏雄伟的石窑宾馆完全依山而建，整座建筑占据了山体侧面的全部视角，二百多孔窑洞在每一层都是同样的设计，却丝毫不显得单调重复，将黄土高原的壮观气势打造得淋漓尽致。

窑洞全部由石头砌成，每一间的窗户上都贴着剪纸窗花，门前挂着红辣椒和黄玉米，虽然这并不是原汁原味的陕北民间窑洞，但经过了艺术再加工的点睛之笔，展现的仍然是窑洞文化的黄土地韵味。

走进一孔窑洞房间，感受冬暖夏凉的大自然馈赠，房间的陈设却是星级宾馆的标准，个别套房还特意打造出了陕北的土炕，炕上铺着雪白的被单，摆放着小炕桌和炕头柜，鲜艳的大花被子整齐叠放，长方形的炕头枕端坐一方，旁边再放上一个针线笸箩。可以说，这种布局既满足了城市人住窑洞的猎奇心态，同时又提供了足够舒适的生活设施，也算是一种求取平衡的变通之法吧。当然，真正追求乡土民俗之旅的游客也许会对此种安排感觉过于奢侈和做作，不过不同的风格适合不同的人群，这也没有什么对错之分。最好提前预订房间。

服务员穿着兰花花的土花布衣裙，宾馆的餐桌上摆出了清炖羊肉、苦菜酿洋芋、甘泉豆腐丝、杂粮饼、饸饹面，本地的民间美食经过更加细腻的加工，照样可登大雅之堂。

可能你不会想到，夜晚的石窑宾馆竟然成为别具风情的一景，那窑洞门口的一盏盏红灯并不仅是虚假的装饰，它们在夜色中亮起来的时候，映红了半边天际。在夏夜的晚风轻拂中，站在宾馆前宽阔的广场上，观满天繁星灿烂，眼前灯火辉煌，谁还能说黄土地上的窑洞没有浪漫情怀呢？住石窑宾馆，原来还能附赠一晚诗意动人的情怀，何乐而不为？

石窑宾馆

到达：在火车站坐中巴车可到达。

富有生活气息的窑洞人家

在延安要做的13件事

Zaiyananyaozuodeshisanjianshi

07 情有独钟
小炒肉酸菜黄米饭

延安宾馆旁庞师小炒肉的滋味令人至今难忘。

一家小小的饭馆，小炒肉的字样就是招牌，走进去的时候有点迷茫，不知道到底要吃什么，是点菜呢还是小吃，但很快我就释然了。小炒肉、熬酸菜、黄米饭，原来这家小馆所供应的美食仅仅就是这三样而已。在提倡多样化经营的大众理念下，固守这样一份传统着实不容易。

小炒肉并不是炒的，家常一点的说法其实就是炖肉，通常用来作刀削面浇头的是肉碎、小肉丁，而延安的这一家，却是用正经大块的炖肉，而且几乎全是瘦肉，完全不同于红烧肉的五花三层。不用盘子，盛在以前喝大碗茶的那种碗里，端上来更透着一股家的温馨。

陕北人真是实诚，他们似乎没有晋商那样精明算计的头脑，半份小炒肉已经是满满的一碗了，而一份，则要高高的呈冒尖状。酸菜也是这样的一碗，然后就是一大碗金灿灿的黄米饭，黄米与小米不同，但一般人都把黄米饭视同小米饭。

面对面前的三大碗，一时不知该从哪里下筷，原来所谓讲究的吃法就是大杂烩。因为黄米饭本身比较干硬，单吃有些难以下咽，所以要把菜和肉拌到饭里一起吃，这不由得让我回忆起了在大学食堂吃饭的时候，从来都是饭菜混搅在一起，即使不怎么满意的菜式也能以这种方式提高味蕾的满足感。这让我在很长时间里对于拌饭、盖浇饭、大杂烩等吃法情有独钟。

这里的熬酸菜显然不同于记忆中常见的东北酸菜，它的颜色不是深绿的，而是淡淡的泛乳白色，有点像加了奶油的感觉，其次里面居然有土豆，陕北都管它叫做洋芋。味道上也是淡淡的酸，混合在肉汁的油腻中，中和了黄米饭的干涩。其实也有白米饭可以选择，只是延安的小米太有名了，不吃一次，似乎就无法感受到这份延安精神了。

庞师小炒肉：

地址：中心街北段，延安宾馆旁边。

到达：坐公交车在粮园饭店下车，向北走，延安医学院附属医院对面即是。

小帖士 TIPS

Zuozheshouji 作者手记

1. 这里吃的就是小炒肉、熬酸菜、黄米饭，不用点菜，只要选择加大份还是普通一份或者半份，服务员就知道了。

2. 炒肉里面可以加粉条，熬酸菜里面可以加点香葱和青椒末，味道绝配。如果觉得太干，有面汤提供。

黄帝陵：桥山龙驭

在延安要做的 13 件事

Zaiyananyaozuodeshisanjianshi

08 寻根祭祖

黄帝陵

《陕西通志·陵墓》中记载：“桥山在中部县东北二里，其山形如桥，沮水环之，即黄帝葬衣冠之所”。传说黄帝活到 110 岁，被召回天上，老百姓们不舍得他走，纷纷拉扯他的衣衫，后来就把黄帝遗留下来的一些物品葬在了桥山之巅，这就是黄帝陵最初的来源，这个县也因此称为黄陵县。

黄陵县北之桥山，山体雄健，山下沮水环绕，千年古柏常青，一派仙灵之气缭绕。

新修建的轩辕庙建筑群坐北朝南，苍松翠柏相拥，门前环水，肃穆庄严。5000 块大型河卵石铺设的广场地面，可供 5000 人祭拜的广场面积，代表着中华民族五千年的文明进程。

轩辕庙内古意幽幽，年龄已达五千余年的黄帝手植柏相传为轩辕黄帝亲手所植，苍劲挺拔，胸径达 11 米之宽，实为群柏之冠。大殿一侧还供有黄帝脚印石，相传是黄帝的第四位妃子嫫母发明靴子时所参照的原型，此脚印长 0.52 米，若按照人的比例复原，那么黄帝该是位身高 3.9 米的巨人了。大殿门匾高悬“人文初祖”，正中牌位后供着半浮雕黄帝像，黄帝衣着无华，冠带简朴，然而气宇轩昂，抬臂扬手之间神采飞现。朱雀、玄武、青龙、白虎装饰四周，衬托中华始祖古来今往无上的尊严。

思绪似乎回归了远古的神话时代，那盘古开天辟地、女娲造人的时代，黄帝战蚩尤的牛皮鼓声隆隆震耳，仓颉造出了文字，具六书之法；嫘祖养蚕，以丝制衣；隶首作数，定度量衡之制；伶伦取谷之竹以作箫管，定五音十二律；黄帝与岐伯讨论病理，作《内经》，推算历法，教导百姓播种五谷，制乐器，创医学，更以十天干配合十二地支以纪时，这就是至今仍然在沿用的农历。

文明的初始充满神奇的色彩，也许并没有确凿的史料记载，也没有人知道黄帝是否真实地存在过，谁能说清宇宙的渊源？谁能解释生命的开端？神话造就了三皇五帝，他们代表的并不是简单的一个人，缭绕在他们头上的光辉寄托着人们美好的愿望，是中华文明开端的基调。

登上桥山，幽静的山路回转，陵园门口一座“文武官员至此下马”的下马石伫立，人间的皇帝来了也要向这里的黄帝俯首祭拜。朝代更替，帝王换了一茬又一茬。固然汉武帝建起了一座九转祈仙台，他也还是升不了仙，也保不住他的江山万代。黄帝陵前烛火长明，香烟缭绕，在这里上一炷香，为轩辕黄帝扫墓，慎终追远，生生不息的不是谁家帝王的江山社稷，绵远长存的是人类文明的传承。

有机会的话，去亲身体验一场祭祀大典吧，看那万人肃穆齐行三鞠躬礼，看手擎龙凤旗帜的仪仗手迈入场内，看身着礼仪朝服的 600 名歌者手捧笏板翩翩而入，听雄浑高昂的《轩辕颂》在场内响起。广场上一时间彩旗飘扬，鼓乐回荡，让人眼花缭乱，又不由得心神激荡。《云纪》、《夔鼓》、《瑞德》、《龙驭》，舞者们在钟磬鼓乐中礼赞了始祖功德，歌颂黄帝德如祥云化雨，滋育万物，修德振兵，征师诸侯，福佑华夏，最终带领中华民族走入辉煌的文明时代。

这是一场寻根追远的谒祖活动，是一场神圣的生命交流仪式，是一场历史文明的对话，当你来到桥山，当你在黄帝的陵寝前上一炷香，也请像缅怀自己逝去亲人一般，献上一份庄重的敬意吧。

黄帝陵

黄帝陵：轩辕手植柏

黄帝陵牌坊

小帖士 TIPS

到达：

去黄帝陵可以从西安和延安两个地方出发，西安城东客运站有发往黄陵的班车，行程 3 小时。延安汽车南站发往黄陵的班车很多，行程 3 小时。

黄陵汽车站位于黄帝陵景区东 200 米，如果从西安出发会先经过黄帝陵景区大门，直接下车即可。返回时在汽车站乘车，回西安和延安的车次都很多。

下一站：

1、继续游览：黄陵有开往洛川的班车，可去洛川参观民俗博物馆和洛川会议旧址，然后再搭车返回延安。

2、美食：当地风味小吃有用糜子面做成的油糕、黄馍等，值得品尝。在黄陵汽车站旁有不少餐馆。

Zuozheshouji 作者手记

1. 黄帝陵位于山上，步行走 2 公里山路可到，路很平缓，也可打出租车，景区内禁止吸烟。

2. 清明节为公祭，实行戒严，一般游人禁止入内。重阳节为民祭，场面也很热烈，游人可以来此参拜。

3. 节假日期间游人非常多。

在延安要做的13件事

Zaiyananyaozuodeshisanjianshi

09 领略洛川民俗风采

“容与乎阳林，流沔乎洛川”。其地洛水穿流而过，洛川因此而得名。走到洛川附近，已经能够依稀看到黄土高原的地貌特征。沟沟壑壑从路边延伸而去，然而就在这样干涸贫瘠的土地上却也能孕育出雍容娇美的牡丹花。乡野古朴的气质与宫廷华贵之神采在这片土地上和谐地共存。可见世上事物本没有高下之分，有的无非是旁观者的心态。

进入洛川地界，可以说是正式揭开了陕北舞台的序幕。就在这凤栖镇上，建起了一座民俗博物馆，黄土高原的自然风貌，民间的民俗艺术，日常的生活场景，一幅完整的陕北风情画卷徐徐在眼前展开。

这是一座仿古民居的建筑，灰色的砖墙，朱红的大门和窗棂，二道门的横匾上写着“崇文尚武”。院落里花木繁盛，绿色的爬山虎爬满矮墙，一片生机勃勃。

工作人员打开了一间又一间大门紧锁的展室，喜堂、酒坊、祭祀典礼、农家炕一一铺展开来，如电影场景一般再现了农家窑洞里的日常摆设、举办婚礼的洞房花烛夜、做生日拜寿的家庭庆典，更有精美的面花、细腻的剪纸、抽象的农民画，舞台上的皮影点缀其中，展示着来自于民间原始而又真诚的艺术情怀。

墙上挂的照片吸引了我的视线，只见一片白雪皑皑的平原之上，人们穿着红艳艳的棉袄，男人戴着虎头帽，女人头上是类似唱戏用的凤冠，打着伞，正在舞秧歌。多么美丽动人的场景啊，欢快的心情和美好的愿望交织成如火如荼的热情宣泄出来。另一幅洛川蹩鼓更是呼之欲出、激情四射，延安鼓艺闻名天下，由古代

洛川民俗窑洞陈设

洛川民俗博物馆内的窗花

军阵乐演变而来的洛川鳖鼓更是具有一份彪悍豪放的磅礴气势。最重要的是他们不是城市舞台上的艺术表演者，他们是发自内心的、本能的、原始的、朴实的情感流露，这，也是民间艺术独特魅力之所在。

假如你没有足够的时间和机会深入陕北民间探索民俗民艺，那么这座博物馆中浓缩的民俗精华也能给你一点缺憾的弥补，如果你正打算向着黄土高原进发，那么这里便为你打开了一扇敞亮的窗，让你的前行之路充满殷切的期望和美满的憧憬。

花馍

小帖士 TIPS

到达：
延安汽车南站全天有发往洛川的班车，行程约2小时。西安城东客运站发往洛川的班车半小时一班，行程约4小时。黄陵发往洛川的车也很多，但有时候人少就只开到交口，再转乘中巴车到洛川。去博物馆可从洛川汽车站坐摩的。

下一站：
从洛川县城内可以坐到堡子头的中巴车到洛川会议旧址。此外洛川的旅游景点还有黄土国家地质公园和谷咀村。

Zuozheshouji 作者手记

1. 民俗馆内可以拍照。这里也出售一些手工艺品，但品种不多，价格较贵。还可以预约皮影戏表演，一般50-100元一场。
2. 如果想要观看洛川蹩鼓的表演，可以春节期间来这里游览，届时附近区县的一些民间团体会到洛川县城内来表演或举办比赛，场面热烈。
3. 洛川毛麻绣是一种传统的绣扎技艺，采用各种颜色的羊毛线、粗麻袋作衬底，巧妙地利用这些材质的自然纹理制作出题材广泛的手工艺品。洛川毛麻绣多出自农家妇女的巧手，是值得选购的旅游纪念品。
4. 洛川苹果是这里的特产，在洛川到延安的一路上两旁全是望不到边的苹果园，如果是在秋天来到这里，看到的是一片醉人的丰收景象，路边卖苹果的摊位更是接连不断，红火壮观。
5. 洛川汽车站发往延安的班车每20分钟一班，最晚一趟为5点；发西安的班车每半小时一班，最晚到4点半。
6. 洛川县城内有出租车，在县城内行驶都是在起步价内，去较远的地方需再和司机商议价格。城内也有几路中巴车，不过主要是开往比较远的郊区，招手停车，但是经常要等较长时间，不很方便。城内有很多三轮、摩的，比较便利。
7. 洛川宾馆位于府前街，标准间分为120元和100元两种。

在延安要做的13件事

Zaiyananyaozuodeshisanjianshi

10 探寻钟山石窟的秘密

1000多年以来，这里曾被叫做万佛岩、普济寺、大普济禅寺、石宫寺，如今石宫寺还仍然是班车到站的地名，“过桥就到了。”到达了目的地，望得见对面的小山坡，原来这里也曾是寺院延绵，古建成群，如今只看得到坡上伫立着的清代的砖塔和一座孤零零的石牌坊。

没有游人，我一个人接受了专访的待遇。原来石窟平日里都是锁着的，佛祖菩萨们难得一见天日，好无奈，他们脸上的神情和身上的衣衫是如此难以经受风尘的洗礼，是这个俗世太功利了还是艺术太清高了呢？哐啷啷的铁门拉开了，如此的笨重，如此的粗劣，我真不知道这是去参拜佛祖呢还是探访监犯。漆黑一片中扑面而来的是神仙地府的气息，一瞬间，没有丝毫预兆的突然亮了灯，原来竟然有灯，还是如此明亮耀眼的灯，照得我的心都有一点点痛。可是什么才叫做惊艳呢？三世佛端坐坛基，沉静安详，菩萨侍立两旁，端庄秀丽，四壁密密麻麻刻满了佛像，这就是万佛岩的来历吧。他们全部都保存得完好无缺，这也许还算平常，最重要的是，他们竟然是有颜色的！1000年岁月的流逝仍然没有夺去那些泥金彩绘的痕迹，在今日的灯光照射下依然鲜亮如初。彩绘赋予了石造像更加柔美的动态和丰满的神韵，使之变得有灵魂了。再仔细看每一尊佛像，都是气韵生动，无论是菩萨的衣带当风，还是罗汉的法相威严，细腻感性的雕刻塑造出了一种鲜活的神情，它们是神、是佛，也是生命。

“探监”时间结束，铁门终于又在身后哐啷啷地锁上了，1000年了，谁知道再过1000年后，他们还能不能够存在？

钟山石窟被誉为“陕北第一石窟”，但是却没有太大的名声，也很少有人知道，走马观花、到此一游式的游客不会关注它。这样也好，省得有太多无谓的打扰破坏这些千年的珍藏。它也许不需要太多的光环，它所等待的是能够读懂其艺术内涵的目光。

子长街上走过的毛驴车

子长钟山石窟

小帖士 TIPS

到达：

钟山石窟距离子长县城15公里。延安东关汽车站全天发往子长县的班车很多，到子长县后，可以坐发往安定的班车，沿长兴街一直向北走到尽头左拐，向西100米处是班车发车处。车次很多，坐到石宫寺站下车后过桥即是。回来时在路边等车即可，车很多，每10分钟一班。

下一站：

1、继续游览：子长县城内有谢子长烈士陵园和瓦窑堡会议旧址可以参观。

2、美食：子长煎饼很有特色，城内很常见，值得品尝。

Zuozheshouji 作者手记

1. 石窟平时门是锁着的，买了票后会有人给你打开门，开灯观赏，但是没有导游讲解。窟内不允许拍照。

2. 对于喜欢石窟艺术的游客，这里绝不应该错过，会带给你很震撼的惊艳的感觉。

3. 子长唢呐是当地出名的音乐形式。粗犷、奔放、热烈、明快，旋律清晰，刚柔相济，委婉动听，在节日里听一曲浓郁陕北风味的子长唢呐，也算是不白来陕北走一遭。

4. 绥德也有车发往子长，但是车次少，发清涧的车多，可以先坐到岔口然后转乘小面到折家坪，这里有班车开往子长。子长汽车站全天发往延安的班车非常多。

5. 瓦窑堡宾馆是子长县内最好的宾馆，设施标准齐全，但是房间比较小，标准间打折后约140元，普通间约90元，假期人多时不打折。地址在子长县湖滨路和子长大街交叉口西南角，大门朝南开。

在延安要做的13件事

Zaiyananyaozuodeshisanjianshi

11 走访安塞民间文化

安塞是陕北黄土地上一朵让人惊艳的艺术奇葩。

这里的民间艺术历史悠久，源远流长，已先后被文化部认定为民间绘画之乡、剪纸之乡、腰鼓之乡，似乎所有凝聚在这片黄土地上的艺术力量都集中在安塞生根发芽、绚烂绽放了。

安塞腰鼓，一鼓惊天下，它的粗犷豪迈、它的坚韧勇武，无愧“陕北魂”的称号。相传腰鼓的渊源乃是在秦汉时期，两军对垒时以擂鼓助阵，且得胜后击鼓欢庆胜利，由此演变成了一项气势磅礴的民间文化活动。在安塞的农村，上至古稀老者，下至六七岁的娃娃，几乎人人都会打腰鼓，那激昂奋进的节奏，潇洒热烈的动作，观赏起来让人心潮澎湃，热血沸腾，来到陕北，看一场真正的安塞腰鼓才算不虚此行。

安塞的妇女几乎人人都会剪纸，没有什么约定俗成的图案花样，一把小剪刀剪出的就是随心所欲，剪刀也能剪出山河日月、春华秋实，窑洞、土炕头、剪花娘子，最朴实的民间土壤酝酿出的是令人叹为观止的艺术化境。

“山丹丹（的那个）花开（哟）红艳艳”，作为一种音乐形式，信天游以其高亢悠扬的唱腔和朴实无华的词调吸引了全世界的关注。陕北的农民是不懂得五线谱的，但是他们信手拈来、见景生情，把日常劳作的片段，春华秋实、天灾人怨、土地革命以及对新生活的赞美等等，通通唱了出来，纯朴、热烈、深沉而又奔放。听一首安塞民歌，这份荡气回肠会让你彻底信服地沉醉其中。

农民画发源于陕西民间，从日常的锅台画、炕围画等演变而来，是真正土生土长的民间艺术形式，安塞的农民画作品题材广泛、内容丰富、用色大胆、风格强烈，借鉴了剪纸和年画等民间艺术元素的特点，以一些夸张变形、对比强烈的构图和色彩来表现浓郁的乡土气息和农村生活片断。

如今安塞镇上盖起了一座文化馆，历史文物展、艺术探源展、腰鼓文化展、现代民间绘画展、剪纸艺术展、馆藏书画展，充分展现着安塞黄土地文化的精髓缩影。走廊上悬挂的一幅幅精彩的农民画，那些大胆的造型、和谐的色调，充满想像力的构图风格都是艺术的精品，实在无法想像它们会是出自完全没有经过任何专业训练的农民之手。剪纸展览室内更是花团锦簇，虽然陕北大多地区都有剪纸的传统，但是安塞显然在这里又一次拔得了头筹。安塞的剪纸非常细腻精湛，不是单一的传统图案，这里面有创作，有故事，人物形象呼之欲出，花草图案精美生动，看得人眼花缭乱，赞叹不已。

走进真武洞镇马家沟村，一户人家的二层小楼上挂着“侯雪昭艺术园”的招牌。侯雪昭是土生土长的陕北女子，只有小学文化程度的她自小喜爱剪纸艺术，农村妇女并没有那么多的闲暇时光，

安塞腰鼓

安塞腰鼓：单人对打

夜晚家人入睡后，便只有炕头上的灯火伴随这剪纸女子孤单执著的身影。侯雪昭的剪纸出名了，获了奖，走出了国门，她也成为了被世界认可的艺术家。她手下剪出的《娃娃踩莲花》、《背谷子》、《过水桥》却依然不变，还是这份敦厚纯朴的黄土地情怀。

艺术园开办起来了，安塞人全家都在从事文化产业，女人们剪纸，男人组织腰鼓表演，甚至多次远赴法国、菲律宾等国家表演，自家的农家院也成为游客们体验黄土风情的一道魅力风景线。

走访安塞是不容错过的一场艺术之旅，来过了这里，你对陕北的黄土地又多了一份亲切、温馨、敦厚、丰满的依恋。

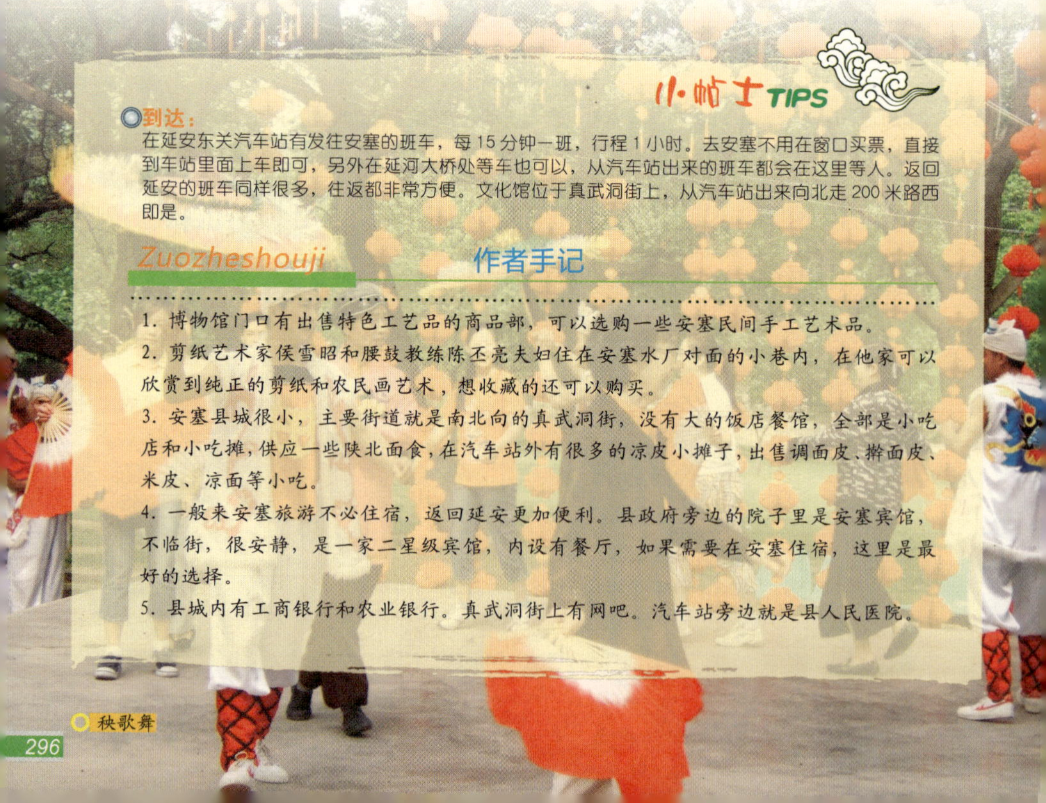

小帖士 TIPS

到达：

在延安东关汽车站有发往安塞的班车，每15分钟一班，行程1小时。去安塞不用在窗口买票，直接到车站里面上车即可，另外在延河大桥处等车也可以，从汽车站出来的班车都会在这里等人。返回延安的班车同样很多，往返都非常方便。文化馆位于真武洞街上，从汽车站出来向北走200米路西即是。

Zuozheshouji 作者手记

1. 博物馆门口有出售特色工艺品的商品部，可以选购一些安塞民间手工艺术品。
2. 剪纸艺术家侯雪昭和腰鼓教练陈丕亮夫妇住在安塞水厂对面的小巷内，在他家可以欣赏到纯正的剪纸和农民画艺术，想收藏的还可以购买。
3. 安塞县城很小，主要街道就是南北向的真武洞街，没有大的饭店餐馆，全部是小吃店和小吃摊，供应一些陕北面食，在汽车站外有很多的凉皮小摊子，出售调面皮、擀面皮、米皮、凉面等小吃。
4. 一般来安塞旅游不必住宿，返回延安更加便利。县政府旁边的院子里是安塞宾馆，不临街，很安静，是一家二星级宾馆，内设有餐厅，如果需要在安塞住宿，这里是最好的选择。
5. 县城内有工商银行和农业银行。真武洞街上有网吧。汽车站旁边就是县人民医院。

秧歌舞

吴旗剁荞面

在延安要做的13件事

Zaiyananyaozuodeshisanjianshi

12品尝 面食打头阵的风味小吃

在洛川时，饥肠辘辘的我面对一碗热气腾腾的罐罐面开始狼吞虎咽，延安的各色小吃终以面食作为开端，并且延续着成为延安风味的核心力量。

香菇面是延安城内最常见的种类，几乎每家小店都有出售，在一家叫做贺莉嫂香菇面的连锁面店内，终于可以静下心来仔细观察一下这碗面的构成。其实并不只有香菇，还有丸子、木耳、蔬菜混合在骨头汤里，只是这香菇的味道成为汤头的第一要素，先声夺人而又持久悠长。味道自然是好的，其实这里的任何一种面食都不会让人觉得难吃。比如附近还有一家正阳面，似乎是自创的名头，面还是普通的面，关键在于那三碗酱，肉丁豇豆、豆腐干土豆和西红柿酱，三种味道合而为一，初看有那么一点牵强，细品却又是恰到好处。搭配是一种艺术，无所不在、随处上演。

吴旗剁荞面是一样了不起的面食，在当地流传着这样的说法：“媳妇强不强，先看荞面剁得长不长；媳妇利不利，先看荞面剁得细不细。”这个面条真的是名副其实地剁出来的！想到那锋利的刀刃在案板上暴风骤雨般地滚下的时候，我就会觉得这碗面的味道着实回味悠长，而它的意味又似乎远在这味道之外。

在壶口，黄沙漫天的肆虐而来，我躲在小店里吃了一碗简简单单的饸饹面，再寻常不过的面食，配上西红柿和油菜叶，红色、绿色清清爽爽，在感受了壶口瀑布惊涛拍岸、浊浪排空的磅礴气势之后，一碗饸饹面却也足以压惊。

不得不说我爱上洋芋擦擦了，土豆裹上面，蒸熟了再炒，配上一点肉馅、蔬菜、辣椒，又当饭又当菜，又美味又顶饿，再奢侈的要上一大盘炸油糕，黄澄澄、金灿灿，这一餐妙

延安新市场餐饮一条街

洋芋擦擦

不可言。

在子长街头，寻找唢呐声不遇，却邂逅了子长人喜爱的煎饼。巴掌大小、薄如蝉翼的煎饼，卷着土豆丝、豆芽、豆腐干，还有酥肉。我说“来一个尝尝吧”，人家直笑，原来一元钱6个！面前摆着一长串大大小小的陶瓷盆，有辣椒、蒜汁、醋、芝麻，自己可以随意添加，最后还有一大罐子煎饼汤。原来一元钱的小吃也能谱出如此华彩的乐章，即便是那种在街上到处游走的煎饼挑担，也是一边是煎饼汤的罐子，另一边的篮子里放着煎饼、碗和调料，齐齐整整，有条不紊。于是，就在等车的间隙，就在闲聊的空当，就在无所事事发呆的瞬间，你都能随意地坐下来吃一碗子长的煎饼，就像在我们的城市里喝一杯星巴克咖啡一般。虽然，没有沙发，没有音乐，但有的是自然的乡土笔墨和纯朴的市井气息，这还不够吗？当你总是在匆匆赶路的时候，当你总有着数不完的明天的期待的时候，适时地停一下吧，伟大的主旋律也需要一个间奏的过渡，何况这是多么美妙和谐的一段音符啊。

小帖士 TIPS

Zuozheshouji 作者手记

延安小吃以面食种类最为丰富，基本上随处都可以看见面馆，羊肉面、饸饹面、香菇面、剁荞面、抿节等都很常见。不确定选择什么的时候，来上一碗面肯定不会让你失望。另外路上也常见卖凉皮的小摊子，有面皮、擀面皮、米皮、凉面等，在等车的空隙都可以充饥。

在延安要做的 13 件事

Zaiyananyaozuodeshisanjianshi

13 到黄河边上的小程村看剪纸

就在陕北黄土高原与山西吕梁山脉交界的黄河大峡谷西侧，黄河水奔涌而来，激流蜿蜒回荡在黄河大峡谷中，形成了一道著名的“乾坤湾”。这里据说是伏羲的家乡，黄河在这里呈现出了“S”形的两个大弯道，酷似阴阳八卦图，传说中伏羲正是在这里“仰头观天象，低头看河山”，从而创造发明出了八卦图和阴阳学理论。

小程村就坐落在这黄河边上，这个深藏在延川黄土岗中的小村落，原本也和陕北众多平凡的小村子一般，每日里重复着单调简单的耕作生活。来自于民间纯朴的美总是先被艺术家灵敏的触觉所发现，一些摄影家和画家来到延川的黄河边采风了，他们目睹了乾坤湾壮观雄浑的同时，也走进了小程村村民的土窑洞。土炕头上一住几十天，秧歌、剪纸、布堆画、农民画，那些只有小学文化、甚至并不识字的陕北婆姨们给艺术家们展现了一份似乎与生俱来的传统民间艺术技能。这里有黄土地文化的根。

一位中央美院的教授靳之林先生来到了小程村，对民间艺术情有独钟的他改变了小程村默默无闻的历史。剪纸培训班办起来了，让本来就心灵手巧的婆姨们不再只是剪一些普通的小窗花，她们也开始走向了艺术创作道路。民间艺术活动室成立了，搜集各方面的艺术人才，小程民俗艺术村的名声终于传扬开来了。

游客们纷至沓来了，晋陕大峡谷的九曲十八弯原来在延川境内写就了最壮美的神来之笔，层层叠叠的吕梁山脉矗立岸边，黄河绵延而去，像母亲的乳汁，滋养着这片黄土地的子民。聚集天地之灵气，汇集黄河之神韵，小程村静静地守候在土岗的沟沟坎坎中，一条山路，一湾大河，几片枣子树，三十来户窑洞人家，成日里守着的就是这无尽的山和无穷的天。

村子里很静，窑洞很静，几对半新不旧的窗花，挂在土窑，镂空光阴，刻下岁月，道出心意。一把快剪，一方红纸，巧手慧心，铰下的花花，却是激荡在整个大西北黄体高原之上，繁衍生命之美、孕育天地相通的最绚烂的祈愿。那是剪花娘子滋补身子的陈年佳酿，是剪花娘子超尘脱俗的胸中乾坤。

住在这窑洞中，炕上摊开剪纸，拿出剪刀，一个红彤彤鲜活的艺术符号跃然纸上。锅台上开始揉面做花馍，揉好的面块剪一剪，捏一捏，搓一搓，扭一扭，猴子、老虎、花篮、元宝栩栩如生。朴素的日常生活中到处充满了对美好理想的追求，荒瘠的土地和贫穷的生活并不能阻挡文化艺术力量的生生不息。

就是这样一个小程村，用最真诚原始的民间艺术构筑出了一个传统文化繁衍的空间，处处有歌舞，处处有艺术，处处有美的生活。

小程村：冯彩兰大姐仔细地解释剪纸图案的含义，都是民间吉祥故事或者传说

小程村：村子里用水不方便，要赶着牛车去很远的地方拉水

小帖士 TIPS

到达：

到达延安后转乘去往延川的班车，发车很频繁，一般晚 6 点前都有车。去小程村要到延川南关车站坐去往土岗的班车，9 点、11 点、13 点和 15 点有四班去往土岗乡的车，但冬季通常只发早上和下午两班车。由土岗乡到达小程村需要包车。

小程村：碾畔村紧靠黄河，顺着小路可以一直走到河边

Zuozheshouji 作者手记

1. 如果运气好，正月里能在小程村看到扭秧歌，但已经不是村民的自发行为了，一般是团队的有偿服务。但正月十五在延川县城里，会进行秧歌队的表演比赛。

2. 食宿可选择老程农家乐，食宿全包35元左右一天，这里人一般一天只吃两顿饭，喝小米粥，睡大炕，感觉很舒坦，只是村中如厕、用水较为不便。

3. 延川县城有不少红枣专卖店，鲜的干的都有，回家时别忘带些大枣特产。

4. 乾坤湾不远就是黄河蛇曲地质博物馆，有兴趣的话可以进去转转。另外，距小程村最近的村子是四公里外的碾盘村，是个可以俯瞰黄河的宁静小村，村里有不少旧碾盘依然还用于日常生活中。另外村上窑洞里还有个小型民俗博物馆，展览不少生活用具实物，但窑洞一般上锁，需要找专人拿来钥匙进入参观。

乾坤湾全景图

资讯补给站

Zixunbujizhan

交通

到延安旅游多取道西安，目前外省城市中只有往北京同时通航班和铁路。

延安机场位于城东二十里铺，在民航宾馆门前有机场班车，延安与北京、西安、重庆、广州通航，航班根据季节不同会有所调整，请提前查询确定。

延安火车站位于城南七里铺，坐公交车可到，从中心街打出租车 10 元以内可到。延安有发往北京和上海的火车，省内主要是发往西安、榆林、神木、安康等地。

汽车仍然是延安交通最主要也最便利的方式，延安有两个长途汽车站，其中汽车南站的发车方向主要为南部的西安、黄陵、洛川、宜川等。东关汽车站主要是发往安塞、子长、绥德、榆林方向的班车以及部分省际班车。

延安出租车 5 元起价，1.2 元／公里，城市不大，一般地方 10 元以内都可以到。司机都很朴实，一般不会故意绕路多赚你钱。这里的出租车可以拼车，只要看到车里有空位就可招手上车。

延安的公交车全部有售票员售票，票价统一为 1 元。不一定到站才停靠，基本上可以招手上车，随时下车。

景点

凤凰山麓革命旧址

苍翠的凤凰山下，一条小路蜿蜒，几所老屋伫立，几分苍凉，几许幽静。静静的院子里，没有什么游人，石桌、石凳还有石碾子仍然按照当年的样子摆放着，清风掠过，几声鸟鸣依稀可闻。

这里是曾经的中央红军总参谋部所在地。在这里，党中央批判和纠正了以王明为代表的错误路线，制定了坚持持久战的战略战术，为最后夺取抗战胜利奠定了基础。

毛泽东在这凤凰山下的窑洞中写下了《实践论》、《矛盾论》、《论持久战》等光辉著作，更留下了伏案写作的一张珍贵的照片。

到达：坐多路公交车中心街下车后向北走 100 米路西即是。

王家坪旧址

王家坪旧址曾是中共中央军事委员会和八路军总司令部所在地，这里没有枣园那般开阔的庭院，也没有杨家岭那般险峻的地势，似乎仅是平常的南北两所院子，随意坐落在这里，周围就是当地人普通的窑洞民居，一个小男孩正在旧居院子里学习打腰鼓。也许人们并没有刻意地把这所旧址圈起来供之高阁，就像当日的领导人们本来也是如此平易近人。

旧址的北院内有彭德怀旧居、朱德旧居，山坡上的平房是参谋部和叶剑英旧居。南院内有砖木结构的军委礼堂、毛泽东的会客室等。中央军委和八路军总部在这里驻扎了 8 年，最终粉碎了国民党对解放区的进攻，并取得了抗战的最终胜利。

到达：在清凉山下延河大桥处坐旅游专线或者在火车站坐公交车在王家坪下车即是。

万花山

延安市内的旧址故居看得太多了，不免觉得有些枯燥，那么不妨到城南的万花山去漫步一番，那里漫山遍布灿烂的原始牡丹，苍松翠柏间掩映着亭台楼阁，更有一湖碧水，相映成辉。

据说巾帼英雄花木兰便是万花山花园头村人，花木兰女扮男装替父从军的传奇事迹，几乎是无人不晓。传说她返回家乡后经常在万花山上跑马，时间长了山顶被马蹄踩出一块平地，就是如今的“走马梁”。木兰陵园就建在万花山对面，女英雄横刀立马，英姿飒爽，下方的石碑上刻有《木兰辞》。

到达：在南桥人防饭店门口坐公交车可到，行程 40 分钟。

南泥湾

“花篮的花儿香，听我来唱一唱，来到了南泥湾，南泥湾好地方”，这首民歌唱遍了大江南北，人人都知道曾经荒无人烟的南泥湾在三五九旅的开垦下变成了陕北的好江南。

南泥湾位于延安城东南 45 公里处，这里的风光优美，高原上遍布翠绿的树木，山下就是成片的农田，甚至有陕北难得一见的水稻田，看着弯腰插秧的农民，小溪水一路蜿蜒流过，恍惚间真的以为是在鱼米之乡的江南。

南泥湾现在建有大生产纪念馆，从这里你可以看到当年的战士们是如何自力更生、艰苦奋斗，从而造就了“遍地有庄稼，处处是牛羊”的南泥湾。纪念馆前建有自力更生纪念碑，一旁小巷里有当年毛主席住过的窑洞旧居。

到达：从延安汽车南站坐开往云岩方向的班车在南泥湾下车即到，往返车次都很多。去壶口的班车也从这里经过。

杜公祠

在延安七里铺东，相传大诗人杜甫曾在这里枕鞋夜息，后人便依势凿窑建了祠堂，并把他在延安经过的川道起名为“杜甫川”，清道光年间延安知县所题写的“少陵川”三字至今犹刻在石崖之上。杜甫的延安之行是他一生中重要的经历之一，他由此更加真切地感受到了劳动人们的疾苦，写出了很多深刻反映当时社会生活的著名诗篇，在揭露当时统治阶级的残酷剥削、压迫的同时，也体现了诗人伟大的爱国主义思想。

到达：火车站坐多路公交车在市医院下车，步行可到。

洛川会议旧址

出洛川城 10 公里，在苹果园的郁郁葱葱中露出了洛川会议旧址的大门，灰墙之上，红星闪耀。

1937 年 8 月 22 日至 25 日，中国中央在这里召开了政治局扩大会议，讨论通过了著名的《抗日救国十大纲领》，重新组成了十一人的中央革命军事委员会，毛泽东当选中央军委主席。这一次“洛川会议”发生在历史转折的关键时刻，坚持全面抗战路线和独立自主的原则，为夺取抗日胜利奠定了坚实的思想政治基础。

如今，会议旧址的窑洞依旧，院外的牡丹花开得正艳，窑洞内还保留着八仙桌和木条凳，墙上的一排照片中的人物正是曾经在这里决定了中国命运的革命先驱。

到达：从洛川县城内可以坐到堡子头的中巴车到会议旧址下车即是，景区就位于公路边，有很大的标牌。另外在汽车站坐开往黄章的班车也可以经过这里。返回时在路边等车即可，洛川开往延安的班车也路过这里，可以乘车前往延安。

资讯补给站

Zixunbujizhan

谢子长烈士陵园

谢子长烈士陵园从1942年始建，陵园占地1000多平方米，进门先看到高耸的“革命烈士纪念塔”，古朴素洁之中也不失精巧。整座园区内松柏参天，雅静肃穆。高大威武的谢子长烈士大理石塑像静静地伫立园中，一旁的碑亭碑廊内分别有毛主席和邓小平、江泽民、杨尚昆、李鹏等领导人的题字碑石“民族英雄”、“虽死犹生”。烈士的鲜血没有白流，烈士的心愿今天已经实现，人民不会忘记他们，人民英雄永垂不朽。

到达：谢子长陵园位于城北，沿子长大街步行一直向北走到头，西北角即是。

瓦窑堡会议旧址

瓦窑堡会议旧址位于子长县内繁华的中山街上，里面是一院五孔砖窑。

1935年12月17日到25日，中共中央在这里召开了政治局扩大会议，这次会议制定了建立抗日民族统一战线的策略，从政治上批判了“左”倾错误，正式选举毛泽东为中央军委主席，解决了党的政治路线问题，具有重要的历史意义。

如今，当年的会议旧址窑洞内静静摆放着两张八仙桌和六个木条凳，炕头上还放着一张小炕桌，在这简朴平常的氛围下，很难想像当年的风云变幻，然而党中央的很多次历史性重要会议也就是在这样的平凡环境下召开的。

到达：瓦窑堡会议旧址位于中山街151号，可步行前往。

住宿

金融宾馆

金融宾馆是一家挂牌二星级宾馆，6层楼，有电梯，位于二道街的中心地带，周围商业设施很多，公交车站位于西边的中心街上，步行也很近。宾馆服务很好，感觉很亲切。宾馆房间设施齐全，卫生状况很好，标准间打折价格在140元左右，普通间80元左右。

地址：延安市二道街中段。

到达：火车站坐公交车在粮园饭店下车，步行到东面二道街即到。

游览：1、步行向东过延河大桥，前往清凉山。

2、步行过延河大桥，坐旅游专线车前往枣园、杨家岭、王家坪。

3、步行到中心街，然后向北走到达凤凰山革命旧址。

4、宾馆斜对面是抗日军政大学的遗址。

电力宾馆

电力宾馆属于供电局附属单位，二星级涉外宾馆，8层，有电梯，有大型餐厅，商务中心可代售飞机票和火车票，配有健身房和千人大舞厅。房间装修标准规范，双层窗户和遮光窗帘具有较好的隔音性，地毯也非常干净，卫生间比较小。标准间平时打折后160元左右。

地址：延安市东关大街
到达：火车站坐公交车在东关大桥下车向东走即到。
游览：1、步行到达清凉山。
2、门前坐旅游专线车前往枣园、杨家岭、王家坪。
3、步行过延河大桥，向东南方向到达宝塔山。

亚圣大酒店

亚圣大酒店是一家三星级酒店，15 层的高层建筑，非常明显，位于市中心地带。酒店设有旋转餐厅。拥有房间 189 套，装修比较豪华，设施齐备，标准间打折后约 180 元。

地址：延安市二道街中段
到达：火车站坐公交车在中心街下车，步行可到。
游览：1、向北步行一站地到达凤凰山革命旧址。
2、步行向东过延河大桥，前往清凉山。
3、步行过延河大桥，坐旅游专线车前往枣园、杨家岭、王家坪。
4、步行向东南方向过宝塔桥，前往宝塔山。

美食

延安的百米大街上分布着很多饭馆，各色小吃基本都能找到。延安的小吃有洋芋擦擦、炸油糕、香菇面、小炒肉等，都别具风味，且经济实惠，10 元钱就能享受一顿美餐。

贺莉嫂香菇面

总店位于中心街抗大商厦的一层，店面干净卫生，平时人很多。香菇面是用香菇、木耳和骨头汤配制而成，里面再加上肉丸子，味道很鲜美，是延安地区的特色面食。

地址：中心街抗大商厦的一层

川云酸菜面

便捷的快餐店，在延安拥有不错的口碑，价格实惠，酸菜面里放着泡菜、排骨，飘着一层红红的辣椒油，还有一些凉拌菜、烤肉、烤鸡翅等供应。

地址：小东门

吴旗剁荞面

剁荞面是吴旗特色，面条是用刀剁出来的。不大的店铺，有剁荞面，还有荞面圪坨，奢侈点的可以来一个清炖羊排剁荞面，一碗面配一碗羊排，二十几元钱就是一顿大餐了。

地址：南大街延安大礼堂对面

笑林大酒店

品尝延安风味菜肴的地方，做得还比较地道，羊杂、烧羊蹄、小炒肉、小白菜洋芋等都比较有特色。

地址：中心大街北段

榆林南大街夜景

第九章

榆林——黄土高原之旅

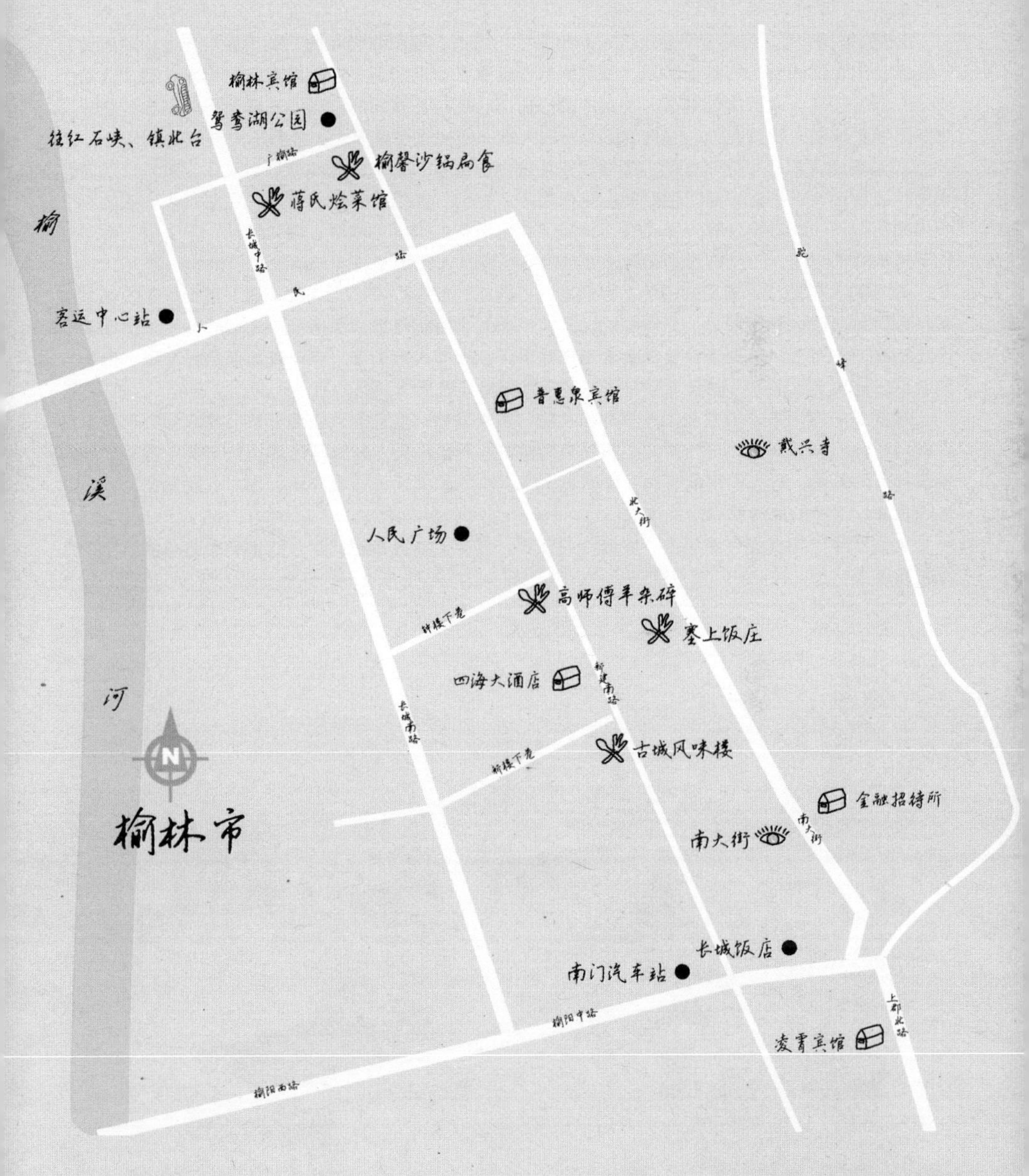
榆林市
榆林宾馆
鸳鸯湖公园
往红石峡、镇北台
广榆路
榆馨沙锅扁食
蒋氏烩菜馆
长城中路
人民路
客运中心站
普惠泉宾馆
驼峰路
戴兴寺
北大街
榆溪河
人民广场
高师傅羊杂碎
塞上饭庄
钟楼下巷
四海大酒店
新建南路
长城南路
古城风味楼
新楼下巷
金融招待所
南大街
长城饭店
南门汽车站
榆阳中路
上郡北路
凌霄宾馆
榆阳西路
N

人们总是把榆林叫做“边塞明珠”，这一座位于历史上胡汉边塞的小城，在频繁的战火洗礼中磨炼出了它独特的气质。它是一颗耀眼的明珠，然而，只有用心的人、有缘的人，才能发现它的闪光之处。

到榆林的时候，迎来了陕北地区这一年的第一场雨。烟雨弥漫在榆林的大街小巷上，淅淅沥沥一整天。走在南大街的古香遗韵里，一时间有些迷惑了，以为是走在满城风絮的烟雨江南。这条大街上古旧的门楼，木板房的铺面，小巷内的民居四合院，在缠绵的细雨中透露出一种别样的韵味。也许不同于江南的妩媚婉约，它是属于北方的气质，即使是在破落之中依旧不失俊朗的风骨。

路过普通人家的小院，低矮的围墙围不住院内的风景，杂乱的电线缠绕在屋顶，煤堆、灶台、水桶和各种杂物拥挤在一起，然而就在这样的零乱之中，人们也仍然没有忘记在院子中间摆放一个小小的花坛，一些破脸盆权当做花盆，种起了姹紫嫣红。这就是榆林人民的生活，一个有天有地有花草树木的小空间，雨水打湿的花朵娇艳欲滴，给榆林人民的平淡生活添上了风情的一角。

这里的人们是朴素而又知足的，他们安守于自己的四合院家园，安守于黄米饭大烩菜的味道，同时他们又真诚地对待着每一个异乡的访客。一个人去饭店吃饭，服务员一定贴心地主动给你要小份拼三鲜，多点了一份主食，一定会劝告你吃不了。没有人因为你只点一碗面而给你冷眼，但是当你最后还是剩下了很多，总会觉得有些不好意思面对那些热情诚恳的目光。

榆林是一座小城，但它依旧是气势不凡的，古长城修筑在这里，镇北台依旧高高耸立，守卫在沙漠与丘陵的分界线上，与壮美的红石峡两两相望。而当你走入榆林地区那些位于黄土高原腹地的乡镇村落的时候，听人们用浓重的乡音唠着家常，淳朴的笑脸上挂着汗珠，你才会发觉自己真正走进了陕北，这里的风情苍凉而又浓郁。

比之明珠，榆林也许更像是一块温润的玉石，只有日日抚摸把玩，才能感受出它淡淡纹理下夺目的光晕。

青云寺

行程推荐

Xingchengtuijian

榆林市的主要景点就是红石峡和镇北台，两地相距不远，遥遥相望。基本花上一天时间就可以从容地逛完榆林市。市区最繁华的就是一条新建南路，宾馆、饭店、商场多在这里集中，和它并行的一条南大街却是一条很有味道的仿古街道，有矗立在街头的西洋钟楼和分布在小巷内的四合院民居，在这里寻访一番，你会有很多意外的惊喜。

别忘了尝尝特色的拼三鲜，位于新建南路的古城风味楼是当地口碑不错的饭店，也能尝到坨坨、抿节、砂锅扁食等特色小吃。榆林的消费水平不高，三星级酒店打完折还不到200元，在这里住上几天也是蛮惬意的。

佳县距离榆林90公里，但是路不是很好走，有时还不如绕道米脂快一些。佳县是个很小的县城，但是白云山却是远近闻名，尤其在庙会期间，周边地区来此朝拜的香客源源不绝。去佳县白云山需要安排一天的时间。

米脂和绥德两个地方距离很近，交通都很方便。去米脂的姜氏庄园和杨家沟最好包车游览，比较节省时间，别忘了尝尝米脂出名的驴板肠，街上有很多出售驴肉的饭馆。这一带的窑洞也很有特点。在快到绥德的时候，能看到路边很多石雕作坊，作品一律都是威武的狮子，城内的千狮桥更是布满千姿百态的石狮。在这里你也可以买一对小小的炕头狮带回去，以做留念。

吴堡距离绥德不远，但是由于很多山西运煤的大货车频繁来往在这条路上，所以经常造成交通拥堵，从绥德前往吴堡，当天一般无法返回，需要住上一晚，晚上可以在黄河边的沙滩上漫步。城内有一座建在山坡上的古城，文物价值很高。与吴堡隔黄河相望的就是山西的碛口古镇了，经过这里可以前往山西太原等地游览。

统万城是陕北之行的亮点，时间允许的话，建议一定要去看看，夕阳下的古匈奴都城会让你体验到历史的沧桑。

榆林七日精华游

第一天：榆林——红石峡——镇北台——南大街——戴兴寺

早上前往红石峡、镇北台游览，中午返回榆林市内用餐，品尝榆林特色菜肴拼三鲜、大烩菜等。下午在市区内南大街漫步，观赏古城楼、钟楼等，可登戴兴寺游览。然后在旁边的小巷内走一走，寻访旧日的四合院建筑，其中在北大街四丰年巷中有一家正在筹建民俗博物馆的保存完好的四合院，现已修饰一新，可以前去参观。晚上品尝羊肉抿节、坨坨等风味小吃，宿榆林。

第二天：佳县——白云山——香炉寺

早上乘车前往佳县，行程2–3小时，路上能看到壮观的黄土高原景色。到佳县的车通常都可以直接前往白云山，游览西北最大的道教建筑，在山上俯视黄河和佳县县城。中午返回佳县用餐。下午前往建在黄河峭壁上的香炉寺游览，逛逛佳县县城，观主席题字碑，宿佳县。

第三天：米脂——杨家沟——姜氏庄园——李自成行宫

早起可以到香炉寺看日出，然后乘车前往米脂，行程2小时左右，然后包车前往杨家沟革命旧址和姜氏庄园游览参观，然后参观县城内的李自成行宫，在米脂品尝驴板肠和其他特色驴肉食品，宿米脂。

第四天：绥德——扶苏墓——汉画像馆——千狮桥

乘班车前往绥德，行程1小时，路上经过很多石狮雕刻作坊，还可以品尝一下四十里铺羊肉面。到绥德后参观扶苏墓和汉画像馆，在千狮大桥上逛一逛，宿绥德。

第五天：吴堡——吴堡古城

一早前往吴堡，如果路上不堵车，中午基本上就可以到了。吴堡县城不大，可以沿着黄河边走一走，这里有不错的沙滩。然后去古城探访，如果有兴趣也可以留宿民居，体验当地的民俗风情。

第六天：靖边——统万城

早上返回榆林，从榆林乘车前往靖边，2小时可到，到达后包车前往统万城，游览荒原中的匈奴都城遗址。之后前往延安继续旅程。

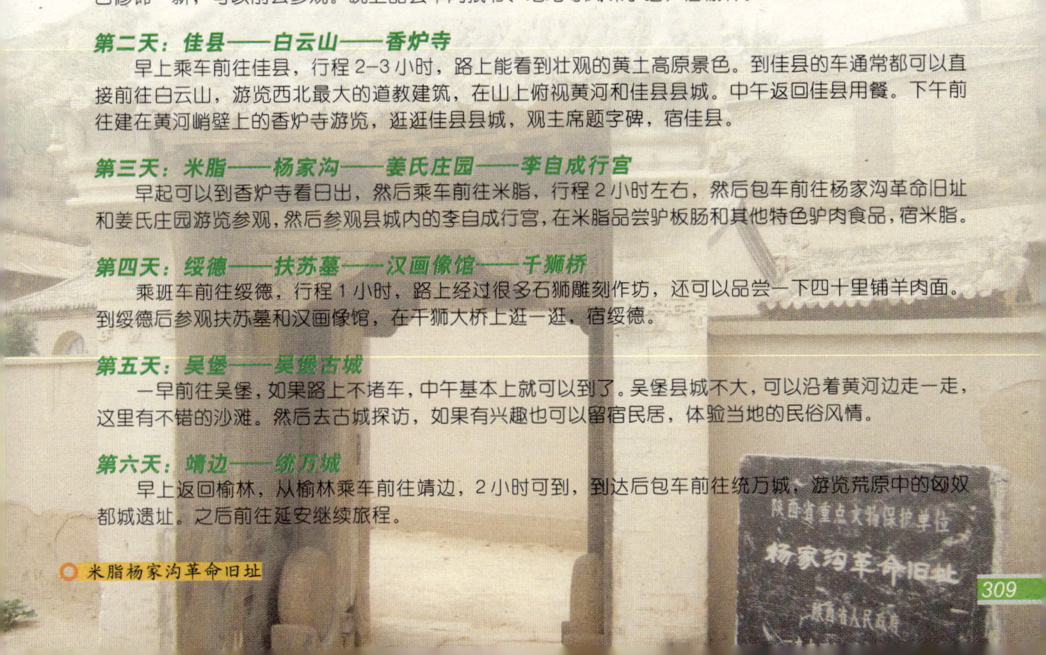

米脂杨家沟革命旧址

预 算

Yusuan

以六日游方案为基础计算

门票：约 120 元。

交通：主要乘坐班车和摩的，大约 150 元。

住宿：按照普通宾馆标准间 100 元计算，同行两人分摊，每人每天 50 元，总计 300 元。

餐饮：以小吃和特色菜为主，每天 50 元，总计 300 元。

总计约 870 元

戴兴寺

在榆林要做的11件事

Zaiyulinyaozuodeshiyijianshi

红石峡石窟内精美的石刻藻井

01 石窟穿行，三山拱翠红石峡

红石峡是无限壮美的。这里是明长城脚下的一个河谷，因山皆为红石，故此得名。两山虎峙，石峡中开，一注清流，穿石而下，奔流腾跃不复还。

这是一条丰饶的河谷，榆溪河缓缓地流过。榆溪河古称帝原水，它的源头乃是沙窝处的一股清泉，蜿蜒流淌而下，灌溉滋润了榆林的土地，成为榆林的母亲河。

去红石峡的时候，下了今年陕北的第一场雨。两岸树木郁郁葱葱，拥着这条清流蜿蜒，水石相击，空谷回音，云雾缭绕之中宛若仙境。沿着石壁开凿有寺，但其实也许算不得是一座庙宇，仅在入口的一座门楼上镌刻着“红石峡”三个大字。走进来，是在石壁上开凿出来的小路，在崖间的石窟内穿行，踩着木板梯子上下攀爬，耳边凉凉湿湿的，全是空谷来风。这里原有明代所凿的石窟44个，大多分布在东崖，只不过他们遗憾地遭遇了一场浩劫，原有的石造像、泥塑像、壁画、浮雕石刻等荡然无存，圣母殿、大雄殿、观音堂早已看不出当初的本来面目。只有那急湍的流瀑、绿树葱茏的山谷、铁钩银划的摩崖石刻，在这场风雨之中朦胧成一幅淡淡的水墨。倘若在镇北台上遥望，却更是只有一团迷雾般的遐思了，在这遐思的片刻，手中的雨伞险些被风刮走——风流总被雨打风吹去。

颇为壮观的是，两岸的石壁上刻满了自明成化年以来的大小摩崖石刻共185幅。这里也被誉为“塞上碑林”。榆林是一座边塞城市，红石峡的景色更是冠绝边关，于是文官、武将、儒士来到榆林，必在此地设宴讽咏唱和，因此留下了风采各异的石壁题刻。石刻题材多样，书法真、草、隶、篆俱全，有记载凯旋会师的庆功石刻，有抒发情感的题诗

红石峡保存着从明代到民国时期的一百八十多块摩崖石刻

榆林是明代长城九边之一，所以红石峡石刻“威震九边”

镌刻，“龙蟠虎踞”、“华夷天堑”、“雄石封关”等都让人感受到了当年这座边关重镇的威武气魄。当然，也有称颂红石峡美景的“开元图画”、“天成雄秀”，表达民族团结的“蒙汉一家、中外统一”等石刻，其中清代榆林书法家陈漳所书“三山拱翠”以及左宗棠所题“榆溪胜地”，字迹苍劲有力，堪称佳作。

红山奇石、峡谷清流、石窟古刹、摩崖题刻，站在红石峡景区内，一边是湖光山色的自然美景，一边又是古迹嶙峋的文化胜地，这样的红石峡怎不堪称榆林第一大胜景！

小帖士TIPS

到达：
在市内乘公交车到红石峡路口，下车后沿着路左边的指示牌步行1.5公里左右才能到达景区，可以搭乘摩的或者出租，但是车比较少。也可以从市内直接乘出租车开到景区门口。返回的时候就在路口等车即可。

下一站：
1、继续游览：出红石峡可步行至路口，然后步行或者坐摩的到镇北台游览。
2、美食：景区内基本上没有什么商业设施，中巴车下车的路口处有小饭馆和小商店。

Zuozheshouji 作者手记

景区内峭壁旁的路有的很窄，需要钻山洞上下攀爬，要注意安全。

在榆林要做的 11 件事

Zaiyulinyaozuodeshiyijianshi

02 登高望，千古兴亡镇北台

俗语说：“镇北台连着八达岭”，镇北台被誉为“长城第一台”，位于榆林城北 4.5 公里处的红山之上。

人们说，东有山海关、中有镇北台、西有嘉峪关。镇北台距今已有 400 余年的历史，为明万历年间修筑，整座建筑呈正方梯形，上方逐层递缩，远观齐整壮观，在四周苍松掩映之下更显挺拔威严。这里地势险要，锁控南北之咽喉要隘，整座台有 4 层，方形，高 30 余米。台基北长 82 米，南长 76 米，东、西各 64 米，占地面积 5056 平方米。台之各层均青砖包砌，各层台顶外侧砖砌约 2 米高的垛口，垛口上部设有瞭望口，各层垛口内四周相通。第一层周围设有屋宇环列，正是当年守台将卒的营房，至今基座尚存。

镇北台每上一层就有一层的风景，走过长长的券洞，雄伟的砖垛口守卫四周，辗转拾阶，终于来到红山最高处。这座巍峨的镇北台，扼守在黄土丘陵和毛乌苏沙漠的分界线上，远望北方已经能够看到一派苍凉的大漠风光，而另一边却是红石峡的绿木成荫，流水淙淙。

登长城之上，总会不由得怀古唏嘘，遥想当年，那是怎样的金戈铁马，气吞万里河山。易水萧萧西风冷，将军百战声名裂，历史曾以怎样的手笔谱写了兴亡，砖瓦碎片之中

镇北台，在榆林是比较有名的景点，虽不至于游人如织，但也络绎不绝

或许能够找到答案。千年的光阴可否就在这双脚之下丈量？那尘土之下是否仍能嗅到战火的硝烟？若是今夜就宿在这里，夜里听得长城内外风声萧瑟，是否也当自己是那镇守边关的武士，会梦到连天的烽火，和烽火下美人的如花笑靥？

万里黄云百二关，九陵烟树接群山，望不断关山重重，虎踞龙蟠何处是，只有兴亡满目。这一刻胸中升腾豪情万丈，是否该学那武林豪侠一声清啸，乘风而起，飞渡关山？

千古兴亡，百年哀乐，一时登览，追亡事、今不见，夜半狂歌悲风起，谁共我，醉明月！

镇北台

镇北台

小帖士 TIPS

到达：
在市区乘公交车可直达镇北台。市内打出租车约 15 元，摩的约 10 元。

下一站：
1、继续游览：出镇北台步行至路口，可乘坐摩的前往红石峡游览。
2、美食：景区附近没有任何商业餐饮设施，最好自备食品。

Zuozheshouji 作者手记

请爱护长城，不要在墙上乱写乱画。

在榆林要做的 11 件事

Zaiyulinyaozuodeshiyijianshi

03 穿越南大街历史的烟云

四合院民居

榆林的南大街是一条很有韵味的街道，它与繁华的新建南路并肩，相距咫尺却仿佛隔了二十年的光阴距离。

这似乎是一条仿古的大街，然而它的古韵却并不都是仿制出来的。大街上有几座古门楼巍然屹立，气势非凡。那些古旧的门楼是原始的，那些店铺的装潢也是自然的，只有街灯是崭新的，为了和这份古韵搭调而特意做成了灯笼状。街道两旁一色的灰砖平房，水泥地面配着漆成绿色的木制门窗，一派 20 世纪 80 年代的风格。毛驴车和摩托车在街上并行，一座西洋风格的钟楼矗立在街道北端，这些矛盾的混合体在这里得到了和谐的统一。漫步这条街道，不由得有些时空错位的感觉。

榆林没有窑洞，这里的民居是陕北独一份的四合院。历史上这里是边塞重镇，文官武将、边城富贾云集于此，也造就了今日这长街短巷、高墙低檐的四合院民居风格。从南大街上随意拐入一条小巷，或是能看到门楼前的石狮石鼓，或是墙头屋顶雕刻着五脊六兽。仔细观察，平民人家和官宦世家的四合院是有很大区别的，普通的民居小院单檐平出，里面一进两开的瓦房，少有雕梁画栋，在经过多年的风雨洗礼后，房屋磨损得已经和一般的平房无二，院落依旧，炉灶常常就摆在屋外，随便地搭起一个遮雨的小棚子。在堆放着煤块、水桶等生活杂物的地方，却仍然不忘摆上几盆花花草草。倘若你路过一家门口摆有石狮，或者一扇朱漆大门，那么这家一定是祖上为官，进门内有照壁，外有影壁，且雕刻的图案精美细腻，院落是前厅后院两进或者三进、四进式，正房敞阔高大，穿廊迂回，门窗精细，雕刻考究。

从南大街一直向北走，到北大街田丰年巷里，有一户保存完好的原为武官所居住的四合院。这里已建为民俗博物馆。门口影壁的石雕都是出于名家之手，屋檐上的一组精美的牡丹花图案雕刻更是罕见的珍品，院内的房屋粉刷一新，鲜艳的朱漆色彩再现了昔日的辉煌。

到榆林来，一定不要忘了在这条南大街上走一走，寻寻觅觅中找寻一串失落的文明印迹，一份属于这座古城的内蕴神采。

南大街城楼

西洋风格的钟楼

小帖士 TIPS

到达：
南大街南面的入口处就在长城饭店旁边，从南门汽车站向东走不远。

Zuozheshouji 作者手记

1. 南大街小巷里的民居很多，有的围墙很矮，从外面就能看到，有的里面开有店铺可以随意进出。一般人家的院落也不关着门，可以进去看看，但要注意礼貌，如果主人不欢迎参观就不要打扰了。李学士上巷的袁氏大院值得一看。
2. 南大街上的小吃店很多，有不少特色食品可以品尝，不过卫生条件比较一般。

在榆林要做的 11 件事

Zaiyulinyaozuodeshiyijianshi

04 朝圣白云山

◎ 白云山：古树掩映下的古建筑

“山门无锁白云封”，自黄河岸边仰望白云山，700 多级台阶之上的道观山门仿佛笼罩在云端。走在白云山的山路上，可以眺望对岸山坡上气势不凡的佳县县城，黄河绕城而去，远处是苍劲无垠的黄土高原。

我们对陕北最熟悉也最期待的景观就是那一望无际的黄土高原了，而这样的美景却多是在不断行走的过路瞬间才能看到。在去佳县的路上，蓝天白云环绕，破旧的小客车开始翻山越岭。狭窄的小道，尘灰满面，转过一弯又一弯，渐渐地升高了，望远了，向窗外一望，原来那重重叠叠的一山又一山就是壮丽的黄土高原啊。还是那么原始的土地的颜色，零星的绿树远远不能够遮盖他的本来面目，山与山的影子相互叠加，明明灭灭，车厢里突然安静下来了，人人都被窗外的风景所震慑了，即便他们不都是游人，即便他们也许是这里的常客，可是仍然忍不住由衷地赞美：“还是美啊！”美，一种无言而令人感动的大美。就在那样荒芜的山腰间，人们仍然辛勤地开辟出了梯田，就在这般干裂的土地上，仍有裹着白羊肚手巾的老汉正在奋力地开垦，山峦无边际地延伸而去，黄土地的日子年复一年。只是，路过的我们却无法停下脚步，我们终究只能是个依依不舍而又留下无数遗憾的过客。

◎ 白云山东岳庙前的香火

白云山三元考校坊

而登上白云山，我们又再一次领略到了黄土高原的壮美。白云山是西北地区最大的道教建筑群，气势宏伟，远近闻名。它不是一座单一的道观，它是一组由 54 座宫、殿、楼、祠所组成的宏大的建筑群，200 多位神仙在此就位，儒、释、道三教交汇。宗教文化在这里形成了一个奇观，这边殿堂里供奉着真武大帝、太上老君，那边庙宇中参拜着财神爷、土地公，既有华夏大地供奉的传统神仙，也有独具地方特色的民间偶像。没有高下之分，不会厚此薄彼，香客们各拜所需，神仙们各司其职。这不得不说是白云山的一个传奇。

真武大殿前古柏参天，汉白玉石狮栩栩如生；东岳庙前香火鼎盛，烛火烟气弥漫四周；元长殿巍峨雄伟，正大光明牌楼高高在上。每座殿堂各有各的精彩，雕塑艺术渗透于建筑群的各个角落，尤其是在屋檐之上，内容之丰富，技艺之精湛让人目不暇接。更有 1300 多幅古代民间壁画，精彩绝伦，熠熠生辉。这里是宗教文化的中心，同时也是一座壮美的古建筑艺术殿堂。

白云山被誉为一座神山，四百余年来，它一直是陕、晋、蒙、宁、甘等地人们所向往的朝圣之地。大批的香客们不远千里来到这里，参拜他们心目中的神灵，祈福还愿。一位内蒙古的大姐不辞辛苦地奔波而来，为的是还她 17 岁到北京上访给他父亲平反时许下的心愿，“我 17 岁到 25 岁之间，都没有谈过恋爱。”她说这话的时候有那么一丝沧桑掩饰下的幽怨。三清殿内，洗手、参拜、上香、求签，她还愿的仪式真诚得一丝不苟。抽到了一只上吉签，她由衷地开心，这一趟算不虚此行了，虽然回去的路上还在抱怨吃不惯这里的面食，惦记的是她们家乡内蒙古的羊肉。

神佛之说本是虚无缥缈，我们无法用科学的理论解释这种合理存在的文化现象。毛主席转战陕北之时，也曾两度登临白云山，并在东渡黄河之前，兴之所至地在真武大殿前抽了一支上上好签“日出扶桑”。革命的胜利当然并不是神灵可以保佑的，只不过人们在津津乐道这些野史传说的时候，在香火弥漫叩首跪拜的虔诚祷告里，流露出来的无非是对于更美好生活的期许和愿望吧，既然这样，也不妨一拜。

真教殿前照看香炉的老汉

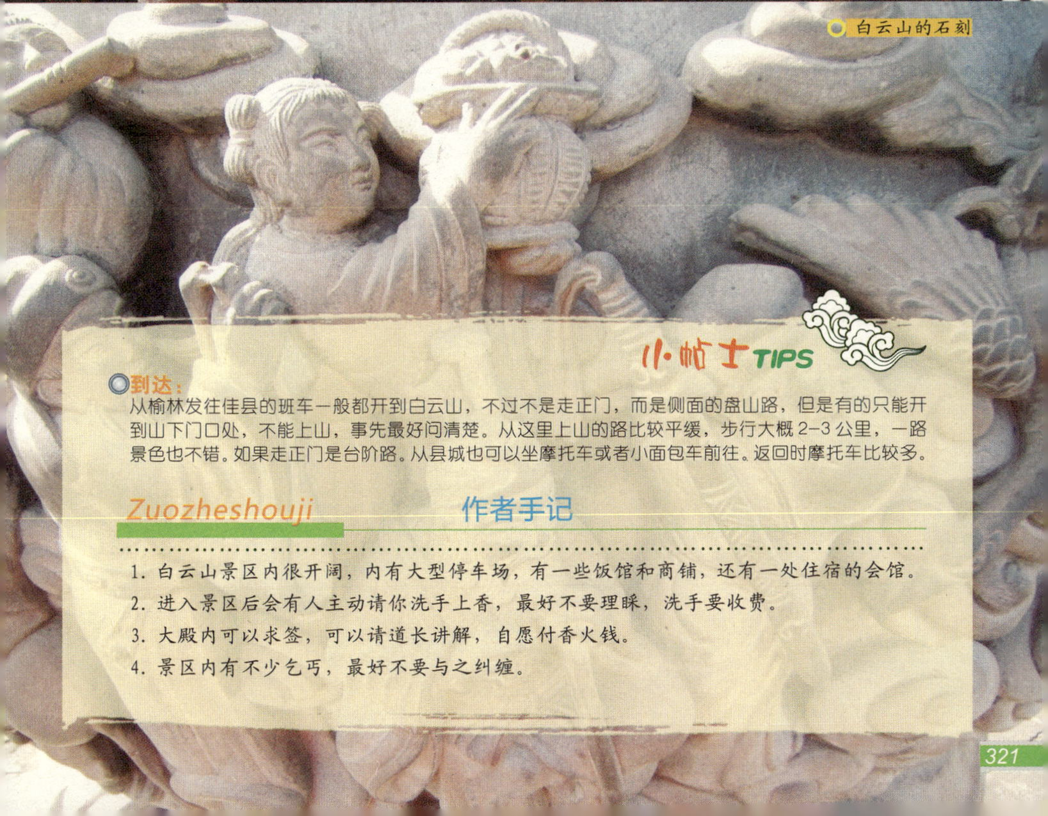

白云山的石刻

小帖士TIPS

到达：
从榆林发往佳县的班车一般都开到白云山，不过不是走正门，而是侧面的盘山路，但是有的只能开到山下门口处，不能上山，事先最好问清楚。从这里上山的路比较平缓，步行大概2-3公里，一路景色也不错。如果走正门是台阶路。从县城也可以坐摩托车或者小面包车前往。返回时摩托车比较多。

Zuozheshouji 作者手记

1. 白云山景区内很开阔，内有大型停车场，有一些饭馆和商铺，还有一处住宿的会馆。
2. 进入景区后会有人主动请你洗手上香，最好不要理睬，洗手要收费。
3. 大殿内可以求签，可以请道长讲解，自愿付香火钱。
4. 景区内有不少乞丐，最好不要与之纠缠。

在榆林要做的11件事

Zaiyulinyaozuodeshiyijianshi

05香炉寺上眺望黄河湾

○ 佳县毛主席题字碑

佳县，是一座气势非凡的陕北小城。榆林至佳县的道路坎坷曲折，汽车在山间盘旋而上，黄土小路少见人烟，周围群山环绕，仿佛行在云端。放眼望去，这里才是真正的黄土高原，山坡上的树木覆盖率没有延安地区那么高，更加赤裸裸地显现出了黄土本色。阳光在云层中明明灭灭，山的影子层层叠叠，连绵不断，一直接到天边。在如此苍凉而又壮美的黄土地前，人类只能感到自己的渺小。

佳县的整个县城全部位于山上，窑洞和楼房星罗棋布，占满山头，雄踞一方，傲视黄河，

城内是石板铺成的街道，两旁的店铺多为窑洞风格木板门面，古韵犹存。这里人民的生活仍然是贫困的，但是人们纯朴热情，随遇而安，那著名的主席题字的石碑就随随便便地竖立在热闹的街巷路口，下面就是卖菜的农民推车挎篮正在叫卖，一幅朴素而又生动的生活画面。

香炉寺，是佳县的一处奇景。

佳县这座石头城，它的东北部面向黄河，然而山势延伸到这里，突然垂直断裂，分裂出一块巨石颤巍巍地耸立在黄河绝壁之上，河水自巨石脚下奔腾而过，激起千层浪。就在这块巨石之上人们修建起了一座小庙，有一座木板桥与平地相连，走在桥上，脚下就是悬空的峡谷，俯瞰黄河，豪情顿生。

香炉寺始建于明万历年间，“香炉晚照”是佳县八景之一。地势险要、三面空绝的古寺犹如与世隔绝的蓬莱圣地，所以当地人都叫它作“小蓬莱”。这里与城内的街道相距不远，然而却已听不到任何喧闹的声音，平日里静静的殿堂，没有僧者也不见香客，可是佛前的一炷香却始终燃着，一旁挂着很多还愿的锦旗。庙堂虽小，却一样承载着佛法无边，对于佳县的人民来说，这里不是观赏黄河绝壁风光的旅游景点，这里只是他们寄托灵魂的地方。

“香炉晚照”是佳县的八景之一，在城内的小饭馆吃饭的时候，询问服务员香炉寺的所在，调皮的小姑娘指着墙上的一幅画说，“那不就是香炉寺吗？”那一幅水墨所绘的就是香炉晚照。傍晚时分的香炉寺于宁静的诗意中透露一丝巍峨的庄严，紧赶慢赶，夕阳西下了，黄河水停止了白日的喧嚣，默默地流淌过这片绝壁。山风扑面而来，窑洞房屋的灯火亮起来了，香炉寺渐渐成为这片夜色漫上来的一页剪纸，摄影师们拍下最后一丝天光，画家们绘下河水的颜色，我站在这里，捕捉来自空气中无名的感动，远山、黄河、绝壁、村庄，搭配得如此完美无瑕，是一处奇景，亦是一份诗境。

佳县香炉寺

小帖士 TIPS

到达：
从物资宾馆处沿街向北走，在岔口处向左，路过中国电信、红十字医院，在小路上拐几个弯后，从城关派出所旁边的小路下去，路过几家民居，就可以看到黄河边上的香炉寺了。

Zuozheshouji 作者手记

1. 佳县发往榆林、米脂的班车一般就在影剧院旁等车即可，全天车次很多。每天早7点有发往西安的金龙大巴，可以到佳县宾馆前台确认一下。

2. 佳县县城很小，靠步行就可以转遍了，没有出租车，有两轮的摩托车可以乘坐，城里的路都是一些不太平整的砖路，坐车比较颠簸。

3. 佳县没有大型的综合商场，只有一些小超市，能满足基本的购物需求，没有什么特色商品出售。影剧院旁的古城宾馆楼下有家超市，东西还比较齐全，能买到各种饮料还有德芙巧克力，绥德出产的马优胜瓜子味道还不错。

4. 主席题字碑前面是当地菜市场，往北的中街上有一些卖日常杂货的店铺，都是窑洞房屋，风格古朴，沿着青砖小路走走，看一看街景也很有趣。

5. 住宿可选择佳县宾馆，这是佳县最好的宾馆，位于县中心地带，对面是影剧院，旁边有邮局。宾馆房间比较干净。

6. 佳县到榆林路上的风光非常美，尤其是在刚出佳县的时候，班车在山间迂回，远处的黄土高原壮美无限。

佳县香炉寺，建在陡峭山坡上，一面空绝，人称“小蓬莱”

在榆林要做的11件事

Zaiyulinyaozuodeshiyijianshi

06 来自 李自成行宫的传奇

米脂古称“银州”，因“地有流金河，沃壤宜粟，米汁淅之如脂”而得名。这里除了人人称道的米脂美女，也是个英雄辈出的地方。历史上著名的农民起义军领袖李自成就是米脂人，今天米脂的中心广场上仍旧矗立着这位英雄人物的雄伟塑像。

李自成自崇祯二年跟随闯王高迎祥起义，他有勇有谋，受到各路领袖推崇，高迎祥牺牲后，李自成继称闯王。起义十余年间，曾经几度沉浮，潼关战败后身边仅剩十余人，然而终于东山再起。他所提出的“均田免赋”等口号，得到了广大人民的支持，队伍发展为百万之众，进占西安，建立了大顺政权，并最终攻克北京，推翻了明王朝。然而这位起义军领袖最终却是一个悲剧的结局，他在极短的时间内断送了来之不易的胜利果实。关于这段历史的虚虚实实，人们演绎了多种版本的影视和文学作品，为李自成精彩传奇的一生增添了不同的注脚。

城北的盘龙山，地势雄伟，虎踞龙盘，古建筑依山势而建，乐楼、梅花亭、捧圣楼、二天门、玉皇阁、启祥殿、兆庆宫等亭台楼阁交错叠峙，壮观而又不失奇巧。相传这所行宫为当年李自成回乡省亲时所建，建筑的风貌也传达了人们的精神依托，只是历史的尘埃已经消散，在今天的李自成生平事迹展览中，我们听着讲解员娓娓动听的介绍，却到底无法探知在这雕梁画栋中尘封了怎样一段传奇。

在李自成行宫内还设有米脂婆姨史迹展，陈列有近百位优秀米脂妇女的事迹和大幅照片。米脂相传就是貂蝉故里，因为一些香艳的传说，游客们可能会对这座小城寄予了更多

米脂：李自成行宫

的期待和憧憬。然而走在米脂的街头，或许许多人失望了，因为看不到所谓雪肤花貌的美女。其实，我们对于美女的看法也许太过于肤浅世俗了，陕北的女子体态健康、性格开朗、心灵手巧、爱憎分明，敢于追求理想和生活的幸福。她们身上有大美，是这片黄土地所赋予她们的独特气质。就像这展览中的女子们，她们中有英勇的革命烈士，有活跃在文艺界的演员、作家，也有社会各阶层的劳动模范、五好个人，她们精彩的人生故事就是最感人的内在美。

小帖士 TIPS

到达：

沿银州中路向北走，到牌坊处向东走 150 米，中学后面即是。

Zuozheshouji 作者手记

1. 要拍摄行宫建筑全景，需要出门向南走到比较高的地方才能拍到。行宫附近是米脂老街区，有许多颇有些年代的老房子，有时间不妨一逛。

2. 米脂县城内没有公交车，出租车城内一律 5 元，三轮摩的 2 元。

3. 米脂的驴肉、驴板肠很出名，街上到处都能看到驴肉馆。驴肉一般 20 元一盘，分量比较大，也可以要半份。

4. 在米脂推荐入住县城九龙桥东侧的临滨商务酒店，中等规模，房间干净整洁，卫生条件较好。房间性价比较高。汽车站向北八百米可到。斜对面还有一家欣恺悦宾馆，虽然规模小，但装修很有档次，房间价格与临滨商务酒店基本相同。

5. 从汽车站向北直行一千米左右可到滨河文化广场，广场北面有十多家小宾馆，一般标间 50-80 元。附近还有美食一条街，街上饭店较多，有面食、川菜、火锅、烩菜、烧烤等。

◎ 米脂姜氏庄园的窑洞人家

在榆林要做的 11 件事

Zaiyulinyaozuodeshiyijianshi

07 寻访黄土高坡上的豪华窑洞城堡

刘家峁，这是一个位于黄土高原典型沟壑地貌上的小村落，白天村子里很安静，偶尔能看到牵着耕牛的老农走过，还有一些孩童在嬉戏。这一切都平凡得不像是一个旅游景点，如果不是有路牌指引，也许很难发现在旁边的山坡上竟然藏有一座高耸的城堡。

姜氏庄园的主人是清光绪年间陕北最大的地主姜耀祖，他请来北京的专家，集中各路能工巧匠，前前后后花了十六年时间才建成这座庄园。这座窑洞庄园已经不仅仅是一处简单奢华的私宅，它是一座雄踞山头的城堡，在这片荒凉的黄土地上俨然有一丝占山为王的霸主气质。

曾经穷许多巧匠毕生之力修建的陕北罕见的庄园建筑，如今在这座四边破窑洞包围的山坡上看去更像是土匪的老巢。谁叫它修建了如此高耸的堡壁城垣，居高临下，仿佛能抵挡千军万马的冲锋，谁叫它如此巧妙布局，上下内外相互通联，层层防线，别有洞天。可是，它又是如此的偏僻、荒凉、封闭和孤独。但当你走入庄园的大门，当这座“明五暗四六厢窑”的窑洞院落展现在眼前的时候，那冷酷威严的气质立刻又融入在那些牌匾、雕刻、垂花门营造的文化气息中了。

◎ 米脂姜氏庄园的门楼雕刻

米脂姜氏庄园全景

虽然仍然是窑洞的格局面貌，但这和普通村落中常见的土窑洞民居已然不可同日而语。上下三层院落暗道相通，石窑洞配备五脊六兽硬山顶，大门两侧有石鼓门墩，门内是水磨青砖影壁月亮门，雕刻的花纹是琴棋书画，门匾上题着“大夫第”三字，这一切，若不是四周这片黄土的颜色，若不是窑洞那拱形的门窗式样，也许你会以为这是在江南的某个古镇，某个辞官归隐的大户人家，或者某个书香门第的庭院深深。也难怪，建筑的细节一丝不苟，即使马棚里喂马的石槽都是精雕细琢，又怎不叫人对这座庄园浮想联翩、叹为观止。

除了建筑本身的风采，这里还有不少独具匠心的设计，比如井楼内安置有手摇辘轳，不出寨门即可保证用水；比如厢房两侧通道可与仓窑、碾磨房和通往后山的地洞相连；水房的地板装有排水装置，先进而科学。而水房的内壁上两个不起眼的小深洞据说曾是主人藏宝之地。如果细细的探访，这座庄园不知道还能挖掘多少让人惊叹的秘密呢。

小帖士 TIPS

到达：
姜氏庄园位于县城东15公里的刘家峁村。可以在中心广场处乘坐开往桃镇和抗镇方向的班车前往，但是车不多，时间也不定。返回时就在路边等车，一般下午3点后就没有返回的班车了。建议不要坐开往佳县方向的班车，它只路过路口，里面还有5公里路。也可以包小面前往。

Zuozheshouji 作者手记

附近都是村落，可以沿路步行一段，体验当地村民的生活片段。

姜氏庄园下院

在榆林要做的 11 件事

Zaiyulinyaozuodeshiyijianshi

08 聆听 两个悲情的绥德汉故事

绥德千狮桥上的狮子

石狮、石狮、石狮，未到绥德，先映入眼帘的是一条石雕作坊街，家家门前雄狮怒吼。鬼斧神工的天下第一牌楼，千狮桥上的千狮千态，桥头矗立着的威风凛凛的韩世忠雕像，这些，是不是都在说明着这是一座男人的城市？天下名州，只是，这也是一座悲情的城市。

绥德埋葬着两个悲情人物，一个叫扶苏，一个叫蒙恬。

在绥德城内有一座小小的山坡，山头上有八角亭、五龙壁，一块简简单单的墓碑上刻着“扶苏墓”三个字，这位本有可能君临天下、俯视整个中原大地的秦公子，最终的归宿却只是在这小小的无名山头俯视绥德县城。历史永远没有重来一次的机会，始皇帝终是暴病而死，扶苏终是被逼自尽，秦王朝终是二世而亡。与之同病相怜的蒙恬处境更为惨淡，那相传为兵士们衣襟包土垒筑起来的坟墓，如今孤零零地伫立在县中学的食堂院子里，一旁散落的是打乒乓球的学生们的欢声笑语。这位秦朝名将，曾经手握雄兵三十万，他也许不一定非要死，但是“自知必死而守义者，不敢辱先人之教，以不忘先主也。”有人说这是愚忠，但我看这是侠肝义胆的大丈夫胸襟，蒙恬称得上是绥德汉的先驱。

扶苏墓和蒙恬墓，一东一西，隔着大理河遥遥相望，他们虽不是生在绥德，却永远留在了这里，被绥德的人民热爱和怀念着。

一座古朴典雅的仿汉代建筑端立于北门湾山之巅，距离扶苏墓咫尺之遥。平日里紧锁的大门让人看不穿里面的奥秘，只有走进去，灯光打起的一刻，才明白别有洞天。汉画像石在绥德出土有 500 余块，多为汉代墓葬中的装饰品。这里陈列的全是精品，那石墓门上雕刻的朱雀鸟似乎在翩然起舞，那一队队车马出行的队伍，旌旗飘扬，气势恢宏。还有男耕女织、楼阁庄园、神话传说、军事征战等等，题材丰富，创意新颖，而难得的是，所有石刻精品都保存完好，岁月似乎没有留下任何斑驳的痕迹，一切都历历如新。观一座小小的汉画像馆，听着讲解员娓娓道来的历史片段，似乎观赏了一幅幅汉代人民的生活画卷。

流经绥德的无定河上，一座石桥横跨南北，远看这只是一座普普通通的石桥，然而走近一看，才发现雕栏玉砌之上，端坐着千只形态各异的石狮，有威武庄严的，有嬉闹欢娱的，有或背或抱着小狮子的，雕刻精美，活灵活现，一座石桥，俨然是一座石狮雕刻艺术的长廊。

“可怜无定河边骨，犹是春闺梦里人。”千百年来，在这绥德边镇，在这无定河边，多少热血男儿的生命无辜地葬送在纷飞的战火中，多少痴情的春心无奈地望穿了秋水，梦断了鹊桥。绥德，古来兵家必争之地，秦大将军蒙恬曾在这里驻守，昭君出塞、文姬归汉曾从这里经过，汉武帝巡边也曾到达这里。有人说，是因为历史上这里聚集了天南地北各方人士，血缘关系远了，使得这里的男人相貌多英俊，从混血多出美人的角度来讲，这也有一定的道理。也有人说，是因为长年的战乱纷争，绥德男人为了保卫自己的家园，锻炼出了一身彪悍勇猛的阳刚之气，这才是绥德汉的真正意义。人们可能更愿意相信后面一种说法，于是民族英雄韩世忠的雕像成为了这个城市的象征，那个反复无常的吕布则渐渐地被人们淡忘了。

绥德的石刻自古闻名，在两千多年前的汉代，墓葬的石刻工艺便已精巧绝伦，加之这里出产柔软细致的沙岩石，于是绥德的石雕工艺便世世代代延续了下来。“绥德石狮”已经成为一个独树一帜的品牌，无论是威严高大的镇山狮，还是小巧精致的炕头狮，都以其丰富的造型意象和浑朴自然的雕刻技法赢得了世人的瞩目和赞誉。在这里，石雕更被认为是男人的艺术，那些雄浑威武的石狮形象，也正是一代代勇敢智慧的绥德汉的象征。

天下第一牌楼的精美石雕

绥德天下第一牌楼

小帖士 TIPS

到达：

榆林和延安都有发往绥德的班车，车次很多，交通方便。扶苏墓和汉画像馆均位于北门湾的小山上，从汽车站出来，斜对面外贸宾馆旁有一条小路，路口处有指示牌，从此处登山可到。也可以从文化路路口城关派出所旁边的小路上山。坐出租车也能开到山上。

Zuozheshouji 作者手记

1. 千狮桥头有手推车卖各种米花糖的，能唤起你童年的记忆。桥西有家精品石雕店，可以购买小的炕头狮作为留念。桥西还有一条美食街，可尝到当地特色菜。

2. 出绥德往榆林方向的路上有很多家石雕店，家家门口摆着形态各异的石狮子，大型的石狮只能观赏，也有迷你型的炕头狮，可以购买以作留念。

3. 绥德县城内的公交车很少，都是中巴车，票价1元。出租车在城区范围内一律5元。人力三轮车非常多，很便利。

4. 绥德四十里铺的羊肉面非常有名，在陕北地区经常可以看到，千狮桥东韩世忠雕像东北角有一家四十铺宝林羊肉面，比一些街边小面馆干净卫生，环境也不错。

5. 在绥德推荐入住开元大酒店。酒店位于文化路上，距离蒙恬墓所在的县一中很近。宾馆拥有比较宽敞的院落，很安静。窑洞标准间的卫生间很大，全天供应热水。文化路与西山路交界的路口处还有一家名州酒店。

○ 穿过这座永乐门就仿佛穿过时光隧道，进入绥德的历史

在榆林要做的 11 件事

Zaiyulinyaozuodeshiyijianshi

09 步入吴堡古城 寻找被遗忘的时光

古城附近的憨厚的放羊人

吴堡，这是一座黄河边上的小县城，这里群山绵延，山脚下黄河缓缓流过。遗憾的是，来往山西的运煤大车日夜不停地从街上穿梭而过，尖利的喇叭声和扬起的烟尘严重骚扰了这座小城的安宁。但若需要一份短暂的宁静，只须从城市中随便一个路口走下去，顿时豁然开朗，黄河就近在眼前。流过吴堡的黄河是如此的安静，如此的平和，宽阔的河面竟然冲刷出了柔软的沙滩，漫步在这里，人们似乎可以感觉到一种时空的错位，忘记了这里是黄土高原上的陕北。

这里没有佳县那般雄踞山头的气势，吴堡有的，是一份悠然自得的情怀。

这里还有一座建在山上的古城，具有 1500 多年历史的吴堡石城其实原本就是建在这里，直到 1941 年，古城才被彻底地废除，取而代之的是今天山下的吴堡县城。

从吴堡县城向东北走了 2 公里，一直走到了山脚下，仍然看不到一点古城的影子。登山，山腰窑洞人家遍布，放眼黄河蜿蜒远方。沿着小路登上山顶，荒草掩映中一堵黄土门楼赫然出现在眼前，砖墙已经毁损，只有拱形的门洞还保留完整，上面依稀能看到吴堡的字样，没有完整的城墙，只有满眼的落魄和苍凉，一座已经废旧的古城孤独地屹立在山头，它本来也有佳县县城那般高高在上的气魄，也有繁华的街市、琳琅的店铺，然而俱往矣，如今留在这里的仅仅是一个犹如电影画面般凄凉的剪影。

走入古城，曾经的大街小巷如今全部沦为弯弯小路，悄无声息。石窑依旧，院落依旧，只是少有人烟，近看，窑洞的窗户纸早已破烂，木门歪斜，院子里横七竖八地堆放着杂物，不知道昔日的主人已经迁走了多久，只有那院中默默的石碾子似乎仍能让人回忆起当年的生活片段。

房屋破败，只有门口处古迹犹存，一些清代民居的飞檐砖雕美轮美奂。日军的炮火毁灭了这里的街巷，然而总是还留有片砖寸瓦，不经意间某个墙头上的一处雕刻，都引起人们对往日辉煌的无限遐思。

拐入一所小院，半开的院门内传出了说话的声音——仍然有人还无限依恋地住在这里——一位老奶奶蹒跚着在院内走过。她已走过了半个世纪的风风雨雨，如今依然执著地守护着自己的家园，

黄河岸边的号称“铜吴堡”的吴堡古城

无怨无悔。为什么留在古城中的居民多是老者？或许是他们心中记载了更多往昔的辉煌，也承受了更多苦难的创伤，却有一份对于家园执著的眷恋始终不曾改变。

吴堡古城俨然具有与流经这里的黄河一般的气质，安详、宁静、与世无争。就在这样一份从容、淡泊的氛围中，我们被深深地感染了。灵魂的触角，在这里流连忘返。

吴堡古城

古城现在只有 3 户人间，其余窑洞院都已经没人居住了

小帖士 TIPS

到达：

古城在县城东北方向 2 公里处，可以步行沿街向东走到柳青图书馆处拐入文化路，路过吴堡中学后，有一岔口向右，沿着黄河继续走，穿过村子就到山脚下了。古城在山上，爬山 20 分钟可到。也可以从城区坐摩的到山脚下，甚至绕路开到山上去，不过比较远。

Zuozheshouji 作者手记

1. 来吴堡建议住一晚比较好，傍晚到黄河边上散步也很有情调。推荐吴堡宾馆，条件在当地算是较好的。地址在吴堡一道街 14 号，汽车站向东步行一段可到。也可以考虑在古城内的民居住宿，随主人吃饭，走时随意留些钱即可。
2. 吴堡汽车站位于城西，有发往西安、延安的班车，发往绥德的班车取决于绥德发过来的班车时刻，一般上午肯定有班车，但不准点，一般都要等座位坐满才开车。
3. 吴堡县城很小，从西到东一条大街，步行可以逛遍。
4. 在街中心地带有露天的市场，有些像农村的集市，主要卖一些基本日用品，可以逛一逛，卖布的摊位很有乡土风情。
5. 街上卖烙饼的小摊很多，有甜、咸、葱花的，形状各自不同，味道香酥可口。

枣树、石碾、窑洞构成了古城的基本元素

在榆林要做的 11 件事

Zaiyulinyaozuodeshiyijianshi

统万城：千年沧桑

10 荒原中 探访最后的匈奴遗迹

北朝十六国时期，北方匈奴铁弗部刘卫辰被魏击败，他的儿子刘勃勃投靠后秦，被任命为安北将军，镇朔方。后刘勃勃与后秦反目，于东晋义熙三年（公元 407 年）建立了大夏国，自称大单于，并南下攻取了岭北诸城，西吞南凉，自此大夏国亦成为北朝十六国之一。大夏凤翔元年（公元 413 年），刘勃勃改姓赫连，并开始建筑都城。

今天，在陕西靖边县红墩界乡白城子村，萨拉乌苏河畔的茫茫沙漠之中，矗立着虽已是断壁残垣却依旧气势浩大的古城遗址，人们叫它“白城子”。这，便是当年赫连勃勃倾 10 万人之力建造的大夏国都城——统万城。

统万城建立之初，这里也曾是“美哉斯阜，临广泽而带清流，吾行地多矣，未若有斯之美。”赫连勃勃留恋这里优美的自然风光而不愿意南迁都城，谁又知道，1500 多年过去了，无情的沙漠吞噬了曾经的森林、河湖、耕地，随着人类不断的滥伐森林、开垦草原，植被被毁灭，水土严重流失，最终只留下一片童山秃岭、沟壑纵横的陕北荒原。统万城坚韧的城墙犹在，宋代皇帝下令拆毁的军令也无法将其彻底毁灭，但最终只能被默默的遗弃于此，自生自灭。“茫茫沙漠广，渐远赫连城”。

统万城最初的筑城过程充满着血腥和残暴的气息，筑城的土掺和了牛羊血，然后进行注灌，再堆柴烧烤，以求更加坚硬。据说每夯筑好一层，监工便命令兵丁用铁锥锥之，如锥入一寸，即说明夯筑不坚，便要杀掉夯筑之人。如锥不入，则又认为兵丁不用力锥刺，检查不力，即杀兵丁。今天那历经千百年自然侵蚀仍然坚固不摧的城墙遗址，那些夯层依旧清晰齐整的台基，内中浸透着不知多少人的生命和鲜血。然而这样一座充满暴力杀气的都城，却也是一座富丽堂皇美轮美奂的奢华宫殿，在《晋书》中关于它的描绘充斥着优美动人的字眼：“崇台霄峙，秀阙云亭，千榭连隅，万阁接屏……温室嵯峨，层城参差，楹凋雕兽，节镂龙螭。莹以宝璞，饰以珍奇……”。而赫连勃勃曾豪言道：“朕方统一天下，君临万邦，可以统万为名”。统万城之名便由此而来。

统万城的面积约 0.7 平方公里，建有三重城墙，四角有突出的方形墩台，可能为昔日的角楼遗址。沿城墙四角，筑有密排的马面，而在马面内还建有储藏粮食木材的仓库。

统万城：夕阳下的匈奴遗址

城内残留的几处宫殿遗址还能隐约看出曾经壮观的排场，夯土墩台壁上留下的椽孔让人想像着当初人们插起横椽，架上铺板，筑起栏杆式阁楼的情景。1845 年，清代地理学家徐松派横山县知事何炳勋前往勘查时，尚见城楼有“鸡笼顶式大厦……屋外飞檐八层”。

而如今，曾经的辉煌只能流于想像的空间，历史翻过了一朝又一朝，白城子的断壁残垣终于也成为浩繁史书中的一页残篇断简。站在城墙之上，举目四望，丛丛沙柳点缀着无垠的沙海，细细沙粒在阳光下闪烁，沙丘堆叠着伸向远方，裸露的表面留下狂风吹过的层层波浪痕迹。这满目疮痍的贫瘠土地，是大自然对于人类破坏行为的无情报复。而那些如赫连勃勃一般曾经威赫一时的帝王霸主，也不过“固一世之雄也，而今安在哉！”

小帖士 TIPS

到达：

可从靖边汽车站乘靖边－白城子（村）的中巴汽车到统万城附近的白城子村。白城子村距离统万城 2 公里，可步行前往。也可从靖边汽车站包车前往。

Zuozheshouji 作者手记

1. 在靖边县城可选择入住和嘉宾馆、新华宾馆或建业大酒店，标准间均在 100 元左右。
2. 如果能在夕阳西下时到达统万城，人们会领略到一种沧桑的大美。

统万城：残存的宫殿一角

在榆林要做的11件事

Zaiyulinyaozuodeshiyijianshi

11 尝尝朴实无华的塞上美食

炸豆奶

在榆林我吃到了两种特殊的面食：抿节和圪坨。抿节其实也是一种饸饹，但是很短，仿佛是把饸饹切成一节一节，每一节只有1～2厘米长短，饸饹一般用荞麦面或白面制成，而抿节一般用杂面（豌豆与小麦合磨的面）。看到街边小店出售成袋成袋的圪坨时，我想起了山西的猫耳朵。即使都是面食，人们也不满足于面条这样一种简单形态的存在，于是有了搓、捏、压、拉、削等多姿多彩的制造工艺，浇上同样的汤头，一碗圪坨的味道和一碗挂面的味道真的有着天差地别吗？我想那碗圪坨胜出的乃是对这片土地由衷的深情和热爱。

拼三鲜是榆林的特色菜肴，内有猪肉炸、蒸丸子，用肉馅和蛋汁面做成的“佛手”，用肉汤烩带皮红烧肉，剔骨鸡、羊、猪肉片，再加上炸洋芋片、菠菜、韭黄、黄花、海带等，调以各种作料做成，满满一大盆，营养非常丰富。在榆林市内的古城风味楼，如果是一个人用餐，服务员会主动替你要小份并且提醒你点多了吃不了。

在榆林的塞上饭庄内能吃到很多当地的名小吃，比如马蹄酥和炸豆奶。马蹄酥那样多层的甜香酥松的口感才真的算得上一种点心，相比之下在绥德街头卖的干炉，虽然那位婆姨热情地招呼我买点点心带回去送人，可是那样硬硬的干炉实在有点对不起点心这样的称呼，它只能说是一种干粮。绥德出名的小吃是油旋，一种烧饼的代名词，在吴堡街上也有很多卖烧饼的，不过那似乎又叫做发面油饼。

米脂出名的小吃是驴肉和驴板肠，据说很有养颜功效，也许米脂出美女的说法跟这种饮食也有一定关系。而绥德最出名的就是四十里铺羊肉面了，四十里铺是距离绥德城北十五公里的一个小镇，在米脂和绥德中间，国道上就能看到，路边很多雕刻石狮的作坊。这里的羊肉面远近闻名，羊肉是选自陕北肥嫩的山羊肉，用草果、桂皮、花椒、白芷、良姜、香葱、陈皮等配料烧制而成，面条柔韧筋道，喜欢面食的人千万不可错过。

还有一种富有陕北特色的钱钱饭，这是一种将黑豆浸泡后碾压成片，类似于铜钱形状，然后混合小米、玉米碴、高粱米等一起煮成的稀饭。这本来是陕北穷人家的一种度荒饭，但现在已发展为粗粮细作的风味食品，配料也更加丰富，增加了土豆、豆腐、胡萝卜、青椒等，味道香浓，不妨一尝。

抿节

资讯补给站

Zixunbujizhan

交通

榆林目前有部分省际长途班车，但不是很便利。来榆林旅游多取道西安或者延安。

航空

榆林榆阳机场位于城区，可以乘坐机场大巴到达。

榆林机场有飞往北京、西安、广州、上海的航班。航班时刻随季节变化多有变更，请以当时电话查询为准。

铁路

榆林火车站位于柳营西路附近，乘坐公交车可到。由于榆林到西安距离比较远，乘坐火车相对来讲比较舒适。

公路

榆林现有两处长途汽车站，一个是长途汽车北站，一个是长途汽车南站。

长途汽车北站位于榆阳区迎宾大道东路口处，坐公交车可到，有发往西安的豪华大巴，全天车次很多。也有开往北京的长途卧铺车。

长途汽车南站位于新建南路南段路口处，乘坐公交车可到，主要是开往延安、绥德、佳县、吴堡等地的班车。

临近交通

从延安到榆林为全程高速，约3.5小时可到。

榆林开往绥德的班车都路过米脂，10分钟一班，在榆林南门汽车站乘车，榆林距离米脂73公里，行程2小时左右。

绥德和米脂间的交通很便利，班车非常多，相距30公里，票价10元左右。米脂发往佳县的班车点在县城东街。

绥德是陕北地区的交通枢纽所在，全天发往榆林和延安方向的班车都很多，发往榆林方向的班车都经过米脂。发往吴堡的班车一般早上10点以后才有，走高速，全程约1小时15分钟。一些发往山西的班车也路过吴堡。也有发往子长县的班车，但不多，一般就上、下午各一班，发往延安的车都不经过子长县。

市内交通

榆林市内的公交车不多，站牌也不是很完整，乘公交车不是很便利。公交车售票，票价统一1元。榆林的出租车市内一律5元，郊区再行商议价格。市区三轮、摩的很多，一律3元。

景点

驼峰拥翠之戴兴寺

戴兴寺其实是一座位于山坡上的古寺，这里曾有当年榆林八景之一的“驼峰拥翠”景观，这座山也就叫做驼峰山。

戴兴寺始建于明正德十年，清康熙、光绪年间曾经重修。肃穆的殿堂没有鲜艳的油漆色彩，古朴之中大气庄严。五佛大殿以巨砖砌成，斗拱飞檐，上层是砖木结构五揽大楼阁，屋顶之上，五脊六兽雕刻精美。殿前的香炉佛塔高高耸立，一旁的牡丹花却开得正艳。静静的殿堂，没有游人，也不见香客，只有青烟缭绕，似乎传来诵经的声音。一座历经风雨的古寺，佛法永存，古韵犹在。

到达：步行从榆林北大街的芝圃上巷一直向上走，寺庙位于山坡上，大约走 500 米可到。

青云寺

青云寺位于榆阳区东南 6 公里的青云乡青云山上，是一座道教、佛教景观合而为一的寺观。依山傍水的风水佳境中，亭台楼阁连绵起伏，各色泥塑砖雕巧夺天工，堪称胜景。

青云寺始建于明代，后于民国 17 年重修。全寺拥有庙屋 300 间，均为砖砌拱窑，是陕北地区最大的仿古建筑群。东部道观建有祖师殿、三清殿、三宫殿、圣母殿和玉皇阁、真人洞、龙王庙等，西部佛寺则分布有大雄宝殿、菩萨殿、弥勒殿、金刚殿、东西罗汉殿及讲经堂、禅堂等。

到达：在市区乘坐出租车前往。

杨家沟革命旧址

米脂县城东南 25 公里处杨家沟村有一所著名的马氏庄园。马氏家族闻名全国，是陕北地区最大的地主集团，在延安、清涧、绥德、吴堡、佳县等地拥有数十万亩土地，同时，注重教育的马氏家族人才辈出，这座“新院”就是留日学生马醒民主持设计并兴建的。

庄园依山而建，仍然吸纳了陕北传统的窑洞风格和民间雕塑的手法，结合西洋建筑的典雅风范，打造出了一座陕北首屈一指的窑洞建筑瑰宝。

毛泽东、周恩来、任弼时、张闻天等领导人都曾在这里居住过，杨家沟的革命旧址相比于延安，更多了一份优雅的古韵，在感受革命教育的同时，也观赏了一处精美的建筑佳作。

到达：杨家沟革命旧址位于县城东南 25 公里的杨家沟村。城内李自成雕像处的中心广场有小面包车开往杨家沟，但要坐满了才走，有时候要等很长时间。一般下午 3 点后返回的车就几乎没有了。到杨家沟的班车并不开到景点处，而是还有比较远的距离，乘坐不方便。也可以包车往返。

游览时间：1 小时。

天下第一牌楼

在绥德县城南，矗立着一座高大雄伟的天下第一牌楼，它是绥德石雕艺术的结晶，让人们在还未进入绥德之时，便已领略到了这天下名州的隐隐霸气。

牌楼的造型古朴端庄、浑厚大气，两旁彪悍的雄狮啸傲陕北。绥德的石雕艺术匠人们正是以这种现实主义和浪漫主义相结合的手法，在含蓄细腻的精雕细刻中，在夸张大胆的磅礴气势里，刻画着人物、山水、石狮、牌楼，也刻画着他们五彩斑斓的内心世界。

到达：延安发往绥德的班车在进入绥德县城前都会路过此地，有时会在这里停车休息，顺便就可以游览。从城内可打出租车到这里。

资讯补给站

Zixunbujizhan

蒙恬墓

蒙恬是秦朝大将，为秦始皇的江山立下了汗马功劳。他驻守边关，收复河套，令匈奴闻风丧胆，“胡人不敢南下而牧马，士不敢弯弓而抱怨”，是何等的威风气魄！然而，因为他是太子扶苏的心腹，秦始皇一死，奸臣设计害死扶苏，自然也不能容得蒙恬的存在。蒙恬当时手握重兵三十万，倘若领兵放手一搏，尚有一线生机。然而，蒙恬曰：“自知必死而守义者，不敢辱先人之教以忘先主也”。他心甘情愿就死，只为义胆侠肝，这份胸怀不能不让人肃然起敬。

蒙恬的墓据说是当日的军士们用战袍掬起的黄土堆成，今天，它依然随随便便地安置在中学的院子里，没有任何多余的装饰，没有人圈地管理，仅仅有一块朴素的墓碑安详地伫立在这里，碑前是快乐的学生们正在打乒乓球，后面远远的，那是遥遥相望的山头上的扶苏墓。两位昔日一同驻马戍边的战友，今日仍旧在一座城市内相互守望，历史无从改写，功过唯有后人评说。

到达：蒙恬墓位于文化路县一中的食堂院子里，可以坐三轮车到一中下车，进学校大门往后面走就到了。

红碱淖

红碱淖位于榆林神木县尔林兔镇东北角，是陕西省最大的湖泊，如一颗璀璨的明珠，镶嵌在毛乌素沙漠边缘。这里有犹如海滨风景一般的阳光、沙滩、湖水，可以自由地观赏各种鸟类翱翔，更可乘坐汽艇前往湖西南岸的红石岛，一探原始野生风景。

碧水蓝天，黄沙白云，难得在荒芜的沙漠边缘寻觅到这样一处世外桃源，游客可以乘船游湖，可以品尝鲜美鱼宴，是放松身心、休闲度假的好去处。

到达：位于榆林北 140 公里，可乘坐从榆林开往内蒙古东胜市的省际班车，途中可观赏沙漠风光。

住宿

金融招待所

位于南大街横向的小巷内，环境非常安静，距离南大街很近。招待所是一座独立二层小楼，旁边都是些很有韵味的古民居。出门步行可到南大街，这条街古韵十足，街上小饭馆、小商铺很多。标准间干净整洁，设施齐全，24 小时热水供应，不亚于一般宾馆水平，经济实惠。

地址：榆林市南大街普济寺上巷 7 号
到达：从南门汽车站可步行到南大街，向东拐入普济寺上巷内 50 米即到。

四海大酒店

三星级旅游饭店，位于繁华的新建南路上，地理条件优越，周边的商场饭店很多。酒店拥有大型餐厅，一、二层设有购物商厦，周围还有几家大型商场和超市。向北走不远是古城风味楼。酒店平时打折最低可到 150—200 元，房间装饰典雅，免费拨打市话，服务周到。

地址：榆林市新建南路24号
到达：新建南路属于榆林市最繁华的黄金地段，酒店距离南门汽车站200米，从车站向北步行可到，有多路公交车经过。

榆林宾馆

二星级涉外酒店，但是内部的设施服务达到了准三星水平。宾馆位于城北鸳鸯湖公园湖畔，环境非常幽静，拥有很宽敞的院落。其中餐厅是别具特色的窑洞风格，还有陕北民歌乐队提供表演。

地址：榆林湖滨南路4号
到达：榆林宾馆位于新建北路再向北，鸳鸯湖公园的旁边，坐摩的，告诉司机到榆林宾馆下车即可。

凌霄宾馆

凌霄宾馆是挂牌二星级定点涉外酒店，距离汽车站非常近。旁边有邮局和药店，向北走就是榆林南大街步行街的入口处。房间非常干净整洁，床上用品非常新，24小时热水供应。标准间平时打折后最低约130元。

地址：榆林市上郡路北段
到达：从南门汽车站向东南方向步行，过南门广场即到。

普惠泉宾馆

普惠泉宾馆就是原来的八一军区宾馆，旁边有中国银行，对面就是世纪广场，广场旁有邮局和工商银行。普通标准间约120元，房间都比较干净，卫生间很宽敞。

地址：榆林市新建北路31号
到达：新建北路位于新建南路北端，从南门汽车站坐摩的可到。

美食

古城风味楼

古城风味楼位于繁华的新建南路上，是一家特二级饭店，陕西烹饪协会会员。店里供应拼三鲜、油糕、砂锅扁食等名菜名点，还有抿节、圪坨等风味小吃。

这家饭馆的规模在榆林市内算是比较大的，又位于商业繁华地段，所以人经常很多，下午5点以后就满座了，生意很好，服务也不错，人均消费不高。

地址：榆林市新建南路李学士巷口
交通：从汽车站向北步行100米路西。

资讯补给站

Zixunbujizhan

塞上饭庄

塞上饭庄位于南大街，是一家老字号饭庄。饭庄供应一些特色小吃，有塞上饺子系列、马蹄酥、炸豆奶等知名小吃。马蹄酥是一种上面撒着白糖的马蹄状点心，甜香酥脆。炸豆奶有些类似脆炸鲜奶，将豆奶条炸至金黄色，撒上白糖食用，香甜可口。还有各种榆林地方特色菜肴。

榆林的豆腐很有名，普惠泉的桃花水纯净甘甜，做出的豆腐白嫩细腻，在塞上饭庄专门提供有特色的“豆腐宴”。

地址：榆林市南大街 56 号，中国电信对面
交通：从长城饭店旁边的入口可进入南大街，然后向北步行可到。

榆馨砂锅扁食

扁食其实就是羊肉馅的饺子，这里的民俗只有猪肉馅的饺子才叫做饺子。砂锅扁食顾名思义就是砂锅煮饺子。榆馨是榆林砂锅扁食的知名品牌，这里供应的扁食有多个品种，主要是所用的汤有所区别，有三鲜、肚丝、黄花等。一口砂锅端上桌来，里面放有羊肉、粉丝、香菇等，配着羊肉黄花馅的饺子，吃起来热气腾腾，酣畅淋漓。

店面不大，属于小吃店风格，只供应砂锅扁食系列。

地址：榆阳区广榆路

高师傅羊杂碎

榆林由于地处陕西最北部，靠近内蒙古地区，所以在饮食上也受到内蒙古地区的一些影响——羊肉食品在这里非常普遍，羊杂碎是这里很常见的小吃。高师傅羊杂碎是榆林比较有名气的一家店，店内比较干净，羊杂碎汤浓味美，作料除了各种羊杂和炸土豆丝外，还有粉丝、油炸豆腐丝、香菜和葱沫。羊杂清爽、土豆丝酥脆、豆腐丝筋道、粉丝适口，喝上一碗还是蛮享受的。

地址：钟楼下巷 1 号
交通：从南大街向北走至钟楼即到。

蒋氏烩菜馆

蒋氏烩菜馆主要经营具有榆林特色的大烩菜。大烩菜主要以猪肉、粉条、土豆为主料，再配以海带、黄花、豆腐等一起烩制而成，味道醇厚，通常都是大大的一盘，吃起来很过瘾。除了大烩菜，这里还供应羊肉蒸饺。

地址：榆林市长城北路居春巷 31 号，第二幼儿园旁边
交通：坐摩的可到。

西安钟楼

第十章

西安——王者之都

西安火车站
环城北路
解放宾馆
绿岛宾馆
解放饭店
止园饭店
七贤国际青年旅舍
解放路
北大街
玉祥门
莲湖路
西五路
小皮院
大皮院
锦江之星西安解放路店
老米家泡馍
回民街
柳巷面
化觉巷
北院门
易俗大剧院
往法门寺、乾陵
同盛祥
方汇邮政酒店
五一饭店
往兵马俑、华清池
西门
鼓楼
钟楼
东大街
东门
竹青旅社
老孙家饭庄
西安饭庄
春发生葫芦头
如家快捷酒店
秦豫肉夹馍
南院门
粉巷
碑林老街青年旅舍
Biangbiang面
有色金属宾馆
德福巷
书院青年旅舍
碑林
环城南路
书院门
和平门
雁塔路
南门
文昌门
秦腔博物馆
朱雀大街
环城东路
西安市
天下第一面
汉庭快捷酒店(西安小寨店)
小寨西路
小寨东路
陕西历史博物馆
永丰岐山面
大雁塔
大唐芙蓉园

西安，一个曾以一票之差输给了北京，与新中国的首都擦肩而过的古城。我们有时会想，如果西安是中国的首都，那么会是怎样？那古老的城墙会围起怎样的一方天地？那晨钟暮鼓是否是另外一种声音？可是，历史没有重来一次的机会，西安默默地接受了一切，古城的岁月，依旧波澜不惊。

她有曾为十三朝都城的历史资本可以炫耀，她曾看尽大唐盛世的物华天宝、歌舞升平，她不是藏于深闺的小家碧玉，也不是从未见过世面的乡下村姑。西安，在她古朴平淡的外表下，隐隐酝酿的，明明是一股王者之气。

早在115万年前，蓝田猿人已经在这片土地上立起下肢，开始了旧石器时代进化的漫漫长路。春秋战国时代，秦国崛起，“徙天下富豪于咸阳十二万户”，可惜只经历了短暂的辉煌，那极尽华丽的阿房宫最终也没有留下片砖寸瓦。汉长安，一条前无古人的丝绸之路，促进了大范围的国际交往，让世界认识了中国。李唐盛世，西安这座城市也达到了她的巅峰时代。她的历史，用辉煌二字来描述已经不够，那漫长的历史岁月所凝练出来的深厚的内蕴，是无可替代也无处找寻的。

古城的人民为她感到骄傲，在风云变幻的潮流趋势下，人们的心并没有轻易变得浮躁，他们仍然安享着自己平静的生活，不为一切所动。古城墙下走一走，几位秦腔票友歌兴正酣，那吼起来的嗓音中饱含悲杀之气，却又悲而不哀，伤而不怨，大气凛然。泡馍馆里坐一坐，用比吃泡馍还要长的时间来掰馍，一点一点，从容不迫，心如止水。

日复一日，晨钟暮鼓标志着开始和结束。没有人生阅历的人无法读懂她，无法读懂她的沧桑与内敛；没有文化底蕴的人无法注视她，无法注视八百里秦川大地上藏匿的玄机；没有耐性的人更无法体验她，无法体验这份尊贵而又淡泊的雍容气度。

西安，是一座值得停留的城市，一座值得融入她的生活中去细细品味的城市，一座始终存在于人们心中的王者之都。

秦始皇陵：高大的封土堆可以一直登顶，然而始终无法一窥地宫的宝藏

行程推荐

Xingchengtuijian

西安是有着厚重文化底蕴的城市，所以游客来这里旅行的目光投向人文景观多于自然风光。建议出行前多了解西安的历史文化，重要的景点如兵马俑、大雁塔、华清池、乾陵、法门寺等无一不是围绕历史缘由的主题。其中西线乾陵、法门寺、茂陵一线需要一天的时间，对这类题材有浓厚兴趣的游人不可错过。东线临潼的兵马俑、华清池自然是来西安的传统保留项目，一般需要大半天的时间，对于只有一天时间的游客，可以下午再游览一下大雁塔，晚上到钟鼓楼广场观观夜景，品品小吃，也算是对西安有个大致的了解了。如果能有两天时间，就能从从容容地游逛古城，陕西历史博物馆值得花上半天时间，里面的宝贝保证让你眼花缭乱。喜欢书法的要去碑林，再选购几幅拓片留作纪念。不要走得太匆忙，古城是个需要用淡泊之心慢慢品味的地方，沿着古城墙走一走，看看西安百姓的生活，你的脚步就会不自觉地放慢下来。如果要去韩城党家村，需要单独安排两天时间。

这座文化古城同时也是一个休闲美食的天堂。如果时间紧张，可以直奔北院门的夜市，各种特色小吃基本都在这里集合，建议每样不要吃得太多，否则眼大肚小，后悔莫及。酒足饭饱之后，还可以逛逛这里的化觉巷，琳琅满目的小店铺出售的多是古董工艺品，或许能淘到好东西。泡馍、德发长的饺子、贾三灌汤包子、肉夹馍、水盆羊肉、biangbiang 面，好吃的东西实在太多，要安排好自己一天的三顿饭，尽量将各色小吃一网打尽。

西安精华六日游

第一天：兵马俑——华清池——书院门——古城墙——钟鼓楼

早上乘坐旅游专线车游览东线经典的兵马俑和华清池景区，景区没有什么美食餐饮，可以中午赶回市区吃泡馍。下午逛一逛书院门古色古香的文玩字画一条街，在西安的古城墙下步行一段，感受古城人民的真实生活。傍晚来到钟鼓楼广场，可登楼参观，还可以去鼓楼附近的化觉巷逛一逛那里琳琅满目的工艺品摊位，满足购物的需求。然后逛西安最热闹的北院门夜市，品尝丰富的西安小吃。宿西安。

第二天：陕博——大雁塔

上午参观陕西博物馆，要早一点去排队领票，最好跟随导游认真听讲解，三分看，七分听，讲解可以让人加深印象。中午在附近吃一碗岐山臊子面，然后前往大雁塔，晚上可欣赏雁塔广场的音乐喷泉。宿西安。

第三天：法门寺——乾陵

可参加旅行社组织的西线一日游，路线安排相对合理，游客只出往返车费，途中景点自己可以有选择地参观。市内组织西线一日游的旅行社非常多，通常早 8 点半发车，游览路线为：咸阳博物馆－茂陵－御宫村遗址－懿德太子墓（永泰公主墓）－乾陵－法门寺，晚 7 点多返回西安。西线行程比较长，景点分散，交通不是很便利。如果只想去乾陵和法门寺两个地方，也可以先坐游 3 路到达乾陵游览后，选择包车前往法门寺，包车价格在 100 元左右，然后再搭乘游 2 路返回西安。如果不想包车，那么就要从乾陵先坐车返回乾县，然后搭乘开往扶风的班车，转车前往法门寺，省钱但是浪费时间。晚上回到西安后可去德福巷的酒吧街逛一逛，消遣夜晚时光。宿西安。

第四天：华山

可选择参加旅行社组织的华山一日游，乘坐缆车上下山。旅行社的报价一般在 350 元左右，包括往返西安车费、门票、缆车费，而且班车是直接开到缆车所在地，不需要再乘坐进山车。费用和时间安排也还算合理。缆车上北峰后，根据自己的体力选择游一座峰或者遍游五峰，然后返回北峰，乘缆车下山。如果只游一座峰的话，推荐选择西峰，景色更优美，有沉香劈山救母传说的景观。晚上返回西安，别忘了品尝 biangbiang 面。宿西安。

第五天：韩城党家村

早上在西安城东客运站乘坐班车前往韩城，在韩城转车前往党家村，游览村中民居古建，晚上住村中民居，体验民风民俗。

第六天：党家村——韩城古城——西安

上午游览韩城古城，参观司马迁祠、司马迁墓，下午返回西安。

○ 张学良公馆

预 算

Yusuan

西安精华六日游的前四日预算如下：

门票：约 765 元。
交通：主要包括乘坐旅游公交车和参加一日游车费，总计约 300 元。
住宿：按照青年旅舍多人间每天每人 40 元计算，共计 160 元。
餐饮：基本以特色小吃为主，每天 30 元，共计 120 元。

总计约 1345 元
另外，韩城党家村二日游花费约为 220 元。

秦始皇陵 秦俑表演

在西安要做的 18 件事

Zaixi'anyaozuodeshibajianshi

01 不得不为兵马俑折服，这曾横扫六合的古代军阵艺术传奇

兵马俑对于我们来说实在太熟悉了，作为“世界第八大奇迹”的伟大发现，它也成为大多数人来西安的必游之地。

我们已经在太多电视专辑和图片画册中欣赏过这壮观的古代军阵，甚至可以耳熟能详地说出几个经典的武士俑姿态。但是，当我们真正近距离地与这些在地下埋葬了两千多年的兵俑面对面的时候，实地走入了考古现场的陪葬坑旁，还是会无一例外地为之惊呼和感到震撼。

临潼的兵马俑博物馆南倚骊山，北临渭水，就在兵马俑的挖掘现场原址上盖起了遗址大厅，如今已经成为规模宏伟的现代化大型军事博物馆。秦始皇的陵园修建了长达 38 年之久，筑陵劳役达 72 万之多，开创了历代帝王丰奢厚葬之先例。而距离兵马俑博物馆不远的秦皇陵，至今还是深藏地下的一个谜，人们有理由对那座地下宫殿的辉煌壮观寄予任何超出常理的想像，因为已经让世界为之震惊的兵马俑其实也只不过是秦皇陵的陪葬坑而已。

1974 年，严重的旱情正笼罩着八百里秦川，骊山脚下西杨村的村民们在一片荒滩上决定挖井自救。他们随手划定了一个圆圈区域，镢头挖下去了，这便是二十世纪最伟大考古发现的最初伏笔。第一块陶片出土了，瓦罐、箭头、陶俑的断肢残臂相继露出地表。俗话说，陕西的黄土埋皇上，对于生活在秦皇陵附近的农民来说，随手挖出一些秦砖瓦片已经司空见惯，最初出土的陶俑并没有引起任何轰动，人们只是以为挖到了一个砖瓦窑而已。庞大的地下军团以个体毁灭的惨烈方式传递出面世的第一个信号，辗转曲折地送达县文化馆，又险遭尘封，最终得到了国家文物局的重视，正式的挖掘工作开始了。

兵马俑 文物陈列厅

兵马俑：铜车马

那是怎样充满激情和探索惊喜的一年啊！就在这片农民挖井的土地上，最终揭开了总面积 14260 平方米的兵马俑 1 号坑的真面目，6000 余件陶人陶马排列成环形方阵，35 乘驷马战车在 11 个过洞里排列成 38 路纵队，排列严整，气势雄浑。军阵是一种伴随战争而出现的组织艺术，我们也许无缘得见那曾横扫六合的百万雄师的身影，却在这一刻，在兵马俑一号坑，通过地下军阵的出土再现了真实战场模式的艺术缩影。

然而还有二号坑。它的面积虽然不到一号坑的一半，却布置得更为巧妙精致，俨然是一个集合了骑兵、车兵、轻车兵、弩兵的特种部队军阵，大阵套小阵，大营包小营，阵中有阵，营中有营，相互勾连，让人叹为观止。二号坑中也出土了一些著名的精品俑。将军俑头戴鹖冠，身材魁梧，气质出众，铠甲制作十分精致，绘有绚丽的几何纹图案，更有彩色花结点缀，华丽多姿，尽显身份的高贵。跪射俑左腿蹲曲，右膝着地，上身挺直，头略微转向左侧，双目凝视左前方，双手在胸的右侧一上一下紧握弓弩，这种逼真而优雅的造型不由让人想起古希腊的雕塑“掷铁饼者”。骑兵鞍马俑头戴圆形小帽，所穿的上衣铠甲皆是短小轻巧，下穿紧口连裆长裤，脚登短靴，配合马上动作，潇洒自如。每个人俑表情各异，绝不雷同，衣着服饰符合各自的身份地位，更有细微处——连鞋底的针脚都是疏密有致。整个军阵整体具有视觉的震撼力，具体到每一个兵俑又是一件精雕细琢的艺术佳作。

三号坑面积最小，却是整个兵团的指挥部。战车通身彩绘，上配华盖，出土的兵器也大部分是铜殳。只是，这个地下军团的最高指挥官到底是谁却始终没有定论。三座陪葬坑呈品字形排列，它们互相牵连，严密有致，体现的是一场经典的秦战场军事布局。

奇迹还远没有终结。在兵马俑发现后仅仅 4 年，铜车马面世了。出土的时候，它们只是 3000 多块零落的碎片，这近 7000 个车马零部件历经 8 年的精心修复，终于昂首挺胸，恢复了原始的英姿。这是始皇帝出巡乘坐的御用马车，全车用青铜铸就，并配有大量金银佩饰，两乘铜车马采用了铸造、镶嵌、焊接、铆接、子母扣连接等十几种工艺，车马身上更有多色彩绘图案，青铜器的彩绘亦是秦代的一个伟大创举。这样的两辆铜车马，铜马造型生动，活力充沛，御官俑神态自若，姿容潇洒。这里永远是游客聚集最多的地方，虽然隔着玻璃罩子，仍有不知疲倦的相机闪烁不停。而门外的工艺品市场内，铜车马造型的各类挂件摆设亦成为最受欢迎的旅游纪念品。

真正的秦皇陵还没有正式的开掘，陪葬坑已经让世界为之震撼。兵马俑不仅成为西安的符号、陕西的标志，更已成为中国考古文物出土的惊世之作，成为举世瞩目的属于中国古老文明的骄傲。当你站在一号坑气势磅礴的发掘现场，当你注目铜车马的华丽精美，我想，除了对古代人民智慧艺术结晶的惊叹之外，你一定也在胸中升腾起隐隐的自豪感了吧。

小帖士TIPS

到达：
在火车站东广场坐旅游公交车，到兵马俑站下车。

下一站：
可以继续坐公交车游览秦始皇陵和华清池。

Zuozheshouji 作者手记

1. 新建的大门距离原大门比较远，有电瓶车可以坐。售票处在原大门处。
2. 门票是一张电话卡大小的票据，进去后不要丢掉，里面的场馆有的要检票。
3. 大门口导游很多，讲解还是比较重要的，建议听一下，也可以跟在别人的团队后面听。
4. 即使在平常日子里，游人也是络绎不绝，其中有近一半为外国游客。节假日期间人满为患，旅游团队非常多。
5. 坑内不允许使用闪光灯和三脚架拍照，陈列馆里可以拍，但是隔着玻璃，加之光线不好，一般拍不出满意的效果来。
6. 大门外有一个很大的工艺品市场，一大部分为兵马俑的复制品，另一部分是布老虎、刺绣等手工艺品。要购物可以货比三家，砍价余地很大，小盒的兵马俑2元就可以买到，不过不怎么精致，且表面因为仿旧都比较脏。布老虎也可以买到，手掌大小，还有大点的小毛驴。此外还有些印刷很精美的画册出售，价格不菲，不过比在博物馆内的商店里买还是要便宜许多。

在西安要做的18件事

Zaixi'anyaozuodeshibajianshi

02 泡汤华清池温泉，千古爱情栖息地

“春寒赐浴华清池，温泉水滑洗凝脂”，一曲缠绵悱恻的长恨歌道出了唐明皇与杨贵妃的千古爱情绝唱，而这个故事的背景地之一华清池也从此成为艳名远播的旅游胜地。人们怀着憧憬浪漫的心态而来，想要看看到底这是个怎样的地方。

位于骊山脚下的这片风水宝地一直备受历代帝王的垂青，在这里上演了一幕幕千古风流传奇。西周时期的周幽王曾在此兴建骊宫，为了博得美人一笑，烽火戏诸侯，最终自掘坟墓。秦始皇曾有温泉遇神女的传说，后在此以石筑室，名“神女汤泉”。唐代更是大兴土木，兴建了辉煌的宫殿楼阁，并正式更名为“华清宫”。

今天的华清池已经修建成为一所唐风浓郁的大型仿古皇家园林，九曲回廊连接端庄宏丽的仿唐建筑群，九龙湖水波光潋滟，贵妃雕像明艳动人。背靠骊山茂密的森林植被，山脚下火红的石榴花开出一片艳阳天。

华清池的温泉有“天下第一御泉”的美称，这里的水温常年保持43℃，水质纯净，细腻柔滑，水中含有二氧化硅、氟离子等10多种矿物质，对风湿、关节炎等疾病均有明显的疗效。作为历代帝王的巡幸离宫，华清池已经走过了三千多年岁月。冬天更可利用温泉水在墙内循环制成暖气，外面本是大雪纷飞，到了这里却落雪为霜，唐明皇和杨贵妃的寝宫飞霜殿便由此而得名。

曾经富丽堂皇的唐代宫殿早已倒塌损毁，考古工作者经过三年多的实地挖掘，最终清理出了“莲花汤”、“海棠汤”、“星辰汤”以及“太子汤”、“尚食汤”等五处皇家汤池遗址，遗址上盖起了唐御汤遗址博物馆。只不过，遗址终

○ 华清池 九龙湖畔的贵妃雕像，融入了现代化的艺术手法。

究只是遗址，一个石砌的海棠花型池子见证了历史的存在，却无法复原人们想像中那个“侍儿扶起娇无力，始是新承恩泽时”香艳浪漫的海棠汤了。

今天的游客们何其有幸，再没有身份高低贵贱的限制，皆可随意出入梨园观赏霓裳羽衣歌舞，走进星级沐浴会馆，享受皇帝贵妃曾经钟情的温泉沐浴。夜幕降临时，近千平方米的水上舞台缓缓浮出九龙湖面，动感霓虹彩灯闪烁，一场由电脑特技和激光特效打造出的历史歌舞剧《长恨歌》拉开了夜的序幕。那遥远的爱情故事已经随历史的云烟消散而去了，我们能做的不过是在这一池碧水旁借助现代科技手段重温一个浪漫旖旎的幻梦罢了。

小帖士 TIPS

到达：
在火车站东广场坐旅游专线公交车，到华清池站下车。

下一站：
骊山风景区大门就位于华清池东30米处，也可以在华清池景区里面从后门进入骊山，需要购买门票。注意从此处出去后便不能再返回华清池。

Zuozheshouji 作者手记

1. 华清池景区的管理很规范，购票进门后会送你一份景区介绍，附有游览图。景区内标示有投诉电话，包括西安旅游局、临潼旅游局以及景区办公室的电话。
2. 每年4-11月期间，华清池景区每日定期有两场仿唐歌舞表演，时间为上午11点和下午2点半，霓裳羽衣、轻歌曼舞，仿佛再现了大唐盛世的辉煌。
3. 景区还备有温泉洗浴中心，随时可以享受一下贵妃出浴的感受，不限时。如果没有时间，也可以花钱体验一下温泉洗手，算是不虚此行。
4. 华清池景区的游客较多，节假日期间是旅游高峰，在很多景点拍照都需要排队。

华清池 骊山脚下的仿唐建筑

华清池 太子汤

在西安要做的18件事

Zaixi'anyaozuodeshibajianshi

03 注目大雁塔，喷泉广场梦回唐朝

微微倾斜的大雁塔是整个西安的标志，犹如虎丘塔之于苏州。

还没有进入寺院，大雁塔北广场的气势已经让人眼前一亮。宽敞的中心绿地，大型喷泉和雕塑展现出了一个现代化大都市的氛围。而两旁的仿唐式绛红色建筑群配上一排排明黄色唐字宫灯，在远处传来的飘飘仙乐声中，宛若梦回唐朝。

关于大雁塔的得名有很多传说，其中较传奇的一个是跟佛教相关的。据说在印度佛教中，小乘佛教不忌荤腥。一天，一座小乘寺院的和尚没有肉做饭，而这天正好是菩萨布施日，天空飞过一群大雁，一个和尚仰望雁群自言自语："今日僧房无肉吃，大慈大悲的菩萨一定不会忘记今天是什么日子。"话音未落，领头的大雁便折翅坠地。全寺和尚大惊失色，顿悟此乃菩萨化现，于是在大雁坠地处修建石塔，从此断绝荤腥，改信大乘佛教。因此，佛塔又称大雁塔。

今日的大雁塔雄浑端庄，巍然耸立，常有燕子徘徊塔尖，不肯离去。人们在赏塔之余似乎忽略了大雁塔所在的大慈恩寺也是一座古老而文明的寺院。相传著名的玄奘法师就是这里的第一任住持方丈，大雁塔就是为了供奉玄奘法师从天竺带回的佛经和佛舍利等珍贵典藏而设计修建的。今天在大雁塔的后院建有玄奘三藏院，供有法师的塑像，一些精美的壁画再现了当年玄奘游学的情景。

"塔势如涌出，孤高耸天宫。"杰出的唐代诗人们在登塔之余留下了无数灿烂的诗篇。今日我们既无力效仿古人，那么不妨就在这花木繁盛的幽静庭院中找一个属于自己的角落，默默地注目吧。

夜晚的大雁塔广场更成为这座古城新的时尚去处，在散发着浓厚唐文化气息的建筑格局中，有亚洲最大的音乐喷泉助兴，22种变频方阵在声光交汇中喷射出漫天花雨，云海茫茫、海鸥展翅、蝶恋花、水火雾等新颖水型，变幻无穷，气势夺人。这时候或许你会觉得，原来古城西安除了那些厚重的历史文化积淀，原来也有这样浪漫多彩的另一面。

小帖士 TIPS

到达：
乘多路公交车都可以到达。

下一站：
1、继续游览：大雁塔距离大唐芙蓉园仅一站地，可以步行前往。
2、美食购物：可以坐公交车前往小寨，那里是西安南部比较繁华的地方，饭馆和商场都比较多。

Zuozheshouji 作者手记

1. 大雁塔为旅行团必游之地，旅游旺季人比较多。
2. 前面大殿人多，拍照不方便，要想拍摄塔景，最好是到后院或者旁边的花园中，可以更加随意地取景。
3. 大雁塔北广场气势宏大、古香遗韵，晚间有音乐喷泉，值得一游。
4. 看音乐喷泉最好的位置是喷泉南端的平台上。喷泉表演时间：周一到周五 12:00, 20:30（夏季 21:00，周二 12:00 检修停演）；周六和周日，12:00，14:00，16:00，18:00，20:30（夏季 21:00）。参观喷泉免费。

大雁塔

在西安要做的18件事

Zaixi'anyaozuodeshibajianshi

04 漫步古城墙下，古老与现代交汇的生活乐章

古城墙下的秦腔表演

作为中国古代传统防御建筑，城墙早在距今6000年前的半坡遗址中便已显出雏形。“鲸筑城以卫君，造郭以居，此城郭之始也”，距今4500年前的人们便已经知道修筑城墙了。中国古老的城市中大多都能找到一些城门楼和古城墙的遗址，即使是在最现代化的时尚都市中，有一段古老沧桑的城墙屹立，也足够骄傲地证明这座城市曾经辉煌的往昔。而西安古城墙的规模和完整性，无疑又在众多的古城中再一次拔得头筹。

护城河、吊桥、闸楼、箭楼、正楼、角楼、敌楼、女儿墙、垛口，严密完整；十八座城门环绕西安城，各领风骚。这不仅是中国古代城垣建筑中保留至今最为完整的一处，也是世界上现存规模最大、最完整的古城墙。

现在的西安城墙是明代初年在唐长安城的皇城基础上建筑起来的，朱元璋统一天下后，在各地普遍筑城，而“天下山川，唯秦中号为险固”，西安城的建造就更加严谨坚固。经过扩建，城墙高12米，每隔120米修敌台一座，共有敌台98座，上面建有驻兵的敌楼。东、西、南、北四座城门，分别建有正楼、箭楼、闸楼三重城门，正楼和箭楼之间还筑有瓮城。城墙上外侧筑有垛墙，上有垛口，可射箭和瞭望。城四周环绕护城河，随时起落的吊桥，把守城门的进出，完全一幅严阵以待的军事城堡风范。

资格最老的当属南门，城门券洞下日日车水马龙。华贵风采不减当年的朱雀门，蔓草花纹优雅从容。文昌门上魁星楼文曲点斗，中山门下将军东征盼凯旋。多羡慕西安人啊，每一块古城墙上的城砖都在见证历史的点点滴滴，这城墙也是一部书，随时记录着古都风貌之云卷云舒。

也许陌生的游客还在惊讶，这繁华大街上现代化的交通工具就这样自然而然地在古老的城门洞下穿梭来往，古老与现代就这样和谐地融为一体。古城墙不再担负战争防御的职责，护城河水犹在，两岸绿树葱郁，遍布花坛草坪，形成了大型的环城公园。于是，西安的古城墙不再只是一段段剥离开来供人瞻仰的残垣断壁，它们彻底地融入了日常

古城墙围起西安的中心地带

生活的节拍。

登上古城墙，眺望西安城，回顾往昔历史，感慨古今传奇，这似乎是游览西安古城墙的官方模式。如果你想见识这古老城墙今日鲜活的生命力，那么不妨就在城墙根下走一走，你能够在这里深入体验西安人的日常生活。清晨时候的晨练队伍五花八门，这边是太极剑法，缓慢中见机锋，那边是双杠、单杠，松活筋骨。一位外国金发小伙学起了中国功夫，一招一式，颇见真章。慢性子的提笼架鸟，乐得悠闲。啪、啪声起，楚河汉界边战况正浓。行走之中心情也被这份悠闲散漫的节奏所感染，百年古城垣所守候的不再只是历史的沧桑，它同样也活在今天平凡的市井生活中。

有胡琴声响起，悠扬中透露一丝悲凉，接着高昂的嗓音吼起，这就是陕西人民爱着的秦腔：倾尽全身心的力量，吼唱出生命的苍凉乐章。票友们在自娱自乐，认真而又执著，陶醉在戏曲艺术的热爱中。驻足片刻，我会觉得，原来这就是古城西安，城墙建筑并不是冰冷的招贴画，这里面承载的是有血有肉的生活乐章。

小帖士 TIPS

到达：
从南门、北门、和平门、文昌门等门楼处都可以登城游览。

下一站：
1、继续游览：从文昌门出来可以游览碑林博物馆。
2、美食：从南门出来可向北步行到钟鼓楼广场，另外南大街上也有不少餐饮店。

Zuozheshouji 作者手记

1. 古城墙一周全长13.74公里，可以坐电瓶车，也有自行车出租。
2. 其实不登城墙，只在城墙下走一走，也是一份惬意的享受。城墙下很热闹，有唱秦腔的票友、打太极拳的、舞剑的、跳交际舞的等等，都是古城人民真实的生活面貌。建议从和平门走到文昌门，只有一站地，走到文昌门后就是碑林。

在西安要做的 18 件事

Zaixi'anyaozuodeshibajianshi

05 聆听钟鼓楼的节奏——朝钟暮鼓不到耳，明月孤云长挂情

钟鼓报时是我国古代历史上重要的报时方式，钟鼓楼也就成了城市中标志性的建筑设施，中国古老的都城中几乎都有钟楼鼓楼。西安，亦不例外。

钟和鼓原本都是古代乐器，后来被用于报时之用。钟鼓楼的起源始于汉代，“天明击鼓催人起，入夜鸣钟催人息”，说明汉代时候使用的乃是晨鼓暮钟的制度。唐朝的长安城结构是里坊制，即以里、坊为单位，每个里、坊围以城墙，在四面或两面设有坊门，定时开启。而在宫城正门承天门上设置钟鼓，作为全城的司时中心，早晚便根据承天门的钟鼓声开启各坊门及宫门。钟鼓楼作为一种功能性建筑，在很大程度上等于是操纵着一座城市起居作息的命脉。

西安的钟楼始建于明洪武十七年，后于明万历十年重修，如今虽然已经失去了报时的实际功用，可是作为城市古代建筑的代表，钟鼓楼地带仍然是城市的中心，仍然是游客们流连忘返的地方。又何况，仅仅从建筑的角度来看，西安的钟鼓楼绝对称得上是国内同类建筑之冠。

重檐三滴水四角攒尖木结构式建筑，券形门洞与四条大街相互贯穿，贴金彩绘，雕梁画栋，西安的钟楼可说是我国规模最宏伟、保存最完整的明代建筑之一。登楼而上，原先悬挂的“景云钟”已经搬到了碑林博物馆，如今陈列的乃是来自明代的八卦图案铁钟。钟楼的门窗雕刻极富艺术美感，精美繁复中讲述着很多耐人寻味的典故轶闻。木兰从军、文姬归汉、长生殿盟誓、连环计、嫦娥奔月、伯乐相马、八仙过海等等，来自民间的神话传说和历史事件一一展现在浮雕艺术之中，令人惊叹。俯瞰楼下，人流穿梭、车水马龙，围绕着钟鼓楼广场形成了大片的时尚商圈。大型的综合百货商城，出售特产工艺品的小店，同盛祥、德发长这些老字号美食全部聚集在这里。作为一座城市的中心，它并不像北京天安门那般的庄严肃穆，只是轻松随和地踏着普通居民的生活节奏，就像那多年不变的5毛钱的钟

○ 西安钟楼

鼓楼牌小奶糕，总是承载着西安人美好的家乡思念。

鼓楼的节奏似乎更适合华灯初上的夜晚，它是中国最大的鼓楼之一，始建于明洪武十三年，清康熙三十八年和乾隆五年先后两次重修。如今重新制造的大鼓高1.8米，鼓面直径2.83米，系用整张优质牛皮蒙制而成，上有泡钉1996个，据说也是目前中国最大的一架鼓。鼓槌一敲，响彻长安城。

鼓楼的氛围更加市井化了，因为那条著名的回民美食街就从鼓楼内延伸而去，烤肉香蔓延开来，人流熙熙攘攘，红红火火的夜市开场了。

“朝钟暮鼓不到耳，明月孤云长挂情”，今天的钟鼓楼也许不再有那么多诗情画意令人尽心陶醉，它们只是淡泊生活的日常载体，一早一晚，徘徊流连，就在这份平静淡然之中，同老西安人一样，陌生的游客在这里也能找到心灵的归属感。

小帖士 TIPS

到达：
坐公交车在钟楼或者鼓楼下车，步行可到。

下一站：
1、继续游览：从鼓楼向北可步行到化觉巷清真大寺。
2、美食：钟鼓楼广场的美食很多，同盛祥、德发长饺子馆，还有北院门小吃街都在这里，选择很多。另外在钟楼旁的开元商城门口有卖钟鼓楼牌的小奶糕，有多种口味，奶油味很纯正，值得品尝。

Zuozheshouji 作者手记

1. 建议傍晚前往，可以看看城市的夜景，还可以逛鼓楼北的北院门夜市。
2. 钟鼓楼的售票处设在地下通道里面，有指示牌。

古朴端庄的鼓楼

在西安要做的18件事

Zaixi'anyaozuodeshibajianshi

06 国宝档案，博物馆内诠释历史珍迹

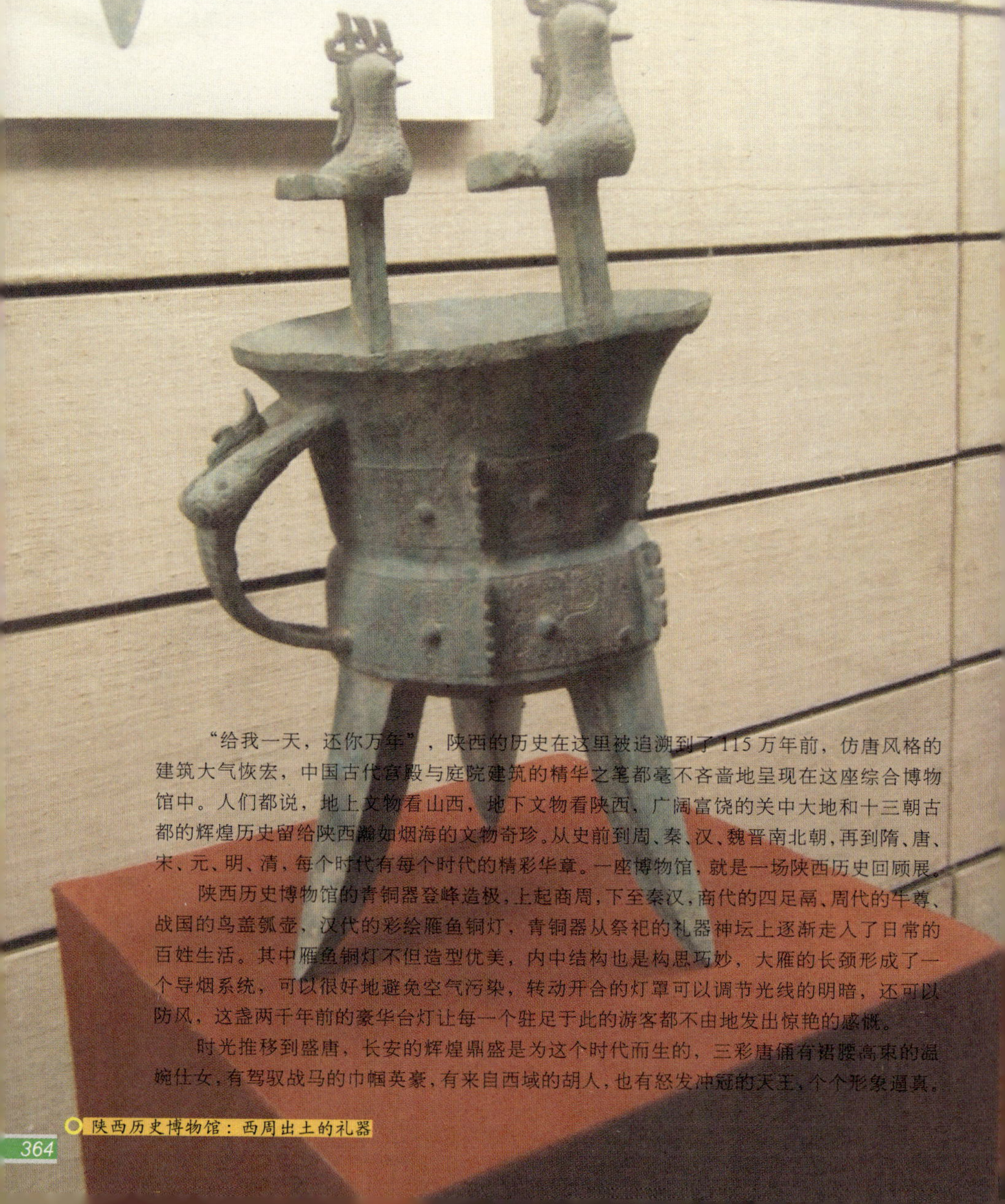

“给我一天，还你万年”，陕西的历史在这里被追溯到了115万年前，仿唐风格的建筑大气恢宏，中国古代宫殿与庭院建筑的精华之笔都毫不吝啬地呈现在这座综合博物馆中。人们都说，地上文物看山西，地下文物看陕西，广阔富饶的关中大地和十三朝古都的辉煌历史留给陕西瀚如烟海的文物奇珍。从史前到周、秦、汉、魏晋南北朝，再到隋、唐、宋、元、明、清，每个时代有每个时代的精彩华章。一座博物馆，就是一场陕西历史回顾展。

陕西历史博物馆的青铜器登峰造极，上起商周，下至秦汉，商代的四足鬲、周代的牛尊、战国的鸟盖瓠壶，汉代的彩绘雁鱼铜灯，青铜器从祭祀的礼器神坛上逐渐走入了日常的百姓生活。其中雁鱼铜灯不但造型优美，内中结构也是构思巧妙，大雁的长颈形成了一个导烟系统，可以很好地避免空气污染，转动开合的灯罩可以调节光线的明暗，还可以防风，这盏两千年前的豪华台灯让每一个驻足于此的游客都不由地发出惊艳的感慨。

时光推移到盛唐，长安的辉煌鼎盛是为这个时代而生的，三彩唐俑有裙腰高束的温婉仕女，有驾驭战马的巾帼英豪，有来自西域的胡人，也有怒发冲冠的天王，个个形象逼真。

陕西历史博物馆：西周出土的礼器

千年光阴过去了，色彩也许剥落了，神情却依旧栩栩如生。新修建的唐墓壁画馆收藏有1000平方米的唐墓壁画，马球图、狩猎出行图、客使图、阙楼图、仪仗图、宫女图，繁复而高超的修复手段再现了壁画曾经的风采，高科技恒温恒湿的保护环境终于让这些深藏墓穴的精美壁画得以重见天日。之前我们即使进入了懿德太子墓，也不过是看到几幅临摹的复制品，今天在陕博的游客却是大饱眼福了。

西周中期的五祀卫鼎、西汉皇后玉玺、唐三彩载乐驼、唐镶金兽首玛瑙杯、北宋青釉提梁倒注瓷壶、宋黑釉油滴碗，国宝一一呈现，随便拿出一件都能成为一座普通博物馆的镇馆之宝。鎏金竹节熏香炉、鸳鸯莲瓣纹金碗、鹦鹉纹提梁银罐、舞马衔杯纹银壶，金银器的名称便透露着富丽堂皇的皇家贵气，无愧于这座王者之都的城市气质。

铜镜、玉器、秘色瓷、壁画，静默的文物镌刻了时代的铭文，慢慢地穿梭在历史变幻的时空隧道中，逝去时光的辉煌令人心驰神往，就在这消散的历史烟云中，我们可能对这敦厚内敛的古都西安又多了一些深入的了解吧。

陕西历史博物馆：汉代雁鱼铜灯

小帖士 TIPS

到达：

乘公交车在翠华路下车即到。

下一站：

1、继续游览：坐公交车可以前往大雁塔和大唐芙蓉园游览。

2、美食：从博物馆向西一站地，就是小寨十字路口，是这一带最繁华的地区，商店和餐馆都很多。也可以坐公交车在吉祥村下车，这里有家天下第一面，周围还有几家餐馆可以选择。

Zuozheshouji 作者手记

1. 一定要听讲解，博物馆里面带团队的导游很多，可以选择最精彩的听，只不过外国游客很多，有时候一个馆里全是英文讲解。也可以租讲解器。

2. 馆内有印刷精美的图册卖，全是馆藏的精品文物，如果不怕背囊太重，值得购买。

3. 由于免费门票每天数量有限，所以最好早上早一点去排队领取，而且要带身份证。如果不想排队，可以买一张文物精品展票，也能看到一些陕博的精品收藏。

4. 唐墓壁画馆每周一、三、五下午对外开放。每批参观人数控制在20人以内，参观时间为40分钟，馆内不许拍照，不许触摸壁画，参观时游客必须与壁画保持1米的距离。

5. 周一全天闭馆。

在西安要做的18件事

Zaixi'anyaozuodeshibajianshi

07 探索法门寺 传奇的前世今生

如果你看过《万世法门》这本有关法门寺地宫佛骨再世之谜的书籍，那么你的脑海里一定萦绕了太多关于这传奇寺庙的疑惑和不解，也就对法门寺之行充满了更多的期望和幻想。

已经重新修建的宝塔如今巍巍挺立，而当年也就是因为宝塔坍塌，才让塔基下沉寂了千年的地宫得以重见天日。

只是，和很多著名的旅游景点一样，法门寺也不可避免地成为某旅游公司承包的开发项目，商业的经营手段在旅游景区的运作结果无非是修建一些现代化的配套设施，以及收取更加高额的门票。开发商从中谋取了金钱利益，当地政府部门大概也受益匪浅，只是游客们通常怨声载道。而这一次法门寺的僧众们也不干了，毕竟这是一座千年名寺，修行的法师们心存佛念，他们毅然推倒围墙关闭山门，以求留给法门寺最后一块清静地。不过，最终的结局仍然还是一种妥协，法门寺还是建成了一个大型的综合景区，门票还是有了大幅提升，这到底也还是一件很无奈的事吧。

最精彩的焦点还是在博物馆内，馆内规模并不大，较为昏暗的室内灯光，更加衬托出那些珍贵文物的熠熠光彩。银莲花四轮十二环鎏金锡杖有着精美绝伦的制作工艺，象征着佛教领域里至高无上的权威所在，相传只能为释迦牟尼本人所持有。罕见秘色瓷的出土更是揭开了传说中的千古之谜，这些釉色黄绿、温润晶莹的瓷器充分反映出了在唐代瓷器工艺就已经达到了相当高超的工艺水准。当然，还有舍利。正是因为佛骨舍利的出现，世界认识了法门寺。在这里一共发现了4枚佛骨，经鉴定第三枚是真正的真身指骨。每一枚舍利的珍藏都是竭尽奢华，尤其是存放第一枚舍利的八重宝函，由八个不同质地、纹饰精美、缀满珠宝的宝盒层层套放，令人叹为观止。而真正盛放灵骨的却是相对简单的另一套五重宝函。其实，在佛教信徒们的眼里，舍利并没有真、假之别，只有灵、影之分。

我们或许应该感谢唐代宫廷对于佛教的狂热崇拜，感谢那些帝王在迎送佛骨的礼拜仪式中给我们留下了这些耀目的稀世珍宝。西线的皇陵贵冢很多，但似乎没有一个地方出土的文物能有法门寺这般让人惊艳不已，那也许是皇权有限、佛法无边的象征吧。

法门寺宝塔

法门寺的香火

小帖士 TIPS

到达：

法门寺位于陕西省宝鸡市扶风县北 10 公里处，距离西安 120 公里。除了坐一日游班车外，还可以在火车站前广场坐旅游专线公交车，早 8 点发车，下午 3 点返回，每日只有一趟，不是很方便，节假日期间一般会有加班。也可以在西安城西客运站坐到扶风县的班车，然后再转车前往。返回时如果没有班车，也可以搭乘旅行社的班车返回，一日游都是把法门寺作为最后一个景点，返回时间一般在 5 点以后，平时一般都有空座。

下一站：

1、继续游览：一般西线一日游的路线都是把法门寺安排在最后一个景点，如果自己安排路线，从法门寺出来可以包车前往乾陵景区游览。

2、美食：景区附近有一些小吃餐馆，有卖陕西特色小吃锅盔，可以品尝一下。

Zuozheshouji 作者手记

1. 法门寺门前比较热闹，出售旅游纪念品和食品的店铺很多。
2. 在博物馆内参观最好跟着团队导游听一下讲解。
3. 法门寺内主要游览已经挖掘的地宫，里面供奉着三枚舍利。
4. 佛光大道距离合十舍利塔很远，可坐景区的小火车往返。

在西安要做的18件事

Zaixi'anyaozuodeshibajianshi

08 眺望一代女皇长眠地，乾陵宝藏等待石破天惊

永泰公主墓内的壁画

位于咸阳市乾县城北6公里的梁山，风景秀美，远观似乎是一位仰面而卧的美丽女子，北峰挺拔似高傲的头颅，南峰形状则宛如双乳，舒展的双腿伸向广阔的八百里秦川。这里埋葬着中国历史上唯一的一位女皇帝武则天和她的丈夫唐高宗李治。

唐高宗李治是唐太宗李世民的第九子，母亲是长孙皇后。唐太宗虽然具有平定乱世之才，开创了贞观之治，奠定了大唐盛世的基础，却也一样避免不了骨肉相残的宫闱之乱。贞观末年，太子李承乾密谋造反，无奈之下唐太宗最终在长孙无忌的支持下，立李治为太子。李治于贞观二十三年即位。李治并不是一个昏庸无能之辈，他也立志要做一代中兴英主，加上还有长孙无忌、褚遂良等老臣忠心辅佐，本也可以守着太宗遗训，做一个安安稳稳的守成之主。只不过，他中年之后头风病重，遂委武后处理朝政。关于武则天的故事早已在影视剧本里演绎了多种传奇版本，无论她到底是怎样暗藏心机狐媚惑主，怎样以亲生女儿的性命换取皇后的地位，抑或三番五次夺了自己儿子的皇位，她最终还是戴上了一代女皇的桂冠，一个女人站在了统治阶层权利的最高峰，这在中国男尊女卑根深蒂固的封建社会传统氛围内不得不说是一个惊世骇俗的创举。而其实，哪一朝皇帝的登基上位不是踩着鲜血铺就的道路，九五至尊的宝座又何来什么良善亲情可言。

今日的乾陵历经1000多年风雨飘摇，虽然那些宏丽的地面建筑早已荡然无存，可从那开阔的神道规模依旧可以看出这“历代诸皇陵之冠”的陵寝建筑曾经壮美雄浑的气势。这座陵园乃是仿唐都长安城的格局营建的，分为皇城、宫城和外郭城，其南北主轴线长达4.9公里。原有城垣两重，内城置四门，城内有献殿、偏房、回廊、阙楼、狄仁杰等60朝臣像祠堂、下宫等辉煌建筑群多处。木质的建筑倒塌腐朽了，只有石头的华表、翁仲和石兽依旧威严挺立。神道尽头两块石碑屹立，一边是歌颂高宗皇帝的文治武功的述圣记碑，而另一边，女皇武则天留下的只是一块沉默的无字碑。人们猜测其

宽敞大气的乾陵神道

寓意也许是女子为帝，功高德重，难以用文字表达；抑或是女皇临终前遗言：“己之功过，留待后人评说”。

其实我们也许应该抛开那些太过主观的评价。在武则天统治的近50年间，社会政治、经济和文化都得到了蓬勃发展，并且加强和改善了唐王朝与边疆各少数民族的关系。当然，她奖励告密、任用酷吏、屡兴大狱，晚年豪奢专断、宫闱秽乱，造成了政宪大乱，但从一位封建皇帝的标准来看，她还是一位功大于过的统治者。

乾陵的魅力还在于陵墓中珍藏的大量文物瑰宝始终未得见天日，一批又一批的盗墓者频繁光顾，黄巢起义军挖掘的深沟，国民党军阀士兵的炸药，都没能敲开乾陵的大门，地下的宝藏至今依旧沉睡墓中。人们猜测着，推论着，那些关于稀世珍宝的传奇，翘首以盼乾陵秘密的曝光。只是我们不知此生是否有缘，等到石破天惊的那一天呢。

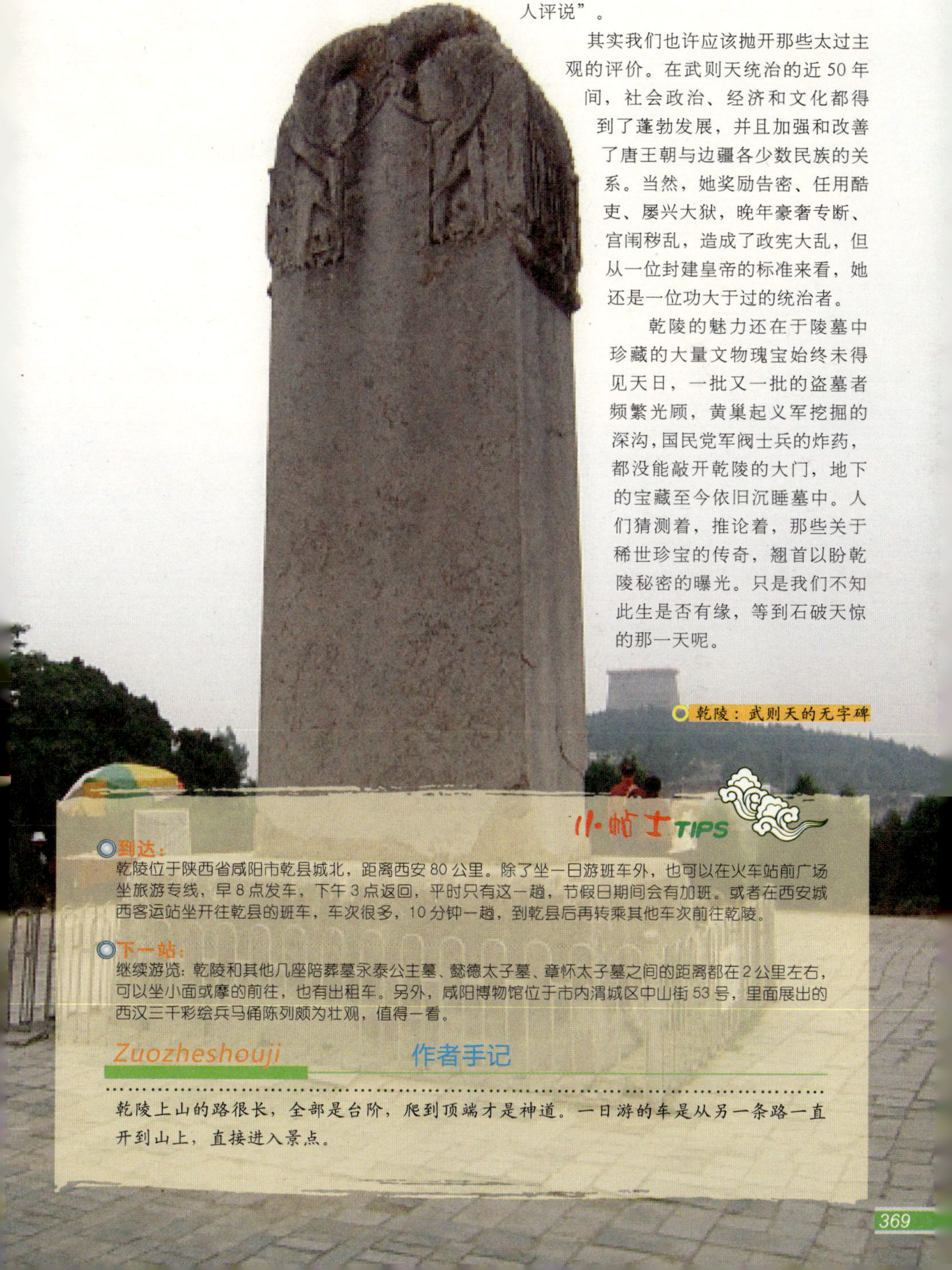

乾陵：武则天的无字碑

小帖士 TIPS

到达：

乾陵位于陕西省咸阳市乾县城北，距离西安80公里。除了坐一日游班车外，也可以在火车站前广场坐旅游专线，早8点发车，下午3点返回，平时只有这一趟，节假日期间会有加班。或者在西安城西客运站坐开往乾县的班车，车次很多，10分钟一趟，到乾县后再转乘其他车次前往乾陵。

下一站：

继续游览：乾陵和其他几座陪葬墓永泰公主墓、懿德太子墓、章怀太子墓之间的距离都在2公里左右，可以坐小面或摩的前往，也有出租车。另外，咸阳博物馆位于市内渭城区中山街53号，里面展出的西汉三千彩绘兵马俑陈列颇为壮观，值得一看。

Zuozheshouji 作者手记

乾陵上山的路很长，全部是台阶，爬到顶端才是神道。一日游的车是从另一条路一直开到山上，直接进入景点。

在西安要做的18件事

Zaixi'anyaozuodeshibajianshi

09 奔向回民街，西安美食一网打尽

西安的回民街实在是太有名了，人们已经把游回民街放在和兵马俑、大雁塔同等的地位。这里有化觉巷的清真大寺，有西安城隍庙，当然，最吸引目光焦点所在的还是美食小吃街。

走过钟楼广场，走进鼓楼门洞，北院门、西羊市、大皮院、北广济街，几条纵横交织的街道小巷共同构成了今日人们口中的回民街。一千多年前，丝绸之路的起点迎来了回民的先民——来自古阿拉伯和波斯等地的商人、使节、学生，异国他乡的旅人留在了繁华的长安城，代代繁衍生息，最终成为了今天6万多回族穆斯林群众的聚居地。伊斯兰文化气息犹在，高耸的清真寺依旧日日召唤他们的信徒顶礼膜拜。古老移民的后人凭借着宗教信仰的凝聚力，严格而坚定地维系着自己民族的文化生存。

有回民聚集的地方总是不会缺少美食的踪迹，北京的牛街是这样，西安的这条回民街更是一条不折不扣的美食小吃街。来这里的游客不一定会去参拜庄严的清真寺，却绝不会忘了一饱口福。几乎所有的西安特色小吃全都汇集于此，泡馍、烤肉、水盆羊肉、腊牛羊肉、砂锅、粉蒸肉、卤汁凉粉、酸汤水饺、蒸碗、凉皮、胡辣汤、甑糕、炒货、甜点，店铺林立，店外也摆满了阳伞桌椅，手推车和敞开的货架上琳琅满目，烤肉的香气弥漫，吆喝声此起彼伏，看得人眼花缭乱，又恨自己的胃口实在太小，无法将所有美食一次品味齐全。

一家一家热气腾腾的甑糕出笼了，门前立刻排起了长队，有人走了大老远的路就为了这一口儿黏黏软软的甑糕，3元钱就能买下这一刻甜甜蜜蜜的幸福满足。

泡馍馆一家接一家，虽然没有同盛祥那样的豪华装修，可是真正的美食总是藏在这些小巷深处简陋的小馆子中，它们讲究味道的出神入化而不是出身的高低贵贱。食客们的评判是最公平的，所以这些看上去不起眼的小馆子却总是人满为患。

贾三灌汤包子门庭若市，牛羊肉、三鲜、素馅，一屉接一屉地出笼，伙计们忙得不可开交。吃得可别太着急，小心那包子里的热油汤溅个满脸花，烫着了也别慌，来碗甜甜糯糯的八宝粥压压惊吧！

烤肉的店最是红火，一副接一副的铁架子上摆着满满的肉串，烟熏火燎中透着一张张红彤彤卖力扇风的脸。又一大盘肉串烤好了，端进屋里，各桌前游走一番，人们随手拿过20串、30串，一转眼这一盘子就空了，没抢上的只好再等下一拨。好在大家都在消遣时光，没有人焦急，没有人在意，热热闹闹，悠悠闲闲，夜色就在热闹中悄然降临。

当你的晚餐不知道在哪里解决的时候，回民街里肯定会有适合你的选择。当你想要购买土特产装满行囊的时候，回民街肯定能满足你的各项需求。有些人一到西安就会直奔回民街，有些人一晚又一晚在这里流连忘返，回民街成为西安的骄傲，它是西安不朽的美食传奇。

○ 灌汤包子来啦！

小帖士TIPS

到达：

坐公交车在鼓楼站下车，从鼓楼门楼向北走即是。

回民街美食推荐：

红红酸菜炒米：北院门 106 号
定家小酥肉：大皮院 223 号
平娃烤肉：北院门 92 号
高家烤肉：大皮院 5 号
贾三灌汤包子：北院门 111 号
老白家水盆羊肉：北广济街口
老金家水盆羊肉：北院门 216 号
老安家陕西第一碗：西羊市中段路北
王家饺子馆：鼓楼步行街北段大皮院东口（市政府斜对面）
一分利面庄：北院门 88 号
穆萨砂锅：大皮院中段路南
三省斋老马家粉蒸肉：北院门牌坊旁路西
盛志望麻酱酿皮铺： 大皮院西口
老刘家肉丸胡辣汤：大皮院 89 号
宏顺祥卤汁凉粉：大皮院丁字路口
老铁家腊牛羊肉：回民街麻家什字东北侧（近西羊市北广济街）
军军绿豆糕土特产： 北院门 113 号回民中学旁
桥梓口贾永信：北院门 87 号
东南亚甑糕：西羊市街麻家什字东北角
老徐家柿子饼：北广济街 119 号

灌汤包子和八宝稀饭

在西安要做的18件事

Zaixi'anyaozuodeshibajianshi

10泡馍馆里练内功，体味慢餐人生

来西安吃泡馍，几乎等同于来北京吃烤鸭。它已经不仅仅是一个单纯的美食，俨然成为这座城市的一张标志性特色名片。

走在西安街头，随处都能邂逅泡馍馆的身影，刘家的、米家的、马家的，牛肉的、羊肉的、小炒的、葫芦头的，五花八门，应有尽有。而真地走进了一家泡馍馆，你又会发现这似乎并不是一种简单的快餐，一个空碗加一个白馍递到你的面前，不是在别的地方常见的改良版——拿机器给你切好了泡好了直接端到面前——这里的泡馍都是要自己拿手来掰的！

先掰、后撕、再掐，在从容不迫中锻炼得心静如水，这可能就是一种慢节奏的生活考验，这也真是磨炼性情的一柄无刃的剑。初学乍练的人可能还真掰不习惯，而看一个人是不是老西安，只要看看他掰馍的水平就能品评一二了。

最常见的是牛羊肉泡馍，以优质牛（羊）肉、牛（羊）骨，配以花椒、大茴、草果、桂皮等调料，入锅内煮至肉酥烂，再将炒锅置上，加入煮好的浓汤，放切好的熟牛（羊）肉和适量湿粉丝稍滚，再将掰好的馍块倒入，加调味品煮1—2分钟，淋熟羊油，出锅。如果佐以辣椒酱、糖蒜、香菜，味道更佳。吃的时候讲究“蚕食”，不要随便地翻搅，贴着碗边，一小口一小口，专注着，享受着，直到最后一口，那又香又暖的味道还依旧。

葫芦头泡馍又是另一番滋味。它的汤主要以猪肠肚为主料做成，也是区别于回民清真泡馍的一种吃法，所以在回民街上可千万不要点葫芦头泡馍哦！经营葫芦头泡馍比较有名的店是“春发生”，这里的泡馍种类演变地更为丰富，海味葫芦头、鱿鱼葫芦头、鸡片葫芦头、大肉葫芦头、时鲜葫芦头等可以随你的口味任意挑选。

除了传统的泡馍，小炒泡馍也是一种新奇的吃法。顾名思义，这种泡馍是炒出来的，增加了黄花菜、木耳、青菜、豆腐干、鸡蛋等配料，加上切成小块的牛肉，直接用油泼辣子和醋一起炒制，别有一番酸辣爽口的独到滋味。老乌家小炒泡馍在西安比较有名。

说起泡馍馆的选择，对于外地游客来说真有些一筹莫展，可以说是眼花缭乱，各有特色。本地食客更加推崇的老米家、老刘家这类泡馍馆生意都很火爆，但环境相对都比较简陋，看上去卫生条件也很一般。不过对于真正的老饕来说，吃的就是这种小馆子的醇厚味道。但如果是比较讲究的游客，也许选择同盛祥、老孙家这样的经典老字号饭庄则更加适合。所谓味道到底是否最正宗，每个人也有每个人不同的品评标准，不必过于推崇一种金科玉律而人云亦云，如果有时间就去不同的店体验一番，以评出你心目中的泡馍排行榜。

葫芦头泡馍

小帖士 TIPS

泡馍馆推荐：

老米家泡馍：碑林区西羊市 127 号
老乌家特色小炒泡馍：莲湖区回民街大皮院 91 号
老刘家泡馍：莲湖区北广济街 101 号
果渊斋米家泡馍：莲湖区北广济街 277 号
老孙家饭庄：碑林区东大街 364 号
春发生饭店：南院门 25 号
同盛祥：碑林区钟鼓楼广场

在西安要做的 18 件事

Zaixi'anyaozuodeshibajianshi

11 面条主义者的天堂，情有独钟 biangbiang 面

西安的饮食舞台无疑是面食挑大梁一枝独秀的局面。关中十八怪中有一怪就是“面条好像裤腰带”，说的就是那扯扯拉拉而成的大宽面条。无论是油泼、臊子、羊肉汤，还是腊汁肉浇上去，这一大碗面条吃起来都有一种痛快淋漓的豪爽作风。

西安最有名的面当属 biang biang 面了，一种面的名称在字典里都找不到出处，可以和武则天自创的那个名号相提并论了。这个字的笔画十分复杂，共有四十多画，当地用一首歌谣唱出了它的形态：“一点飞上天，黄河两道弯，八字大张口，言字往里走。东一扭西一扭，左一长右一长，中间加个马大王。月字旁心字底，留个钩担挂麻糖，坐个车车逛咸阳。”一个“biang”字，形象地表达出了关中人民的生活习俗和性格气质，一碗面条在无形中体现了陕西文化的独特韵味。

Biangbiang 面是用关中麦子磨成的面粉，手工擀成长、宽、厚的面条，传说秦始皇时代就开始在街头叫卖了，这位千古一帝也对这街头小吃赞不绝口，认为它赛过山珍海味，于是亲手写下这独创的 biang 字，成为千古流传的美谈。

今天，走进南院门的这家 biangbiang 面馆，店面并不大，墙上却悬挂着很多电视台在此拍摄的专题照片，看来这面条也颇受媒体的关注。Biangbiang 面分为很多种调味，特色品种为三合一口味和腊汁肉口味，三合一就是把炸酱、西红柿鸡蛋酱和香菇酱混合在一起，口味很独特。面条的确宽大如裤腰带，甚至可以说是面片，这一筷子挑起来吃的感觉，甚是过瘾。

岐山臊子面、油泼扯面、关中浆水面、礼泉羊肉合面、韩城羊肉臊子、杨凌蘸水面等等应有尽有，西安真可谓是面条主义者的天堂。就算粒米不进，只是天天变着花样吃面条也能让人满足口腹之欲。

○ 西安 biangbiang 面，复杂的笔画，字典里找不出来的字，是陕西特有的一种文化体现。

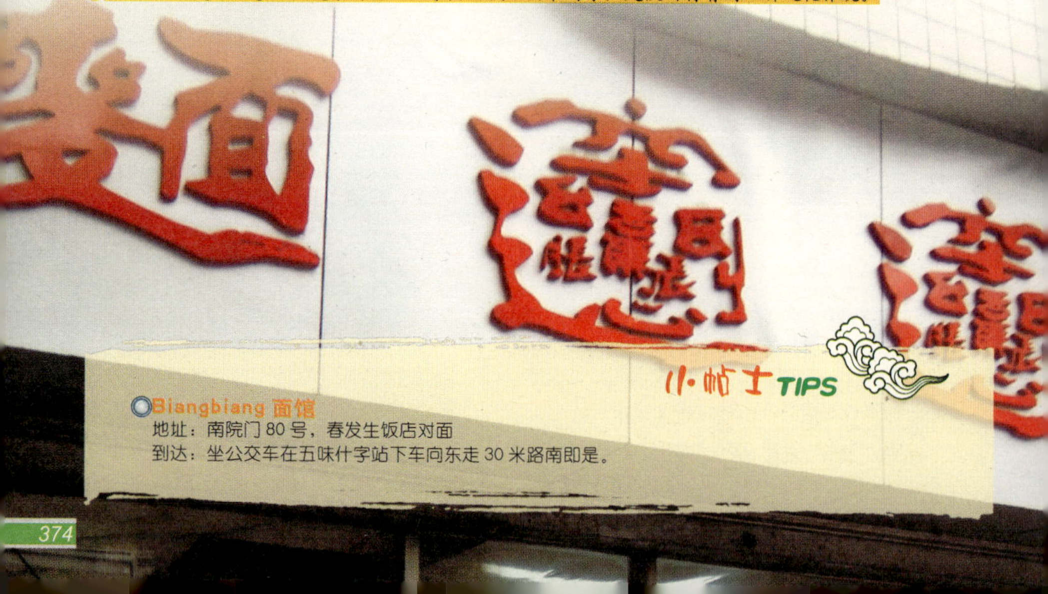

小帖士 TIPS

○Biangbiang 面馆

地址：南院门 80 号，春发生饭店对面

到达：坐公交车在五味什字站下车向东走 30 米路南即是。

在西安要做的18件事

Zaixi'anyaozuodeshibajianshi

12 听秦腔吼一吼，悲杀与慷慨共鸣

秦腔《苏武牧羊》

秦腔可以说是中国戏曲之鼻祖，“形成于秦，精进于汉，昌明于唐，完整于元，成熟于明，广播于清，几经衍变，蔚为大观。”

这种古老的剧种，唱腔粗犷、豪放，须气运丹田，神聚于一，方能发声，所以人们通常把唱秦腔称为“吼”。吼一声秦腔，神清气爽；听一段秦腔，余音绕梁。秦腔须生慷慨激昂，旦角绵韵悠长，丑角则生、倔、愣，生、旦、净、丑声调分明，各有千秋，充分体现了秦地秦人的性格特征。

自周代以来，关中地区就被称为“秦”，西安就是秦腔流行的集中地带。

这是一枝地地道道的民间艺术奇葩，它依赖于八百里秦川这片土地，它流传于面朝黄土背朝天的农民之间，它的舞台就是收获的谷场，月上中天时庄稼院里的激情吼唱。它和“西凤酒、长线辣子、大叶卷烟、牛肉泡馍一样成为秦川人民生命的五大要素。

这样的秦腔人，他们没有多高雅的艺术修养，不懂得阳春白雪的含蓄意蕴，有的只是祖祖辈辈一字一板流传下来的秦腔。其中传递着喜怒哀乐，扮演着美善丑恶，还有什么比真实生活的张力更加感人的艺术手法吗？

在西安这座城市里，秦腔仍然是人们热爱的艺术形式。如果大家想听，可以有几种不同的途径。

辛亥革命后成立的陕西易俗社便是著名的秦腔科班，被公认为是世界艺坛三大古老剧社之一。几经波折，几经改良，易俗社终于艰难地生存下来了。如今崭新的现代化的易俗大剧院成为古老秦腔艺术的新载体。想听正式舞台版的秦腔来这里没错。

西安还有家秦腔博物馆，地方不大，展示有一些图片和古戏本，也有一个小剧场。

在西安曲江大唐芙蓉园，经常也会有一些秦腔名角登台献艺，气氛更加热烈随意。

而最自然也最省钱的方式还是就到古城墙下走一走吧，那里经常都会聚集着一些秦腔票友，支起鼓架，拉响二胡，自娱自乐。虽然他们没有专业演员的嗓音调门，可是热爱就是最好的老师。来源于乡土民间的秦腔，表现的就是一种情绪、一份诉说的欲望、一片呐喊的激情，有了这些因素，在哪里听秦腔都是一样的。

小帖士 TIPS

Zuozheshouji 作者手记

易俗大剧院：碑林区案板街（近西一路）

秦腔博物馆：雁塔区咸宁西路28号西安交大艺术馆（近交大梧桐西道）

在西安要做的18件事

Zaixi'anyaozuodeshibajianshi

13 逛书院门，铜臭交换墨香

去碑林的游客大多不会错过书院门，这是一条充满文化气质的仿古街，有着西安城内最完整的古老街道，有着按明清建筑风格复原的店堂商铺，琳琅满目的商铺内卖的是文房四宝，翰墨飘香。

因了碑林这近水楼台，几乎每家店铺都能看到碑林拓片的身影。名人字画、印章印谱、文房四宝，这就是这条商业街售卖的主要商品。文萃阁、醉书轩、聚看斋、皓月宫，店名之中都透着儒雅之风。褚遂良的《同州圣教序碑》、颜真卿的《多宝塔碑》、柳公权的《大达法师玄秘塔碑》、欧阳询的《皇甫诞碑》、怀素的千字文和张旭的狂草，刚看过碑林内的真迹，在这里马上可以买回几份拓片留念。至于到底是碑石直拓，还是其他手段加工，也许在价格上早就体现出来了。想要保真的拓片，建议还是到碑林博物馆内购买比较让人放心。

其实在这条街上，也不一定非要买些什么，就是随意地走一走逛一逛也能有不少新奇的收获。有人现场泼墨作画，虽然同样是买卖交易的商业氛围，却难得地染上了一丝文化气韵，铜臭之中也飘散墨香。

林立的店铺中，真正的书院却仿佛被人疏忽了。这就是已经走过四百多年风雨的关中书院。这曾经是明清两代陕西的最高学府，如今依旧保存着完好的明清书院建筑风貌。儒家文化之尊卑有序、等级有别、主次鲜明的社会伦理关系在书院的建筑风格上也可窥见一斑。

书院门是一条商业街，但也是一道不算风景的风景线，当你的视线在书画世界和古董珍玩的艺术大观间兜兜转转，心，是不是也随之陶冶得优雅清新了呢？

○ 古香古色的书院门一条街，卖的多是文玩字画。

小帖士 TIPS

○到达：
坐公交车在南门站下车后，东边就能看到书院门的牌楼，向里走即是。一直向东走过去就是碑林。

在西安要做的 18 件事

Zaixi'anyaozuodeshibajianshi

14 住在青年旅舍的年轻时光

西安作为一个省会城市，住宿自然有很丰富的选择，高档的四五星酒店、经济型连锁酒店、普通价廉的小旅社应有尽有。当然想要住的更有特色一些，还是几家颇具古风的青年旅舍更吸引人的目光。

西安的青年旅舍在驴友中的口碑都不错，而且全部都是古建筑或者仿古建筑的四合院，住宿中也能品味内敛端厚的古都气质。住宿价格一般多人间 40-50 元／床，有独立卫生间的标准间，价格在 160-200 元。

南门的书院青年旅舍，是一家老字号的青旅了，地理位置得天独厚，就位于车水马龙的南门外，但又与外面喧嚣的红尘隔开。古香古色的建筑内小小的独立天井，太师椅八仙桌，一派古典作风的雅致温馨。各类旅游书籍典藏丰富，墙上贴着五花八门的租车寻伴的帖子，在这里很容易交到朋友。空间虽然不大，却难得有一种如家一般温暖的气息。

七贤庄，也是一座已有百年历史的古老建筑。上世纪初，银行资本家在这里盖起了四合院建筑，后来八路军西安办事处也就建在这里，如今仍然是一处红色旅游景点。黑底金字的招牌大气磅礴，两旁石狮踞坐，走进门内却佳木葱茏，鸟语花香。虽然是同样的古典风韵，这里的院落又不像江南园林一般清雅妩媚，白墙青瓦、圆门直路，透露出的还是属于北方的硬朗线条。距离火车站广场及尚德门咫尺之遥，可又偏安一隅闹中取静，当你行走一天疲惫的归来时，这个清静的院落立刻能让你的心平定下来，无车马之喧嚣，无商贸之嘈杂，夜晚的时光归自己独享。

碑林老街青年旅舍坐落在仿古文化街上，青砖墙面上架起彩绘绚丽的垂花门，仍然是一派古典风韵扑面而来。内中装修简洁干练又带有浓厚的乡土民风，似乎让人想到了黄土高原，想到了窑洞窗花，没有忸怩作态，完全是实用主义作风。老街有一个很有特色的酒吧，装修上采用了陶、砖、瓦、木及陕西铜川古镇陈炉的匣钵，俗称罐罐垒墙，体现着关中地区豪放粗犷的自然风格。墙上展示着西安古城的老照片，仿佛在时光推移中回访历史。住在这里，夜晚的光阴不会寂寞，酒吧每晚有乐队演奏，你也可以在专业乐手伴奏下一展歌喉。

西安的青年旅舍没有那么多矫情的小资情调，它们就像古城的气质一般，大气安详，给你一个从容悠闲的旅行落脚地，也为你的旅行经历增添几许难忘的时光点滴。

书院门青年旅社，建筑风格古香遗韵，环境幽雅，是个有风情的住处。

小帖士 TIPS

Zuozheshouji 作者手记

书院青年旅舍：南门里顺城西巷甲字 2 号
碑林老街青年旅舍：南门里顺城东巷仿古文化街 C1 号
七贤国际青年旅舍：北新街七贤庄 1 号 5 号院
湘子门国际青年旅舍：南门里湘子庙街 16 号
汉唐驿青年旅舍：新城广场南侧，南长巷 7 号
钟楼国际青年旅舍：北大街 1 号（钟楼邮局大楼北侧）
丰禾国际青年旅舍：莲湖区丰禾路 11 号

在西安要做的 18 件事

Zaixi'anyaozuodeshibajianshi

15 茶酒咖啡作伴，任时光消散在德福巷

福宝阁二楼阳台

人们说，北京有三里屯，西安有德福巷，名副其实，德福巷就是西安的一条酒吧街。

可是，这样一条踩着时尚节拍的酒吧街，弥漫的却并不仅仅是灯红酒绿的喧闹和媚俗。

德福巷本身也是这古城中的一条老巷，东邻南大街，北望钟鼓楼，与书院门东西呼应，坐落在闹市的中心，却又独享着一片安宁静寂。源自隋唐时期的街巷，古韵依旧，在昔日的遗址上仿建起来的古建筑，壮观的三门石牌坊，青石路面，大红灯笼，都在刻意营造着一份怀旧的情怀。

不到 500 米长的街巷，风格各异的酒廊、茶楼、咖啡屋挤满了街边的空间，虽然霓虹灯闪烁耀眼，虽然门外人流喧嚣车水马龙，可是，你却总能找到让自己心灵休憩的角落。一个幽暗的空间，一套八仙桌和圈椅，或者玻璃茶几和沙发，一壶茶，一杯酒，浅斟低吟，窗外是喧嚣的十里红尘，时光就这样在回首间慢慢消散。

巷子口牌坊右侧第一家的福宝阁茶楼，3000 多平方米的营业面积，号称西北第一茶楼。陕北说书、陕北民歌、二胡古筝、杂技相声这些民间曲艺走进茶楼，人们一边品茶，一边欣赏民间艺术的精华，这一刻的光阴在悄然无声的流走，百年传承的文化却始终在连绵延续。

老树咖啡，也是一家有口碑的老店，喝咖啡的人不一定是真为了那一杯咖啡，可能只是眷恋同一个熟悉的角落，熟悉的窗口，熟悉的音乐氛围和可以沉思的心情。咖啡馆里消

德福巷

磨的是品味人生的态度。

老亨利酒吧中，乐队的摇滚节拍正打得兴起，小小的舞台空间洋溢激情澎湃。白日里带着面具的年轻面孔终于可以借着夜晚灯火敞开心扉，几瓶冰脾，三五好友，让这个夜晚不再寂寞。

部落酒吧，小巧袖珍的空间，老板也是一位驴友，留言板上随意地写满心情文字，也许因为陌生，才能施展一份任性的洒脱。

属于德福巷的时光就是这样慵懒随意地宣泄着，生活中厚重的面目太多了，有目的的话题太多了，偶尔我们需要这样的闲暇时刻，不多想，不多说，随意而行，随遇而安，享受自己专属的私密空间。

福宝阁茶楼

福宝阁二楼阳台过道

小帖士 TIPS

到达：
从南大街中段向西拐入粉巷，走 50 米南路口处有牌楼，向里走即是。

在西安要做的18件事

Zaixi'anyaozuodeshibajianshi

16 背囊里收获西安土特产

朴实的农民画

作为一次旅行的终结，带一些当地的特产回去作为纪念和馈赠亲朋是必不可少的。而西安实在是一个各色特产丰盛的旅游胜地，无论是食品、日用品、工艺品都让人有很大的挑选余地。

先从吃食说起吧，首先是黄桂稠酒，这是一种用糯米和小曲酿成的甜酒，所谓“不是酒胜似酒”，状如玉液，绵甜醇香，据说李白“斗酒诗百篇”所喝的酒就是这样的稠酒，而贵妃醉酒的故事更为稠酒增添了一丝香艳的色彩。所谓黄桂，是要用鲜桂花和白糖腌制而成的桂花酱掺入酒中再过滤才能体现出来，这样的米酒喝起来没有任何辛辣的冲劲，而多的是香甜的口感，因此更加受到女士的欢迎，在西安的各大超市都能买到。

临潼的火晶柿子远近驰名，赶不上柿子成熟的季节也无妨，用火晶柿子为原料制作的水晶柿子饼也是西安的一道名小吃。柿子和面粉和在一起，包入用黄桂酱、玫瑰酱等制成的糖馅，最后烙烤成金黄芳香的柿子饼，是糕点又是零食，味道粘滑甜香，不可错过。在回民街一带有不少老字号的出售柿子饼的店铺，如老徐家黄桂柿子饼、穆家黄桂柿子饼等。

回民街的糕点也自成一格，种类非常丰富，绿豆糕、花生酥、水晶饼、夹沙饼、蛋奶酥、核桃酥等等，人们品尝之后，一般都会再拎上几盒点心满载而归。

喜爱书法的人肯定不会错过碑林的拓片，在书院门文化街上逛一逛肯定会有不少收获。无论是张旭的狂草、怀素的千字文，还是康熙、乾隆的御笔，总能找到你心仪的那一款。

在兵马俑景区外的市场上能看到大批的兵马俑复制品，虽然是复制，但也不乏精致小巧的佳作。经典的跪射俑和铜车马做成比例缩小的工艺品一定会让你爱不释手。还有同样仿制的唐三彩工艺品，虽然都无法和珍品文物相提并论，但做为一样有特色的旅游纪念品已经足够满足这份心愿了。

钟鼓楼广场和化觉巷也都是购物的好地方，泥制的古埙，驴皮做的皮影，凤翔的彩塑，布老虎和刺绣，户县农民画、剪纸，这些来自陕西民间的工艺品，带着浓厚的乡土气息和朴素的审美意识，是这片秦川大地的缩影，也是能给淘宝者带来惊喜的特色纪念品。

给你的背囊留出足够的空间吧，即使是不太热衷购物的人，也会在西安找到他钟情的纪念

皮影人物

陕北布艺小毛驴

小帖士 TIPS

Zuozheshouji 作者手记

1. 购买糕点和腊牛羊肉可去回民街，保证正宗，但建议货比三家。越接近鼓楼的店铺出售的东西价格越高，而在北广济街或西羊市上价格就要便宜不少。

2. 买各种特色工艺品可以上化觉巷，种类非常多，但一定要狠狠砍价。

3. 在一些大型超市的“特产专柜”也可以买到当地特产，如好又多小寨店、立丰国际购物广场等，价格也不算贵。

在西安要做的18件事

Zaixi'anyaozuodeshibajianshi

17 登临华山，十里五千仞

西岳华山，生就了雄奇险峻的体格，依托瑰丽缥缈的传说，南依秦岭，北临黄河，犹如巨人，傲视整个关中平原。

2154.9米的高度似乎不足为奇，终南山、太白山、首阳山犹在其上，可是古人，单单把西岳的称号给了华山。

《尚书·禹贡》载“华山为轩辕黄帝会群仙之所”，这是关于华山最早的记载，《庄子·外篇·天地》有“尧观乎华”的传说，《西岳华山志》载“老子见周衰，至函谷关，为关令尹喜著书上下篇，后隐华山昭文馆。”这些都使得华山拥有很多的传说古迹。人们按照道家思想划分了天下名山，华山位居五岳中的西岳，历代帝王很多在此封禅祭祀，华山也成为神权的象征。在中华民族的历史中，壮丽的山河孕育了华夏的文明。华山与黄河唇齿相依，在漫漫的历史长河中一直占据着崇高地位，被尊为王气之所在。现代的一些学者多有认为“华夏”、“中华”就是因华山而得名。

华山是道教的第四洞天，华山派自成体系，独树一帜，自周代以来，就有道家于华山布道。其中，道教之中的全真道与华山有着莫大的渊源。全真道兴盛于金元时代，是宋元新道派中最大也是最重要的一派。全真道创教人王喆(1112-1170)，号重阳子，陕西咸阳人，出身地方豪门，仕途无进，于是入道，开创了全真道。后来王重阳的弟子郝大通在华山弘法说道，创立了全真道华山派，促进了全真道的发展和壮大。华山派道教的

华山：擦耳崖

华山：另一个角度看西峰

思想主张在于祈祷世界和人类和平，人民无天灾之祸、疾病之苦，人人享受安逸幸福和快乐的生活。

华山在道教史上最辉煌的时代当属唐宋两代，对后世道教影响最为深远的道教宗师吕洞宾、陈抟等都长期隐遁华山，而且，依托他们的道术传承，华山自己的道教流派华山派得以形成。

按照全真道的说法，山水之秀、宫宇之盛、道德之士兼得，是洞天福地的标志。华山以其“奇拔峻秀”为道教所青睐。今天，华山的下棋亭、仰天池、炼丹炉、莲花洞、老君犁沟、全真崖等胜迹，都反映出了道教文化对于华山的深刻影响。

华山雄险，自古华山一条路：千尺幢，三百余台阶，头顶一线天；苍龙岭，龙之脊背，远远攀入云端；鹞子翻身，仿佛蒙着双眼而行，不知道下一步是会踩到石阶还是只有空气；长空栈道，尺许路面，铁索横悬，脚下便是万丈深渊。

华山奇绝，十里五千仞是一块完整的巨型花岗岩体，在千万年前的地壳运动中横空出世，直指苍穹。那传闻中为沉香所劈开的斧劈石如今依旧昂首于西峰的峭壁之上，倔强地不肯坠落。

华山神秀，古称莲花山，从空中俯瞰山体，犹如凌空怒放的莲花，五峰合掌，神姿仙态。它明明充满阳刚之气，却又偏偏有一座玉女峰。弄玉吹箫，刚烈之气中又飘过几许阴柔之美。

五座主峰，各有各的特点。北峰四面悬绝，巍然独秀，有若云台；东峰朝阳台上观日出东方，风起云涌；中峰玉女峰秀丽柔美，仙家传说妙趣横生；南峰绝顶，观奇峰跌宕、河流蜿蜒，大地图画让人如痴如醉；西峰之下，壁立千仞，刀削斧砍一般拥出一座瑰丽的奇峰。大自然的妙笔垂青于这片土地，千万年来不断地以锦心巧手塑造着华山的姿态，直到它“雄奇险峻”，位列天下名山之间。

今天，走在这华山路上，想着曾经的英雄们仅仅依靠绳索登上绝壁，不禁心潮澎湃，而后来的人们竟然能够在这绝壁之上建成一条石阶山路，这项艰巨工程又如何不是人类劳动与智慧的结晶！

华山，必须要攀登过它，方能领略那些风光图片之外的魅力和骄傲。

北峰

北峰海拔1614米，四方峭壁悬绝，有若云台，所以也叫做云台峰。站在北峰峰顶，可以遥望南面主峰，更可以看到苍龙岭那神龙见首不见尾的奇绝英姿。北峰上的真武殿原是为供奉镇守九州的北方之神真武大帝而筑，1988年重建，依崖就势，古朴典雅，是北峰主要人文景观之一。当年华阴解放前夕，国民党残部逃上华山，负隅顽抗。我人民解放军在当地群众的帮助下，打破了“自古华山一条路”的传说，走小路攀上北峰，创造了智取华山的奇迹。如今的智取华山路就设在缆车下，可直达北峰，不过现在已经全部修建了台阶，不复当年的奇险。如今解放华山的纪念碑仍然竖立在真武殿前，成为了进行爱国主义教育的课堂。

苍龙岭

到达北峰只算是游览华山景区的开始，走过一条狭窄的擦耳崖，这里也有短短的直上直下的天梯，但是比之千尺幢，实在不足为奇。走到苍龙岭下，远远望去，苍龙岭似乎是北峰通向东、南、西三峰的一座空中桥梁，宽约一米，两旁就是万丈深渊，形状好似龙的脊背。传说中唐大家韩愈走到此处胆战心寒，以为自己将葬身悬崖，于是将随身的诗稿和诀别的遗嘱投下崖去，至今崖上仍然留有“韩愈投书处”的刻字。

走在苍龙岭上的游人都在喘息着、仰望着，可是也许你分一分神，就会发现崖边的佳木葱茏中正盛开着一片白色的花朵，淡淡的，似乎能闻到飘来的花香。虽然说“走路不看景”，然而我们翻山涉水千里奔走的旅程，有的时候不就是在追寻一种忘我的境界么？一边是华岳仙掌的巍峨雄姿，一边是秀丽西峰的壁立千仞，于是在此，静静的，也许只停留一秒钟。这是屏住呼吸的一秒钟，地球光阴凝滞的一秒钟，记忆中永恒芳华的一秒钟。

就在你停留的时候，会不时地看到挑夫经过，沉甸甸的背篓和挑筐里装着他们的生活。你或许对于他们的艰辛劳动满怀了同情和感慨，甚至还有叹息，但其实，他们的精神世界是无比乐观的。有人一路走一路在吹着口琴，有人休息的时候就在路边放声歌唱，他们也许在乎喝彩，但却绝不需要怜悯的目光。

○ 华山：俯视苍龙岭

五云峰

五云峰，也许算不得是一座峰，然而却是一座很好的观景台。天气不佳的时候，在苍龙岭下几乎看不清西峰的真面貌，但是在五云峰上，映着山上的巍巍古松，西峰之美，让人一览无遗。这里也是观赏东峰仙掌崖的绝佳处，大自然的风剥雨蚀造就了山峰峭壁的掌纹，宛如如来佛祖的神掌印迹，造就了这座奇峰的瑰丽多姿。

金锁关

一片红巾飘扬的金锁关，密密麻麻的同心锁，承载着人们美好而坚贞的信念。有历经了时光考验已经锈迹斑斑的旧物，也有刻着光亮崭新字样的新锁，在显眼的红色飘带映衬下，成了华山群峰间一道独特风景。

过金锁关，面临选择，一边是中峰、东峰，继而登上南峰，另一边是直上西峰，只是不管怎样走，东南西中四峰都是呈一环形路线，可以顺序游览。

华山：红绸带飘扬的金锁关，密密麻麻地锁满了人们的心愿和祝福

中峰

中峰，其实也实在不能算作一座峰。它本也只是依附在东峰西侧的一座小峰，自身不成气候。然而我们在中峰的峭壁上看到大大的“玉女峰”三个字，就猜到这里面蕴含着一个优美动人的古老传说。传说春秋时秦穆公的女儿弄玉姿容绝世，通晓音律，隐士萧史以优美的箫声打动了弄玉的心，她毅然抛弃了富贵的宫廷生活，与萧史双双乘龙跨凤来到华山隐居修炼，后来得道成仙。这是道家传说中典型的功德圆满，也是民间神话里动人的龙凤呈祥。

东峰

过中峰，很快就可登上东峰，这才算是登上了一座真正雄奇险峻的华山主峰。东峰海拔 2096 米，峰顶的平台居高临险，视野开阔，是著名的观日出的地方，人称朝阳台，东峰也因之被称为朝阳峰。东峰上古松巍巍，神姿仙态，很多还被系满红飘带，浓荫蔽日，环境清幽。登顶望群峰耸立，就在一片苍翠之中，距离峰顶不远处的孤峰上有一座汉白玉石建筑的凉亭显得格外耀眼，这座“下棋亭”流传有一个“赵匡胤输华山”的故事。传说道家老祖陈抟约赵匡胤在华山下棋，当时的赵匡胤正当穷困潦倒身无分文，便以华山为注，要与陈抟棋盘上见高低。而陈抟早已算出了赵匡胤未来是九五之尊，决定要把华山赢过来作为道家修仙之地。最后，赵匡胤输了棋，并立文约贴于南峰绝壁。待日后坐定天下后，才晓得陈抟并非凡夫俗子，只好认定华山不再是“王者之土”，留下了“华山自古不纳粮”的一段佳话。

鹞子翻身

鹞子翻身是东峰的绝险之处。从峰顶想来到上文中的“下棋亭”，需要经过华山的奇险之一“鹞子翻身”。鹞子翻身是一块三面凌空、上凸下凹的巨石，上垂一条铁链，人们必须双手紧握铁链，脚踏石窝，面壁挪步。到石崖尽头，两处互不相连的石头断了去路，一根横木插在石缝中，游人要像鹞子一样翻一个身才能迈上对面的峭壁。这绝对需要矫健的身手和勇敢的决心，方可翻越绝境，大多数游客也就只能望洋兴叹了。

华山：东峰下棋亭

南峰

东峰有路可以直上南峰，南峰海拔 2154.9 米，是华山最高主峰，也是五岳最高峰，古人尊称它是“华山元首”。不过，一路走来，华山之险也已心中有数，登上东峰后更是一览众山小，通向南峰的道路也就如履平地般地轻松自如了。

登上华山的绝顶，四周山脉连绵不断，黄河渭水如丝如缕，关中平原尽收眼底。充分感受华山这份高峻雄伟的气魄之余，人们不由得心旌摇荡，感慨我中华河山之壮美无垠，自豪我中华民族之光辉伟大。所有旅途的艰辛，登山的疲累，只要站到了这里，都会觉得一切都是值得的。数小时的艰苦跋涉，为的也就是站在峰顶的这一刻，倘若不到南峰，华山之旅终究还是会留下一丝怅然和遗憾。然而就算是与这里擦肩而过，也可以当做是重游华山的一个理由吧。

长空栈道

长空栈道是南峰最吸引人的一处险中之险。以前的华山旅游地图上便登出过一张照片：一位年老道人走在悬空的栈道上，挥手致意，旁边便是万丈悬崖。这段栈道宽 2 尺左右，完全是悬空在峭壁上，靠手拉紧石壁上的铁链行走，有的地方连木板也没有，只是脚踩在峭壁上的石窝内，虽然这样的路在华山上也不少，但是走高一米的平衡木和高万米的木板那是完全不能相提并论的，惊险刺激之极。走一次长空栈道绝对是你生命中难得的惊心动魄的记忆之一，在以后想起来的时候恐怕都会后怕不已。

西峰

华山最美还是西峰，一路上，从苍龙岭开始就可以欣赏到西峰壁立千仞的雄伟身姿。它是华山山形的代表，海拔 2082 米，峰巅有巨石，形状好似莲花瓣，所以古代文人多称西峰为莲花峰、芙蓉峰，华山也因此被称为莲花山。西峰南崖有一条长长的山脊与南峰相连，300 余米的台阶路，石色苍黛，形态好像一条

华山：西峰，野花灿烂

屈缩的巨龙，人称屈岭，也称小苍龙岭。虽没有苍龙岭那般险绝，然而四周开阔，群峰英姿，一览无遗。走到这里，终于确切地知道走在了华山绝顶之上，似乎已经与彩云并肩，只差登天的阶梯。

西峰的景观非常多，翠云宫、莲花洞、巨灵足、斧劈石、舍身崖等，并大都伴有美丽的神话传说，其中尤以沉香劈山救母的故事流传最广，现在的斧劈石下还象征性地摆放着一柄“开山斧”。舍身崖位于西峰绝顶悬崖处，旁有巨石探出崖间，这里是传说孝子舍身救亲的地方，当然传说中的孝子并没有死，而是山神相助让他做了一场梦。不过后世的人们认为此种行为并不可取，把舍身崖改名作守身崖，教育后人珍惜生命。此外，西峰翠云宫就是当年盘踞华山的国民党保安第六旅旅长韩子佩的司令部所在地，也是“智取华山”战役的重要遗址之一。走到这里不由得想，我们的解放军战士历尽艰辛走过了智取华山路才不过到达北峰，距离西峰的司令部还有如此一段长路，路上的天险敌关无数，可见这场战役曾经是怎样的艰难和惨烈。唏嘘之余，心生敬佩。

下山之路觉得身轻如燕，不知道是不是将自己灵魂的一部分留在了山巅，看到迎面走来的汗流浃背的登山者，很想为他们指点一番。华山也许没有太多的时间让你流连忘返，然而一次登临会让你永生铭记。

小帖士TIPS

到达：

去华山旅游主要是从西安出发，火车站前广场有旅游专线，早8点开车，晚17点返回，时间在2小时内，直接开到进山乘坐缆车的华山东门。如果想要从西门爬山，需要在玉泉路提前下车。另外也有不少个体中巴车在此揽客，只是通常需要等人，而且不走高速，时间上不能保证。

也可以在西安城东客运站乘坐发往华阴的班车，车次很多，10分钟一班，在玉泉路路口下车，可步行到西门爬山，也可以乘坐出租车到东门坐缆车。返回时同样在玉泉路口，发往西安的车很多都在这里等人，但一般票价稍贵。

华山没有火车站，距离华山景区6公里，坐中巴或出租可到。

最佳旅游季节：

华山春季干燥；夏季雨量渐长，但山上转瞬即晴；秋季晴多雨少；冬季寒风刺骨，雪霜封山。每年4-10月是最佳旅游季节。

日出时间　春季：5:00-6:00　夏季：4:30-5:20　秋季：5:00-5:20　冬季：5:30-6:00

行程推荐：

如果你有一天时间

方案一：全程徒步一日游

选择一日内徒步上下山且游遍五峰是需要很好的体力支持的，即使这样也会比较匆忙疲惫，如果不是特别必要，不作为推荐行程。

想要一日内徒步游遍华山，一般需要头天晚上宿于华山脚下或者华阴市，早上6点从西门上山。当然也可以选择在夜里12点开始上山，这样可以赶到山上看日出，不过相对体力消耗更大，最好结伴同行，注意安全。从玉泉院出发，过鱼石、灵官庙、五里关、青柯坪，经回心石、千尺幢、百丈崖和老君犁沟到达北峰，全程所需时间4-5小时。从北峰南上，经擦耳崖、苍龙岭，过五云峰到金锁关，需1-2小时。然后从这里可分别前往东、中、南、西四峰，游览一圈回到金锁关，需要3-4小时，然后再返回北峰，走“智取华山”道下山。下山比较快，需1.5小时左右，快走50分钟即可。全程都是台阶路，缆车就在头顶上，有些地方比较陡，要注意安全。这样一趟下来，如果早6点出发，晚6-7点基本可以下山，结束行程。

方案二：徒步缆车相结合一日游

同方案一，可以选择从玉泉院上山，遍游五峰，然后坐缆车下山，或者反过来坐缆车上山，走“智取华山”路或者从玉泉院下山，相对来讲节省一些体力。不推荐走“智取华山”路上山，因为全程都是比较整齐的台阶路，缺乏爬山的乐趣，虽然有些地方也比较险峻，但相对来讲行程比较枯燥。

方案三：缆车上下一日游

旅行社组织的华山一日游都是缆车上下的方式，价格中包括往返西安车费、门票、缆车费，而且班车直接开到缆车所在地，不需要再乘坐进山车。费用和时间安排也还算合理，如果图方便可以跟团旅游。缆车上北峰后，根据自己的体力选择游一个峰或者遍游五峰，然后返回北峰，坐缆车下山。如果只游一个峰的话，推荐西峰，西峰景色更优美，还有沉香劈山救母传说的景观。

如果你有两天时间

方案一：全程徒步二日游

行程上同一日游，只是可以不必走得太匆忙，在华山上住一晚，欣赏晚霞和朝阳，同时也可以补充体力，时间上更加充裕，可以更好地体验华山的美。可选择第一日爬到东峰住宿，便于第二日早上观日出，也可以先到西峰住宿，那里住宿选择多些，还可以拍摄夕阳美景。再者，如果第一天走得比较慢，也可以到五云峰住宿，那里的条件还不错，歇息一晚后，第二天遍游五峰后下山。

方案二：徒步缆车相结合二日游

同样和一日游行程安排相同，可选择在东峰、西峰或五云峰住宿。

方案三：缆车上下二日游

虽然很多大侠徒步一日就可以上下山，但仍然有很多游客即使坐缆车上下山，也难以在一日内遍游五峰。旅行本来就是要尽力而为，随兴而至，不必太勉强自己。选择在山上住宿一晚，整个行程的时间安排就充裕轻松地多。建议在东峰或者西峰住宿。

遍游华山诸峰的推荐路线：

北峰－苍龙岭－五云峰－金锁关－中峰－东峰－南峰－西峰－金锁关－北峰

其中到达金锁关后，可选择只游览一个峰，也可以走完西峰－南峰－东峰整个环线后返回金锁关。中峰到东峰、南峰分别有路，东峰到南峰、西峰分别有路，南峰到西峰有路可通，所以怎样游都可以，几个峰之间相距都不远，一般相邻的两个峰半小时可到。其中从东峰到南峰的路比较好走，一路坡度比较缓，而中峰到南峰要走比较陡的下山台阶。如果从东峰返回要下“云梯”，虽然有铁质梯子，但比较陡峭，要注意安全。

北峰－苍龙岭－五云峰－金锁关

登山上到北峰，可以先在北峰饭店休息片刻，有茶座和钟点房。

苍龙岭下有两条路，如果实在不敢走脊背上的台阶，可以从旁边绕行。其实这里算不上太险，只是台阶比较累人。这里还有道观，可以抽签，不过也很商业化了。

五云峰也是一个歇脚的地方，五云峰饭店有各种小吃供应，饭店后面堆放垃圾的角落处却是观赏和拍摄西峰的好位置。

从五云峰上到金锁关还有不短的一段路，不像一些地图上标得那么近，需要走20分钟以上。

金锁关虽然是通向各主峰的必经岔口，但是这里没有饭店，也不能住宿，所以如果想要先住下，第二天再登主峰，就只有选择下面的五云峰饭店。

金锁关再向上就出现了两条岔路，路口有比较清楚的地图标牌。向左是到中峰、东峰，向右是到西峰，东西峰之间是南峰，无论从哪条路走都有通向其他各峰的通路，即中、东、南、西四峰是可以顺序游览的，走完一圈最后再回到金锁关。

金锁关－中峰

中峰基本上没有什么景观，只有一座很小的中峰饭店，从饭店边上可以登上峰顶。这里地势不算高，所以有点一览众山“高”的感觉。从中峰可以分别前往东峰和南峰。

中峰－东峰

东峰距离中峰很近，走10分钟即到。上东峰要经过“云梯”，即一段直上直下的峭壁，台阶非常窄，只能容下脚尖，要靠抓紧两旁的铁链才能登上去，不过旁边另外设有铁质的梯子，虽然也比较陡，但一般人攀登都不成问题。

“鹞子翻身”就在东峰饭店的旁边，有标牌指示，要面向石壁抓着铁索翻下去。这里也提供保险绳服务，即有人在下面保护，保证安全，但是是收费的。

东峰－南峰

南峰的“长空栈道”在峰顶的另外一侧，入口处有一“朝元洞”，可以免费寄存行李和相机，一般不让带相机下栈道，因为拍照时容易出现危险。下面也提供保险绳服务，50元带你走来回，最后从原路返回。

南峰－西峰

从南峰到西峰的路比较好走，路上松荫蔽日，凉爽舒适，而且有几个地方是拍摄西峰及登顶屈岭的绝佳位置。

在峰顶斧劈石处拍照的游客很多，还可以爬到石头上面，人多时一定要注意安全。守身崖处有一块石头呈凌空状，但其实距离悬崖还有相当一段距离，拍照时不取下面石头的景观，便犹如是在山间凌空腾云驾雾一般了。

住宿：

华山西大门玉泉院北的玉泉路上，以及再向北和玉泉路垂直交叉的公路上，分布着很多家宾馆，高、中、低档兼有，方便游人选择。在玉泉路上没有大型的餐饮饭店，全部是些小饭馆，供应一些简单的炒菜和面食，价格还比较公道。此外不少饭馆也提供住宿，一般是在后院，条件当然不能和宾馆相比，但价格也相对比较经济，在节假日期间也不会有太大的涨幅。玉泉路上还有不少小卖部，可以很方便地购买登山需要的食品，也有拐杖、登山鞋、手套、手电筒等相关物品出售或出租。

华山东门，即索道下站所在地，也有几家宾馆，但是很少有人在这里住宿，比较冷清，条件也一般。

山上的住宿主要集中在各主峰峰顶，目前只有南峰没有住宿点。需要注意的一点是，除了西峰的莲花山庄外，其他住宿点都只有普通间，不能够洗澡，且普遍设施简陋，而相对价格又偏高，性价比是远远不能和山下的宾馆相比的，而且周末和节假日都很紧张，价格也要上涨不少。需要在华山上住宿的游客要做好心理准备。

东峰饭店：

位于东峰上，旁边就是有名的“鹞子翻身”。饭店没有餐厅，房间比较干净，提供热水，有电视，但是卫生间离得比较远。一般看日出的游客多选择住在这里。周末和节假日房间紧张，且价格会上涨。早上会有人在院子里喊起床看日出，有军大衣出租。

西峰饭店：

位于西峰，在前往峰顶的必经之路上，这里是看日落的好地方。房间设施和卫生条件不如东峰，楼下有小吃。房间不多。

五云峰饭店：

位于五云峰之巅，再向上就是金锁关，是前往东、南、西各峰的线路交界处。饭店建造得比较有特色，二层有观景回廊，可以观西峰秀色，还可以在这里用餐，比东、西峰顶上的饭店条件都要好一些，是一个不错的歇脚处。

北峰饭店：

位于华山北峰，依山而建，在去往北峰峰顶的必经之路上，饭店建有餐厅、休息茶座和通宵电影放映，提供的服务比较周全。能容纳100人住宿。

华山：仙掌峰，犹如五个手指一般的雄伟壮观。

餐饮：

华山上出售的各项食品、日用品等都有旅游局制定的标准，在很多饭店和小吃摊前都能看到标牌，矿泉水不超过5元，方便面不超过10元等。虽然比山下贵了很多，但还没有很离谱。基本上在山上不要奢望享受什么大餐，虽然饭店的菜单上也有各种野味，不过价格惊人，而且烹调水准也不能存有太高的期望。

可以在山下选购一些方便食品和水果等上山，比较经济实惠，但注意别带过多成为累赘。

玉泉路上的饭馆很多，各种面食都很常见，价格也不贵，十字路口处晚上有夜市。

华阴市内的选择就更多了，有小肥羊火锅、马家泡馍等，晚上有小吃夜市。

常用电话：

华山旅游投诉电话：0913-4365088

救援电话：0913-4365088/4365080

游客服务中心电话：0913-4365086

Zuozheshouji 作者手记

1. 山上天气变化大，最好携带一次性雨衣。
2. 可以在山下买双手套，即使铁链打滑也不会把手弄得太脏。也有卖手杖的，有一定帮助。
3. 带一件外套，早晚气温较低，一定要穿合脚、舒适的鞋子，否则爬山会痛苦不堪，可以带上一双干净的袜子替换。
4. 带一包湿纸巾，随时可以用来清洁消毒，还可以用来洗脸。
5. 夜间爬山有头灯比较好，可以腾出手来爬山。
6. 携带必备的药品，如黄连素、感冒药、创口贴等，可以带点洋参片补充体力用。
7. 带些轻便而热量高的食品，巧克力、火腿肠等，水不用带太多。
8. 山上都有垃圾池，不要乱扔垃圾，这些垃圾都是需要人力挑下山的，如果可能，自己装袋带下山更好。

党家村人依然过着宁静的生活

18 做客韩城党家村，四合院民居内品位东方建筑文化（延伸景点）

曾几何时，韩城党家村，一个位于陕西韩城东北9公里的小村庄突然名扬四海了。英国皇家建筑学会查理教授给予了它这样的评价：“东方建筑文化在中国，中国民居建筑文化在韩城”。日本建筑学会农村计划委员会委员长，工学博士青木正夫这么说：“党家村是东方人类古代传统居住村寨的活化石。”

党家村建村已有670年的历史，距离黄河只有3.5公里，乾隆年间这里曾被称为“小北京”，为的就是那经典的四合院民居。嘉庆、道光、咸丰三朝是党家村的黄金时代，号称“日进白银千两”，修建四合院也进入了持续百年的全盛期，还一并筑起了祠堂、庙宇、文星阁等配套建筑。为御匪患，咸丰初年村民又集资筑起土寨泌阳堡，及寨堡中几十座四合院，村寨合一的格局得以形成。

出了韩城，走上高大的土塬，脚下出现一个葫芦状的狭长沟谷，古老的党家村静卧其中。俯瞰党家村，几乎是一水儿的青砖墙、灰瓦顶四合院，院连院，房挨房，檐接檐，布局严谨，错落有致，构成了气势宏大的村落建筑群。这里与徽派建筑粉墙黛瓦的精巧别致不同，北方村落的硬线条带来的是另外一种古朴凝重的视觉美感。

走入村中，巷道纵横贯通，主次分明，没有现代化的水泥痕迹，全部都是条石或者卵石铺就。上马石、祠堂、节孝碑、文星阁，还有那一座又一座布局严谨的四合院，文化气韵扑面而来。门楼是家庭的脸面，于是各家都比着赛着把最好的雕刻功夫拿出来，门楣、门墩和墀头，无处不雕花，木雕、砖雕、石雕，精美奇巧，炫耀着主人的审美情趣和财富，“登科”、“经明”、“吉庆有余”等文字直抒胸臆，琴、棋、书、画则隐喻典雅精美。街巷一侧立起一座高大的节孝碑，石碑有基有楼，三龙捧旨图案中嵌着“皇清”二字，隽美的花边以透雕、圆雕手法凸现，梅、鹤、鹿等图案栩栩如生，欲绽欲腾，华美无比。

和许多北方古村落一样，村北也修建了泌阳堡这样的军事防御建筑，居高临下，守

韩城党家村

卫着整个党家村，在过去几百年的岁月里保卫古村免遭兵匪洗劫之灾。

夕阳西下，文星阁飞檐下的铁铃在晚风中叮当作响，据说，只要塔铃连响两天，十次中有九次是要下雨的。六百多年来，文星阁不断地被重修扩建，不惜耗费全村的财物，为的是能得到文昌帝星的青睐。党家村在明清两代也出了进士举人 5 名，秀才 44 名，全村半数人家都有功名在身，虽然没有造就流芳百世的名士大家，但在这名不见经传的北方小村也算难得地拥有一份文化气息了。“志欲光前，惟以读书为先务；心存裕后，莫如勤俭作家风”、“勤俭治家之本，和顺富家之因。读书成家之本，循理保家之根”，从这些家训格言也能看出党家村人崇尚的一份耕读理念。

虽然出了名，开发了旅游，可党家村人依旧坚持着自己的生活方式，他们就像接待自家亲戚一样接待着远方的客人，不会为了迎合游客的需求而大兴土木。仍旧是简陋却温馨的居家热炕头，仍旧是婆姨们亲手做的可口面食，高高的土塬把功名利禄都挡在了村外，一切似乎仍是百年前的样子，民居建筑的精美别致虽然让人赞叹陶醉，但也是因为有了这些知足常乐、淡定闲适的党家村人，党家村才愈发显得珍贵迷人。

韩城党家村：宁静幽远

党家村人愿意向你讲述先辈们的辉煌

小帖士 TIPS

到达：
西安有直达韩城市的火车，也可以在西安汽车东站坐长途车前往，西安到韩城约4—5小时。在市内转乘开往下峪口的中巴到党家村路口下车，每10分钟一班，到党家村大约20分钟。路口到村口需要步行两公里，沿着“党家村欢迎您”的标志牌走即可。

Zuozheshouji 作者手记

1. 民居分为数级不等，等级越高，民居保存得越完好，价值越高。由于民居众多，赶时间的游客可根据门口挂的分级木牌有所取舍。
2. 村里的花馍展览馆值得一看。花馍是陕西人联系亲友关系的纽带，不论逢年过节，还是串亲戚、办喜事，都要蒸各种各样的花馍，当做礼品，互相馈赠。每种花馍都有着不同的寓意，却个个玲珑剔透，活灵活现，件件都是民间手工艺品。
3. 当地特产有大红袍花椒、核桃、山楂、苹果等，花椒尤以粒大、色红、香麻而著名。
4. 建议在村内住一晚，感受当地民俗气息。也可以选择住在韩城，韩城宾馆、唐韵饭店、金塔宾馆等。
5. 一般可安排二日游，顺带游览韩城古城、司马迁祠、司马迁墓。

韩城党家村的一角

资讯补给站

Zixunbujizhan

交通

航空

西安有中国西北地区最大的航空枢纽——咸阳国际机场。机场位于西安市西北部，距西安市中心约 50 公里，有机场高速公路连通，1 小时可达，在西安解放饭店、美伦酒店、建国饭店、东方大酒店等处都有发往机场的班车，从机场到西安的大巴也同样以上述地点为终点。大巴整点发车。如果坐出租车前往，需花费 100 元左右。

在西安购买机票非常方便，经常可以看到大幅广告牌写着特价机票，买一份当地报纸也会找到很多机票信息，或者在鼓楼对面的美伦酒店前走一走，就会有很多人往你手里塞特价机票的名片，多打几个电话，可能会得到意想不到的折扣哦。

铁路

西安火车站一般预售 10 日内车票，如果在车站售票大厅没有买到所需要的车票，还可以出火车站向西步行 500 米到东立大厦的火车票代售点，这里的联网更加丰富一些，比车站的选择要多。

另外，西安的各工商银行都代售火车票，一样是预售 10 日之内车票，非常便利。

公路

西安有省汽车站和城东、城西、南关、三府湾等众多客运站，公路交通十分发达，去往全国各大城市都很方便。

区内交通

西安普通的出租车起步价在大城市中算是很便宜的价格，在市中心范围内坐一般 10 元以内都能到达。

西安有不少旅游专线车和旅游公交车，乘坐非常方便。

游 1 路：开往华山，早 8 点发车，下午 5 点从华山返回。

游 2 路：开往法门寺，早 8 点发车，下午 3 点从法门寺返回。

游 3 路：开往乾陵，早 8 点发车，下午 3 点从乾陵返回。

以上专线车起始站都位于火车站前广场，平时都是只有一班，在节假日期间会有加班。

游 4 路：大唐芙蓉园首发，开往汉阳陵，首班 8:00，末班 17:00。

306 路（游 5）：起始站位于火车站对面解放饭店门前，开往东线旅游方向，经过华清池、骊山、临潼博物馆、秦始皇陵、兵马俑。发车时间早 7 点到晚 7 点，坐满即发车，全程行程 75 分钟，有导游免费讲解。

游 6 路：将碑林、南门、大兴善寺、陕西历史博物馆、大雁塔、青龙寺等景点串了起来，终点站是唐苑。

游 7 路：从火车站出发经钟鼓楼、大清真寺、南门、小雁塔、西郊公园，终点为西安职业技术学院。

610 路（游 8）：以火车站为起点，经过革命公园、北新街、钟楼、鼓楼、广济街、朱雀门、小雁塔、南稍门、大兴善寺、陕西历史博物馆、大雁塔、秦王宫等地，且都在景点正门下车，非常便利。

景点

碑林

西安碑林的创始者为北宋名臣吕大忠，是为保存因五代战乱而委弃市井的唐《石台孝经》、《开成石经》及颜真卿、柳公权等所书的著名石碑而兴建，距今已经走过了九百多年的历史。现收藏有碑石、墓志近3000件，展出1089件，收藏数量为全国之最，篆、隶、楷、行、草各体俱备，藏品时间跨度更超过2000年。对于书法爱好者来讲，这里简直就是艺术的天堂，七大陈列室收藏了汉代至清代的碑石绝品佳作。曹全碑的俊秀飘逸、张旭狂草的洒脱不羁、颜勤礼碑的苍劲饱满以及魁星点斗图的独具匠心，前人留下的珍贵墨宝刻石让人如醉如痴。

走出艺术的殿堂，可能大家会疏忽碑林博物馆内另外一个主要组成部分——孔庙。博物馆的建造本身就是依托于孔庙的旧址，保存至今的照壁、牌坊、华表、碑亭等多为明清时期建筑，唐景云钟和大夏石马亦是国宝级珍品文物，只是醉心于碑刻妙笔的游人们很少会对这里投人关注的目光，不经意地回首间，寂寞的棂星门外爬满爬山虎，安守静谧，郁郁葱葱。

到达：乘公交车在文昌门站下车，门楼西北处即是。

大唐芙蓉园

从地图上看，曲江这个地方有很大的一片蓝色水域，这里从秦到隋唐，在一千三百年的光阴中占据中国古代园林建筑之首。秦王朝在此开辟了著名的皇家禁苑宜春苑、乐游原；唐盛世时每逢曲江大会，皇帝携妃嫔百官登临芙蓉园紫云楼与民同乐，长安城万人空巷，皆欢聚游宴于曲江。今天的大唐芙蓉园已经建成了西北地区最大的文化主题公园，仿古的建筑格局再现了盛唐时期的繁荣风貌，各具特色的文艺表演又将游客们带人活生生的唐文化气息中。

紫云楼上，唐明皇曾在此登临观景，赐宴群臣，与民同乐。杏园内，唐代的新科进士们曾在此举行杏园探花宴。占地一千亩的芙蓉园拥有三百亩的开阔水面，在园中行走时刻围绕着湖光水色。唐市是所有游客最喜欢流连的地方，“市井平常事，最是热闹处”。所有的店铺环境、交易、服务都在模仿着一份来源于唐朝的怀古氛围，也许有那么一点做作，但也不失为一种新鲜有趣的体验。

走走停停，左右徘徊，在这座园林内你完全可以消耗一天的光阴，若还不过瘾，晚上再看一场大型歌舞表演《梦回唐朝》，你或许会真的忘了自己身处何地了。

到达：多趟公交车均可到达。

秦始皇陵

秦始皇陵位于临潼县城东约5公里的骊山北麓。这是中国历史上第一位皇帝的陵墓，也是人类历史上规模最大的帝王陵墓，但它也是一座始终没有挖掘开启、留给人们无数想像的帝王陵墓。

现在的秦始皇陵景区内能看到高大的封土堆，通过石阶可以一直上到顶端。景区内绿化非常好，种植了大量花草树木，一些出土的文物就陈列在花园当中。

秦陵地宫始终是个谜，人们只是断定这座从未被盗掘焚毁过的陵墓内的宝物定会惊世骇俗。不知道我们能不能等到秘密揭开的那一天。

到达：在火车站坐旅游专线公交车，在秦始皇陵下车。

资讯补给站

Zixunbujizhan

寂寞小雁塔

西安的大雁塔人尽皆知，旅行团更是趋之若鹜，相比之下，小雁塔似乎成了被遗忘的角落，门前冷落车马稀。

同样叫做雁塔，只是规模略小，故称小雁塔。它位于当年为唐高宗百日追福所建立的荐福寺院内。与雄伟庄严的大雁塔相比，小雁塔的风格却是玲珑秀美，整体轮廓呈现自然圆和的线条，重檐密阁、雕刻精美。这座古塔曾在两次地震中垂直纵裂，而后又自动恢复原貌，被人们引为一大奇迹。至今它仍然保持着五百年前便已没有塔顶的原貌。寺内目前还保存有一口重达一万多公斤的金代明昌三年所铸的巨大铁钟，“雁塔晨钟”是著名的关中八景之一。

清幽安宁的小雁塔继续守护着她优雅的寂寞，也许只有有缘的人，才能读懂她的风情。

到达：乘公交车在小雁塔下车。

西安清真大寺

化觉巷深处，不经意间踏入清真寺的门廊，一座古建木质大牌坊赫然屹立眼前，朱红底色，异角飞檐、斗拱层叠，上书“敕建礼拜寺”，颇为壮观。庭院深深，每一进都有值得赞叹的精品建筑，砖雕精美，无以复加。最里面是壮观的礼拜大殿，教徒们在旁边的浴室沐浴更衣，拖了鞋子进入大殿礼拜。殿内天棚套刻有经文六百余幅，四周镶嵌有木板雕刻古兰经，极为罕见。

诵经的声音在院落里不绝于耳，虽然我们听不懂这其中的奥秘，但是能感受到诵经声和这寺院的风格一般，庄严肃穆、和谐一体。

到达：在鼓楼下车，从鼓楼门楼下向北走，有标示牌，向西拐入化觉巷即到。

西安事变旧址

西安事变旧址在市内开放参观的是张学良将军公馆和杨虎城将军止园别墅。

张学良公馆是由东西排列的三座小楼组成，院子里面很安静，石榴和月季花静静地开放。这里有西安事变史实陈列和张学良将军生平陈列两间陈列室，展出有大量的历史照片、文件、文物。走上吱吱作响的木制楼梯，参观先贤们曾经住过的一个个简朴的房间，桌椅之上可能已落满灰尘，可是历史却依旧历历在目。

杨虎城将军止园别墅环境非常清幽。里面现已辟为杨虎城将军纪念馆，内有杨虎城将军生平、部分遗物和西安事变的部分文件陈列展览。

到达：张学良公馆位于建国路甲字 69 号，这条路上没有什么公交车可直达，可以坐公交车到大差市下车，然后步行拐入建国路，向南走 100 米路东即是。杨虎城将军止园别墅位于青年路 117 号，坐公交车在止园饭店下车即是。

汉阳陵

汉阳陵是汉景帝刘启及其皇后王氏同茔异穴的合葬陵园，位于陕西咸阳市正阳镇张家湾、后沟村北的咸阳原上。整个景区由帝陵、后陵、南北区从葬坑、礼制建筑、陪葬墓园、刑徒墓地和阳陵邑等部分组成。出土有大量的土彩俑彩陶、铜铁兵器、农工工具、衣饰及货币等文物。已经有越来越多的游客把汉阳陵列为来西安必游的景区之一。

到达：在大唐芙蓉园乘坐旅游专线车可达。

茂陵

秦皇汉武并称，茂陵就是汉武帝刘彻的陵墓。这位雄才大略的皇帝一生东征西讨，开疆扩土，远驱匈奴，打通西域，建立了牢固的封建中央集权制度，并且废黜百家，独尊儒术，成功地统一了社会思想。他的陵墓是咸阳汉陵中最西面的一座，秦汉时以西为尊，这也分明流露出了这位皇帝睥睨前人、雄视千古的强烈个性。

茂陵附近有卫青、霍去病、李夫人等人的陪葬墓，如今茂陵博物馆就建在霍去病的陵墓前，出土的文物中最引人注目的就是鎏金铜马，据说是以汗血宝马为原型所制，造型匀称，肌肉筋骨都完全符合解剖学构造，是一件国之瑰宝。

霍去病墓前的石刻很多，最著名的当属马踏匈奴。石马昂首站立，匈奴垂死挣扎，以此来表彰这位英年早逝的将军曾经抗击匈奴的丰功伟绩。

到达：茂陵位于陕西兴平市，距西安 46 公里。除了坐一日游班车外，也可以在城西客运站坐兴平长途班车，半小时一趟，到兴平符家桥路口下车后有公交车可以前往茂陵。

永泰公主墓

永泰公主是唐中宗李显的女儿，也是武则天的孙女，只可怜年仅 17 岁便因为议论武则天的私生活而被这位威严的祖母处死。中宗复位后被追封为公主，葬于乾陵东南。

永泰公主墓的地宫是打开的，可以入内参观。游人能看到墓道两旁室内陪葬的陶俑、器皿等，墙壁上绘满壁画，其中有雍容华贵的仕女图。中间有一块巨大的墓志铭，上面只记述公主是由于难产而亡。墓道尽头是大型石椁，四周雕刻精美，这里曾经被盗，但仍然遗留下不少珍贵的文物。

这里还建有乾陵博物馆，展出陪葬墓出土的文物，以陶俑居多。

到达：可乘坐一日游班车，也可以在火车站前广场坐旅游专线，早 8 点发车，下午 3 点返回，或者在西安城西客运站坐开往乾县的班车，车次很多，10 分钟一趟，到乾县后再转乘其他车前往。

懿德太子墓

懿德太子是唐中宗李显的长子，他和妹妹永泰公主命运相似，因为同一事件被武则天处死。中宗复位后追封他为懿德太子，并且和国子监丞裴粹已经死去的女儿结为冥婚，葬于乾陵东南。

懿德太子的陵墓结构和永泰公主相似，陪葬物和棺椁也差不多，但是墓的规模更大一些，壁画上的列戟高达 48 戟，俨然是皇帝待遇，是一座“号墓为陵”的唐墓。

到达：同永泰公主墓。

骊山森林公园

“骊山云树郁苍苍，历尽周秦与汉唐，一脉温汤流日夜，几抔荒冢掩皇王”。这里除了风光秀美，还有兵谏亭、烽火台、老母殿等人文景观。景区内修建有缆车，可直达山巅，登高眺望八百里秦川，可以体会当年秦军“振长策而御宇内，吞二周而亡诸侯”的慑人气魄。

到达：乘坐旅游专线车可达。

资讯补给站

Zixunbujizhan

半坡博物馆

这是中国第一座史前遗址博物馆，半坡遗址是黄河流域一处典型的新石器时代仰韶文化母系氏族聚落遗址，距今6000年左右。这里陈列有原始先民使用过的生产工具、生活用具和艺术品等，遗址大厅保存了半坡先民居区原貌的一部分，包括半坡先民居住过的房屋、使用过的窑穴、陶窑、墓葬等先民遗址。

到达：从鼓楼或从火车站乘公交车可到。

临潼博物馆

博物馆紧邻骊山脚下的唐华清宫，藏有历代文物万余件。有镇馆三宝，其一为佛祖释迦牟尼真身舍利；其二为装舍利子的金棺银椁，雍容华贵；其三则是秦始皇兵马俑最早出土的四兵一马陶俑。博物馆内还有两只石狮颇有名气，来这里摸狮子许愿已经成为一道引人注目的风景线。

到达：乘坐旅游专线车可达。

住宿

解放饭店

解放饭店位于火车站对面，非常醒目，饭店属于三星级标准，一层配有风味小吃城和小型超市，旁边是邮政局，同时也出售机票。门前就是306路旅游公交车总站，同时也是机场大巴起始站。普通标准间价格在200元左右，有时会推出特价房，设施比较完善，周末和假期房间比较紧张。

地址：解放路181号

到达：出火车站步行即到。

止园饭店（省政府招待所）

止园饭店又称陕西省政府招待所，是隶属省政府办公厅的内事接待服务窗口单位，三星级。饭店所在的街道比较安静，有很大的院落，环境清静幽雅。旁边就是杨虎城公馆。

饭店共有客楼5栋，共582套客房，8号楼的标间打折价格约为180元。房间内供应24小时温泉水洗浴，是这里的一大特色。

地址：青年路111号

到达：在火车站坐公交车到止园饭店下车即到。

有色金属宾馆

有色金属宾馆的位置极佳，南面正对南门，旁边就是南大街，位于市中心地带，交通非常便利，去主要旅游景点都有公交车可到达。房间平时打折最低到100元左右，性价比非常高。房间设施很标准，是二星水准，面向南门的房间还可以看看古城夜景。距离粉巷很近。

地址：南大街南口
到达：火车站坐多路车到南门下车即到。

西安方汇钟楼邮政酒店

邮政酒店位于钟楼东北角，向西就是钟鼓楼广场，向东是东大街，对面是开元商城，处于市中心的黄金地带。酒店有客房50余间，新装修，设施齐全，基本达到二星标准。标间平时打折价约150元。

地址：东大街619号
到达：火车站坐公交车在钟楼下车即到。

青年会宾馆

青年会宾馆位于繁华的东大街上，地理位置优越，是一家二星级涉外酒店。宾馆的大门并不临街，而是从路北小胡同向里走50米，周围环境很安静。旁边就是五一饭店，步行可至钟鼓楼广场。特价标间100—150元，房间没有窗户，有窗户的标间打折价约180元。房间不大，中规中矩。

地址：东大街565号
到达：火车站坐公交车在端履门下车即到。

绿岛宾馆

绿岛宾馆是一家旅游定点涉外饭店，位于西八路和尚德路交叉路口西南角，距离尚德门100米，可步行前往火车站。距省西安汽车站100米。现在也加入了国际青年旅舍组织，来这里住宿的外国游客偏多。

拥有标准间、普通间共70余间，标间价格200元左右，普通4人间每床50元左右。房间设备齐全，很整洁，床很大，基本达到二星标准。

地址：西八路80号
到达：从火车站可步行穿过尚德门向南走100米路口西南角即是。

尚德宾馆

尚德宾馆位于尚德门内，门楼向南走30米路西即是，距离火车站非常近，可步行前往。宾馆规模不大，三层楼，没有电梯，内设有餐厅。拥有标间和普通间共40余间，标间价格平时可打折到140元左右，普通间约40元／床。房间设施比较旧一些，提供24小时热水。

地址：尚德路228号
到达：从火车站步行穿过尚德门即到。

如家快捷酒店西安钟楼南店

坐落于西安市南大街粉巷，位置非常好，紧邻鼓楼回民饮食一条街、德福巷咖啡一条街。如家连锁的温馨风格，标准间价格200元左右。

地址：南大街粉巷18号
到达：乘坐多路公交车在粉巷下车。

资讯补给站

Zixunbujizhan

汉庭快捷酒店（西安小寨店）

位于西安市雁塔区小寨商圈，正对面是历史博物馆，向东再向南拐就是大雁塔，向西走是一条美食街，有各种各样的陕西小吃。附近有不少大型购物超市。汉庭也是比较有名的经济型连锁酒店，房间舒适。标准间价格 200 元左右，还经常会推出一些特价房。

地址：小寨兴善寺东街 35 号
到达：乘坐公交车在翠华路下车。

锦江之星西安解放路店

距离火车站不远，交通方便，到各景点都有公交车。环境安静，服务很值得称道。标准间价格 200 元左右。

地址：解放路 110 号
到达：乘坐公交车在大差市站下车。

竹青旅社

竹青旅社的位置非常好，鼓楼南过马路 20 米即到，有很明显的大招牌。门口是公交车站。周围小吃店很多，其中向南走 30 米就是樊记肉夹馍。旅社设有房间 50 余间，标间平时打折后约 100 元，普通 2 人间约 50 元。周末人多时房价可能会有上涨。房间设施虽然达不到宾馆水准，但是很干净舒适，提供 24 小时热水。

地址：西安西大街竹笆市 67 号
到达：火车站乘坐公交车在鼓楼下车，过马路沿竹笆市街道向南走 20 米即到。

解放宾馆

解放宾馆是解放饭店的普通客房，距离解放饭店不到 100 米，位于解放路和西八路交叉路口向里 10 米的地方。有很显眼的白底蓝字大招牌。交通便利，路口就是多路公交车的总站，对面是省西安汽车站。

标间价格平时打折价约 80 元，普通 2 人间约 50 元，房间设施还不错，比较干净，卫生间有电热水器，有空调，但不是随时可以用。隔音效果不是很好，临街的房间会有些吵。

地址：西安西八路 24 号
到达：火车站步行至解放饭店旁的解放路，向南走 30 米路西，拐入西八路，向里走 10 米即到。

美食

五一饭店

五一饭店是西安有名的老字号特色饭店，位于繁华的东大街上。饭店的一层是小吃部，出售各种西安名特小吃，其中在门口处出售“五一大包”系列包子，有香辣包、虾肉包、酸菜包等多个品种，物美价廉。楼上设有装修豪华的中餐厅和包间，提供各种金奖菜品，如松仁仿蟹、半坡烤鱼、五一风味鸡等。

地址：西安东大街 351 号
交通：坐公交车在端履门下车，位于东大街路北。

西安饭庄

西安饭庄是西安知名老字号饭店，素以“陕菜正宗”、“陕西风味大全”而远近闻名，在很多地方都开有分店。这里有泡泡油糕、金线油塔、千层油酥饼、黄桂柿子饼、枣肉沫糊等中华名小吃，还提供有“长安八景宴”、“宫廷长寿宴”、“风味小吃宴”等特色宴席。

地址：西安东大街 298 号
交通：坐公交车在大差市下车，沿东大街向西走路南。

德发长饺子馆

德发长的饺子宴享誉海内外，以煎、炸、蒸、煮、烤等多种制作手法，甜、咸、麻、辣、怪等多种混合口味，开创了饺子文化的新时代。饺子馆一层主要供应各种大众水饺系列，对于北方人来说，可能也没有什么特别新鲜之处。楼上供应饺子宴，价格比较贵，能吃到多种口味且造型各异的饺子。

地址：西安钟鼓楼广场
交通：坐公交车在钟楼下车，步行至广场可到。

樊记肉夹馍

肉夹馍也是西安常见的小吃，但是樊记的腊汁肉夹馍还是颇具特色的，口味极佳。优质的比普通的肉多些。新鲜出炉的白吉馍酥软适中，腊汁肉软烂醇香，再配上一碗粉丝汤，的确是美味而又花费不多的一餐。店内也单独出售腊汁肉。

地址：竹笆市街 45 号
交通：坐公交车在鼓楼下车，鼓楼对面路口再向南步行 50 米即到。

秦豫肉夹馍

号称西安最好的肉夹馍，馍比较大，肉也更多，还是搭配经典粉丝汤。来这里的人非常多，经常需要排队，味道到底是不是第一，还需要你自己品评了。

地址：碑林区东木头市 19 号
到达：乘坐公交车在钟楼下车，步行至骡马市口向南即到。

资讯补给站

Zixunbujizhan

柳巷面

一家老字号面馆，生意非常好，也是经常需要排队等号。面条很粗很筋道，有大块的牛肉和菜花、土豆、胡萝卜丁之类的蔬菜，再配上陕西特色的油泼辣子，颜色看上去就很有食欲，还可以选择加菜和加肉。

地址：碑林区案板街 18 号吉庆大厦吉庆巷（易俗大剧院东门正对面）
到达：乘坐公交车在柏树林站下即到。

永丰岐山面

岐山面是陕西面食的经典之作，味道酸辣可口，在西安城里有不少的岐山面馆。永丰岐山面也是一个连锁店铺，除此之外，还有永明岐山面、龙凤祺正大岐山面、齐月岐山面等面馆。

地址：雁塔区雁塔路 86 号（雁塔十字路口西北角）
到达：乘坐公交车可达。

天下第一面

如果在西安想找一家普通风格但是环境卫生还不错的饭馆可以到这里来，就是相对位置偏远一些。饭馆不算太大，供应一些风味家常菜，其特有的“天下第一面”其实是比较普通的鲍鱼面，而其他一些传统的油泼面、臊子面等味道不错。另外这里特色菜酱骨头非常入味，其他菜品也比较经济实惠。即使是只吃一碗面，服务也很周到。

地址：吉祥村十字路口北 20 米
到达：乘坐公交车在吉祥村下车即到。

购物

化觉巷

北院门内化觉巷是一条特色工艺品购物街，小巷很窄，两旁全是密密麻麻的店铺，摆出的商品琳琅满目，很多店主都身穿回族服饰。在这里能够买到陕西特色的皮影、凤翔泥塑、刺绣品还有兵马俑扑克牌等，晚上灯光亮起来的时候，场面更加热烈耀眼。来这里逛街的老外很多，所以店主们也经常操着有点可笑的中式英文招呼游客，也是一道有趣的风景。买东西一定要砍价，起码照一半以下砍，千万不要不好意思。

交通：乘坐公交车在鼓楼下车，从鼓楼门楼下向北走，然后向西拐入小巷即是，中间会经过清真大寺。

东大街和南大街

西安最繁华的街道主要是东大街和南大街，街上各种服饰店铺非常多，常常看到打折血拼的字样。大型的综合商场有开元商城，位于钟楼对面；金花世纪购物广场，位于钟鼓楼广场；百货大楼位于南大街中心。

○ 秦始皇陵：秦俑打扮的士兵手持长矛列队表演

后记

Houji

友人曾言："旅行的快乐就像放风筝，不管飞多高，不管走多远，都会被关注、被读懂、被分享"，旅程会被关注，照片可以分享，能够真正读懂你心灵的人却很难找到，子非鱼，安知鱼之乐？在我看来，旅行是一种非常私人的体验，不同的人面对同一场景，内心的感受可能大相径庭，而同一个人故地重游，往往也无法找回彼时彼刻的心情。多年以后回顾我的旅程，尽管曾经有无数的美景让我在一瞬间屏住呼吸，但那些关于景色的记忆竟然变得模糊、重合，甚至消失，真正清晰如昨的，不过是路上的一些细节或插曲：

我的眼睛记住了辉腾锡勒草原转瞬即逝的烟花绚丽，冈仁波齐山顶第一抹金色晨曦，湘西高椅村头河水含情脉脉，阿里班公湖畔璀璨星空触手可及；

我的耳朵记住了雁荡古山寺月光清辉中呜咽的二胡，杭州黄龙洞梅雨里吟唱的古筝，黄平飞云崖革家少女天籁般的歌声，阆中老客栈芭蕉叶上跳动的夜雨；

我的舌头记住了神女峰下青石村的老腊肉炖土豆，喀什夜市白骨森森的煮羊头，海螺沟三营地鲜美无比的蘑菇汤，拔茅小村的农家红烧野生鳜鱼；

我的鼻子记住了镇江街头沁人心脾的桂香，西湖虎跑清爽宜人的茶香，芋头侗寨醉人于无形的酒香，南花苗村新吊脚楼的木香；

我的心灵记住了七一冰川行走的孤独，绒布寺驴友为我燃起的蜡烛，宗角禄康漫天飘舞的黄叶，新路海雪后仰看流云的下午……

对于山西的酷爱同样只能用个人好恶来解释。山西在大多数人眼中并非旅游大省，而我对古建筑有着浓厚的兴趣。星罗棋布的古建筑令山西拥有一份阅尽沧桑的豁达，一种气定神闲的从容。古建筑与山西老陈醋似乎有着很多相同的特质，它们都经过了时间的长期浸润，都以质朴无华的面目示人，都代表着悠远的传统与工艺，而且都是对于喜好者而言一日不可或离，对于不喜欢的人来说却毫无魅力。

我曾经先后五次在山西境内旅行，穿行于县城、乡村间，使用从火车、汽车到拖拉机、蹦蹦车等多种交通工具，在翘角飞檐、壁画彩塑中追寻时间的足迹。我们的祖先曾经与我们面对着同样的建筑，几百上千年后，砖瓦依旧，斯人已远，能够在看似简单的梁柱、斗拱间找到不同年代的印记，仿佛可以听到古人的声音，这样的感觉实在是太美妙了，让我沉醉其间。

那些散落在三晋大地上的古建筑就如同我魂牵梦绕的情人。她们为了赴我的约会，穿越了几个世纪的风霜，却依然那么端庄美丽；她们在或喧嚣或寂寞的角落等待着我的到来，无怨无悔，不离不弃。我必将继续在山西的旅程，去结识更多的情人，山高路长算不得什么，也许只为了见面时那一声心底的轻叹：“哦，原来你在这里。”

感谢在路上给予帮助、提供信息的山西人民，尽管有的人已经改变或正在被悄悄改变着，但遇到的绝大多数山西人保持着直截了当和粗线条，是我喜欢的类型。他们似乎并不擅长主动用言语表达热情，但他们为帮助他人而默默伸出的双手，却是那样的温暖有力。

感谢太原道网站（www.tydao.com），这是我看到过的介绍山西最好的网站，文章谈古论今，纵横捭阖，考察深入细致，信息丰富，虽然与站长戾太子从未打过任何交道，我却能从字里行间感受到他对于山西发自内心的热爱。

感谢许巍，我觉得他的歌充满着对于自由的无羁追求，以及平静表面下那种深入到骨头里的狂野，是行人走在路上最好的伴奏。

感谢山西，她为我们留住时间的脚步，深沉而内敛，有大美而无言。

——李霜天

接到旅游圣经的邀请是件意外的事情，并且因为邮箱的一些小毛病，险些就将其当作垃圾邮件删除掉了，多亏是在邮件标题上看到了旅游的字眼，才保留了下来，想来，也算是与之有缘。

几条经典的旅游线路，在我面前，似乎没有过多挑选的余地，然而编辑部的决定与我的初衷竟然难得地吻合了，让我又一次觉得是天意如此，感激涕零。

陕北，对于我来说，依旧是一大片陌生的土地，我的朋友听闻我接到这样一份差事后，在羡慕我能够免费旅游一番的同时也表达了一丝遗憾，怎么挑了陕北这样一个地方？是啊，在大多数人的眼里，他们更热衷于造访名山大川，漫步江南古镇，谁愿意到一个满目黄土的山沟沟里去转一番呢。然而，青山碧水再美，总有审美疲劳的一刻，能够留得住记忆脚步的总是那些有历史、有文化、有故事、有风情的地方，在我眼里，陕北正是一个这样的所在。

红色旅游的浪潮席卷全国，人们在游览山水之余也回顾了中国革命历史的进程。其实很多的红色旅游景点并非如想像中的枯燥，延安枣园的佳木葱茏、芳草如茵；清凉山上佛教石窟与道家庙宇共存；米脂杨家沟的马氏庄园雄伟壮观、气势不凡，更有那一望无垠的黄土高原，母亲河时而安详时而怒吼的一路宣泄，都将这片苍凉的黄土地渲染得分外妖娆。

这里的民风淳朴。热情好客、开朗乐观的陕北乡亲给了我一路畅行的好心情。然而，这一回并不是一次单纯而随意的旅行，在我的肩上担负着一份责任，一份不知道将会有多少读者手持我的书跟随我的足迹畅游陕北的责任，既然承诺了，就要尽力而为。虽然以前也写过旅行攻略，但到底还是有所不同，旅行的视角改变了，路线的选择要为大众游客所接纳，景点的手记要详而又详、不厌其烦。因为自己也曾有过同样的感受，在一个陌生的地方找不到适当的路线指引，举目茫然，不知何去何从，或者一个错误的信息可能会导致整个行程的颠覆，我不敢说一定能超越其他旅行手册的内容，只是希望自己能尽我所能得做到更好。

采线期间，每一天随时随地在小本子上记录着点点滴滴，我一向是有写旅行日记的习惯的，然而这一次每天晚上回到住处最重要的一件事就是整理白天记下的资料，按照宾馆、交通、景点等不同内容分别誊写在日记本的不同页上，一方面整理文字让日后的书稿写作更加轻松，一方面也总是担心白天随身携带的小本子如果丢失，也还有备份可以查阅。这实在是我此次出行最宝贵的财富，不敢有丝毫的闪失！

刚开始几天的信息采集是有些紧张而拘谨的，在锻炼之中循序渐进，直至从容不迫随时提醒着自己拿出相机，拍下街头走过的毛驴车还有盘中餐；方向感很弱的我端着指南针在小县城中心艰难地绘下简易地图；不敢再去抄那些汽车站的时刻表，因为它们根本不能保证准确；行程走到一半，一支崭新的水笔已经用尽，几十张各类名片塞满了名片夹，似乎从来没有过如此的充实。人生的经历就是最难得的财富，认真地去做过一件事，有始有终，无愧于心。如果说想要什么回报的话，就是看到这本书能够付梓的一天，看到自己的名字，证明自己曾经走过的路。

感谢旅游圣经，感谢主编对我的信任，一些志同道合的作者相聚在一起，交流之中也使我增长了不少见识。未来的道路，希望走得更宽广。

——锦 瑟

作者简介

Zuozhejianjie

李霜天：

网名梨花香雨，辛亥生人。法律专业毕业，现从事财务工作。山西洪洞大槐树移民后裔，籍贯河南，生于湖南，长于北京。驴行生涯二十余年，足迹已遍及祖国包括台港澳在内的各省、市、自治区，如今愈益推崇“美就在身边”的理念。尤好古建筑、古村镇以及市井美食，偏爱在无人问津的乡野之地搜寻翘角飞檐，曾先后八次踏上三晋大地。

韩天雪：

网名锦瑟。喜欢旅行，喜欢一句话：何必丝与竹，山水有佳音。闲来无事的时候总喜欢端着地图册，看那些充满魔力的地名字眼，看哪些角落还没有遍插红旗。每一次似乎就是借着行走的经历而成长，因为旅行是位很好的老师，教会你生活中不易察觉的真谛。山水之内至情至性，山水之外我行我素，走自己的路，看自己的风景，爱自己的生活。

“最美中国系列”丛书简介

“Zuimeizhongguoxilie”congshujianjie

《中国最美的88个自然风光旅游地》

《中国最美的88个特色旅游地》

《中国最美的88个人文旅游地》

“最美中国系列”丛书是旅游圣经团队历经数年发展、走遍中国后推出的巅峰之作。团队组织所有优秀作者撰写本系列，可谓十余位资深背包客视野中的“最美中国”。

本系列丛书内容系作者原创，是他们心灵的真实感悟；照片系作者亲自拍摄，是他们对美的瞬间永恒的诠释。饱含人文底蕴的文字配上震撼人心的精美照片，定会给读者带来极致美好的心灵慰藉。

本系列丛书共三本：

《中国最美的 88 个自然风光旅游地》
书号：ISBN 978-7-5124-0242-3
定价：39.80 元
出版社：北京航空航天大学出版社

《中国最美的 88 个特色旅游地》
书号：ISBN 978-7-5124-0320-8
定价：39.80 元
出版社：北京航空航天大学出版社

《中国最美的 88 个人文旅游地》
书号：ISBN 978-7-5124-0394-9
定价：39.80 元
出版社：北京航空航天大学出版社